Jack Canfield   Jacqueline Miller

Geben wir der Arbeit HERZ und SEELE zurück

Betrachtungen zur Sinnfrage der Arbeit
und zur Stärkung des Selbstwertgefühls

UEBERREUTER

Die Deutsche Bibliothek – CIP-Einheitsaufnahme

Canfield, Jack:
Geben wir der Arbeit Herz und Seele zurück : Betrachtungen
zur Sinnfrage der Arbeit und zur Stärkung des Selbstwertgefühles.
[Aus dem Amerikanischen von Annemarie Pumpernig und Stephan Gebauer]. -
Wien : Wirtschaftsverl. Ueberreuter, 1997
    Einheitssacht.: Heart at Work <dt.>
    ISBN 3-7064-0281-5

S 0254 1 2 3 / 99 98 97
Aus dem Amerikanischen von Annemarie Pumpernig und Stephan Gebauer
Originaltitel: "Heart at Work", erschienen bei McGraw-Hill, New York
Copyright © 1996 by Jack Canfield and Jacqueline Miller
Umschlag: Kurt Rendl
Coverillustration: Kathy Kikkert
Copyright © der deutschsprachigen Ausgabe 1997
by Wirtschaftsverlag Carl Ueberreuter, Wien
Druck: Ueberreuter Print

Es gibt Menschen, die in unser Leben treten und unbemerkt wieder verschwinden. Andere hinterlassen Spuren in unseren Herzen, die uns für immer verändern.

Quelle unbekannt

Wir möchten dieses Buch allen Menschen widmen, die sich vorgenommen haben, ihre Arbeitsplätze zu freundlicheren, menschlicheren, positiveren, motivierenderen, erhebenderen, fürsorglicheren, gesünderen, kraftspendenden und belebenden Orten zu machen. Wir bewundern Sie alle für Ihren Mut und für Ihre Bereitschaft, sich für Ihre Werte und für Ihre Vision einzusetzen, und wir hoffen, daß dieses Buch Ihr Vorhaben erleichtern wird.

INHALTSVERZEICHNIS

Vorwort/Willis Harman.. 11

Danksagungen 15

Einführung.. 21

1   WIR UND UNSER SELBSTWERTGEFÜHL 29

Drücken Sie Ihrer Arbeit Ihren persönlichen Stempel auf /
   Barbara Glanz 30
Das Eichelprinzip / *Jim Cathcart*... 34
Unsere tiefsten Ängste / *Nelson Mandela* 38
Wer wird Ihre Musik spielen? / *Michael Jones* 39
Integrität und Selbstachtung / *Nathaniel Branden* 43
Gefährliche Lebenslügen / *Richard Brodie*............................. 45
Wahre deine Integrität / *Quelle unbekannt*............................ 51
Was ist eigentlich Integrität? / *Jack Hawley* 52
Makellosigkeit/ *Jack Hawley* 54
Unternehmensgründer und Selbstachtung / *Wilson L. Harrell* 55
Die Siegesformel / *Lou Holtz* 59
Eine unbezahlbare Lektion / *Petey Parker* 61
Tun Sie, was Ihnen Spaß macht – das Finanzielle
   wird sich von selbst regeln 63
Arbeit ist sichtbar gemachte Liebe / *Khalil Gibran*................ 64
Hochachtung am Arbeitsplatz / *Jack Hawley* 65
Die kleinen Initialen sind meine / *Mildred Brown Duncan* 68
Eine Lektion aus der Schule / *Susan Cunningham Euker* 71
Die Frage / *Bob Moore* 74
Schau in die Richtung, in die du gehen willst / *Jim Donovan*............ 76
Gefeuert / *Mary A. Long* 78
Die Frauen von Ahmedabad / *Gloria Steinem* 83
Das Königreich des Himmels / *Thich Nhat Hahn*................... 87

2 GESUNDES SELBSTWERTGEFÜHL DURCH RICHTIGES MANAGEMENT: DIE GRUNDLEGENDEN PRINZIPIEN **89**

Selbstwertgefühl am Arbeitsplatz: Die acht Schlüssel
zum richtigen Verhalten / *Kathy L. Indermill* *90*
Selbstwertgefühl und Führungsqualitäten / *Ken Blanchard* 101
Arbeitsethik / *Kate Ludeman* 106
Selbstwertgefühl und Arbeit / *Will Schutz* 116
Sie brauchen nur zu fragen! / *Stephen Boehler* 129
Radikal auf Selbstwertgefühl setzen / *Bud Seith und Jacklyn Wilferd* 132
Respektvolle Behandlung / *Robert Levering und Milton Moskowitz* ... 139
Respekt als Vermögenswert / *Chérie Carter-Scott* 142
Respekt, Anteilnahme und viel Liebe / *Jack Hawley* 152
Der Schreihals / *Joe Black* 155
Ein Meister zwischenmenschlicher Beziehungen / *Quelle unbekannt* ... *158*
Der „Spaßminuten"-Manager: Ein Interview mit
Ken Blanchard / *Joel Goodman und Ken Blanchard* 159
Vom „Wer" zum „Warum" / *James O'Toole* 165
Verantwortung übernehmen / *Michael J. Wyman* 166
Laßt die Lamentierer die Probleme lösen / *Auszug
aus dem Pryor-Bericht* 169
Die Brücke zwischen Selbstwertgefühl und einer
sich verändernden Arbeitsumgebung / *Bob Moawad* 171

3 EIN HERZ FÜR MENSCHEN **177**

Fäden / *James Autry* 178
Was bedeutet schon ein Name? / *Robert Levering und
Milton Moskowitz* 179
Die entscheidende Frage / *Jo Ann C. Jones* 181
Berechenbarkeit und Gleichheit / *Timothy Johnson* 182
Das unsichtbare Zeichen / *Mary Kay Ash* 183
Jessies Handschuh / *Rick Phillips* 189
Wie sich Anteilnahme auf das Unternehmensergebnis
auswirkt / *Christina Campbell* 191
Die Macht der Worte / *Anita Roddick* 193
Ein Paar Socken / *Trevor B. Kwok* 201
Ein ganz normaler Arbeitstag / *Naomi Rhoch* 203
Berührungen / *Sid Friedman* 205

4   **DIE MACHT DER DER ANERKENNUNG**.................................. **207**

Wie man seine Mitarbeiter wirklich motiviert / *Quelle unbekannt*..... 208
Die ganze Familie: Der Aufbau von Selbstwertgefühl
zu Hause und am Arbeitsplatz / *Harvey Mackay* 209
Wie sich die Prinzipien der Familienberatung auf
Geschäftskonferenzen übertragen lassen / *Susan E. Davis* 213
Die unglaubliche Wirkungskraft von
Anerkennung / *Michael J. Wyman*...................................... 215
Liebe und der Taxifahrer / *Art Buchwald*................................ 218
Das letzte Abendmahl / *Auszug aus Bits & Pieces*................... 220
Die Macht böser Worte / *E. J. Michael*.................................. 221
Alles, was Sie wissen müssen / *Steve Wilson* 222
Die „Wranglers" gegen die „Stranglers" / *Ted Engstrom* 224
Durch Lob zum Teamerfolg / *Ronald E. Guzik* 225
Die Macht eines blauen Bandes / *Helice Bridges*................... 230
Was eine kleine Notiz bewirken kann / *Fred Bauer* 234
Drei einfache Punkte / *Quelle unbekannt* 239
Gegen den Strich gebürstet / *Bob Nelson*............................. 241
Haben Sie das Gefühl, daß Ihr Job eine Nummer zu groß
für Sie ist? / *Mutter Teresa*.. 251

5   **WIE MANAGER ÜBER SELBSTWERTGEFÜHL DENKEN** **253**

Das wunderbare Geschenk des Königs / *Anonym* 257
Lillian Vernon über das Selbstwertgefühl / *Lillian Vernon* 258
Selbstwertgefühl in gemeinnützigen Institutionen / *Hunter Lovins* .. 261
Ein neues Paradigma / *Michael Ray und Alan Rinzler* 266
Ein Gewinn jenseits des Unternehmensertrags / *Gil Amelio* 268
Das Selbstwertgefühl pflegen / *Horst M. Rechelbacher*................ 271
Auch Manager dürfen lachen / *John Imlay Jr.* 276
Meditation am Arbeitsplatz / *Robert Roth* 278
Von innen heraus managen / *John Goodman* 281
Wirklich beteiligt zu sein macht stolz / *Jack Stack* 288
Selbstwertgefühl bei Rhino Records / *Richard Foos* 292
Wie sich ein schlechtes Selbstwertgefühl
überwinden läßt / *L. S. Barksdale*.................................. 295
Selbstwertgefühl am Arbeitsplatz aus der Sicht
eines Kapitalisten / *George E. McCown* 301

6 WEITERFÜHRENDE ÜBERLEGUNGEN **311**

Selbstwertgefühl am Arbeitsplatz / *Emmett E. Miller* 312
Sie können sich den Weg zum Wohlstand nicht
    durch Schrumpfungen erkaufen / *Joel Brockner* 317
Selbstwertgefühl: Eine Formel für erfolgreiches Leben und
    Arbeiten im 21. Jahrhundert / *John Vasconcellos* 320
Spiritualität am Arbeitsplatz / *Martin Rutte* 328
Selbstwertgefühl und der Einfluß des Wandels / *Ichak Adizes* 336
Frauen und Selbstwertgefühl / *Mary Kay Ash* 338
Spiritualität – Herz und Seele jedes erfolgreichen
    Unternehmens / *Terry Cole-Whittaker* 339

ABSCHLIESSENDE GEDANKEN
    von Jack Canfield und Jacqueline Miller 347

Über die Herausgeber **353**

VORWORT

Die Arbeitsumgebung in modernen Unternehmen trocknet die menschliche Seele aus. Um dieser Entwicklung entgegenzuwirken, wird gefordert, „mehr Herz" oder „mehr Sinn" in die Arbeit zu bringen. Immer mehr Menschen verlangen, daß alle Bereiche unserer Gesellschaft – und insbesondere unser Arbeitsplatz, an dem wir einen Großteil unseres Lebens zubringen – die Entfaltung des Menschen fördern müssen.

Manchmal wird „mehr Herz am Arbeitsplatz" mit dem Argument gefordert, daß „der Gewinn steigen wird, wenn die Leute mit ganzem Herzen bei der Arbeit sind". Das mag in manchen Fällen zutreffen, aber eigentlich sollte es um etwas anderes gehen.

Es gab Zeiten, in denen die meisten hart arbeitenden Menschen mit Herz und Seele bei der Sache waren. Da war der Bauer, der sein Land und seine Tiere liebte, die Schneiderin, die stolz war auf ihre handwerkliche Geschicklichkeit, der Handwerker, der aus seinen Werken tiefe Befriedigung schöpfte. Heute wird oft gefragt, warum die Arbeit im modernen Unternehmen nicht mehr so erfüllend ist wie früher, als die Wirtschaft noch viel einfacher aufgebaut war. Um diese Frage beantworten zu können, müssen wir uns zunächst mit einigen Aspekten des modernen Unternehmenslebens befassen.

Der *Rouse Corporation* gelang es vor einem Vierteljahrhundert (als sie noch viel kleiner war als heute), bei ihren Mitarbeitern ein hohes Maß an Zustimmung zu ihren drei Grundprinzipien zu finden. Das erste Prinzip lautete: Ein Unternehmen ist zunächst und vor allem ein Ort, an dem sich eine bestimmte Gruppe von Menschen (Angestellte und Manager) versammelt, um ein erfüllendes Leben zu führen. In zweiter Linie sollte ein Unternehmen versuchen, einen Beitrag zur Gesellschaft zu leisten. Dieser Beitrag bestand im Fall der *Rouse Corporation* in der Erschließung und Entwicklung von Grundstücken und Ortsteilen. Und drittens sollte es Ziel aller Beteiligten sein, die beiden zuvor genannten Dinge so gut zu machen, daß das Unternehmen einen Gewinn erwirtschaftet und im Geschäft bleibt.

Wenn die Unternehmen größer werden und sich in Aktiengesellschaften verwandeln, beginnen die treuhänderischen Pflichten gegenüber den Aktionären andere Werte in den Hintergrund zu drängen. Ein Teil des Problems liegt also in der Auffassung, das Unternehmen sei für die Aktionäre da. Das führt uns zu der Frage: Was ist eigentlich die Aufgabe eines Unternehmens? Was ist die Aufgabe der Wirtschaft? Nun, in früheren Zeiten galt es als Aufgabe der Wirtschaft, der Gesellschaft zu dienen. In der modernen Gesellschaft hingegen hat sich offensichtlich die Überzeugung durchgesetzt, daß die Gesellschaft im großen und ganzen der Wirtschaft dienen soll. Irgendetwas ist ganz falsch gelaufen, und gerade diese falsche Überzeugung machen wir uns alle zu eigen.

Die Rolle des Unternehmens in der Gesellschaft, wie es sich heute präsentiert, wird zunehmend in Frage gestellt. Trotz großer Produktions- und Produktivitätszuwächse haben die meisten Mitarbeiter keinen Anteil daran, während den Aktionären und den mit Unternehmensbeteiligungen verwöhnten Führungskräften sehr wohl ein solcher Anteil zugestanden wird. Der durchschnittliche Arbeitnehmerlohn ist im letzten Jahrzehnt gesunken; mehr als ein Fünftel der Arbeitnehmer in den USA beispielsweise arbeiten teilzeit oder haben einen befristeten Job, und immer weniger amerikanische Arbeitnehmer sind kranken- oder pensionsversichert. Der Kapitalismus hat sich dahingehend entwickelt, den Arbeitnehmern immer weniger zu bezahlen, damit die Aktionäre mehr bekommen können. Die steigende wirtschaftliche Flut, die einst alle nach oben zu tragen pflegte, hebt heute nur noch ein paar Jachten empor und droht viele kleine Ruderboote kentern zu lassen. Klar ist, daß sowohl Konservative als auch Liberale erwarten, daß die Unternehmen mehr für die Gesellschaft tun, als nur ihre Aktienpreise in die Höhe zu treiben. Immer wieder bekommen wir zu hören, daß die ständigen „Schrumpfungen" aufgrund der derzeitigen Wettbewerbslage dazu führen, daß immer mehr Arbeit auf die Schultern von immer weniger Arbeitnehmern geladen wird und daß diese Arbeit immer sinnentleerter wird, obwohl die Menschen auf der anderen Seite zunehmend auf Mitverantwortung und auf eine Umgebung bestehen, in der die Qualität der Beziehungen zählt.

Die Forderung nach einer sinnvollen Arbeit ist nur eines von vielen kleinen Beben, die auf eine tektonische Verschiebung in unserer modernen Kultur schließen lassen. Sie deutet auf eine allgemeine kulturelle Bewegung hin. Fragen, die schon vor Generationen als geklärt galten, werden plötzlich neu aufgeworfen. Wozu ist die Gesellschaft da? Für die wirtschaftliche Produktion? Alles, was ursprünglich den Zweck hatte, der Gesellschaft zu dienen (zum Beispiel die wirtschaftliche Produktion), treibt die Gesellschaft heute vor sich her (zum Beispiel das Wirtschaftswachstum). Wir haben uns an den Gedanken gewöhnt, daß die wichtigste Funktion eines Unternehmens darin besteht, seinen Aktionären finanzielle Gewinne zu bescheren.

Hinter der Bewegung für ein sinnvolles Arbeitsleben dürften zwei Hauptkräfte stehen. Eine dieser Kräfte ist das wachsende Bewußtsein der Menschen, daß unsere moderne Gesellschaft bestimmte, unerhört wichtige Dimensionen vernachlässigt: die spirituelle, die ethische und die ökologische. Zusätzlich genährt wird diese Bewegung durch die wachsende Unzufriedenheit über die negativen Auswirkungen, welche die moderne wirtschaftliche und politische Ordnung auf das Leben der heutigen Erwachsenen, ihrer Kinder und Enkelkinder und auf das Streben nach einer besseren Welt hat.

Überall auf der Welt befinden sich die Gesellschaften in einer Phase des Übergangs. Die neue Form hat noch keine exakten Konturen, aber wir erkennen bereits ihre Umrisse: neue, risikofreudige Unternehmen, neue Formen der Gemeinschaft, alternative Wirtschaftssysteme und andere gesellschaftliche Neuerungen, die Werte und Prinzipien verkörpern, welche einem neuen Paradigma, in dem die Sinnhaftigkeit einen zentralen Platz einnimmt, besser gerecht werden.

Viele Millionen Menschen in Nordamerika, in Europa und auf der ganzen Welt artikulieren heute ihre Unzufriedenheit mit ihrem kalten, sinnentleerten Arbeitsplatz. Das ist ein Phänomen, das in allen Teilen der modernen Welt zu beobachten ist.

Die Forderung, der „Arbeit ihre Seele zurückzugeben", ist in Wirklichkeit nichts anderes als die Forderung nach einer Neuformulierung der Aufgaben, welche Wirtschaft, Unternehmen und Gesellschaft zu erfüllen haben.

Jack Canfield und Jacqueline Miller haben die Kunst des Erzählens in neue Höhen geführt, indem sie uns mit Geschichten und Strategien bekannt machen, die unsere Herzen öffnen und unserer Arbeit wieder eine Seele einhauchen.

Dieses Buch enthält einen breiten Querschnitt an Themen, Geschichten, Strategien und Erzählungen. Es spannt einen großen Bogen von Mary Kay bis hin zu Jack Stack, von politischen Führern bis hin zu Taxifahrern. Sie alle sind in diesem Buch versammelt und verkünden eine kühne und nicht zu überhörende Botschaft: Es ist an der Zeit, daß wir unsere Arbeitsplätze „sanfter" machen und uns mit der Art und Weise auseinandersetzen, wie wir arbeiten und wie wir einander behandeln.

WILLIS HARMAN
INSTITUTE OF NOETIC SCIENCES

DANKSAGUNGEN

Ich verwende nicht nur mein ganzes eigenes Hirnschmalz, sondern auch das ganze, das ich mir leihen kann.

Woodrow Wilson

Wir möchten allen unseren herzlichen Dank aussprechen, die dieses Buch möglich gemacht haben:

Georgia Noble, Jacks Frau, dafür, daß sie wieder ein Buchprojekt durchgestanden hat und inmitten oft chaotischer Situationen ein Hort der Konzentration, der Ruhe und der Unterstützung war.

Andrew Michael, Jackies Mann, dafür, daß er Jackies erstes Buchprojekt durchgestanden, ihre langen Abwesenheiten und ihre ausgedehnten Aufenthalte in Jacks Haus in Santa Barbara toleriert hat. Außerdem möchten wir ihm dafür danken, daß er dieses Projekt gemanagt und uns ständig mit Rat und Tat zur Seite gestanden hat. Vielen Dank, Andy, für Deine Hilfe.

Patty Aubery möchten wir dafür danken, daß sie uns unermüdlich auf die Finger gesehen hat, während wir dieses Buch schrieben, tippten und redigierten. Patty, was Sie unter Druck zu leisten imstande sind, ist erstaunlich. Wir können unsere Dankbarkeit gar nicht in Worte fassen.

Nancy Mitchell, die das Manuskript als erste gelesen und uns wertvolles Feedback gegeben hat, gebührt ebenfalls unser herzlicher Dank. Sie verbrachte zahllose Wochenenden im Büro, um das Projekt zu einem Abschluß zu bringen, und investierte Hunderte von Stunden in die Beschaffung der Abdruckgenehmigungen für die in diesem Buch verwendeten Geschichten und Artikel – und das alles in Rekordzeit!

Heather McNamara, die sich als unentbehrlich für die Produktion, Redaktion und Zusammenstellung unserer Bücher erwiesen hat, ebenfalls ein großes Dankeschön. Sie ließ den Bleistift am Ende ihrer Arbeitszeit nie fallen. Vielen Dank, Heather!

Herzlichen Dank auch an Kim Wiele, die alles von Marketing über Verkauf und Buchhaltung bis hin zum Kundenservice bravourös managte und uns damit die Möglichkeit gab, uns im letzten Quartal 1995 ausschließlich auf das Buch zu konzentrieren.

Veronica Valenzuela, unsere neueste Mitarbeiterin, stürzte sich sofort in die Arbeit und war immer da, wenn sie gebraucht wurde. Danke, Veronica!

Vielen Dank auch an Trudy Klefstad von Office Works und Wanda Pate, die viele Beiträge zu diesem Buch in ihrer ursprünglichen Form tippten.

Unser herzlicher Dank gebührt auch Anne Wilson Schaef für ihr wundervolles Buch *Native Wisdom for White Minds: Daily Reflection Inspired by the Native People of the World*, dem wir einige besonders treffende Zitate entnommen haben.

Dank an John Grimes für die Großzügigkeit, mit der er Partnerships for Change seine herrlichen Cartoons zur Verfügung gestellt hat. Was für ein Talent! Und vielen Dank für seinen unerschütterlichen Glauben an die Projekte von Partnerships for Change.

Doug Kruschke, Walter Scott und Judy Haldeman danken wir dafür, daß sie das Manuskript gelesen und uns unglaublich wertvolles Feedback darüber gegeben haben.

Vielen Dank auch an die folgenden Leute, die Teile des Manuskripts gelesen und uns ständig mit unschätzbarem Feedback versorgt haben: Jan Ballard, Steve Cashdollar, Dominic Cirincione, Kate Driesen, Pam Finger, Sean Griffin, Betty Mazetti Hatch, Jennifer Hawthorne, Dee Hock, Rachel Hott, Ruth Johnston, Robin Kotock, Elisa Lodge, Penelope Ludwig, Roxanne McDougall, Jill Miller, Rebecca Robertson, Marin Rutte, Michael Owen Schwager, Marci Shimoff, John Tate, James Wanless, Richard und Maureen Wilcinski, Brad Winch und Michael Wyman.

Unser Dank gilt den folgenden Mitarbeitern von McGraw-Hill: Philip Ruppel, der von Anfang an an das Projekt glaubte; Betsy Brown, unsere Lektorin, die Bedeutung und Umfang unseres Projekts von Anfang an verstand und uns während der ganzen Zeit unterstützte; Allyson Arias, die das Manuskript las und kommentierte, und Danielle Munley, die uns in allen Phasen unseres Projekts mit großer Begeisterung unterstützte.

Martin Rutte, Maida Rogerson und Tim Clauss, die uns am Ende des Projekts mehrere wichtige Beiträge zukommen ließen. Vielen Dank ihnen allen für ihre selbstlose Großzügigkeit.

John Vasconcellos gilt unser Dank für die Gründung der California Task Force to Promote Self-Esteem and Personal and Social Responsibility, welche zur Abhaltung der Konferenz über Selbstwertgefühl am Arbeitsplatz führte – bei dieser Konferenz wurde die Idee zu diesem Buch geboren.

Dr. Emmett Miller möchten wir dafür danken, Jackie in die Self-Esteem Task Force berufen und uns immer gute Ratschläge gegeben zu haben.

Herzlichen Dank an Michael Owen Schwager für den Titel und die einfallsreichen Marketingstrategien. Vielen Dank, Michael, für Ihre Kreativität und loyale Unterstützung und dafür, daß Sie immer ein Resonanzboden für uns waren. Und danke, daß Sie uns mit so wundervollen Menschen bekannt gemacht haben!

Unser Dank gilt auch Susan Skye, die uns immer wieder aufrichtete, wenn wir am Boden waren.

Schließlich möchten wir uns bei all den Menschen bedanken, die uns auf eine Weise geholfen haben, auf die wir hier nicht näher eingehen können, ohne deren Hilfe wir dieses Buch aber nie hätten fertigstellen können: Sam Albert, Mary Apic, Joe Bailey, Sondra Barrett, Warren Bennis, Richard Brodie, Christen Brown, Juanita Brown, Holly Buttner, Peter Cameo, Christina Campbell, Dr. Ben Carson, Leslie Carson, Richard Carlson, Diane Carter, Bonnie Colleen, Nancy Conrad, Pete Conrad, Lisa Conte, Charles Coonradt, Marguerite Craig, Sandy Davis, David Delker, Constance Demby, Gun Denhart, Paul Dolan, Ann Duquette, Nancy Dutcher, Brooke Medicine Eagle, Dick Elkus, Liz Fetter, Eileen Fisher, Sid Friedman, Donald Gardner, Leeza Gibbons, Jane Goodall, Nick Graham, Leah Griesmann für ihre frühen Redaktionsarbeiten, Dr. Patrick Griffin, Norah Hart, Andy Healy, Hazel Henderson, Gary Herbertson, Elizabeth Hin, Ellison Horne, Marlow Hotchkiss, Caroline Rose Hunt, Dr. Tim Johnson, Prasad Kaipa, Jack Kemp, Charles Kernaghan, Nancy Larsen, Walter Lembi, Learn-It Inc., Elisa Lodge, Clem Long, Ronald Long, Dora Love, Diana Marto, Hanoch McCarthy, Roxanne McDougall, Allen McReynolds, Andy Mecca, Ken Michael, Shelah Michael, Emmett Miller, dem verstorbenen John F. Miller, Libby Miller (Jackies Mutter), Maurice Miller, Tom Miller, Josie Natori, Valerie Oberle, Audrey Rice Oliver, Jon L. Pierce, Parkinson Pino, John Quigley, Rashani, Robert Reasoner, David Rivard, Rebecca Robertson, Majel Rodenberry, Buck Rodgers, Barbara Rodstein, Rose Russo, Gae Schulman, Walter Scott, Diane Sherwood, David Sibbet, Denise Slattery, Jack Stack, Bill Stark, Mark Stubis, John Tate, Joshua Taylor, Leslie Temple Thurston, Eric Utne, Alis Valencia, Lillian Vernon, Jim Wanless, Matt Weinstein, Ruth Forbes Young, dem verstorbenen Arthur Young, Wendy Zhorne und Shoya Zichy.

Wir fürchten, daß uns aufgrund des ungeheuren Umfangs dieses Projekts die Namen einiger Leute entschlüpft sind, die uns geholfen haben. Bei ihnen möchten wir uns herzlich entschuldigen und ihnen sagen, daß wir ihnen trotzdem unendlich dankbar sind für ihr Verständnis und die wertvolle Unterstützung, die sie uns zuteil werden ließen.

Ich habe immer nach einem Weg gesucht, menschlichen Kontakt herzustellen, ohne auf Autorität pochen zu müssen. Schließlich sind Musiker keine Soldaten. Was am meisten zählt, ist der zwischenmenschliche Kontakt. Das große Mysterium der Musik erfordert echte Freundschaft unter den Musikern. Alle Mitglieder des Orchesters wissen, daß ich in meinem Herzen mit ihnen bin.

Carlo Maria Giulini
Ehemaliger Chefdirigent des
Los Angeles Philharmonic Orchestra

QUELLE: Abdruck mit freundlicher Genehmigung von John Grimes, © John Grimes

EINFÜHRUNG

Dies ist nicht
das Zeitalter der Information.

Dies ist nicht
das Zeitalter der Information.

Vergeßt die Nachrichten
und das Radio
und die flimmernden Bildschirme.

Dies ist die Zeit
der Brotlaibe
und der Fische.

Die Menschen sind hungrig,
und ein gutes Wort
ist Brot für tausend.

David Whyte

Die Arbeitswelt von heute leidet unter gebrochenem Herzen. Kein Wunder, daß die Fluktuation in allen Arbeitsbereichen erschreckend hoch ist – von lange innegehabten Sitzen im Senat und sicheren Positionen in den Finanzhäusern der Wall Street bis hin zu Jobs aller Ebenen in der Wirtschaft. Wer Augen hat zu sehen, der erkennt, daß Unsicherheit, Angst, Verzweiflung, Resignation und Zynismus sich ausgebreitet haben wie nie zuvor. Wir stehen vor tiefgreifenden sozialen Veränderungen mit katastrophalen Auswirkungen, und alle unsere Systeme scheinen im Begriff zu sein, sich selbst zu zerstören. Arbeitnehmern wird mitgeteilt, daß sie durch die Auswirkungen von Automatisierung, Rationalisierung und giermotiviertem Downsizing „überflüssig" geworden sind. Die Botschaft lautet: „Der Gewinn kommt vor dem Menschen", und die Folge ist, daß die Träume von einem besseren Leben für viel zuviele Men-

21

schen zu Alpträumen der Enttäuschung verkommen sind. Streßbedingte Krankheiten nehmen epidemische Ausmaße an, und Mord ist in der heutigen Arbeitswelt zur Todesursache Nr. 1 geworden.

Elende, seelenlose Arbeitsplätze sind heute die Norm. Aber dank des wachsenden spirituellen Bewußtseins und der stärkeren Betonung der persönlichen Entwicklung wollen immer weniger Menschen einem Unternehmen angehören, das keine Verantwortung für die Gesellschaft und die Umwelt übernimmt. Immer mehr Menschen wollen nicht nur überleben, sondern sie wollen in ihrem Leben etwas bewirken.

Bei den Interviews, die wir mit Leitern der hundert größten Unternehmen in den USA, mit aufstrebenden jungen Unternehmern, Unternehmensberatern, Universitätsprofessoren, Managern, Assistenten, Angestellten, Selbständigen, Regierungsbeamten, Militärangehörigen, Psychologen und Karriereberatern führten, überraschte es uns immer wieder, wie viele Menschen nicht nur über ihre Bedürfnisse als Menschen, sondern auch über ihre spirituellen Werte sprachen. Viele Unternehmensleiter erzählten uns, daß sie sich von einer höheren Hand geführt und „in den Armen Gottes sicher geborgen" fühlten. Manager sprachen über die Schwierigkeit, ihre spirituellen Überzeugungen in ihre Managementpraktiken einfließen zu lassen, und immer wieder erzählten uns unsere Interviewpartner, daß sie ihren derzeitigen Job, ihre „Berufung" oder ihr Arbeitsgebiet göttlichem Eingreifen verdankten.

Ob wir nun mit einem Farmer sprachen, der über die von ihm eingesetzten chemischen Düngemittel entschied, oder mit einem Luftgüteexperten, der die Schadstoffemissionen überwachte – alle Befragten hatten ein besseres Gefühl, wenn sie wußten, daß sie einen Beitrag zum Fortkommen ihrer Gemeinde, ihrer Nation und der ganzen Welt leisteten.

Da gab es Leute, die sich darüber freuten, daß zehn Prozent des Gewinns ihres Unternehmens an Wohltätigkeitsorganisationen flossen oder für andere Zwecke gespendet wurden, bei deren Auswahl sie mitgehofen hatten, eine *Mary Kay*-Distributorin, die stolz darauf war, daß ihr Unternehmen den Umweltpreis der Vereinten Nationen erhalten hatte, weil es Verpackungsmaterial aus Recyclingstoffen verwendete und auf Tierversuche verzichtete, oder einen Drucker von *QuadGraphics*, der glücklich darüber war, daß sein Unternehmen weniger Abfall produzierte als alle anderen amerikanischen Druckereien. Die Menschen haben ein gutes Gefühl, wenn sie wissen, daß ihr Unternehmen, ihre Regierungsbehörde oder ihr Geschäft etwas Positives bewirken, statt zu den Problemen der Welt noch weitere beizusteuern.

Die Menschen brauchen das Gefühl, daß es von Belang ist, wer sie sind und was sie tun. Derzeit verbringen wir über 60 Prozent unseres Daseins in der Arbeit, und deshalb wollen wir, daß diese Arbeit in einem Zusammenhang mit dem steht, was wir auf der Welt als wichtig empfinden. Wir wollen nicht in Unternehmen arbeiten, die unsere Luft oder unser Wasser verschmutzen, denn unsere Kinder und Kindeskinder werden diese Luft atmen und dieses Wasser trinken. Wir wollen abends nicht in dem Bewußtsein zu Bett gehen, daß wir gelogen haben, um einen Verkauf abzuschließen oder einen Kunden zu halten. Wir wollen ein gutes Gefühl haben, was unsere Person und unsere Handlungen betrifft.

Die Menschen wünschen sich einen Arbeitsplatz, an dem sie sich geliebt, geschätzt und umsorgt fühlen, und sie lehnen es ab, in der Arbeit ignoriert, erniedrigt oder für selbstverständlich genommen zu werden.

Tief in unserem Inneren möchten wir alle eine Arbeit haben, die produktiv ist, Spaß macht, sinnvoll ist und uns fordert. Wir alle möchten dazugehören, Beiträge leisten, wichtig sein und etwas bewirken. Und schließlich möchten wir alle hören: „Vielen Dank. Sie haben wirklich etwas erreicht!"

WIE DIESES BUCH ENTSTAND

Die Idee für dieses Buch wurde am Ende einer Konferenz über Selbstachtung am Arbeitsplatz geboren, die vom Staat Kalifornien im Rahmen der Unterstützung der *Task Force to Promote Self-Esteem and Personal and Social Responsibility** gesponsert wurde. Wir sprachen noch darüber, was für ein wundervoller Tag es gewesen war und wie gut es doch wäre, die auf der Konferenz präsentierten Gedanken und Strategien einem viel breiteren Publikum zugänglich zu machen. Dabei vereinbarten wir, ein Buch mit Beiträgen der führenden Experten auf dem Gebiet der Selbstachtung am Arbeitsplatz zusammenstellen, in dem vor allem Unternehmensleiter zu Wort kommen sollten, die aktiv und bewußt zum Aufbau von Selbstachtung in ihren Betrieben beitrugen, sowie Unternehmensberater, die Seminare, Workshops und Schulungskurse zum Thema Selbstwertgefühl und Spiritualität am Arbeitsplatz abhielten.

Zu Beginn erschien uns das Projekt ziemlich einfach. Tatsächlich entpuppte es sich aber als eines der schwierigsten und letztes Endes auch lehrreichsten Unterfangen, mit denen wir uns jemals beschäftigt haben. Wir hatten beide über 20 Jahre lang auf dem Gebiet der Selbstachtung gearbeitet, und wir

---

*Verband zur Förderung des Selbstwertgefühls und der persönlichen und sozialen Verantwortung

waren davon überzeugt, eine Menge über das Thema zu wissen – und so war es auch. Trotzdem: Je intensiver wir uns in das Projekt vertieften, desto stärker wurde uns bewußt, was wir alles nicht wußten.

Offensichtlich ist es so, daß das Maß unserer Selbstachtung alle Aspekte unseres Lebens beeinflußt, darunter auch unsere Arbeit, und daß alle Aspekte unserer Arbeit einen potentiellen Einfluß auf unsere Selbstachtung haben. Je tiefer wir in das Thema Selbstachtung am Arbeitsplatz eindrangen, desto klarer wurde uns, daß die Menschen Hunderte, für uns neue Dinge taten, die zum Aufbau von Selbstachtung am Arbeitsplatz beitrugen. Ehe wir uns versahen, hatten wir über 200 Beiträge kluger und engagierter Menschen aus aller Welt auf unseren Schreibtischen liegen. Das brachte uns zu der Erkenntnis, daß wir eigentlich Material für drei Bücher hatten: eines mit bewegenden persönlichen Geschichten, welche die Herzen und Seelen aller arbeitenden Menschen berühren würden; eines für Manager, bestehend aus sorgfältig ausgewählten Beiträgen über die besten Konzepte, Prinzipien und Maßnahmen für den Aufbau von Selbstwertgefühl in der Arbeit, und ein drittes für Unternehmensleiter und andere Führungskräfte mit Geschichten und Aussagen von anderen Führungskräften, die darüber berichteten, was sie taten oder getan hatten, um ihren Mitarbeitern beim Aufbau eines guten Selbstwertgefühls zu helfen und das in ihren Unternehmen vorhandene humane Potential zur Entfaltung zu bringen.

Unser Verlag wünschte sich jedoch ein universelles, leicht zu lesendes Buch, das von Menschen aus allen Bereichen des Arbeitslebens geschätzt werden würde – von Unternehmern, Managern, Vorgesetzten, Angestellten und Beratern. Das machte unser Projekt viel schwieriger als gedacht, weil unsere Meinungen, was die Form anging, etwas abweichend waren. Aber dann entdeckten wir, daß wir auf der Ebene der Prinzipien, Werte und „Herzensdinge" völlig auf einer Linie lagen.

Was letzten Endes herausgekommen ist, ist ein Buch, das unserer Meinung nach das Beste aller drei Varianten in sich vereinigt.

Das Buch enthält persönliche Beiträge von Arbeitern, Managern, Trainern, Beratern und führenden Persönlichkeiten aus der Wirtschaft, die uns ihre ehrlich empfundenen Erfahrungen und Erkenntnisse über jene Dinge mitteilten, die das Arbeitsleben humaner, erfüllender und intensiver machen. Die Geschichten verkünden eindringlich, wie wichtig Selbstachtung, Selbstakzeptanz, Liebe, Anteilnahme, Anerkennung, Gefühl, Respekt, Integrität, Engagement und Mut am Arbeitsplatz sind – jene Dinge, die wir geistige oder spirituelle Qualitäten nennen könnten.

Dieses Buch enthält auch Beiträge von Unternehmensleitern, Managern, Beratern und Unternehmenspsychologen, die sich in ihrer tagtäglichen Praxis aktiv mit der Schaffung einer neuartigen Organisation beschäftigen, die ihre Angehörigen respektiert und sie ermutigt, ihr volles Spektrum an Ausdrucksmöglichkeiten zu entfalten, die Wert legt auf Wahrheit, die ihren Mitarbeitern selbständiges Arbeiten zubilligt, die die Umwelt schützt und respektiert und die Produkte und Dienstleistungen herstellt, die etwas Positives bewirken.

Die Geschichten und Gedanken dieser Führungspersönlichkeiten vermitteln uns positive Visionen der Hoffnung und praktische Anleitungen für die Schaffung von Unternehmen, die das Selbstwertgefühl aufbauen, anstatt es zu zerstören, und die den menschlichen Geist anerkennen und ehren.

Der Zweck dieses Buches liegt darin, unseren Arbeitsplätzen wieder Leben einzuhauchen. Wir möchten Seufzer der Erleichterung darüber hören, daß es Menschen gibt, deren Arbeit von ihren Herzen bestimmt wird, und die den Menschen an die erste Stelle reihen und trotzdem gesunde Gewinne erzielen. Wir hoffen, daß ihre Geschichten, Gedanken und Visionen Sie dazu inspirieren werden, dasselbe zu tun.

Anekdoten sind oft die besten Vehikel der Wahrheit, und wenn sie gut gewählt und treffend sind, können sie eindrucksvoller und wirkungsvoller sein als jede Diskussion.

Tyrone Edwards

WIE DIESES BUCH ZU LESEN IST

Wir haben für dieses Buch fast 100 Beiträge zusammengetragen – einige davon kurz, andere länger –, die für Fragen im Bereich der Selbstachtung und der Spiritualität am Arbeitsplatz praktische Lösungen anbieten und erläutern. Sie werden bemerken, daß Ihr Scharfblick und Ihre Entscheidungskraft beim Lesen gefordert sind. Am einfachsten zu lesen und zu verdauen sind die kurzen, persönlichen Geschichten. Sie werden Sie auf vielerlei Ebenen berühren und nahezu unbewußt Wirkung tun.

Die theoretischeren und analytischeren unter den Beiträgen erfordern ein bißchen mehr Anstrengung von Ihrer Seite, damit sie ihren vollen Wert entfalten. Sie werden Sie zum Nachdenken, zum Treffen von Entscheidungen und zum Planen einer Vorgehensweise zwingen. Nun glauben wir zwar, daß es wichtig ist, Sie auf der emotionalen Ebene anzusprechen, weil von dieser Ebene Motivation und Bekenntnis zur Veränderung ausgehen, aber wir sind auch davon überzeugt, daß es wichtig ist, daß Sie Ihren Geist trainieren und Ihre Glaubens- und Wertesysteme in Frage stellen. Auf diese Weise entsteht ein ganzheitlicher Ansatz, von dem wir glauben, daß er tiefstgreifende Auswirkungen auf Ihr Verhalten haben wird. Letzten Endes verkörpert jeder Beitrag zu diesem Buch lediglich die Meinung eines Menschen darüber, was wichtig ist. Er kann nie die gesamte Wahrheit vermitteln. Jede Geschichte ist nur eine Facette eines facettenreichen Diamanten. Wir möchten Sie einladen, die einzelnen Facetten so eingehend zu studieren wie möglich und sich dann auf Ihre eigenen Wahrnehmungen und Schlüsse bezüglich dessen zu verlassen, was für Sie und für Ihr Unternehmen wichtig ist.

WIE SIE VON DIESEM BUCH MAXIMAL PROFITIEREN

Damit Sie von diesem Buch maximal profitieren, empfehlen wir Ihnen, es innerhalb des nächsten Jahres mindestens dreimal zu lesen. Dafür gibt es zwei Gründe: Erstens enthält dieses Buch so viele goldene Gedanken, daß Sie sie in einem Durchgang unmöglich alle erfassen und im Gedächtnis behalten können. Der zweite Grund liegt darin, daß manche der Beiträge bei jedem zusätzlichen Lesedurchgang mehr herzugeben scheinen – vor allem jene, die von Führungskräften und Unternehmensberatern geschrieben wurden. Diese Artikel sind meist ein wenig theoretischer und erfordern daher beim Lesen mehr Konzentration. Sie sind vollgepackt mit so viel Information und so vielen praktischen Empfehlungen, was Sie zur Veränderung Ihrer Person und Ihres Arbeitsplatzes tun können, daß es Monate dauern würde, alle diese Empfehlungen in die Praxis umzusetzen. Wir möchten Sie bitten, diese Artikel immer wieder zur Hand zu nehmen, damit Sie überprüfen können, wie es Ihnen mit der Umsetzung geht, aber auch, damit Sie Erkenntnisse über die nächsten Schritte gewinnen.

Nochmals möchten wir Ihnen empfehlen, dieses Buch nicht in einem Durchgang zu lesen. Lesen Sie immer nur so lange, wie es Ihnen Spaß macht. Vielleicht möchten Sie eine der Geschichten kopieren und sie Ihren Kollegen zeigen. Vielleicht motiviert Sie das Buch auch, mehr Kraft, Engagement und Leidenschaft in Ihre Arbeit einzubringen. Vielleicht wird es in Ihnen das Bedürfnis wecken, Ihre Kollegen anzurufen und ihnen zu sagen, wie sehr Sie sie schätzen und wie wichtig sie für Ihr Leben sind. Vielleicht möchten Sie auch eine bestimmte Technik zur Anerkennung und Belohnung eines Mitarbeiters ausprobieren. Oder vielleicht möchten Sie sich einfach selbst etwas Gutes tun, wie spazierengehen oder einige Entspannungsübungen machen. Wir laden Sie ein, Ihren Impulsen zu vertrauen und ihnen nachzugeben.

TRETEN WIR DIE REISE AN!

Wir möchten Ihnen nun, da Sie die Reise mit dem Ziel antreten, der Arbeit wieder Sinn und Seele zu geben und Selbstwertgefühl und Spiritualität am Arbeitsplatz neu aufzubauen, für Ihre Bereitschaft, Ihr Engagement und Ihren Mut danken, sich zu öffnen und sich von den Geschichten berühren zu lassen, die wir hier zusammengetragen haben. So können auch Sie die Menschen in Ihrem Umkreis berühren und bewegen, und Sie haben die Chance, fröhlichere, erfüllendere und selbstbestimmtere Arbeitsplätze zu schaffen, ganz gleich, ob Sie ein Angestellter, ein Manager der mittleren Ebene, eine Führungskraft oder ein Unternehmensleiter sind.

Zu Beginn Ihrer Reise möchten wir Ihnen auf jeden Fall viele Stunden angenehmer und bereichernder Lektüre wünschen. Bon voyage!

1 WIR UND UNSER SELBSTWERTGEFÜHL

Die Art und Weise wie wir uns selbst sehen und wie wir mit uns selbst umgehen, bildet die Grundlage unseres Verhaltens. Wenn wir unser Selbstwertgefühl heben, werden sich gleichzeitig Dutzende unserer Verhaltensweisen ganz von selbst ändern. Gelingt es uns zum Beispiel, mehr Kompetenz zu erlangen, werden wir wahrscheinlich weniger defensiv reagieren. Kritik werden wir gelassener hinnehmen, wir werden weniger niedergeschlagen sein, wenn man uns die verlangte Gehaltserhöhung verweigert, wir werden morgens fröhlicher zur Arbeit kommen, wir werden weniger Angst vor Entscheidungen haben, und wir werden andere mehr schätzen und leichter loben können.

Will Schutz

QUELLE: PEANUTS® © 1991 United Features Syndicate, Inc. Abdruck mit freundlicher Genehmigung

DRÜCKEN SIE IHRER ARBEIT IHREN PERSÖNLICHEN STEMPEL AUF

Barbara Glanz

Vortragende
Autorin von *The Creative Communicator – 399 Tools to Communicate Commitment Without Boring People to Death!* und *CARE Packages for the Workplace – Dozens of Little Things You Can Do to Regenerate Spirit at Work*

Bleibe bei deiner Arbeit und habe deine Freude daran.

Liber Ecclesiasticus, Kap. 11, Vs. 20

Wenn du als Straßenfeger arbeitest, dann fege die Straßen so, wie Michelangelo malte, wie Beethoven komponierte oder wie Shakespeare dichtete. Fege die Straßen so gut, daß die Heerscharen des Himmels und die Menschen innehalten und sagen: „Hier lebte ein großer Straßenfeger, der sich auf seine Arbeit verstand."

Martin Luther King, Jr.

Im vergangenen Herbst wurde ich gebeten, vor 3.000 Angestellten einer großen Supermarktkette im Mittleren Westen der USA zum Thema „Aufbau von Kundenloyalität und neue Sinnfindung am Arbeitsplatz" zu sprechen.

Einer der Punkte, die ich in meinem Vortrag hervorhob, lautete: „Drücken Sie Ihrer Arbeit Ihren ganz persönlichen Stempel auf." Angesichts von Gesundschrumpfung und Reengineering, von weitreichenden technologischen Veränderungen und ständig steigendem Arbeitsstreß halte ich es für wichtig, daß jeder Mensch einen positiven Zugang zu sich selbst und zu seiner Arbeit findet. Eine der besten Methoden, um dieses Ziel zu erreichen, besteht darin, etwas zu tun, was einen von allen anderen unterscheidbar macht, die dasselbe tun wie man selbst.

Ich brachte einige Beispiele: Da ist der Pilot der Fluglinie *United Airlines*, der, sobald er im Cockpit alles unter Kontrolle hat, zum Computer geht und nach dem Zufallsprinzip einige Passagiere auswählt, bei denen er sich mit einer handgeschriebenen Karte dafür bedankt, daß sie mit United fliegen. Ein Graphiker, für den ich arbeite, legt den Briefen an seine Kunden immer ein Stück zuckerfreien Kaugummi bei, damit sie seine Post nicht ungeöffnet wegwerfen!

Ein Arbeiter in der Gepäckbeförderung bei *Northwest Airlines* machte es sich zur Gewohnheit, alle von den Koffern gefallenen Namensschildchen, die in der Vergangenheit einfach weggeworfen worden waren, einzusammeln und in seiner Freizeit an die Fluggäste zurückzuschicken – zusammen mit einer kleinen Karte, auf der er den Empfängern dafür dankte, daß sie mit *Northwest* geflogen waren. Ein leitender Manager, für den ich arbeitete, entschied sich für das folgende persönliche Extra: Jedesmal, wenn er seinen Mitarbeitern ein Memo schickt, von dem er weiß, daß es ihnen keine besondere Freude machen wird, klammert er ein Kleenex an die obere Ecke!

Nachdem ich noch mehrere Beispiele anderer Leute gebracht hatte, die ihren Jobs ihren unverwechselbaren persönlichen Stempel aufdrücken, forderte ich meine Zuhörer auf, ihrer Kreativität freien Lauf zu lassen und sich ihre eigenen persönlichen Extras auszudenken.

Eines Nachmittags, etwa drei Wochen nachdem ich meinen Vortrag vor den Angestellten der Supermarktkette gehalten hatte, klingelte mein Telefon. Der Mann am anderen Ende der Leitung sagte, daß er Johnny heiße und in einer der Filialen als Packer arbeite. Er sagte auch, daß er mongoloid sei, und fügte hinzu: „Barbara, was Sie gesagt haben, hat mir gefallen!" Und dann erzählte er mir, daß er an dem Abend nach meinem Vortrag seinen Vater gebeten habe, ihm zu zeigen, wie man einen Computer bedient.

Die beiden legten sich ein übersichtliches Konzept zurecht, und nun sucht Johnny jeden Abend, wenn er nach Hause kommt, nach einem „Gedanken des Tages". „Wenn ich keinen finde, der mir gefällt", so sagte er, „dann erfinde ich eben einen!" Diesen Gedanken gibt er dann in den Computer ein, druckt ihn mehrfach aus, zerschneidet die ausgedruckten Blätter und schreibt seinen Namen auf die Rückseite der so entstandenen kleinen Zettelchen. Wenn er am nächsten Tag die Einkäufe seiner Kunden in Papiertüten packt, *legt er jeder Tüte einen Zettel mit seinen Gedanken des Tages bei.* So hat er eine unterhaltsame und kreative Methode gefunden, seiner Arbeit seinen persönlichen Stempel aufzudrücken.

Einen Monat später rief mich der Leiter dieser Filiale an. Er sagte: „Barbara, Sie werden nicht glauben, was heute passiert ist. Als ich am Morgen in den Laden ging, war die Schlange an der Kassa, an der Johnny die Waren verpackt, *dreimal so lang* wie die anderen Schlangen! Ich wurde ganz hektisch und rief: ‚Öffnet zusätzliche Kassen! Ruft Leute zur Unterstützung!' Aber die Kunden sagten: ‚Nein, nein! Wir *wollen* bei Johnny Schlange stehen – wir wollen den Gedanken des Tages!'"

Er sagte, eine Frau sei sogar auf ihn zugekommen und habe gesagt: „Früher ging ich nur einmal pro Woche einkaufen, aber nun komme ich jeden

Tag, weil ich keinen Gedanken des Tages versäumen möchte!" (Stellen Sie sich nur einmal vor, welche Auswirkungen das auf das Geschäftsergebnis hat!) Er beendete das Gespräch, indem er fragte: „Wer ist Ihrer Meinung nach *die wichtigste Person* in unserer Filiale?" Nun, was sollte ich sagen? Johnny, wer sonst!

Drei Monate später rief mich derselbe Filialleiter nochmals an: „Sie und Johnny haben unseren Laden vollkommen verwandelt! Nun haben es sich die Leute von der Blumenabteilung zur Gewohnheit gemacht, immer dann, wenn sie abgeknickte Blumen oder liegengebliebene Ansteckbuketts haben, in den Laden hinauszugehen und sie einer alten Frau oder einem kleinen Mädchen zu schenken. Einer unserer Fleischverpacker ist ein Snoopy-Fan. Er kaufte 50.000 Snoopy-Sticker, und jedesmal, wenn er ein Stück Fleisch einpackt, steckt er einen seiner Snoopy-Sticker an die Tüte. Wir haben soviel Spaß an diesen kleinen Dingen, und unseren Kunden geht es genauso!" DAS nenne ich neuen Schwung in die Arbeit bringen!

Ein Mann beklagte sich bei seinem Rabbi: „Es verdrießt mich, daß mir meine Arbeit keine Zeit für Studium oder Gebet läßt."
Der Rabbi antwortete: „Vielleicht ist Gott Ihre Arbeit gefälliger als Studien oder Gebete."

Hassidische Überlieferung

QUELLE: Bizarro von Piraro. Abdruck mit freundlicher Genehmigung von Chronicle Features, San Francisco.
Alle Rechte vorbehalten.

DAS EICHELPRINZIP

Jim Cathcart

Präsident der *Jim Cathcart Company*
Vortragender
Ehemaliger Präsident der *National Speakers Association*
Autor von *Relationship Selling*

Wir selbst zu sein und niemand als wir selbst, bedeutet in einer Welt, die alle gleichzumachen versucht, den härtesten Kampf, den ein Mensch ausfechten kann – einen Kampf, der niemals endet.

e.e. cummings

Das Eichelprinzip besagt, daß wir uns am besten, schnellsten und leichtesten entwickeln, wenn wir unsere natürlichen Fähigkeiten nutzen. Die Eichelmetapher geht davon aus, daß die meisten Leute glauben, sie könnten andere Menschen nach ihrem Belieben verändern. Statt dessen sollten sie lieber in das Innere ihrer Mitmenschen schauen, um zu sehen, welche Samenkörner sich darin verbergen – denn so wie die Bäume tragen auch die Menschen Samenkörner in sich.

Seit Jahren diskutieren Psychologen, Psychiater und Philosophen heftig darüber, was den Menschen zu dem macht, was er ist. Ist es die Natur (das Genom), oder ist es die Umwelt (die Erfahrungen, die dieser Mensch im Laufe seines ganzen Lebens sammelt), die ihn formt? Die Antwort liegt wohl in der Mitte. Wenn wir unsere eigene Entwicklung und die anderer fördern wollen – vor allem, wenn wir erreichen möchten, daß diese anderen ein erfülltes Arbeitsleben, glückliche Beziehungen und ein gutes Selbstwertgefühl haben –, dann müssen wir unsere natürlichen Fähigkeiten und Anlagen nützen und ausbauen, davon bin ich überzeugt.

Viele Manager gehen jedoch genau von der anderen Seite an die Sache heran. Sie erblicken das kleine Samenkorn in jemandem und sagen: „Kleine Eichel, ich bin davon überzeugt, daß du ein großes Potential hast. Mit ein bißchen Übung und harter Arbeit könntest du dich zu einem mächtigen Redwood-Baum entwickeln." Tatsache ist aber, daß aus einer Eichel nichts anderes werden kann als eine Eiche – allerdings eine wunderschöne, wenn sie ungehindert wachsen kann.

Dann kommt der irregeleitete Manager zur Sache und sagt: „Kleine Eichel, ich sage dir, was ich für dich tun werde. Ich werde mit dir arbeiten und dir helfen, deine Redwood-Fähigkeiten zu entfalten. Hier hast du eine Kassette, die du dir anhören solltest. Sie stammt von Dr. Norman Vincent Baum und heißt *Positives Denken für Redwoods*. Und hier ist ein Buch über die größten Redwoods aller Zeiten. Laß dich von ihrem Beispiel inspirieren. Ich möchte auch, daß du mit anderen Redwoods Kontakt aufnimmst. Führe einfach einmal einen Redwood zum Mittagessen aus, finde heraus, wie er ist, und frage ihn nach seinen Geheimnissen. Ich habe auch einen Merksatz für dich erstellt, den du dir täglich vorsagen sollst: 'Ich bin ein Redwood, groß und stark. Meine mächtigen Äste bieten allen Zuflucht. Ich bin gut genug, klug genug, und, zum Teufel, die Leute mögen mich!'"

Nun frage ich Sie: Was wird aus dieser Eichel werden, wenn sie groß ist? Sie werden sagen, nun, höchstwahrscheinlich eine Eiche. Darauf antworte ich, ja, aber eine äußerst unsichere Eiche. Schließlich hatte man ihr ständig gesagt, daß das, was sie täte und wie sie es täte, nicht gut sei. Man vermittelte ihr die Botschaft, daß sie besser daran täte, etwas anderes zu werden – etwas, was sie in diesem Fall nicht werden konnte.

Aber was wäre gewesen, wenn derselbe Manager einen anderen Ansatz verfolgt und gesagt hätte: „Zuerst einmal gilt es, das Wesen dieses Menschen zu erkennen", und wenn er dann gefragt hätte: „Wie kann ich dieses Wesen fördern? Wie kann ich herausfinden, welche natürlichen Gaben dieser Mensch hat, und wie kann ich auf der Basis dieser Gaben einen strukturierten Wachstumsplan für diesen Menschen entwickeln?" In diesem Fall hätte der Manager vielleicht folgendes zu der kleinen Eichel gesagt: „Hier hast du eine Kassette über *Die Kraft des positiven Eichen-Denkens*. Darauf findest du einige Beispiele erfolgreicher Eichen, von denen du meiner Meinung nach lernen kannst. Hier ist ein Anmeldeformular für ein Seminar über spezielle Eichen-Fähigkeiten. Ich möchte, daß du mit anderen Eichen in Kontakt trittst, und ich habe einen Merksatz für dich entwickelt, der sich auf deine Fähigkeiten als Eiche bezieht." Wäre der Manager so vorgegangen, hätten dieselben Techniken viel Positives bewirkt, weil sie auf den naturgegebenen Gaben aufgebaut hätten, die bereits vorhanden waren. Je genauer wir nach den Samenkörnern in uns selbst und in anderen Menschen Ausschau halten, desto eher werden wir die Menschen so schätzen, wie sie sind, und ihnen helfen, auf ihre natürlichen Talente zu setzen und auf diese Weise ihr wahres Potential zu entfalten.

Dr. Kenneth McFarland erzählte in einem Vortrag von einem seiner Freunde, Dr. Edward Rosenal. Dieser hatte im Alter von elf Jahren beobachtet, wie ein Arzt die Gesichter seiner Eltern zum Strahlen brachte, indem er die Schmerzen und Leiden seines Bruders linderte. Sein Bruder war schwer erkrankt, und seine Eltern hatten den Arzt gerufen. Nach einigen bangen Stunden des Wartens kam er, und das, was er tat – und wie er es tat –, ließ die Gesichter seiner Eltern so aufleuchten, daß Edward Rosenal im zarten Alter von elf Jahren den Entschluß faßte, ebenfalls Arzt zu werden. Er machte dann eine glänzende Karriere als Arzt in Cincinnati.

Nach dieser Geschichte erzählte ich meinem Publikum meist auch, daß ich 1979 einen Vortrag vor einer Gruppe von Eigentümern und Betreibern von *Dairy-Queen*-Läden hielt. Dort stellte ich die Frage: „Wie sind Sie zu diesem Geschäft gekommen?" Daraufhin hob eine Frau ihre Hand und sagte: „Ich kam dazu, weil ich als Krankenschwester die Schmerzen und das Leid, das ich jeden Tag mit ansehen mußte, nicht mehr aushielt. Eines Nachmittags, als ich in einem nahegelegenen Eissalon saß, sah ich einen kleinen Jungen, der mit den Fingern auf ein Photo zeigte, auf dem ein Eisbecher mit Karamelsauce abgebildet war. Ich schwöre, daß zwischen diesem Kind und diesem Eisbecher eine Art spirituelle Verbindung bestand. In diesem Augenblick entschloß ich mich, den Beruf zu wechseln, damit auch ich solche kleinen Gesichter zum Leuchten bringen konnte." Also hängte sie ihren medizinischen Beruf an den Nagel, um Gesichter zum Leuchten zu bringen. Edward Rosenal ging den umgekehrten Weg: Er wandte sich der Medizin zu, um Gesichter zum Leuchten zu bringen. In jedem Fall war das Ziel das gleiche – nämlich Glück und Zufriedenheit in die Welt zu bringen und anderen ihr Los zu erleichtern. Aber die beiden gingen von entgegengesetzten Seiten an die Sache heran, indem sie die Natur des in ihnen verborgenen Samenkorns berücksichtigten. Der eine wandte sich der Medizin zu, während sich die andere von ihr zurückzog.

Vor Jahren sagte einer meiner Freunde, Bruce Belland, Gründer und einer der Sänger der Gruppe *The Four Preps*, zu mir: „Jim, ich habe von deinem Eichelprinzip gehört. Ich will dir ein Beispiel erzählen, das damit zu tun hat. Meine zweite Tochter kam durch einen Notkaiserschnitt zur Welt. Meine Frau und ich machten uns große Sorgen, als wir uns gemeinsam auf den Weg ins Krankenhaus machten. Ich weiß noch, daß ich, bevor wir losfuhren, mit dem Arzt meiner Frau über meinen Beruf sprach. Dabei vertraute er mir an, daß er eigentlich lieber Konzertpianist geworden wäre, weil die Musik seine große Leidenschaft sei.

Später, nachdem meine Frau entbunden hatte, kam der Arzt mit der guten Nachricht auf mich zu, daß es ihr gut gehe und ich Vater einer wundervollen, gesunden kleinen Tochter geworden sei. Als wir da standen und miteinander sprachen, wurde der Arzt, der den Kaiserschnitt durchgeführt hatte, von einem Kollegen angesprochen, der sagte: 'Entschuldigen Sie, Doktor, aber Sie haben wunderbare Arbeit geleistet dort drinnen, und es war mir eine Ehre, Ihnen zu assistieren.' Der Arzt dankte seinem Kollegen, und der ging seiner Wege.

Ich wandte mich dem Arzt zu und sagte: ‚Nun sagen Sie mal: Sie haben soeben ein neues Leben zur Welt gebracht und ein weiteres Leben gerettet. Dann ist ein Kollege auf Sie zugekommen, um Ihnen zu sagen, es sei ihm eine Ehre, mit Ihnen zusammenzuarbeiten – und da wollen Sie mir im Ernst sagen, Sie seien lieber Musiker geworden?'

Der Arzt grinste, nickte und sagte: ‚Jaja, es stimmt schon, ich war nicht so schlecht dort drinnen.' Wir lachten beide, und er fuhr fort: ‚Und ich weiß auch warum: Heute morgen stand ich eine Stunde früher auf und spielte Chopin, bevor ich in die Klinik fuhr.'"

Zu dieser Geschichte von Bruce Belland und seinem Arzt fällt mir ein, daß wir, wenn wir uns Zeit für das nehmen, was wir lieben – wenn wir also unsere wahre Natur kultivieren –, förmlich explodieren. Dadurch entsteht in uns eine Energie, die alle Bereiche unseres Lebens durchströmt und alles beeinflußt, was wir tun. Die schnellste Methode, unser Leben zu verbessern, besteht also darin, Zeit für die Dinge zu schaffen, die wir lieben. Indem wir nämlich das tun, was wir lieben, dienen wir der Welt in der für uns vorgesehenen Weise.

UNSERE TIEFSTE ANGST

Nelson Mandela

Unsere tiefste Angst ist nicht, daß wir nicht entsprechen könnten.
Unsere tiefste Angst ist, daß wir unendlich mächtig sein könnten.
Es ist unser Licht, das uns angst macht, nicht unser Schatten.
Wir fragen uns: Wer bin ich schon, genial zu sein,
schön, talentiert, grandios?
Die wirkliche Frage aber ist: Wer bist du, das alles NICHT zu sein?
Du bist ein Kind Gottes. Es nützt der Welt nicht,
wenn du dein Licht unter den Scheffel stellst.
Es hat nichts Erhabenes, wenn du dich klein machst,
so daß andere keine Angst vor dir haben.
Wir kamen auf die Welt, um die Herrlichkeit Gottes zu leben,
die in uns ist.
Sie ist nicht nur in einigen von uns,
sie ist in jedem.
Wenn wir unser Licht leuchten lassen, geben wir anderen
unbewußt das Signal, dasselbe zu tun.
Und wenn wir frei sind von unseren eigenen Ängsten,
befreit unsere Gegenwart die anderen ganz von selbst.

QUELLE: Abdruck mit freundlicher Genehmigung von John Grimes. © John Grimes.

Aus Angst vor dem Kontakt zu anderen Menschen vergräbt Sam sich in seiner Arbeit.

WER WIRD IHRE MUSIK SPIELEN?

Michael Jones

Wirtschaftstrainer
Musiker
Autor von *Creating an Imaginative Life*

Ich leite Kreativitätsseminare. Zu meinen Kursen bringe ich immer ein Klavier mit, weil Musik die Manager empfänglicher und sensibler für die Impulse ihres Herzens macht.

Um es den Seminarteilnehmern leichter zu machen, mir ihre Geschichte zu erzählen, spreche ich zu Beginn meist über mich selbst. Der Gedanke, daß jeder Mensch Musik in sich trägt, die nur er selbst spielen kann, beeindruckt die meisten Teilnehmer tief. Ein leitender Angestellter einer großen Ölgesellschaft, der im Rahmen eines Weiterbildungsprogramms für Führungskräfte einen meiner Kletterkurse absolviert hatte, sagte zu mir:

„Mir wurde klar, daß meine Höhenangst eigentlich stellvertretend für meine Angst vor dem Leben war. Als ich da auf dieser Plattform stand, zehn Meter über dem Boden, und das vor mir hin- und herbaumelnde Seil betrachtete, da dachte ich an Ihre Geschichte von dem alten Mann und daß die Frage, die er Ihnen stellte – *wer wird Ihre Musik spielen?* –, Ihnen das Vertrauen und den Mut gab, die Sicherheit Ihres gewohnten Lebens aufzugeben und sich auf ungewohntes Terrain vorzuwagen. Also stellte ich mir vor, daß das vor mir tanzende Seil *meine* Musik war, und ich dachte: 'Wer wird diese Musik spielen, wenn ich es nicht selbst tue?' Da spürte ich, wie mir die Tränen in die Augen schossen, und in dem Augenblick, in dem sie meinen Blick zu vernebeln begannen, sprang ich. Als ich da im Seil hing, heftig hin- und herschaukelnd, begann ich plötzlich zu lachen. Es war eine so ungeheure Befreiung, daß ich glaubte, mein Herz würde zerspringen. Ich wußte, daß mein Leben ab nun anders verlaufen würde, aber ich werde diesen Augenblick immer als einen der freudigsten meines Lebens in Erinnerung behalten."

Hier ist nun meine Geschichte:

Viele Jahre lang sah ich in meiner Kunst und in meiner Erwerbsarbeit vollkommen getrennte und verschiedene Aspekte meines Lebens.

Meine Kunst war die Musik. Ich weiß es noch, als ob es gestern gewesen wäre: Als ich zwei oder drei Jahre alt war, hob mich meine Tante auf ihre Knie und führte meine Finger sachte über die Tasten ihres Klaviers. Von diesem Augenblick an verbrachte ich jeden Tag mindestens eine Stunde an diesem Instrument.

Meine berufliche Tätigkeit bestand darin, Weiterbildungsseminare für Manager abzuhalten und Unternehmen zu beraten. Organisationspsychologie und -abläufe faszinierten mich fast ebensosehr wie die Musik, aber meine wirtschaftliche Tätigkeit bot mir auch einen Schutz; sie war ein Mittel, das es mir ermöglichte, direkt mit der Welt in Kontakt zu treten und mir trotzdem einen geschützten Raum für diese innere Arbeit freizuhalten. Vom Klavierspielen her wußte ich, wie leicht ich mich zutiefst verwundbar und betreten, ja sogar beschämt fühlen konnte, sobald ich, wie unsere Kunst es oft von uns verlangt, in die tieferen Schichten meines Wesens vorzudringen begann. Diese Gefühle entstanden selbst dann, wenn ich wußte, daß ihr Ausdruck zu meinen größten Stärken zählte.

Wenn ich Managementseminare leitete, wurde das Thema Musik manchmal bei gemeinsamen Mahlzeiten angesprochen. In diesen Fällen pflegte ich eine kleine und neugierige Gruppe in einen engen, finsteren Flur hinter der Küche zu führen, wo ein kleines Spinett stand, auf dem ich dann eine Zeitlang spielte. Die oben beschriebene Verwundbarkeit machte es mir oft schwer, meine eigenen Kompositionen vor Menschen zu spielen, die keine engen Freunde waren. Statt dessen spielte ich die Melodien anderer (in meiner eigenen Version). Dieselben Arrangements verwendete ich auch, wenn ich öffentlich spielte oder für die Manager, die an meinen Seminaren teilnahmen.

Mit einem dieser Arrangements setzte ich mich gerade eingehender auseinander, als ich eines ruhigen Abends in einer Hotellobby saß und vor mich hinspielte. Ich leitete seit einigen Tagen ein Seminar, und dieser Abend war frei. Das Restaurant, in dem wir gegessen hatten, hatte ich frühzeitig verlassen, um einige Unterlagen für den nächsten Tag vorzubereiten.

Als ich das Klavier in der Hotellobby stehen sah, beschloß ich, mich für ein paar Minuten hinzusetzen und zu spielen.

Das Hotel war jedoch nicht leer. Bald näherte sich ein alter Mann, der in einer Nische der Lobby gesessen hatte, mit unsicherem Schritt und ließ sich in einen tiefen Lehnsessel fallen, der neben dem Klavier stand. Dort nippte er bedächtig an seinem Wein und sah mir beim Spielen zu. Ich fühlte mich angespannt und unbehaglich, gefangen auf dem Klavierhocker. Jeden Augenblick konnte er eine seiner Lieblingsmelodien verlangen, und ich war mir sicher, daß es eine sein würde, die ich nicht spielen konnte.

„Was war das?" fragte er, als ich zu Ende gespielt hatte.

„Oh, ein kleines Stück aus *Moon River*", antwortete ich.

„Jaja, das habe ich erkannt", sagte er. „Aber da war noch etwas davor. Was war das?"

„Das war eine meiner eigenen Melodien", antwortete ich. „Ich habe ihr noch keinen Namen gegeben."

„Das sollten Sie aber", meinte er. „Sie verdient einen Namen." Für einen Augenblick sah er gedankenverloren aus. Dann sagte er: „Ihre Musik ist schön! Warum verschwenden Sie Ihre Zeit mit dem anderen Zeug?"

„Was meinen Sie damit?" fragte ich.

„Es war Ihre Musik, wegen der ich hierher zu Ihnen gekommen bin", antwortete er.

„Aber", sagte ich wie zur Entschuldigung. „es ist die andere Musik, die die Leute hören wollen."

„Sicher nicht, wenn sie Ihre gehört haben", sagte er. „Bitte spielen Sie noch ein bißchen weiter." Dann schloß er seine Augen und lehnte sich in seinem Armsessel zurück.

Nachdem ich zu spielen aufgehört hatte, saßen wir noch lange stumm da. Dann öffnete er langsam die Augen und nippte an seinem Glas. „Was haben Sie mit Ihrer Musik vor?" fragte er.

„Nichts", sagte ich. „Das ist etwas, was ich nur für mich selbst mache."

„Nichts weiter?" fragte er, überrascht von meiner Antwort.

Dann erklärte ich ihm, was der eigentliche Grund meiner Anwesenheit in dem Hotel war. „Wie viele andere Leute gibt es, die Seminare anbieten können, wie Sie sie halten?" fragte er.

„Oh, vielleicht 20 oder 30", antwortete ich schnell. „Aber ich möchte die Beratungstätigkeit nicht aufgeben. Mit meiner Arbeit möchte ich die Welt verändern."

„Das glaube ich Ihnen", sagte er. Er schien beeindruckt von der Überzeugungskraft meiner Worte. Dann stellte er sein Weinglas auf die Tischplatte und blickte mich direkt an. „Aber wer wird Ihre Musik spielen, wenn Sie es nicht selbst tun?"

„Meine Musik ist nichts Besonderes", protestierte ich.

Ich wollte gerade mit anderen Ausflüchten kommen, als er mit blitzenden Augen und einer nüchternen und klaren Stimme sagte: „Das ist Ihre Begabung – lassen Sie sie nicht ungenutzt."

Mit diesen Worten erhob er sich, fand sein Gleichgewicht, indem er sich einen Augenblick lang auf meine Schultern stützte, hob sein Glas in einem stummen Toast und schlurfte dann langsam zurück in seine Nische.

Ich saß wie erstarrt auf meiner Klavierbank. *Wer wird meine Musik spielen?* Diese Frage stellte ich mir immer wieder.

Zu tun, was von mir verlangt wurde, würde nicht leicht sein. Ich konnte weder vorwärts noch zurück. Wenn wir in unserem Leben einen solchen Wendepunkt erreichen, sind wir oft gezwungen, die Grenzen unserer Fähigkeiten zu überschreiten und das genaue Gegenteil dessen zu tun, was wir bisher taten. Wenn wir bislang kein genaues Ziel hatten, müssen wir nun eines verfolgen. Wenn uns bisher der Erfolgszwang vor sich hertrieb, müssen wir uns nun Raum zum Atmen verschaffen.

Unsere „Kunst" muß nicht unbedingt in einem besonderen Talent wie Schreiben oder Musizieren bestehen. Vielleicht können wir uns besonders gut um andere kümmern, oder wir haben die Fähigkeit, anderen in ihren Sorgen genau zuzuhören; vielleicht haben wir aber auch einfach die Gabe, durch die Aufmerksamkeit, mit der wir auf ein Musikstück, auf eine Blume oder einen Baum eingehen können, die Welt in einem wundersamen und schönen Licht zu sehen.

Der alte Mann machte mir bewußt, daß ich anderen so lange kaum dabei helfen konnte, die Vision ihres Lebens zu verwirklichen, wie ich meine eigene nicht umgesetzt hatte. In den auf diese Begegnung folgenden Jahren gab ich meine Beratertätigkeit auf, um zu komponieren und die Musik aufzunehmen, die ich an jenem Abend gespielt hatte. Die erste Aufnahme zog zehn weitere nach sich, und heute ist die Musik, die ich früher nur vor engen Freunden spielte, auf der ganzen Welt bekannt.

Allmählich begann mir aber die Arbeit, die ich aufgegeben hatte, zu fehlen, und heute bin ich wieder wie früher als Berater tätig. Dennoch hat sich etwas verändert. Ich brauche nicht länger die Erwartungen anderer zu erfüllen oder irgendeinen Teil meines Selbst außen vor der Tür zu lassen. Als ich meine Beratertätigkeit aufgab, um mich der Musik zu widmen, konnte ich nicht wissen, wie es weitergehen würde. Aber mit der Zeit verbanden sich die Unsicherheit und die schmerzhaften Zweifel zu einem kunstvoll verwobenen Gewirk, das all die verschiedenen und scheinbar so unvereinbaren Stränge meines Lebens auf wundervolle Weise in sich vereint. Für mein strategisches Bewußtsein mag es zu schwierig und vielleicht auch zu beängstigend gewesen sein, einen gemeinsamen Nenner für meinen Intellekt und meine Seele zu suchen – für mein Herz aber war es eine Freude, mein Leben so zu gestalten, daß es jene Dinge in sich vereint, die ich liebe.

„Trauert nicht", fordert uns der Sufi-Poet Jalaludin Rumi auf. „Alles, was ihr verliert, kommt in einer anderen Form zu euch zurück. Das von der Mutterbrust entwöhnte Kind trinkt nun ein Gemisch von Wein und Honig."

Wenn ich heute mit einem Seminar beginne, bringe ich als Unterlagen nicht nur Tabellen, Projektoren und Theorien mit, wie ich es früher tat. Ich bringe auch mich selbst mit, einige Geschichten und einen großen Konzertflügel – und neben dem Klavier ist immer ein Plätzchen reserviert für den alten Mann aus der Hotellobby.

INTEGRITÄT UND SELBSTACHTUNG

Nathaniel Branden

Autor von *The Six Pillars of Self-Esteem* und *The Psychology of Self-Esteem*

Um zu verstehen, warum mangelnde Integrität der Selbstachtung schadet, muß ich mir zuerst über die Art und Weise dieses Mangels Klarheit verschaffen. Wenn ich einem moralischen Wert zuwiderhandle, der von anderen hochgehalten wird, aber nicht von mir, kann ich unrecht haben oder nicht, aber niemand kann mich beschuldigen, meinen Überzeugungen zuwiderzuhandeln. Wenn ich jedoch das mißachte, was ich selbst als richtig empfinde, wenn also meine Handlungen meinen eigenen Werten widersprechen, dann handle ich gegen meine inneren Überzeugungen und betrüge mich selbst. Heuchelei wirkt ihrer Natur nach selbstentwertend. Sie ist in sich selbst zerstörerisch. Mangelnde Integrität unterminiert das Ich und vergiftet das Selbstbild. Sie schädigt den Menschen so, wie ihn keine Rüge oder Zurückweisung von außen schädigen kann.

Wenn ich meinen Kindern Ehrlichkeit predige, aber meine Freunde und Nachbarn belüge; wenn ich stur und rechthaberisch reagiere, sobald andere ihre Verpflichtungen mir gegenüber nicht einhalten, ich hingegen meinen eigenen Verpflichtungen gegenüber anderen nicht nachkomme; wenn ich Qualität einfordere, meinen Kunden aber mangelhafte Güter verkaufe; wenn ich einem Kunden, der mir vertraut, Anleihen verkaufe, von denen ich weiß, daß sie im Wert fallen werden; wenn ich so tue, als wären mir die Ideen meiner Mitarbeiter wichtig, obwohl ich mir meine Meinung längst gebildet habe; wenn ich um ehrliches Feedback bitte, dann aber den Mitarbeiter bestrafe, der sagt, was er denkt; wenn ich von anderen Opfer verlange, weil die Zeiten angeblich hart sind, mir selbst aber einen fetten Bonus genehmige – dann mag es zwar sein, daß ich nichts von meiner eigenen Heuchelei merke oder daß ich mir eine Reihe von Rationalisierungen ausdenke. Bestehen bleibt jedoch die Tatsache, daß ich meiner Selbstachtung so zu Leibe rücke, daß sie durch keine Rationalisierung wieder hergestellt werden kann.

Nur ich selbst kann meine Selbstachtung stärken, und nur ich selbst kann ihr schaden.

Eine der größten Selbsttäuschungen besteht darin, sich zu sagen: „Es wird niemand erfahren außer mir selbst." Nur ich werde wissen, daß ich ein Lügner bin; nur ich werde wissen, daß ich Leute schlecht behandle, die mir vertrauen; nur ich werde wissen, daß ich nicht die Absicht habe, meine Versprechen zu halten. Welcher Schluß ist daraus zu ziehen? Nun, der Schluß muß lauten, daß mein eigenes Urteil unwichtig ist und nur das Urteil anderer zählt. Wenn es aber um Selbstachtung geht, habe ich mehr von meinem eigenen Urteil zu fürchten als von dem anderer. Im Gerichtssaal meines eigenen Inneren ist es allein mein Urteil, das zählt. Mein Ego, das „Ich" im Zentrum meines Bewußtseins, ist der Richter, vor dem es kein Entkommen gibt. Um Menschen, die die entwürdigende Wahrheit über mich erfahren haben, kann ich einen Bogen schlagen. Mir selbst aber kann ich nicht aus dem Weg gehen.

GEFÄHRLICHE LEBENSLÜGEN

Richard Brodie

Ehemaliger leitender Software-Ingenieur der *Microsoft Corporation*
Autor von *Getting Past OK* und *Virus of the Mind*

Die Lügen, die wir erzählen, sind nicht so verheerend für unsere Selbstachtung wie die Lügen, die wir leben.

Nathaniel Branden

Ich schloß die über drei Meter hohe, eichene Bürotür hinter mir, ließ die lange, schmale Jalousie des Gangfensters hinunter und lockerte meine gepunktete Krawatte. Geschützt vor den forschenden Blicken meiner Mitarbeiter und Kollegen ließ ich mich rücklings auf das graue dänische Ledersofa fallen, das ich kürzlich erstanden hatte, und schloß meine bleischweren Lider.

Seit meiner Promotion waren neun Monate vergangen. Meine glanzvollen Leistungen als Projektleiter der ersten Version des Textprogramms Microsoft Word hatten Bill Gates, den Chef von *Microsoft*, dazu bewogen, mir den Job meines Lebens anzubieten: sein persönlicher technischer Assistent zu werden. Dies führte mich zu meiner nächsten Aufgabe, der Leitung einer völlig neuen Abteilung, die das Top-Secret-Projekt „Cashmere" entwickeln sollte. Von meinen hoffnungsvollen Anfängen als Ferialpraktikant in der Programmierabteilung von Microsoft war ich mit einem Schlag in die lichten Höhen einer Chefposition mit einem Dutzend Software-Techniker, einem technischen Autor und einem Marketing-Planer unter mir katapultiert worden.

Man konnte nicht umhin, meine Laufbahn als glanzvoll zu bezeichnen – ich war der goldenste der „Golden Boys" von *Microsoft*! Im Alter von 26 Jahren hatte ich eines der erfolgreichsten Software-Programme der Welt geschrieben und persönlich mit einem der klügsten und berühmtesten Köpfe der Welt zusammengearbeitet, und ich besaß Aktienbezugsrechte in Millionenhöhe. Den magischen Dreißiger immer noch vor mir, hatte ich bereits alles erreicht, was ich je zu erreichen gehofft hatte. Meine Kollegen blickten voller Neid und Bewunderung – oder mit einer Mischung aus beidem – zu mir auf.

Dabei war ich unglücklicher und gestreßter als je zuvor in meinem Leben. Deprimiert, müde, mit meiner Selbstachtung an einem Tiefpunkt angelangt, lag ich da auf meinem Ledersofa, den Kopf gegen die Lehne gelehnt und unruhig ständig abwechselnd ein Bein über das andere schlagend. Was war schiefgelaufen? Ich versuchte, mich geistig aufzurichten. Hier zu arbeiten hatte mir immer so gefallen, oder zumindest hatte ich das gedacht. Was war passiert? Eigentlich mußte ich der glücklichste Mensch auf Erden sein, aber da lag ich: unproduktiv, deprimiert, müde. Im Gefühl der Unfähigkeit, mit diesen neuen Herausforderungen fertigzuwerden, wartete ich eigentlich nur darauf, daß mich jemand ertappen würde, daß jemand bemerken würde, daß ich furchtbar schlechte Arbeit leistete. Und es gab wirklich jemanden, der das bemerkte: Bill Gates.

Bill rief mich zu sich in sein Büro. Bei *Microsoft* hatten alle gleich große Büros, eine Art egalitäres Prinzip – außer Bill und Jon Shirley, dem Präsidenten. Die Büros der beiden waren etwa dreimal so groß wie die der anderen. In Bills Büro lagen immer Tausende Blätter Papier herum: Berichte, Computerausdrucke, Memos und Fachmagazine, die zu lesen er nie Zeit fand. Am einen Ende des Raumes stand ein großer Schreibtisch, am anderen ein Sofa mit Stühlen und ein Kaffeetisch.

Er grinste mich in seiner gewohnt bübischen Art an, und ich lächelte nervös zurück. In den letzten Monaten hatte ich einen nervösen Tick am rechten Auge entwickelt, und ich hoffte, daß ich ihn würde unterdrücken können. Die Hoffnung war natürlich vergeblich, aber Bill schien nicht zu bemerken, daß mein rechtes Auge ständig zuckte.

In den letzten Jahren waren Bill und ich gute Freunde geworden. Wir hatten gemeinsame Reisen unternommen, waren zusammen ins Kino gegangen, und wir hatten sogar nur zu zweit ein Wochenende im eleganten Sorrento-Hotel in Seattle, einer noblen Designerabsteige, verbracht. Das Hotelmanagement hatte sich vor Aufmerksamkeit geradezu überschlagen und sogar Zündholzbriefchen für uns gedruckt, obwohl wir beide überzeugte Nichtraucher waren. Ich bemerkte die mit „William Gates III" bedruckten sofort und war nicht wenig erstaunt, etwas später neben einem anderen Aschenbecher mit meinem eigenen Namen bedruckte Briefchen vorzufinden.

Aber das lag jetzt alles hinter uns. Hier stand ich – nicht als Freund und Stütze des Unternehmens, sondern als Problemfall. Unvertraut mit dieser Situation, zog ich mich auf die Geisteshaltung eines Elfjährigen zurück, so, als erwartete ich von meinem Vater eine ordentliche Ohrfeige dafür, daß ich ihn vor den Nachbarn blamiert hatte.

Aber Bill ohrfeigte mich nicht. Er sprach das, was seiner Meinung nach das Problem war, ganz direkt an und bat mich, mehr Stunden pro Woche zu arbeiten – mindestens 50. Ich stimmte zu, in der Hoffnung, daß sich dadurch alle Probleme von selbst erledigen würden. Ich war so erleichtert, daß da jemand war, der bemerkte, daß ich mit mir kämpfte, daß ich das eigentliche

Problem ignorierte: Daß ich mich von meiner Arbeit überfordert fühlte und daß ich nicht wußte, wen ich um Hilfe bitten sollte. Also schloß ich meine Augen, hoffte das Beste und kehrte in mein Büro mit dem Ledersofa zurück, der Dinge harrend, die da kommen sollten.

Ich werde gleich zum Ende der Geschichte kommen, aber zuerst möchte ich auf die zentralen Fragen zu sprechen kommen. Die Situation, in der ich mich befand, war sehr schädlich für mein Selbstwertgefühl, weil ich nicht effektiv arbeiten konnte. Und da mein Selbstwertgefühl so darniederlag, arbeitete ich noch schlechter. Wie hatte dieser Teufelskreis begonnen? Wie würde ich ihm entkommen können?

Das Wichtigste, was mir in meinem Job bei *Microsoft* fehlte, war das Gefühl der Kompetenz. Ohne jegliche Managementausbildung hatte ich eine Schlüsselposition im Management übernommen, und ich wußte weder, wie ich sie ausfüllen konnte, noch wußte ich, wen ich um Rat fragen konnte. Ich quälte mich, in einem Meer von Träumen versinkend, und wenn ich um Hilfe rufen wollte, versagte mir die Stimme. Ich hatte einfach zuviel Angst davor, inkompetent und dumm zu erscheinen oder mein Gesicht zu verlieren.

Indem ich einen Job aufgegeben hatte, in dem ich nicht nur kompetent, sondern einer der Besten der Welt gewesen war, hatte ich eine phantastische Chance beim Schopf gepackt und eine Aufgabe übernommen, für die ich vollkommen unqualifiziert war. Ich hatte nicht nur mein Niveau der Inkompetenz erreicht, sondern ich war noch einige Sprossen höher auf einer Leiter geklettert, die von niemandem gesichert wurde. Und meine Befürchtung wurde wahr: Ohne Vorwarnung stürzte die Leiter in sich zusammen, und der Teufelskreis des zerstörten Selbstwertgefühls nahm seinen Anfang.

Die Vorstellung, sein Niveau der Inkompetenz zu erreichen, ist heute weithin als das von Lawrence Peter entwickelte „Peter-Prinzip" bekannt. Die meisten Leute werden so lange befördert, bis sie in ihren Jobs auf gewisse Probleme und Schwierigkeiten stoßen. So bleiben sie in ihrem Beruf auf einem Niveau der Inkompetenz stecken. Die Lösung besteht nun nicht darin, Beförderungen zu vermeiden, sondern darin, auftretende Probleme zu erkennen und Auswege zu suchen.

Wenn man selbst der Betroffene ist, liegt ein möglicher Ausweg darin, daß man um Hilfe bittet. Es war ja nicht mein Versagen, das mich krank gemacht hatte, sondern die Tatsache, daß ich eine Lüge lebte. Ich tat so, als wäre alles in bester Ordnung, und investierte meine gesamte Energie in den Versuch, mir ein Image der Kompetenz zu verschaffen, während ich die ganze Zeit über wußte, daß man mir auf die Schliche kommen und meine ganze Welt wie ein Kartenhaus in sich zusammenstürzen würde.

Wenn unser Selbstwertgefühl schwindet, erwarten wir von unserem Arbeitgeber oft, daß er eine Art Mutterrolle übernimmt. Wir möchten liebevoll umsorgt werden, aber da die Unternehmen weniger Wert darauf legen, ihre Mitarbeiter zu hätscheln, als Ergebnisse zu erzielen, wird diese Erwartung oft enttäuscht, und unser Groll angesichts unserer tatsächlichen oder vermeintlichen ungerechten Behandlung wird von Tag zu Tag größer. Wir fangen an, uns wie Kinder zu benehmen, mit der ganzen Palette an Verhaltensweisen von Schmollen über Klagen bis hin zu Wutausbrüchen. Ich entschied mich dafür, so zu tun, als ob – eine Lüge zu leben.

Da ich nicht wußte, wie ich wieder zu meinem alten Selbst finden oder den Teufelskreis des schlechten Selbstwertgefühls durchbrechen könnte, verließ ich *Microsoft* in einem Anfall von Wut und Scham. Damit nicht genug, verkaufte ich auch mein Haus und mein Auto, zog an die andere Küste des Landes nach Boston, trennte mich von meiner Verlobten und ließ mir einen Bart wachsen. Meine „Lösung" bestand darin, nach fruchtbaren Weiden Ausschau zu halten. Das führte dazu, daß ich drei Jahre lang den Sinn meines Lebens suchte und mein erstes Buch schrieb: *Getting Past OK*.

Was mir diese drei Jahre brachten, war die Erkenntnis, was ich mit meinem Leben anfangen wollte. Das ist der Schlüssel zum Selbstwertgefühl: jeden Augenblick seines Lebens dem zu widmen, was einem wichtig ist. Durch diese Lebensweise baut man sein Selbstwertgefühl, seine Selbstachtung und sein Selbstvertrauen auf, und man findet Erfüllung, Glück und Zufriedenheit.

Alle Menschen sehnen sich nach bestimmten Erfahrungen, von denen sie sich Zufriedenheit und Erfüllung im Leben erwarten: nach dem Gefühl, dazuzugehören, akzeptiert zu werden, etwas erreicht zu haben oder Abenteuer zu erleben. Während diese Wünsche von Mensch zu Mensch unterschiedlich sein mögen, hängt die Zufriedenheit jedes einzelnen mit seinem Leben davon ab, wie weit sie erfüllt werden. Diese Grundbedürfnisse und Wünsche sind es, die am Arbeitsplatz, aber auch in allen anderen Lebensbereichen kontinuierlich erfüllt werden müssen. Ist dies nicht der Fall, beginnt das Selbstwertgefühl darunter zu leiden.

Niemand kennt seine individuellen Grundbedürfnisse von Anfang an. Ich habe die meinen gefunden – und das kann jeder tun –, indem ich mir einige Schlüsselfragen über die Art der Erfahrungen stellte, die mir in der Vergangenheit Erfüllung gebracht hatten. Was waren die Höhepunkte meines Lebens gewesen? Was machte mein Dasein lebenswert? Wann war ich wirklich motiviert, ambitioniert, bewegt?

Sobald Sie eine Antwort auf diese Fragen gefunden haben, werden Sie die gemeinsamen Fäden erkennen, die diese Erfahrungen miteinander verbinden.

Diese Fäden können Sie in Ihrer Checkliste für den Erfolg zusammenlaufen lassen, eine Liste jener Voraussetzungen, die notwendig sind, damit Sie nicht nur ein normales Leben leben, sondern ein phantastisches! Sie haben ein Instrument zur Entscheidungsfindung an der Hand, das Sie für den Rest Ihres Lebens einsetzen können, um zufriedener zu werden und im Bedarfsfall Ihr Selbstwertgefühl aufzupäppeln.

Wenn Sie Arbeitgeber oder Manager sind, sollte Ihnen bewußt sein, daß ein angsterfüllter, geduckter Mitarbeiter mit schlechtem Selbstbewußtsein nicht jenen Beitrag zu Ihrem Unternehmen leistet, den er leisten könnte. Sprechen Sie mit ihm. Erforschen Sie die Gründe für sein Verhalten. Was motiviert den schüchternen, zurückgezogenen Mann in der Produktionsabteilung? Was liebt die überkritische, ewig grollende Frau in der Einkaufsabteilung an ihrem Leben?

Wenn Sie Arbeitgeber oder Manager sind, dann sind die Angehörigen Ihres Unternehmen gleichzeitig auch Ihre Kunden: Es ist Ihre Aufgabe, sie zu unterstützen und ihnen zu helfen. Hören Sie nie auf, darüber nachzudenken, wie Sie in ihrem Leben etwas Positives bewirken können. Wie können Sie sie in ihrer Arbeit effektiver und produktiver machen? Wie können Sie ihnen die Arbeit erleichtern? Wie können Sie ihr persönliches Wachstum und ihre persönliche Entwicklung unterstützen?

Übrigens: Nachdem ich meine Checkliste für den Erfolg fertiggestellt hatte, kehrte ich zu *Microsoft* zurück. Da ich nun wußte, was mich wirklich erfüllte, konstruierte ich mir meinen eigenen Job als eine Art Spezialagent, der immer dann, wenn alles verloren schien, rettend eingriff. Ich arbeitete an der ersten Version der höchst erfolgreichen Windows-Datenbank, Access, mit, und ich arbeitete länger und effektiver als jemals zuvor. Schon in den ersten Monaten verkauften wir eine Million Stück. Die Leute klopften mir auf die Schulter und sagten: „Richard, ohne dich hätten wir das nie geschafft!" Bill lud mich zu seinem Hochzeitsempfang ein, wo der Champagner wie Wasser floß und Natalie Cole so wenige Meter entfernt von mir sang, daß ich sie hätte berühren können. Ich hatte den Teufelskreis der Selbstmißachtung durchbrochen.

Wäre ich damals, im Jahr 1986, auf Bill zugegangen, hätte ich ihm gesagt, daß ich mich meiner Managementaufgabe nicht gewachsen fühlte, und ihn gebeten, mir eine Ausbildung zukommen zu lassen oder mir eine andere Aufgabe zu übertragen, dann wäre Word für Windows (das eigentliche Projekt hinter Cashmere) ein oder zwei Jahre früher auf den Markt gekommen, und ich wäre heute wahrscheinlich Eigentümer der *Seattle Mariners* und all der Reichtümer, auf die ich verzichtete, weil ich es vorzog, *Microsoft* zu verlassen, anstatt um Hilfe zu bitten.

Jenseits aller Reichtümer und Leistungen ist aber allein schon das Selbstwertgefühl, das aus einem authentischen Leben entsteht, in dem man nichts zu verbergen hat, Lohn genug.

Jeden Morgen, wenn ich erwache, spüre ich, daß eine Welt voller Chancen auf mich wartet – die Chance, das zu tun, was mir am wichtigsten ist, die Chance, den Menschen bei ihrer Entwicklung zu helfen, ihnen zu helfen, Furore im Leben zu machen, möglicherweise sogar die Entwicklung der Menschheit in eine wünschenswertere Richtung zu lenken. Und nichts von dem wäre möglich gewesen, wenn ich mich darauf beschränkt hätte, eine Lüge zu leben.

Am schnellsten macht man seine Mitarbeiter verrückt, indem man ihnen eine Aufgabe zuweist und es dann verabsäumt, ihnen die dafür notwendigen Instruktionen und Schulungen zukommen zu lassen.

Ken Blanchard

WAHRE DEINE INTEGRITÄT

Quelle unbekannt

Selbstachtung ist das Ansehen, das wir vor uns selbst gewinnen.

Nathaniel Branden

Vor einiger Zeit sorgte ein Vorfall um Reuben Gonzalas für Aufsehen. Gonzalas spielte im Finale seines ersten Racquetball*-Profiturniers. Er spielte gegen den Langzeitchampion um seinen ersten Sieg auf der Profitour. Beim Matchball im fünften und entscheidenden Game schlug Gonzalas einen phantastischen „Kill Shot" in die vordere Ecke, um das Turnier für sich zu entscheiden. Der Schiedsrichter gab den Ball gut, und einer der Linienrichter bestätigte, daß der Schlag ein Winner gewesen sei.

Doch nach kurzem Zögern wandte sich Gonzalas um und erklärte, der Ball habe den Boden berührt, bevor er die Wand getroffen habe. Der Aufschlag ging an seinen Gegenspieler über, und dieser gewann das Spiel.

Reuben Gonzalas ging vom Platz und ließ ein völlig verblüfftes Publikum zurück. Der Vorfall brachte ihn auf die Titelseite eines großen Racquetball-Magazins. Der Leitartikler suchte nach einer Erklärung für dieses einmalige Geschehen auf der Profitour. Wer hätte so etwas je im Sport oder anderswo für möglich gehalten? Alles spricht zugunsten des Spielers – und mit dem Sieg vor Augen korrigiert er selbst beim Matchball eine Entscheidung zu seinem Nachteil und verliert.

Auf die Frage, warum er das getan habe, antwortete Gonzalas: „Ich mußte es tun, um meine Integrität zu wahren."

---

* Anm. d. Ü.: Squash-artiges Ballspiel

WAS IST EIGENTLICH INTEGRITÄT?

Jack Hawley

Unternehmensberater
Autor von *Reawakening the Spirit in Work*

Integrität bedeutet, den Mut und die Selbstdisziplin zu haben, gemäß seiner inneren Wahrheit zu leben. Ein Menschen, der so lebt, verdient Respekt und Hochachtung. Dazu folgende wahre Geschichte:

Patrick, ein Berater, der von einer scheinbar erfolgreichen Firma engagiert wurde, hatte das vage Gefühl, daß dort etwas nicht stimmte. Trotz des nach außen hin demonstrierten Erfolgs wirkten die Leute in der Führungsetage müde und lustlos. Wie war das möglich?

Patrick sprach mit allen leitenden Managern des Unternehmens und versuchte herauszufinden, wo sie der Schuh drückte. Langsam fügten sich die Teile des Puzzles zu einem Ganzen, das man etwa unter dem Begriff „kreative Buchführung" zusammenfassen hätte können. Die Firma verfolgte seit jeher eine Steuerpolitik, die sich am Rande der Ungesetzlichkeit bewegte, und in

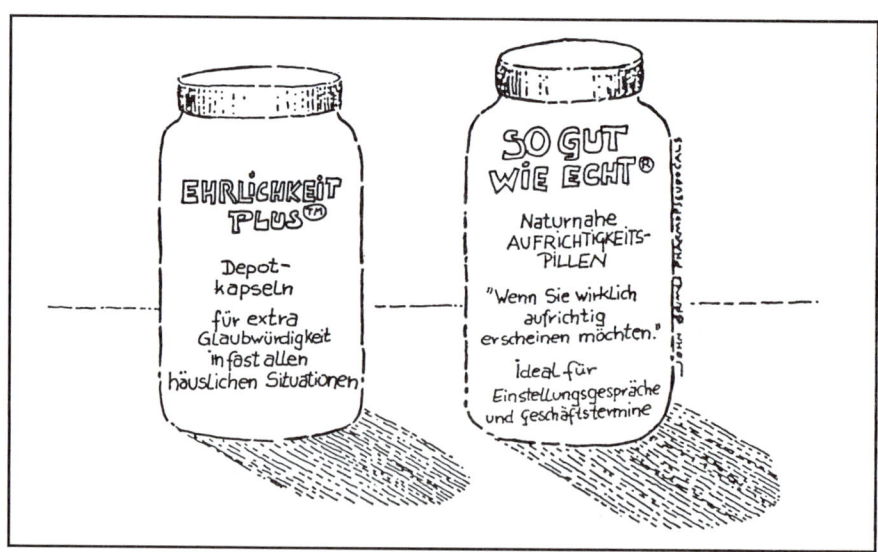

Quelle: Abdruck mit freundlicher Genehmigung von John Grimes. © John Grimes.

letzter Zeit war die Grenze der Legalität sogar einige Male überschritten worden. Da das so einfach gewesen war, machten es sich die Verantwortlichen jenseits dieser Grenze bequem – aber das Bewußtsein, daß dem so war, nagte an ihrer Vitalität.

Was tun? Patrick wußte, daß das Motivationsprojekt, für das er eingestellt worden war, so lange nicht in Schwung kommen würde, wie das Damoklesschwert einer Steuerprüfung über dem Unternehmen schwebte. Er brütete ein Wochenende lang über dem Problem und horchte in sich hinein, um herauszufinden, was ihm seine innere Stimme sagte.

Am Montag betrat er das Büro des Unternehmensleiters und schlug eine freiwillige Steuerprüfung vor. „Eine *was*?!" Ja, der Boß hatte richtig gehört. Patrick sagte ihm, es sei zu seinem eigenen Besten, eine Prüfung zu verlangen. War er vollkommen verrückt geworden? Was sollte das sein, etwa irische Chutzpe? Dieser Ratschlag leerte das Goodwill-Konto, das er bei seinem Auftraggeber aufgebaut hatte, mit einem Schlag.

Aber das ist nicht nur eine Geschichte über Patricks Unverfrorenheit. Es ist auch eine Geschichte über Führungsstärke. Nach heftigem Hin und Her und langem Zögern – sowie soliden Planungsarbeiten – beschlossen die Unternehmensleiter, den Schritt zu wagen und eine Steuerprüfung zu verlangen! Die Sache kostete die Firma einige Millionen Dollar an Steuernachzahlungen und Strafen. Das tat weh! Aber mit dem erleichterten Gewissen kehrte die Vitalität in das Unternehmen zurück, und mit ihr die Kreativität. Heute befindet sich das Unternehmen wieder deutlich im Aufwind.

Ich erzählte diese Geschichte einmal dem Präsidenten eines großen Finanzunternehmens. Seine spontane Reaktion: „Ja, das war ein kluger Schachzug. Nicht nur ehrlich, sondern auch wirkungsvoll!" Er sagte, daß Unehrlichkeit einen dunklen Schatten über alle Aktivitäten eines Unternehmens wirft, und er erklärte, wieviel Geld, Zeit und Motivation dadurch verlorengehen. Damit wollte er sagen: Seid tapfer, beißt in den sauren Apfel, wenn es sein muß, und atmet dafür die reine, klare Luft der Integrität!

MAKELLOSIGKEIT

Jack Hawley

Unternehmensberater
Autor von *Reawakening the Spirit in Work*

Einen „kleinen" Integritätslapsus gibt es nicht.

Tom Peters

Phil war der Einkaufsleiter des ersten Unternehmens, für das ich arbeitete. Er war ein weißhaariger, kartoffelnasiger, mit allen Wassern gewaschener Typ aus Boston, und er hatte einige Jährchen mehr auf dem Buckel als wir jungen MBA-Absolventen. Er hatte nichts Elegantes an sich. Seine Anzüge mit ihren zu großen Stulpen hingen immer irgendwie lose an seinem stämmigen Körper. Trotzdem verkörperte er ein wunderbar klares Rollenmodell. Im Rahmen seines Jobs im Krankenhausmanagement kaufte er Jahr für Jahr Lebensmittel und Getränke im Wert von einigen hundert Millionen Dollar für das Unternehmen ein. Dieser Geschäftsbereich ist bekannt für Schmiergelder, Doppelbödigkeit und undurchsichtige Verhaltensweisen. Die Leute tun diese Dinge einfach mit einem Schulterzucken ab und denken nicht weiter darüber nach.

Aber Phil war nicht der Typ, der sich mit so etwas einfach abfand. Angesichts der offenkundigen Korruption straffte Phil seine Schultern und war gewissenhaft, beharrlich und makellos ehrlich. Er nahm keine einzige der zigtausend Cocktailservietten und keinen einzigen der „Gratis"-Kugelschreiber, die er für die Firma kaufte, mit nach Hause. Er ließ sich von keinem der Vertreter, die sich seine Freunde nannten, auch nur zu einem Drink einladen. „Ich komme gern mit Ihnen, aber ich bezahle selbst", sagte er höflich lächelnd.

Er prahlte nicht mit seiner Integrität, aber er fand immer die Zeit, uns zu erklären, warum ihm dieses Verhalten, das ihn persönlich unangreifbar machte, so wichtig war. Er lehrte uns durch sein Beispiel, worauf es ankam, und lieferte Erklärungen, bis wir verstanden – aber niemals in Form einer Predigt, sondern immer im Ton einer freundschaftlichen Information. Und er wurde nie müde, sein Wissen an die jungen Leute weiterzugeben, die seinen Weg kreuzten.

Manche sagen, daß Wissen Macht sei. Das stimmt nicht. Charakter ist Macht.

Sathya Sai Baba

UNTERNEHMENSGRÜNDER UND SELBSTACHTUNG

Wilson L. Harrell

Ehemaliger Herausgeber des *Inc. Magazine*
Autor von *For Entrepreneurs Only*
Kolumnist des Magazins *Success*

Im folgenden möchte ich mich mit einer ganz speziellen Personengruppe befassen: mit den Unternehmensgründern sowie mit all jenen, die daran denken, sich selbständig zu machen. Sie alle sind ganz besondere Menschen, denn bei genauer Betrachtung liegt die Zukunft Ihres Landes in Ihren Händen. 90 Prozent der Jobs, die in den letzten zehn Jahren in den USA geschaffen wurden, entstanden in neu gegründeten Unternehmen, und in Anbetracht der fortgesetzten Schrumpfungsprozesse in großen Konzernen ist ein explosionsartiger Anstieg der Zahl an neuen Unternehmen voraussagbar. Wenn Sie also auf dem Sprungbrett stehen und erwägen zu springen, dann kann ich Sie nur ermutigen: Springen Sie – das Wasser ist herrlich! Sie sind in unserer Welt mehr als willkommen, das kann ich Ihnen versichern.

Nachdem ich über mein Leben als Unternehmensgründer nachgedacht hatte und alle Erfolge, alle Niederlagen und alles, was dazwischen lag, im Geiste noch einmal durchgegangen war, kam ich zu dem einleuchtenden und überraschenden Schluß, daß der Kern allen Unternehmertums in etwas besteht, was wir „Selbstachtung" nennen könnten. Aus dieser mysteriösen Quelle innerer Kraft schöpfen einsame und verängstigte Menschen die Energie, das Unmögliche möglich zu machen, sich wenn nötig aus der Asche der Niederlage zu erheben und sich wieder in den Kampf zu werfen.

Ich bin davon überzeugt, daß unsere Selbstachtung nichts weiter ist als eine Art Zeugnis darüber, wie sehr wir unserem Gewissen folgen. Irgendwo tief in unserem Inneren kennen wir alle den Unterschied zwischen richtig und falsch. Was wir weder in Kirche oder Schule noch von unserer Mutter lernen, bekommen wir durch das genetische Erbe all jener mit, die die Erde vor uns bevölkert haben. Die Selbstachtung ist der Spiegel in unserem Inneren, der uns ständig unseren moralischen Guthabenstand vor Augen führt. Bei unserer Geburt ist unser Konto prall gefüllt mit Selbstachtung. Wir können dieses Guthaben vermehren, indem wir auf unser Gewissen hören und das tun, von dem wir instinktiv wissen, daß es das Richtige ist. Aber wir können es auch abbauen, indem wir uns selbst untreu werden.

Von frühesten Jugend an steht unsere Selbstachtung ständig unter Beschuß. Lügen, Schwindeln und Stehlen sind die Aggressoren, die an unserer moralischen Integrität knabbern. In der Jugendzeit erscheinen uns diese destruktiven Instrumente möglicherweise geringfügig und unbedeutend, aber ihr ständiger Einsatz stärkt sie und macht sie gefährlicher. Und während unseres gesamten Lebens steht immer irgend jemand an unserer Seite, der uns bereitwillig mit neuen und besseren Instrumenten versorgt. Diese Leute sind unsere „Kollegen" – Menschen, die ihr Selbstachtungskonto bereits teilweise oder ganz geplündert haben und möchten, daß wir wie sie in moralischen Konkurs gehen. Sie begleiten ihre Aufforderung, sich ihnen doch anzuschließen, immer mit dem Versprechen, daß wir akzeptiert und in den Genuß unmittelbarer Gratifikation gelangen würden. Ja zu sagen ist leicht, aber die Konsequenzen können verheerend sein. Lassen Sie mich Ihnen ein Beispiel geben:

Ich hatte einmal einen Mitarbeiter, den wir Hank nennen wollen. Als Unternehmertyp der Weltklasse hatte er bereits im Alter von 38 Jahren die Leitung eines überaus erfolgreichen Bereichs meines Unternehmens übernommen. Er war einer der besten Manager, die je für mich gearbeitet haben. Jede Faser seines Wesens strahlte Selbstachtung aus. Wenn er einen Raum betrat, nahmen alle Anwesenden sofort von seiner Ankunft Notiz. Wenn er seine Stimme erhob, verstummten die anderen, um ihm zuzuhören. Er war einfach großartig. Er hatte alles, was man sich wünschen konnte, einschließlich einer dem amerikanischen Idealtypus entsprechenden Frau und zwei Kindern. Und irgendwann einmal würde er auch meinen Job haben.

Dann ließ sich Hank mit einer sehr lebenslustigen Kollegengruppe ein, der auch eine atemberaubend schöne junge Frau angehörte. Wie Hank hatte auch sie alles – und eine Kleinigkeit darüber hinaus: Von Zeit zu Zeit gönnte sie sich eine kleine Straße Koks. Sie überredete Hank, sich den Spaß nicht entgehen zu lassen, und versprach ihm unmittelbare Gratifikation. Ein halbes Jahr später war Hank nicht mehr der Mensch, der er gewesen war. Irgendwie hatte er sein Strahlen verloren. Er erfüllte zwar seine Aufgaben immer noch erwartungsgemäß, die Umsätze stiegen, und theoretisch war alles in bester Ordnung. Trotzdem hatte ich irgendwie ein schlechtes Gefühl. Ich argwöhnte, daß Hanks gelegentliche „Gratifikationsstraße" sich zu etwas schrecklich Heimtückischem entwickelte. Wir führten ein langes Gespräch. Hank wußte, daß er nicht richtig handelte, und versprach zu kündigen. Auf diese Kündigung wartete ich vergeblich.

In den folgenden Monaten wurde ich Zeuge einer schrecklichen Verwandlung. Zuerst hielt er Termine nicht ein, und dann kam er tagelang überhaupt nicht zur Arbeit. Wie bei Dr. Jekyll und Mr. Hyde veränderte sich sogar sein äußeres Erscheinungsbild: Das innere Leuchten war verschwunden, seine positive Einstellung verwandelte sich in zögerliche Unsicherheit. Wie er sich auch kleidete, er sah immer irgendwie schlampig und ungepflegt aus. Seine Launen wurden unvorhersagbar und unerträglich – die Hochs zu hoch, die Tiefs zu tief. Unsere Gespräche unter vier Augen, die immer spannend und produktiv gewesen waren, verwandelten sich zu traurigen Zusammenkünften, die ich fürchtete. Hank konnte mir beim Sprechen nicht länger in die Augen sehen. Anstatt mich mit kreativen Ideen herauszufordern, wie er es immer getan hatte, verhielt er sich jetzt unterwürfig und kam mit Ausflüchten, allen und allem die Schuld an seinem Versagen gebend, das langsam unübersehbar wurde. Ich mußte miterleben, wie dieser glänzende Stern immer mehr verblaßte, bis er schließlich vollends verglüht war.

Unsere Beziehung brach ab, als Hank offiziell seinen Abschied nahm. Zwei Jahre später war er tot. In den Zeitungen wurde als Todesursache ein Herzversagen angegeben, aber ich wußte, daß es nicht stimmte. Hank hatte seine Selbstachtung verloren – und ohne Selbstachtung konnte er nicht leben.

Wie wichtig die Selbstachtung für Unternehmer ist, erstaunt mich immer wieder. Zunächst ist es schwer vorstellbar, daß Menschen, deren Selbstachtungskonto nicht prall gefüllt ist, ernsthaft erwägen, sich selbständig zu machen. Tatsächlich ist ein gesundes Selbstwertgefühl eine Voraussetzung für das Unternehmertum. Forschungen haben gezeigt, daß es zu den wichtigsten Motivationsfaktoren für Unternehmer zählt, sich über die Masse zu erheben und Selbständigkeit zu erlangen. Wenn Sie sich also entschließen, ein Unternehmen zu gründen, haben Sie bereits gelernt, die bösen Kräfte, die an der Selbstachtung nagen, zu bekämpfen und zu besiegen.

Dazu herzlichen Glückwunsch. Aber nun, da Ihre Selbstachtung Sie zu höheren Dingen drängt, möchte ich Ihnen eine Warnung mit auf den Weg geben: Wenn Sie sich zum Unternehmertum entschließen, werden Sie sich ungeahnten Herausforderungen stellen müssen. Auf der Straße zum Erfolg werden Sie mit Versuchungen konfrontiert sein, die alle vorherigen Begegnungen wie Zwerge in einer Welt von Riesen erscheinen lassen werden. Der Teufel „Gier" wird immer irgendwo in Ihrer Nähe lauern, und der „Weg der Ehrlichkeit" wird manchmal erschreckend schmal sein. Ihr Handschlag oder Ihr Wort werden von klug formulierten Verträgen verwässert werden. Fanatischer Erfolgswille kann leicht als Entschuldigung für eine Schwächung der Integrität herangezogen werden. Lassen Sie mich Ihnen aus meiner persönlichen Erfahrung sagen: Wenn der Tag kommt, an dem Sie die Gehälter nicht mehr auszahlen können, die Bank Ihren Kredit fällig stellt oder Sie Ihren größten Kunden verlieren – und dieser Tag wird mit Sicherheit kommen, und zwar nicht nur einmal –, dann werden Sie die quälende Versuchung kennenlernen, sich Erleichterung zu verschaffen, indem Sie Ihr Selbstachtungskonto plündern und Dinge tun, von denen Sie wissen, daß sie falsch sind. Vergessen Sie also nicht: Versuchung und Qual sind Geschwister, die gemeinsam auftreten. Sie sind die ständigen Begleiter des Unternehmers. Wenn sie Ihnen begegnen, sollten Sie ihnen direkt ins Auge blicken und ihnen „ins Gesicht spucken".

Als Unternehmer werden Sie Risiken eingehen müssen. Ich bin davon überzeugt, daß zwischen Risikobereitschaft und Selbstachtung eine direkte Verbindung besteht. Alle Unternehmer, die ich je getroffen habe, haben ungeheure Risiken auf sich genommen. Wenn etwas schiefläuft, blutet die Wunde eine Weile – aber dann stehen Sie auf und beginnen wieder zu kämpfen. Ihre Selbstachtung mag etwas angegriffen sein, aber sie ist nicht vernichtet. Wenn Sie gewinnen, überflutet Sie eine Woge der Begeisterung, die nur jemand verstehen kann, der selbst Unternehmer ist. Und es geschieht noch etwas anderes: Ihr moralisches Bankkonto wird ein riesiges Plus aufweisen.

Am Ende meines Beitrags möchte ich Ihnen alles Gute wünschen. Machen Sie sich auf den Weg und hinterlassen Sie einen Fußabdruck im Sand der Zeit. Ob dieser Fußabdruck groß oder klein ist, spielt keine Rolle. Wichtig ist, daß er Ihren Namen trägt. Ihre Kinder und Enkelkinder sollen ihn sehen und stolz darauf sein. Und lassen Sie mich Ihnen, meinen Freunden, sagen, daß Sie Ihren Nachkommen zu Beginn ihres Lebens kein größeres Geschenk hinterlassen können als ein mit Selbstachtung prall gefülltes Bankkonto.

Im Lauf der Zeit haben sich die Weisen darüber geeinigt, daß Liebe und Arbeit wesentliche Voraussetzungen für Glück und Seelenfrieden sind. Viele der Freuden und Enttäuschungen in unserem Leben scheinen in eine dieser beiden Kategorien zu passen.

Walter Scott

DIE SIEGESFORMEL

Lou Holtz

Football-Cheftrainer an der Notre Dame University

Als Lou Holtz gebeten wurde, die wichtigsten Elemente seiner Siegesformel schriftlich niederzulegen, formulierte er zehn Prinzipien, die ein Team am Football-Feld oder außerhalb zum Erfolg führen können:

1. Tue das Richtige. Du weißt, was richtig ist, und du weißt, was falsch ist. Zu viele in diesem Land pochen nur auf ihre persönlichen Rechte. Ich gehöre zu jener altmodischen Gruppe von Menschen, die noch an Pflicht und Verantwortung glaubt.

2. Gib dein Bestes. Es reicht nicht aus, mit dem notwendigen Talent ausgestattet zu sein. Um Tag für Tag erfolgreich zu sein, mußt du auch versuchen, ständig dein Bestes zu geben.

3. Behandle andere so, wie du selbst behandelt werden möchtest. Ich kenne kein Unternehmen, keine Familie, keine Organisation und kein Football-Team, das sich nicht durch Liebe, gegenseitige Wertschätzung und mitmenschliche Gefühle verwandeln ließe.

4. Setze dir Ziele. Du brauchst etwas, auf das du hinarbeiten kannst. Jeder muß wissen, was er erreichen möchte. Warum sind wir auf der Welt? Es gibt viele Gründe, warum beispielsweise diese jungen Spieler hier in Notre Dame sind: Sie sind hierher gekommen, um eine Ausbildung zu erwerben und um Football-Spiele zu gewinnen.

5. Akzeptiere deine Rolle. Nicht jeder kann der erste Quarterback von Notre Dame sein. Aber damit das Team erfolgreich ist, muß jeder – vom Balljungen bis hin zum Trainer – das Kartenblatt akzeptieren, das er bekommen hat, und das Beste daraus machen.

6. Beachte die Grundlagen. Unser gesamtes Programm basiert darauf, daß wir kleine Dinge richtig zu machen versuchen. Wenn du die kleinen Dinge schleifen läßt, stürzt das gesamte Fundament deiner Organisation in sich zusammen.

7. Glaube an dich selbst. Ich wünsche mir eine Gruppe von Spielern, die an sich selbst glauben. Du kannst weder ein großer Trainer noch ein großer Football-Spieler oder ein großartiger Unternehmer sein, wenn du nicht an dich selbst glaubst.

8. **Nimm Anteil an den Menschen.** Teamarbeit ist die Grundlage des Erfolgs. Es gibt drei universelle Fragen, die jemand einem Trainer, einem Spieler, einem Arbeitgeber oder einem Arbeitnehmer stellen kann: Kann ich dir vertrauen? Strebst du Perfektion an? Und – nimmst du Anteil an mir? Wenn wir keinen Anteil am Leben unserer Mitmenschen nehmen, haben wir keine Chance auf Erfolg.

9. **Schwierigkeiten sind da, um überwunden zu werden.** Es gibt eine Lebenswahrheit, die auf jeden Fall zutrifft: Du wirst Probleme haben, sei also auf sie vorbereitet.

10. **Kneife nicht. Sei überzeugt von deinem Erfolg.** Du kannst es dir nicht leisten, daß andere den Eindruck bekommen, du würdest daran zweifeln.

EINE UNBEZAHLBARE LEKTION

Petey Parker

Präsident von *Petey Parker and Associates*

Es war ein Taxifahrer, der mir eine unbezahlbare Lektion in Sachen Kundenzufriedenheit und Erfüllung der Kundenerwartungen erteilte. Professionelle Motivationstrainer verrechnen Unsummen, um Führungskräften und Angestellten diese Dinge näherzubringen. Ich bezahlte dafür ganze zwölf Dollar – die Kosten einer Taxifahrt. Sie bezahlen den Preis dieses Buches und investieren die Zeit, um diese Geschichte zu lesen.

Ich war extra nach Dallas geflogen, um einen Kunden zu besuchen. Die Zeit war knapp, und ich hatte geplant, mit dem Taxi zu dem Kunden und gleich darauf wieder zurück zum Flughafen zu fahren. Ich sah mich gerade nach einem Taxi um, als ein makelloser Wagen neben mir hielt. Der Fahrer sprang heraus, um mir die Tür zu öffnen. Bevor er sie wieder schloß, vergewisserte er sich, daß ich bequem saß. Als er hinter dem Lenkrad Platz nahm, wies er mich darauf hin, daß mir das ordentlich gefaltete Wall Street Journal, das im Türfach steckte, zum Lesen zur Verfügung stünde. Dann zeigte er mir mehrere Kassetten und fragte mich, welche Art von Musik mir gefiele. So etwas ... Ich begann, Ausschau nach einer versteckten Kamera zu halten. Hätten Sie das an meiner Stelle nicht auch getan? Ich konnte diese Art von perfektem Service einfach nicht fassen. Da gab ich mir einen Ruck und sagte: „Es scheint, als setzten Sie Ihren ganzen Stolz daran, Ihre Arbeit gut zu machen. Da steckt doch sicher etwas dahinter, oder?"

„Da können Sie Gift drauf nehmen", antwortete er. „Früher war ich Angestellter in der Wirtschaft. Aber nach einiger Zeit hatte ich es satt, daß das Beste, das ich zu geben hatte, nie gut genug zu sein schien und nie genug geschätzt wurde. Da entschloß ich mich, mir eine Nische zu suchen, einen Bereich, in dem ich Bestleistungen erbringen konnte. Ich würde nie ein Wissenschaftsgenie werden, aber ich bin begeisterter Autofahrer, ich helfe anderen gern, und ich genieße das Gefühl, hart und gut gearbeitet zu haben. So analysierte ich meine persönlichen Vorzüge und .... da hatte ich's! Ich würde Taxifahrer werden. Nicht irgendein Taxifahrer, sondern ein professioneller. Eines wußte ich ganz sicher: Um in meinem Geschäft gut zu sein, brauchte ich nichts weiter zu tun, als die Erwartungen meiner Kunden zu erfüllen. Aber um wirklich *überragend* zu sein, mußte ich ihre Erwartungen *übertreffen*! Mir gefällt allein der Klang des Wortes *überragend* besser als der Klang des Wortes *durchschnittlich* – ganz zu schweigen von den Belohnungen, die damit verbunden sind."

Ob ich ihm ein dickes Trinkgeld gab? Da brauchen Sie nicht zu fragen. Der Verlust, den die amerikanische Wirtschaft durch den Berufswechsel dieses Taxifahrers erlitt, entpuppte sich als dicker Gewinn für die potentiellen Taxikunden in Dallas!

QUELLE: Dilbert von Scott Adams. Abdruck mit freundlicher Genehmigung von United Feature Syndicate, Inc.

TUN SIE, WAS IHNEN SPASS MACHT – DAS FINANZIELLE WIRD SICH DANN VON SELBST REGELN

Wir müssen aufhören, die Arbeit als Mittel zur Beschaffung unseres Lebensunterhalts zu betrachten. Statt dessen müssen wir beginnen, sie als eines der wesentlichsten Elemente unseres Lebens zu sehen.

Luci Swindoll

In Srully Blotnicks Studie, die in sein Buch *Getting Rich Your Own Way* (Playboy Paperbacks, 1982) eingeflossen ist, wurden 1.500 Personen in zwei Gruppen unterteilt und 20 Jahre lang beobachtet. Gruppe A machte 83 Prozent des Samples aus. Diese Personen hatten ihren Beruf aufgrund der Aussicht gewählt, sofort Geld zu verdienen, um später das tun zu können, was ihnen Spaß machte. Die Mitglieder der Gruppe B, die restlichen 17 Prozent, hatten den Beruf gewählt, der ihnen im Hier und Jetzt gefiel, und machten sich zunächst keine Gedanken über das Geld.

Als die Daten ausgewertet wurden, ergaben sich einige überraschende Fakten:

- Nach 20 Jahren waren 101 der 1.500 Studienteilnehmer zu Millionären geworden.

- Die Millionäre gehörten allesamt bis auf einen (also 100 von 101) zur Gruppe B – also zu jenen, die sich für den Beruf entschieden hatten, der ihnen Spaß machte!

Wußten Sie, daß Sie ein geringeres Herzerkrankungsrisiko haben, wenn Sie von sich sagen können: „Ich liebe meine Arbeit"?
Bei einer Studie des in Massachusetts ansässigen HEW-Instituts, das den Ursachen von Herzerkrankungen auf den Grund ging, wurden den Teilnehmern zwei Fragen gestellt: Sind Sie glücklich? Lieben Sie Ihre Arbeit? Die Ergebnisse ließen darauf schließen, daß jene, die diese Fragen mit ja beantworten konnten, ein geringeres Herzerkrankungsrisiko haben als andere.

Dr. Deepak Chopra
Magical Mind, Magical Body

ARBEIT IST SICHTBAR GEMACHTE LIEBE

Khalil Gibran

Autor von *The Prophet*

Originalübersetzung von Karin Graf

Und was heißt, mit Liebe zu arbeiten?

Es heißt, das Tuch mit Fäden weben, die aus euren Herzen gezogen sind, als solle euer Geliebter dieses Tuch tragen.

Es heißt, ein Haus mit Zuneigung bauen, als solle eure Geliebte in dem Haus wohnen.

Es heißt, den Samen mit Zärtlichkeit säen und die Ernte mit Freude einbringen, als solle euer Geliebter die Frucht essen.

Es heißt, allen Dingen, die ihr macht, einen Hauch eures Geistes einflößen,

Und zu wissen, daß die selig Verstorbenen um euch stehen und zusehen.

...

Arbeit ist sichtbar gemachte Liebe.

Und wenn ihr nicht mit Liebe, sondern nur mit Widerwillen arbeiten könnt, laßt besser eure Arbeit und setzt euch ans Tor des Tempels und nehmt Almosen von denen, die mit Freude arbeiten.

Denn wenn ihr mit Gleichgültigkeit Brot backt, backt ihr ein bitteres Brot, das nicht einmal den halben Hunger des Menschen stillt.

Und wenn ihr die Trauben mit Widerwillen keltert, träufelt eure Abneigung ein Gift in den Wein.

Und wenn ihr wie Engel singt und das Singen nicht liebt, macht ihr die Ohren der Menschen taub für die Stimmen des Tages und die Stimmen der Nacht.

Aus dem Buch „Der Prophet" von Khalil Gibran, © Walter-Verlag AG, 1973; 30. Auflage 1995

HOCHACHTUNG AM ARBEITSPLATZ

Jack Hawley

Unternehmensberater
Autor von *Reawakening the Spirit in Work*

Christbäume werden ohne Gebete geschnitten. Wir müssen Mutter Erde respektieren und unseren Planeten gut behandeln.

Franklin Kahn
Navajo-Stammesältester

Der Schauplatz: das Vorstandszimmer eines Unternehmens, das unlängst zu unserem Kundenkreis gestoßen ist. Ich gehe nach vorne und zeichne eine horizontale Linie an die Tafel, anhand derer ich eine Reihe von Verhaltensweisen in Organisationen zeigen werde. Ich sage: „In Organisationen gibt es ein Kontinuum der Hochachtung." Ich bin selbst ein wenig überrascht, daß mir das Wort „Hochachtung" über die Lippen gekommen ist, und ich bemerke einige gehobene Augenbrauen und verwirrte Blicke. Wie kam ich darauf?

Vor einigen Monaten war eine indische Frau auf Besuch bei uns und unseren fünf Kindern im Teenageralter. Sie war eine kluge Frau mit sprühendem Geist, eine Frau, die auf so manche Weise zu „sehen" verstand, die uns verschlossen war. Sie hatte etwas Besonderes an sich: nämlich ihre Hochachtung vor scheinbar banalen Dingen, von der wir anderen nur lernen konnten.

Sie erzählte uns, daß ihr Vater sie und ihre Geschwister gelehrt hätte, allen Dingen und Vorgängen – nicht nur den Menschen – mit Hochachtung und Respekt zu begegnen. Zu diesen Dingen zählte er sogar solche, die in jedermanns Haushalt vorkommen. Ganz banale Dinge, wie zum Beispiel das Öffnen einer Tür. „Stürm nicht so herein, und fall nicht mit der Tür ins Haus", sagte er. „Dreh den Knopf langsam, dreh die Tür sorgfältig um ihre Angel, bring ihr Hochachtung entgegen." Hochachtung vor einer Tür?! Ich sah unsere Sprößlinge Blicke tauschen, die jenseits der Höflichkeit lagen.

„Selbst wenn wir einen Apfel aßen, war es so", erzählte sie bei einer anderen Gelegenheit. „Wir wurden gelehrt, den Apfel nicht einfach zu mampfen, sondern ihn liebevoll in beiden Händen zu halten und für das Geschenk der Süße und der Nahrhaftigkeit zu danken, das uns in so reicher Fülle dargeboten wurde." Bei diesen Worten hob mein Sohn Alec, der Äpfel in rauhen Mengen zu verschlingen pflegt, die Brauen und sah den gewachsten Macintosh in seiner Hand nachdenklich an.

Unsere helle, freundliche Küche entzückte sie, und wir waren wiederum von ihren Kochkünsten bald verzaubert. Es dauerte nicht lange, da waren Fleisch und Eier aus dem Kühlschrank verschwunden – aber sie ging dabei so sensibel und mit einer solchen Logik vor, daß wir gar nichts dagegen hatten. Nachdem sie ihre köstlichen Gemüseeintöpfe (Curries) zubereitet hatte, pflegte sie leise ein Gebet zu singen und den ersten Happen als Opfer beiseite zu legen. Ihr subtiles Beispiel begann unser aller Verhalten zu beeinflussen.

Das Weihnachtsfest kam und schlug die ganze Familie in seinen Bann. Wir steckten alle, wie es üblich war, in der anstrengenden jährlichen Tretmühle der Vorbereitungen und gingen alle unserer Wege, die sich nur selten kreuzten. Eines Tages kam ich zur Tür herein, außer Atem, wie üblich. Louise, die soeben einen Mistelkranz gebracht hatte, war auch da. „Schön", sagte ich. „Wir haben fünf Minuten Zeit. Hängen wir ihn schnell auf." Ich schnappte mir Hammer und Nägel. Sie schnappte den Kranz. Wir schossen bei der Tür hinaus.

Unsere indische Besucherin kam mit uns. „Oh, er ist so schön, so grün", sagte sie immer wieder. „Ein so schönes Symbol. Seht nur, wie die Blätter und Beeren nebeneinander leben ... oh, wie wundervoll."

„Ja", sagte ich und gab Louise Anweisungen, wie sie den Kranz an die Tür halten sollte. Bumm, bumm. „Da, fertig", grinste ich. Ich beeilte mich, ins Haus zurückzukommen, und stieß dabei fast die indische Dame um. Sie kniete im Hof, mit der Stirn auf dem Zement, die Hände vor sich ausgestreckt, und sang dem Kranz ein Namaskar, einen speziellen Segen, zu!

Was tut man, wenn eine Freundin am Boden kniet und einen Mistelkranz anbetet? Ignoriert man sie und schleicht sich leise davon, steigt man über sie hinweg und riskiert, dabei zu stolpern? Kniet man sich neben sie? Da wir mit solchen Fragen noch nie in unserem Leben konfrontiert gewesen waren, standen wir leicht peinlich berührt daneben und warteten, bis sie geendet hatte. Wir warteten und warteten ... vielleicht eine Minute, zwei oder drei. Während ich da stand und wartete, fiel ein wenig von der rasenden Hektik von mir ab, und ich wurde etwas ruhiger. Nun, da ich Zeit hatte, es mir bewußt zu machen, wußte ich, daß sie recht hatte: Er war wirklich wunderschön, und das, was er repräsentierte, war noch viel schöner.

Und während wir da standen, begann ihr Segen zu wirken. Der Kranz symbolisierte plötzlich etwas viel Bedeutenderes als eine reine Dekoration. Vier volle Minuten lang (für heutige Begriffe eine lange Zeit!) stand ich da. Der Kranz hing vor mir an der Tür, in Höhe meiner Schulter. Plötzlich spürte ich, daß viel mehr von ihm ausging, als ich je vermutet hätte – ein ganz besonderes Gefühl, eine Kraft, die ich nie zuvor gespürt hatte.

Und diese Kraft hielt die ganzen Feiertage hindurch an. Die Hektik fiel immer mehr von der Familie ab. Und jedesmal, wenn ich an dem Kranz vorbeiging, hatte ich das Gefühl, daß dieses „Etwas" sich nach mir ausstreckte und meine Schulter berührte.

DIE KLEINEN INITIALEN SIND MEINE

Mildred Brown Duncan

Sprechstundenhilfe

Jedesmal, wenn ich für den Arzt, für den ich arbeite, einen Brief tippe, schreibe ich unten seine Initialen in Großbuchstaben und daneben die meinen in Kleinbuchstaben.

„Die kleinen Initialen sind meine", erklärte ich eines Tages einer neuen Angestellten, die sich einige der alten Korrespondenzstücke durchsah. Danach dachte ich über diese Worte nach. Was bedeuteten sie? Der vielbeschäftigte, wichtige Arzt im Gegensatz zu der unbedeutenden Sekretärin?

Nein, so sah ich meinen Job nicht. Die Sekretärin eines Arztes zu sein, brachte mir ein hohes Maß an Belohnungen und Befriedigung. Natürlich ist es der Arzt, der Medikamente verschreibt, welche die Schmerzen lindern, und der durch seine Diagnosen Heilungserfolge erzielen kann. Aber es gibt auch viele Belohnungen, die auf meiner Seite der Tür zu holen sind. Ich bin die erste, die den lächelnden Menschen sieht, der beim Verlassen der Praxis sein Medikament oder Rezept wie einen Hoffnungsanker umklammert hält.

Oft fungiere ich als Brücke zum Arzt, und wenn ich ganz einfache Dinge sage, wie zum Beispiel: „Sie werden ihn mögen. Man kann so gut mit ihm reden", dann sehe ich, wie sich Kiefermuskeln entspannen und aus den Augen ein wenig von der Angst weicht, die man so oft fühlt, wenn man das erste Mal zu einem neuen Arzt geht.

Die Patienten empfinden es als tröstlich zu wissen, daß die Sprechstundenhilfe Zeit zum Zuhören hat und dem Arzt eine Nachricht zuverlässig überbringt, auch wenn dieser nicht selbst zum Telefon kommen kann. Ich versuche daran zu denken, daß das der Grund ist, weshalb ich da bin – und daß ich deswegen mit meiner Korrespondenz oft im Verzug bin!

Ich habe Nachrichten überbracht, die so wichtig und manchmal auch so beängstigend waren, daß ich mich auf nichts anderes konzentrieren konnte, bis sie sicher bei ihrem Empfänger angelangt waren. Wenn ich den Telefonhörer abhebe, kann ich etwas so Banales zu hören bekommen wie die Nachricht, daß ein Krankenhausbett, das wir verlangten, nun frei ist, oder etwas so Erschreckendes wie eine fassungslose Stimme, die schreit: „Er hat es schon wieder versucht!" – gemeint ist Selbstmord.

Ich bekomme von den Patienten manchmal Geschenke. Drei davon halte ich besonders in Ehren: Das erste ist ein Engel aus Pappe, den ich hinter meinem Schreibtisch an die Wand gepinnt habe. Er wurde sorgfältig bemalt von einer kleinen Hand, deren Muskeln ihren Anweisungen nicht so genau folgten. Ein geistig behindertes Kind schenkte mir den Engel zu Weihnachten.

Die beiden anderen Geschenke sind nicht greifbar, aber um nichts weniger real. Eines davon bekam ich von einer neuen Patientin. Die Jahre hatten in ihren Hals so beharrlich Falten gegraben, wie die Zeit Jahresringe in Baumstämme kerbt, und ihre Augen spiegelten die tiefe Sanftmut wider, die vom Leiden herrührt. Wir waren die Routinefragen durchgegangen. Als ich sagte: „Sie können nun zum Herrn Doktor gehen", erhob sie sich langsam aus ihrem Stuhl und sagte: „Ich dachte, Sie wären die Frau Doktor."

Das dritte und letzte Geschenk erhielt ich von einem feingliedrigen alten Mann mit einem mahagonifarbenen Gesicht, das von einem Schopf grauweißen Haars gekrönt war. Als er sich anschickte zu gehen, schob er mir einen Bleistiftstumpf und einen verknitterten Umschlag zu und sagte: „Miss, würden Sie wohl Ihren Namen auf dieses Papier hier schreiben?"

„Ja, gern, aber wozu brauchen Sie denn meinen Namen?"

„Weil Sie so nett waren, und weil ich gern Ihren Namen wissen möchte."

Er schlurfte hinaus, und ich legte sein Kompliment in jenes Regalfach meines Herzens, in dem ich die besonderen Dinge aufbewahre. Eines Tages kreuzten sich unsere Wege wieder. Diesmal hatte die Krise mich und nicht ihn getroffen. Während mir die Tränen über das Gesicht rannen, sagte er sanft: „Ich werde für Sie beten."

In einem einzigen Tag habe ich folgende Briefe geschrieben: einen Brief an eine besorgte Mutter, in dem ich ihr mitteilte, wie sie die Epilepsiemedikamente für ihr Kind besser einstellen konnte, einen Brief an einen Mann, dem ich empfahl, sich einen Rechtsbeistand zu suchen, und einen Brief, in dem bestätigt wurde, daß ein Jugendlicher, der jahrelang an einer Geisteskrankheit gelitten hatte, nun wieder so weit gesundet war, daß er seine Bürgerrechte zurückerhalten konnte.

Am Abend, wenn ich die Schreibmaschine zudecke und die Karteikarten, die noch aktualisiert werden müssen, dahinterstecke, wird mir unweigerlich bewußt, daß sie viel mehr sind als Papier und Tinte. Sie sind Aufzeichnungen über Schmerzen und ihre Linderung, über Sorgen und das damit verbundene Leid, über Probleme und ihre Lösung oder über tapfere Akzeptanz. Kurz gesagt stehen sie für die Menschenleben, mit denen in Berührung zu kommen ich das Privileg hatte. Und manchen von ihnen haftet etwas Besonderes an, das ich nicht definieren kann, etwas, was den Eindruck eines Menschen, auch wenn ich ihn vielleicht nie wieder sehen werde, für immer unauslöschlich macht.

Wenn der Tag zu Ende ist, drehe ich das Licht ab, nehme meine Schlüssel und verlasse die Praxis. Ein Teil von mir bleibt dort, und mit mir nehme ich das Wissen, daß ich gedient habe – auch wenn die Dienstleistung so klein war wie meine Initialen.

Libby Miller gewidmet und den Menschen, die sie im Laufe ihrer medizinischen Tätigkeit berührt hat – so wie mich.
Vielen Dank, Mutter.

JLM

EINE LEKTION AUS DER SCHULE

Susan Cunningham Euker

Lehrerin

Ich bin Lehrerin. Wahrscheinlich war mir das bis zum vergangenen Frühling gar nicht bewußt – und das, obwohl ich seit über 20 Jahren im Klassenzimmer stehe.

Bis ich T. J. traf, betrachtete ich mich irgendwie als Pädagogin, als jemand, der seinen Lebensunterhalt verdient, indem er andere unterrichtet. Daran war zwar nichts auszusetzen, aber es ist einfach etwas anderes, als wirklich Lehrerin zu sein. Vielleicht klingt Pädagogin akademischer, mehr nach standardisierten Prüfungen oder schulischen Eignungstests. Lehren aber bedeutet, auf die leise Stimme in seinem Herzen zu hören, die jenen Kindern hilft, die von der Welt aufgegeben worden sind. Lehren bedeutet, einen Teil seiner selbst mit anderen zu teilen und dabei viel mehr zurückzubekommen, als man gibt.

T. J. veränderte mein Leben – groß, blond, ungepflegt, kontaktscheu, still und gedankenverloren, wie er war. Er lehrte mich viel über die Werte, die ich selbst hochhalte, und er zeigte mir, wie sich diese Werte auf meine Schüler übertragen. Durch ihn habe ich gelernt, worum es in meinem Beruf eigentlich geht.

T. J. saß ganz hinten, in der letzten Bank meiner Klasse – ein ganzes Semester lang vollkommen allein und isoliert. Trotz all meiner Bemühungen verhielt er sich absolut passiv: Er machte keine Hausarbeiten, er schrieb keine Klausuren, er zeigte keinerlei Interesse an irgendetwas. Und so sah auch das Ergebnis seines Schuljahrs aus. Er fiel durch. Sang- und klanglos.

Dieser ungewöhnliche junge Mann weckte meine Neugier, und nachdem ich im Schulsekretariat die vertraulichen Schülerinformationen eingesehen hatte, begannen sich die Teile des Puzzles zu einem Ganzen zu fügen. T. J. hatte mit zwölf Jahren seinen Vater verloren und hatte in seiner Teenagerzeit große Schwierigkeiten, mit seiner Mutter, einer Alkoholikerin, zurechtzukommen. Er hatte einen schwerbehinderten Bruder, und es gab Anzeichen dafür, daß beide Kinder möglicherweise mißbraucht worden waren. T. J.s Mutter beschimpfte die Schulverwaltung so, daß diese es fast aufgegeben hatte, etwas gegen T. J.s Schuleschwänzen zu unternehmen.

T. J. lebte in einer schwer geschädigten Familie. Ich verstand nun, wieso er ein so geringes Selbstwertgefühl hatte, und mir wurde klar, warum er sich jeden Tag nach der Schule so beeilte, nach Hause zu kommen. Plötzlich fand ich es verständlich, daß er der Schule so oft fernblieb. Ich entwickelte großes Mitgefühl für ihn. Da die von mir unterrichteten Fächer eine Voraussetzung für den Abschluß der High School sind und T. J. die Schule aus irgendeinem Grund abschließen wollte, hatten wir ihm eine letzte Chance gegeben und ihn das Frühlingssemester der letzten Klasse noch einmal wiederholen lassen. Ich hatte wie alle anderen meine Zweifel, daß er es schaffen würde.

Das Semester hatte begonnen, und T. J. war so abwesend und zurückgezogen wie immer. Aber dann, eines Tages, sprachen wir in der Klasse über Selbstwertgefühl, und diese Stunde löste bei ihm eine Veränderung aus. Ich ließ die Schüler leere Papierblätter auf den Rücken ihres Nachbarn kleben und gab ihnen dann fünf Minuten lang Zeit, um im Raum herumzugehen, sich fünf Personen zu suchen, die sie nicht besonders gut kannten, und auf das Blatt am Rücken dieser Personen etwas Positives zu schreiben, das sie an ihnen bemerkt hatten. Danach setzten wir uns und sprachen über die Gefühle und die Ängste, die diese Aufgabe bei ihnen ausgelöst hatte. Ich bat die Schüler, sich still durchzulesen, was auf ihren Blättern geschrieben stand, und dann stellte ich ihnen die Aufgabe, einen Absatz darüber zu schreiben, wie andere sie sahen und welche Gefühle das Gelesene bei ihnen auslöste. T. J. tat, wie ihm geheißen. Das wunderte mich.

Am nächsten Tag kam T. J. nach der Stunde auf mich zu und fragte mich, ob er der Klasse seine „Persönlichkeitscollage" präsentieren dürfe. Ich stimmte zu, obwohl die Collage schon vor einem Monat fällig gewesen war. Die anderen Schüler hatten sie an einem Tag präsentiert, an dem T. J. die Schule geschwänzt hatte. Ehrlich gesagt war ich neugierig, und ich sagte T. J., daß wir uns sehr freuen würden, seine Collage zu sehen.

Als T. J. am nächsten Tag zur Stunde kam, hatte er seine Collage dabei und wollte sie der Klasse erklären. Die Collagen der anderen Schüler waren aufwendige Plakate mit vielen Bildern, Worten und Zeichen gewesen, die sie auf Pappstücken verschiedener Größen und Formen kunstvoll arrangiert hatten. T. J.s Collage bestand aus einem einzigen Element: drei Landwirtschaftsmagazine, mit einem Stück Spagat miteinander verbunden. T. J. erklärte, daß seine Familie in der Landwirtschaft arbeitete und daß der Spagat sein Leben zusammenhielt. An den unteren Rand der Magazine war das Stück Papier geklebt, auf das die Schüler T. J.s positive Eigenschaften geschrieben hatten. Da stand zu lesen: „lieb", „witzig", „schönes Haar", „ein netter Mensch" und „mitfühlend".

Ich hängte die Collage schweigend an die Tafel, damit alle sie sehen konnten. Als T. J. an diesem Tag an seinen Platz zurückkehrte, rückte er seinen Stuhl näher an die vor ihm sitzenden Mitschüler heran. Während ich mit dem Unterricht fortfuhr, kämpfte ich mit den Tränen. Die Klasse, die sich geehrt fühlte, vielleicht zum ersten Mal überhaupt T. J.s Gegenwart zu spüren, war ganz still. T. J. hatte in dieser Stunde begonnen, Beziehungen zu knüpfen.

Im vergangenen Juni machte T. J. seinen High-School-Abschluß. Er kam nicht nur bei mir durch, sondern schaffte irgendwie auch Soziologie, den Angstgegenstand der letzten Klasse. Bei der Abschlußfeier spürte ich die Freude dieser leisen Stimme nur einmal in meinem Herzen – als T. J. sein Abschlußdiplom überreicht bekam. Ich dachte an das Geschenk, das er mir und meiner Abschlußklasse gemacht hatte, und ich weinte. Als er mit wehender Robe an mir vorüberging, sein Barett schräg auf dem Kopf und sein Diplom in feierlicher Freude in der Luft schwenkend, lächelte er, streckte seine Hand aus, schüttelte die meine und ... zwinkerte.

Da wußte ich, daß ich Lehrerin war. T. J. hatte es mich gelehrt.

DIE FRAGE

Bob Moore

Autor von Can You Be President (or Anything Else)

Halte dich fern von Menschen, die versuchen,
deine Ambitionen lächerlich zu machen.
Kleine Menschen tun das immer,
aber die wirklich großen geben dir das Gefühl,
daß auch du einer der ihren werden kannst.

Mark Twain

Vor einigen Jahren war ich zu einem Vortrag eingeladen, den eine bedeutende Rednerin vor der Studentenschaft eines kleinen College in South Carolina halten sollte. Am vereinbarten Tag kam ich ins Auditorium und fand es voller Studenten, die ganz aufgeregt waren ob der Chance, eine Vortragende dieses Kalibers sprechen zu hören.

Nachdem sie vom Gouverneur von South Carolina vorgestellt worden war, begab sich die Rednerin zum Mikrophon, ließ ihre Augen von links nach rechts über das Publikum schweifen und begann mit folgenden Worten: „Ich bin die Tochter einer taubstummen Mutter. Ich weiß nicht, wer ihr Vater ist oder war. Mein erster Job war der einer Baumwollpflückerin." Als sie weitersprach, wurde ihr Gesicht von einem strahlenden Lächeln erhellt. „Und heute stehe ich vor Ihnen als leitende Beamtin des Finanzministeriums der Vereinigten Staaten von Amerika. Mein Name ist Azie Taylor Morton."

Das Publikum war wie vom Donner gerührt. Die Vortragende fuhr fort: „Nichts muß so bleiben, wie es war, wenn wir es nicht so wollen. Weder Glück noch die Herkunft, noch die Umstände machen unsere Zukunft zu dem, was sie ist." Leise wiederholte sie: „Nichts muß so bleiben, wie es ist, wenn wir es nicht so wollen."

„Um eine Situation zu verändern, die uns unglücklich oder unzufrieden macht", sagte sie mit fester Stimme, „brauchen wir nichts weiter zu tun, als die Frage zu stellen: ‚Welche Veränderung wünsche ich mir?' Und dann müssen wir unser Ziel beharrlich verfolgen und das tun, was nötig ist, um die Situation zu verändern."

„Sie denken jetzt vielleicht: ‚Das weiß ich doch'. Aber trotzdem: Ist es nicht eigenartig, wie wenige Menschen sich angesichts von Unzufriedenheit in der Arbeit oder Unglück im Privatleben die Frage stellen: ‚Welche Veränderung wünsche ich mir, und was muß ich tun, um sie herbeizuführen?'"

Was wir brauchen, sind Spezialisten für das Unmögliche.

Theodore Roethke

SCHAU IN DIE RICHTUNG, IN DIE DU GEHEN WILLST

Jim Donovan

Autor von *Handbook to a Happier Life*

Wir gehen in die Richtung, die unsere Vision uns vorgibt.

Joseph Murray

Wenn Sie einen Rennfahrer fragen, wie er all diese engen Stellen der Rennstrecke passiert, ohne etwas zu rammen, wird er Ihnen wahrscheinlich in etwa folgendes sagen: „Man muß dorthin schauen, wohin man will, und nicht dorthin, wohin man nicht will." Wenn man seinen Blick auf die Wand richtet, läuft man Gefahr, hineinzufahren.

Diese Metapher können wir auch auf unser Leben umlegen. Konzentrieren wir uns auf das, was wir erreichen wollen, und nicht auf das, was wir nicht wollen. Allzu viele Leute verwenden den Großteil ihrer Zeit und Energie darauf, darüber nachzudenken, was sie loswerden wollen („... ich wünschte, ich würde zehn Pfund abnehmen ...") oder was sie nicht wollen („... ich wünschte, zu Hause stapelten sich nicht alle diese Rechnungen ..."). Versuchen wir doch statt dessen, uns auf das zu konzentrieren, was wir uns wünschen. Vor kurzem sprach ich mit einem Freund über dieses Thema und erfuhr dabei, daß es Fallschirmspringern gelingt, einander mitten in der Luft die Hand zu reichen, indem sie einfach den Augenkontakt mit der Person suchen, mit der sie sich verbinden wollen. Ihre Körper *bewegen sich dann automatisch aufeinander zu!*

Daran dachte ich eines Tages, als unser Kater Ming in mein Büro spaziert kam. Er liebt es, auf dem Fensterbrett hinter meinem Schreibtisch zu sitzen und davon zu träumen, einen Vogel zu fangen. Ich beobachtete ihn bei seinem Vorbereitungsritual für den Sprung auf das Fensterbrett. Als erstes sitzt er auf dem Boden und starrt intensiv auf meinen Schreibtisch. Es ist, als konzentrierte er sich darauf, hinaufzuspringen. Dann springt er leicht und mühelos auf die Schreibtischplatte, eine vielfache Distanz seiner eigenen Höhe. Als ich ihm zusah, wurde mir bewußt, daß ich hier dasselbe Prinzip in Aktion erlebte: Bewege dich mit Zuversicht in Richtung deiner Ziele.

Das Prinzip funktioniert, ganz gleich, ob man seine Lebensziele erreichen oder einfach auf einen Tisch springen möchte. Das andere Element, das nicht außer acht gelassen werden darf – und das wurde mir bei dieser Gelegenheit ebenfalls klar –, ist Zuversicht. Ming hat die Zuversicht und das Vertrauen, daß er nicht auf die Nase fallen wird, und das sollten auch wir haben!

Alle Menschen, die Großes erreichten, hatten ein großes Ziel vor Augen, ein hohes, oft unerreichbar scheinendes Ziel, auf das sie schauten.

Orison Swett Marden

GEFEUERT

Mary A. Long

Auszug aus *Guideposts*

Als 56jährige Witwe war ich total auf meinen Arbeitsplatz angewiesen;
noch dazu war es mein erster Vollzeitjob nach 30 Jahren.

Das Unheil traf mich ohne Vorwarnung, wie ein Schlag auf den Hinterkopf in
einer dunklen Straße. Die Stellvertreterin der Chefin hatte in keiner Weise an-
gedeutet, daß etwas nicht in Ordnung sei. Sie bat mich einfach zu einem Gespräch ins Konferenzzimmer. Aber als ich den großen, nüchternen Raum betrat, dessen einzige Möblierung in einem großen Tisch und Stühlen bestand,
sah ich, daß auch die Chefin persönlich anwesend war. Die beiden Frauen
saßen da wie Sphinxen, ohne ein Lächeln, ohne ein Wort der Begrüßung.

„W-was ist denn los?" stotterte ich.

„Mary, wir werden uns von Ihnen trennen müssen", sagte die ältere der
beiden Frauen. Sie sah mich direkt an, ohne mit der Wimper zu zucken.

Unwillkürlich machte ich einen Schritt zurück. Sie hätte mir ebensogut
ins Gesicht schlagen können. „Aber ich bin doch erst vor fünf Tagen in Ihre
Abteilung gekommen", wagte ich einen schwachen Protest. Tatsächlich hatte
ich um Versetzung gebeten, nachdem ich sieben Monate in einem anderen Bereich verbracht hatte, wo ich mich überfordert gefühlt hatte.

Ihre Antwort war knapp und klar.

„Ihr Lerntempo für den Job entspricht einfach nicht den Firmenstan-
dards. Sie sind zu langsam und machen zu viele Fehler."

Sie machte eine kurze Pause, aber ich war zu perplex, um etwas zu sagen.
Ungeschickt fingerte ich in meiner Handtasche nach einem Taschentuch, das
nicht da war.

„Es tut mir leid", sagte die Chefin. „Ihre Entlassungspapiere sind in der
Personalabteilung für Sie hinterlegt."

Also hatte die Entscheidung schon seit mindestens einem Tag festgestan-
den! Es gab kein Berufungsgericht. Das Gespräch war vorüber.

Wie eine Traumwandlerin nahm ich meinen Gehaltsscheck an mich,
sammelte ein paar persönliche Besitztümer zusammen und ging zum letzten
Mal zur Parkgarage der Arbeitnehmer. In der Privatsphäre meines Autos
tauschte ich meine Gläser gegen eine Sonnenbrille, die meine roten, geschwol-

lenen Augen verbergen sollte. Dann sank ich über dem Lenkrad zusammen. Guter Gott, was sollte nun aus mir werden?

Ich hatte keine Ersparnisse, aber dafür Schulden. Mit 56 war ich zu jung, um Leistungen von der Sozialversicherung meines verstorbenen Mannes zu beziehen, aber gleichzeitig offensichtlich zu alt, um erfolgreich an einem Arbeitsplatz zu bestehen. Und ich war so stolz gewesen, daß ich diesen Job gefunden hatte! Mein letzter Vollzeitjob lag 30 Jahre zurück, und ich hatte nichts vorzuweisen außer einem High-school-Abschluß.

Mein Gott, es war so demütigend. Sollte das alles gewesen sein, was ich für meine Gebete und mein Vertrauen bekam?

Schließlich sammelte ich mich so weit, daß ich durch den grauen Februarnachmittag zu meiner Wohnung fahren konnte.

Als ich die Tür aufschloß, sprang Duchie, mein Beagle, begeistert wedelnd an mir hoch. Die Hündin wollte mir sagen: „Ich bin so froh, daß du zu Hause bist!" Ich nahm sie hoch, um die tröstliche Wärme ihres kleinen, warmen Körpers zu spüren. Sie leckte mir die Wange. Plötzlich hatte ich das intensive Gefühl, wieder ein Kind zu sein. Ich wollte spüren, wie meine Mutter ihre Arme um mich legte, und ich sehnte mich nach ihrer liebevollen Stimme, die tröstend sagte: „Na komm, mein Liebes. Es wird alles wieder gut."

Eine Zeitlang beschäftigte ich mich mit dem Haushalt. Ich gab Duchie ihr Futter und machte mir selbst eine Kanne Kaffee. Dann ließ ich mich in meinen Lehnstuhl sinken, die Hündin auf meinem Schoß. Ich versuchte mich zu entspannen, die Augen zu schließen und so zu tun, als hätte das Gespräch von vor einigen Stunden nie stattgefunden. Das gelang mir aber nicht. Ich durchlebte die erniedrigende Szene von neuem. Ich schämte mich so sehr, und ich fühlte mich schwach und hilflos.

Wer würde eine 56jährige Frau praktisch ohne Berufsausbildung einstellen, die soeben gefeuert worden war? Ohne Job konnte ich mir die Wohnungsmiete nicht leisten. Und es kam nicht in Frage, zu einem meiner drei verheirateten Kinder zu ziehen. Sie hatten mit der Versorgung ihrer Familien selbst alle Hände voll zu tun.

Trotzdem mußte ich meinen Kindern erzählen, was passiert war. Aber ich hatte Angst davor. Sie waren ebenso stolz wie ich selbst darauf gewesen, daß ich Arbeit gefunden hatte. Ich wollte, daß sie mit Freude und Stolz an mich dachten, und nicht voller Mitleid.

Widerwillig hob ich den Hörer von der Gabel und wählte die Nummer meiner Tochter Donna, die ein paar Meilen von mir entfernt lebte.

„Warum bist du schon so früh zu Hause, Mama?" fragte sie sofort.

„Man hat mich soeben gefeuert", sagte ich und versuchte, so nüchtern wie möglich zu klingen.

„Machst du Witze?"

„Nein, es ist die Wahrheit", antwortete ich.

Wir schwiegen. Ich wußte, daß auch sie mit den Tränen kämpfte. „Mama, sie können dich doch nicht einfach feuern."

„Aber sie haben es getan." Ich erzählte ihr den genauen Hergang.

Nach einer weiteren schmerzlichen Schweigepause begann sie zu sprechen. Ihre Stimme klang zornig und sarkastisch: „Ich hoffe nur, daß du in dieser Situation etwas Positives finden kannst, Mama!"

Ich zuckte zusammen. Ich wußte, daß sich die Bitterkeit in ihrer Stimme auf die Situation bezog und nicht mich betraf. Aber mir wurde auch etwas anderes bewußt. Donna spielte auf die „Predigten" an, die sie in der Vergangenheit so oft von mir gehört hatte. Als ihr Vater noch am Leben gewesen war und wir in sichereren Verhältnissen gelebt hatten, hatte ich leicht behaupten können, daß Gott uns durch jede Erfahrung etwas lehren will, wenn wir es nur erkennen wollen und ihm weiter vertrauen. Ich hatte damals eine Art Schönwetterglauben.

Nun war ein stürmischer Tag gekommen.

Ich zögerte. Und dann, im Bruchteil einer Sekunde, konnte ich mir etwas Erschreckenderes vorstellen, als keinen Job zu haben – nämlich zuzulassen, daß mein Glaube gemeinsam mit meinem Selbstwertgefühl unterminiert wurde.

Meine Antwort an Donna war ein für mich selbst bestimmtes Manifest (wenn auch mit zitternder Stimme vorgetragen): „Gott wird mich mit Sicherheit zu etwas Besserem führen, wenn ich nur meinen Glauben nicht verliere."

An diesem Abend sagte ich mir diesen Satz immer wieder vor: Ich habe meinen Job verloren, nicht meinen Glauben. Ich betete lange und intensiv, indem ich Gott bat, mir dabei zu helfen, meine Situation klar und unverfälscht zu sehen. Und dann schlief ich ein.

Als ich am nächsten Morgen erwachte, fühlte ich in mir eine neue, selten verspürte Zielstrebigkeit. Ich hatte ja eine Aufgabe: meinen Glauben für mich arbeiten zu lassen und meiner Familie seine Kraft zu zeigen. Anstatt sehnsüchtig meiner tröstenden Mutter nachzutrauern, würde ich selbst die starke Mutter sein, deren Handlungen und Reaktionen ihren Kindern und Enkelkindern als Vorbild für deren Zukunft dienen würden.

In den darauffolgenden Wochen versuchte ich nicht nur, einen neuen Job an Land zu ziehen, sondern ich behielt auch meine positive Einstellung bei. Ich versuchte, Denkmuster, die mir schaden konnten, zu erkennen und zu vermeiden. Statt dessen konzentrierte ich mich auf die Gedanken, die ich nach dem Wunsch Gottes haben sollte:

Unterminierender Gedanke:
Ich verdiene es nicht, Arbeitslosengeld zu kassieren.

Gottes Gedanke:
Du hast deine Beiträge dafür geleistet, wie jeder andere Arbeitnehmer auch.

Unterminierender Gedanke:
Ich werde nie wieder einen Job finden.

Gottes Gedanke:
Du wirst einen finden, wenn du dich nur weiter anstrengst.

Unterminierender Gedanke:
Die Sorgen und Zweifel sind mehr, als ich ertragen kann.

Gottes Gedanke:
Wenn du betest und vertraust, wirst du sie ertragen.

Es war ein langer, schwieriger Kampf – eine Sache von Monaten, nicht Wochen. Ich füllte die Bewerbungsformulare aus und reagierte auf Anzeigen, die keine Einladung zu einem Vorstellungsgespräch nach sich zogen. Und ich ging zu Vorstellungsgesprächen, die keinen Job nach sich zogen. Die Rechnungen stapelten sich, und ich mußte mir von meinem verständnisvollen Bruder Geld leihen. Ich fiel bei einer Prüfung für den öffentlichen Verwaltungsdienst durch und mußte sie wiederholen.

Aber mit Gottes Hilfe kam ich beim zweiten Mal durch. Mit Hilfe der „Gedanken Gottes" machte ich beim zweiten Einstellungsgespräch an der Ohio State University einen guten Eindruck. Mit Hilfe der „Gedanken Gottes" arbeite ich dort nun schon seit drei Jahren, obwohl sich mein Chef damit abfinden mußte, daß ich in meiner Einarbeitungszeit als Sekretärin viele Fehler machte und langsam arbeitete.

Ich habe die Tatsache akzeptiert, daß ich Fehler mache. Nun versuche ich, immer das Schwarze der Perfektionszielscheibe im Auge zu haben und mir selbst zu verzeihen, wenn ich versage. So wie Gott mir vergibt, wenn ich etwas versuche und scheitere.

Ich habe den Unterschied zwischen Erniedrigung und Demut kennengelernt. Erniedrigung ist, sich selbst als wertlos zu betrachten, wenn man gefeuert wird. Demut besteht in der Gewißheit, den Job nur deshalb verloren zu haben, weil man Zeit und Übung benötigte, die einem das Unternehmen nicht zugestehen wollte.

Aber ich weiß auch, was Stolz ist. Stolz ist, seine Tochter anzurufen und zu sagen: „Rate, was los ist, Donna. Ich habe wieder einen Job! Und noch dazu einen besseren als vorher."

Und sie darauf sagen zu hören: „Oh, Mama, wie wunderbar! Gott sei Dank!"

DIE FRAUEN VON AHMEDABAD

Gloria Steinem

Autorin von *Revolution from Within: A Book of Self-Esteem*

*Es möge sich niemand entmutigen lassen von dem Glauben, wir
könnten nichts tun gegen die unsäglichen Übel der Welt – gegen Elend
und Ignoranz, gegen Ungerechtigkeit und Gewalt ...
Natürlich besitzen nur wenige die Größe, Einfluß auf die Geschichte zu
nehmen, aber jeder von uns kann daran arbeiten, seinen eigenen
kleinen Bereich zum Guten zu wenden, und alles in allem werden es
diese Taten sein, die die Geschichte dieser Generation schreiben ...
Es sind die unzähligen, vielfältigen Akte der Courage und des Glaubens,
welche die menschliche Geschichte prägen.*

*Jedesmal, wenn sich ein Mensch für ein Ideal einsetzt, wenn er
versucht, das Schicksal anderer zu verbessern, oder wenn er gegen
Ungerechtigkeit kämpft, sendet er winzige Funken der Hoffnung aus,
und diese von Millionen verschiedener Zentren der Energie und des Muts
ausgehenden Funken, die aufeinander treffen, sind fähig, die mächtigsten Mauern der Unterdrückung und des Widerstands niederzureißen.*

Robert F. Kennedy

Die Frauen im heutigen Indien, die auf der Straße Gemüse verkaufen, Zigaret-
ten rollen oder Weidenkörbe für den Verkauf flechten, während sie ihre Babys
stillen, die Frauen, die an Baustellen in Staffetten auf ihren Köpfen Baumate-
rialien transportieren und Tausende andere individuelle Dienste verrichten,
werden „selbständige Frauen" genannt. Ihr Platz ist ganz unten in der Arbeits-
pyramide, aber ihre Arbeit ist unverzichtbar. Sie produzieren und vertreiben
nicht nur eine Vielzahl kleiner Produkte, sondern sie flicken auch Kochtöpfe
und verkaufen sie weiter, sie sammeln das Papier von Büros und Mülldeponien
und klopfen Nägel gerade, um sie wiederverwendbar zu machen: ein menschliches Recyclingsystem in einem Land, in dem alle Dinge viele Male verwendet
werden.

Diese Frauen sind nicht nur die ärmsten Arbeiterinnen Indiens, sondern
sie sind auch mit der besonderen Strafe geschlagen, in einem weiblichen Körper leben zu müssen. Mädchen gelten in Indien als soviel wertloser als Jungen,
daß zwei Drittel der Kinder, die bis zum Alter von vier Jahren sterben,

Mädchen sind: die Folgen von Kindesmord und der Tatsache, daß knappe Lebens- und Arzneimittel den Jungen vorbehalten bleiben. Mädchen haben um soviel weniger Chancen als Jungen, eine Schulbildung zu erhalten, daß die Analphabetenrate unter den Frauen mehr als doppelt so hoch ist wie unter den Männern (in der beschriebenen Arbeiterinnenschicht ist sie oft noch höher). Sie gelten als Menschen so wenig, daß einer der von der Frauenbewegung am häufigsten angeklagten Tatbestände darin besteht, daß ein Mann seine Frau ermordet, um eine andere heiraten zu können und damit ein zweites Mal Mitgift zu kassieren.

In einer Welt, in der Frauen so abschätzig behandelt werden, haben sie wenig Grund, ein gesundes Selbstbewußtsein zu entwickeln. Deshalb können wir aus ihren Erfolgen so vieles lernen.

Jahrelang prangerten Journalisten und Regierungsbeamte die Tatsache an, daß Frauen in Industriestädten wie Ahmedabad so harte körperliche Arbeit leisten müßten. Aber trotzdem hatte sich nichts daran geändert. Dann, im Jahr 1971, unternahm eine junge Gewerkschafterin der Ghandi-Partei namens Ela Bhatt einen neuen Vorstoß: Sie fragte die Frauen selbst, was sie sich wünschten.

Wie sich zeigte, amüsierten und ärgerten sich die Frauen seit langem über die lahmen Experten, die nichts unternahmen, außer zu sagen, daß Frauen solche Arbeiten nicht verrichten sollten. Schließlich trugen sie mit ihrer Arbeit zur Ernährung ihrer Familie bei, und das gab ihnen ein bescheidenes Maß an Unabhängigkeit, auf das sie nicht verzichten wollten. Was sie wollten, waren bessere Arbeitsbedingungen: sichere Orte, an denen sie während der Arbeit ihre Kinder unterbringen konnten; mehr Geld für ihre handgefertigten oder recycelten Produkte oder für ihre Tätigkeiten am Bau und die Abschaffung der Bestechungsgelder, die sie der Polizei für das Privileg bezahlen mußten, ihre Waren auf den Straßen verkaufen zu dürfen; außerdem die Befreiung von Geldverleihern, die für die wenigen Rupien, die sie sich jeden Morgen liehen, um Gemüse oder Rohmaterial einzukaufen, und die sie dann am Abend wieder zurückzahlten, horrende Zinsen verlangten. Schließlich wünschten sie sich auch noch einen sicheren Platz, an dem sie ihre wenigen Rupien vor ihren Männern schützen konnten, die die Einkünfte ihrer Frauen als ihr Eigentum betrachteten.

Aber obwohl sie sich diese Dinge wünschten, meinten sie, daß sie unmöglich zu erreichen seien. Sie vertrauten weder einander noch Ela Bhatt, und sie hatten keinen Grund, an eine Veränderung zu glauben. Wer würde schon auf arme Analphabetinnen hören?

Als ich Ela und einige dieser Frauen im Jahr 1978 zum ersten Mal in Ahmedabad traf, war ihr Verband *Self-Employed Women's Association*, dessen

Akronym *SEWA* in der Landessprache soviel wie „Service" bedeutet, etwa sechs Jahre alt. Der Verband hatte die Korruption der Polizei aufgedeckt, die Bestechungsgelder verlangte, Betreuungszentren und Krippen für Kinder gegründet und die Bank of India dazu überredet, eine kleine Zweigstelle für die Kleinkredite und schwer erarbeiteten Ersparnisse der Frauen einzurichten. Die Frauen selbst hatten auf der Straße Mitglieder geworben, in einem kleinen Raum zwei improvisierte Schalterfenster eingerichtet und auf diese Weise buchstäblich eine Bank gegründet. (Das Problem des Analphabetentums wurde bewältigt, indem auf den Ausweis jeder Frau ihr Photo geklebt wurde. „Mag sein, daß wir nicht lesen können", wie mir eine der Frauen lächelnd erklärte, „aber wir können denken.") Zur Überraschung selbst von Ela Bhatts Sponsor, einer Textilarbeitergewerkschaft, die gemeint hatte, daß diese Frauen zu passiv seien und zu unterschiedliche Tätigkeiten hätten, um sich zu organisieren, leisteten sie bessere Arbeit als die gebildeteren Arbeitskräfte der traditionellen Gewerkschaften.

Was waren die Gründe für diesen Erfolg? Erstens hatte der Verband eine Organisatorin, die die Probleme des Frauenlebens aus eigener Erfahrung kannte und jeder Frau wie einer Schwester zuhörte. Zum ersten Mal in ihrem Leben hatten die Frauen das Gefühl, daß ihnen wirklich jemand zuhörte. Der zweite Unterschied bestand darin, daß sie sich gegenseitig unterstützten, so daß ihre kleine Liste der Erfolge im Umgang mit korrupten Polizisten und unehrlichen Arbeitgebern ständig wuchs. Ela als Rechtsanwältin und geschickte Organisatorin wußte, wie wichtig es war, zuzuhören und mit Hilfe von Demonstrationen, den Medien und sogar den Gerichten neue Alternativen aufzuzeigen.

Aber als Privatperson war Ela Bhatt der Meinung, daß es einen entscheidenden Wendepunkt gegeben hatte:

Nachdem die Gründung der *SEWA* abgeschlossen war, schlug Ela vor, daß die Frauen der Gründungsgruppe gemeinsam Urlaub machen sollten. Die Frauen hatten noch nie etwas ohne ihre Familien und Kinder unternommen, aber schließlich nahmen sich andere Arbeiter auch Urlaub. Warum sollten sie keinen haben?

Nach einer kurzen Diskussion beschlossen sie, die nahegelegenen heiligen Hindu-Plätze aufzusuchen. Die meisten dieser Frauen waren noch nie so weit von zu Hause weg gewesen. Nach intensiven Planungs- und Vorbereitungsarbeiten, welche die Frauen von ihren familiären Verpflichtungen befreien sollten (was nicht einmal für einige wenige Stunden leicht zu bewerkstelligen war), mietete Ela einen klapprigen Bus, und los ging die Reise.

Alles verlief glatt, bis sie sich einem Tempel näherten, der nur mit dem Boot erreicht werden konnte. Menstruierende Frauen durften Tempel nicht betreten, und es lag auf der Hand, daß einige der Frauen gerade ihre Periode hatten. Sie waren sicher, daß das Boot sinken würde, wenn sie es betraten, als Strafe dafür, daß sie die Tradition mißachtet hatten. Da sie nicht schwimmen konnten, würden alle ertrinken.

Aber Ela, die von der Neugier bis hin zum Trotz an sämtliche Gefühle appellierte, überzeugte sie schließlich, in das Boot zu steigen und sich dem großen Fluß und dem Schicksal anzuvertrauen.

Sie überquerten den Fluß – und nichts passierte. Nachdem sie ihre Opfergaben von Obst und Blumen im Tempel niedergelegt hatten, fuhren sie zurück – und immer noch passierte nichts. Zum ersten Mal in ihrem Leben hatten sie die Regeln, von denen sie unterdrückt wurden, übertreten – und sie hatten gewonnen.

Irgendwie standen alle weiteren Schritte im Zusammenhang mit diesem ersten Aufbegehren und diesem ersten Sieg. Wenn die Körper der Frauen doch nicht so „unrein" und minderwertig waren, dann war vielleicht auch ihre Arbeit nicht so verachtenswert?

Heute, zwölf Jahre später, ist die *SEWA* mit ihren unabhängigen Basisorganisationen in neun indischen Regionen die mächtigste Frauengewerkschaft Indiens und eine der größten der Welt. Sie bietet den Frauen revolvierende Kredite, um ihnen bei der Bebauung des Bodens, der Gründung kleiner Unternehmen oder der Schaffung einer kleinen Sicherheitsreserve in einem System zu helfen, das jenen, die am Boden sind, so wenig Hoffnung bietet. Und Ela Bhatt? Sie ist mittlerweile Beraterin der Weltbank in Fragen der wirtschaftlichen Basisentwicklung, und eine Zeitlang war sie Abgeordnete im indischen Parlament. In ihrem Herzen ist sie aber eine Organisatorin, die immer noch den Großteil ihrer Zeit damit verbringt, armen Frauen dabei zu helfen, Kraft und Führungsstärke zu entwickeln.

Die *SEWA* selbst ist für Frauen in der gesamten Dritten Welt zu einem Modell für Selbsthilfe und wirtschaftliche Selbständigkeit geworden. Selbst in unserem industrialisierten Land wird die Organisation oft als nachahmenswertes Beispiel für alle armen oder anderweitig machtlosen Frauen zitiert, die sich organisieren wollen.

Diese mißachtetsten unter den Frauen sollten allen Menschen, männlich oder weiblich, wer oder wo immer sie seien, allen, die aus Gründen ihrer Rasse oder ihres Aussehens, einer Behinderung oder ihres Alters oder aus irgendwelchen anderen Gründen so sehr verachtet werden, daß ihre Minderwertigkeit förmlich in ihre Körper eingeprägt zu sein scheint, als Inspiration dienen.

Wenn Gefühle der Wertlosigkeit tief in unserem Körper sitzen, dann muß auch die Selbstachtung dort zu keimen beginnen.

DAS KÖNIGREICH DES HIMMELS

Thich Nhat Hahn

Autor von *Touching Peace*

Wir brauchen nicht zu sterben, um das Königreich des Himmels zu betreten. Ganz im Gegenteil – wir müssen dazu ganz lebendig sein. Wenn wir ein- und ausatmen und einen schönen Baum umarmen, sind wir im Himmel. Wenn wir einen bewußten Atemzug tun, uns unserer Augen, unseres Herzens, unserer Leber und der Tatsache bewußt sind, daß wir nicht unter Zahnschmerzen leiden, befinden wir uns direkt auf der Straße ins Paradies. Friede ist möglich. Wir brauchen nur die Hand danach auszustrecken. Wenn wir wirklich lebendig sind, können wir sehen, daß dieser Baum Teil des Himmels ist, und auch wir sind Teil des Himmels. Das gesamte Universum wirkt zusammen, um uns diese Tatsache vor Augen zu führen, aber wir sind so weit weg, daß wir unsere Ressourcen darin investieren, diese Bäume umzuschneiden. Wenn wir den Himmel auf Erden betreten wollen, brauchen wir nur einen bewußten Schritt und einen bewußten Atemzug tun. Wenn wir die Hand nach dem Frieden ausstrecken, wird alles Wirklichkeit. Wir werden wir selbst, voll lebendig im Augenblick, und die Bäume, unsere Kinder und alles andere offenbaren sich uns in ihrer vollen Herrlichkeit. Das Wunder besteht nicht darin, auf dünner Luft oder auf dem Wasser zu wandeln, sondern im Wandeln auf Erden.

Ich weiß nicht ... irgendwie hatte ich es mir anders vorgestellt.

2 GESUNDES SELBSTWERTGEFÜHL DURCH RICHTIGES MANAGEMENT: DIE GRUNDLEGENDEN PRINZIPIEN

Coach zu sein, bedeutet zu lieben. Man kann nur Menschen coachen, die man liebt.

Eddie Robinson
Coach der Football-Mannschaft der Grambling University
(einer von insgesamt nur vier Football-Trainern,
deren Mannschaften über 300 Spiele gewonnen haben)

Man kann Menschen nicht kaufen. Kaufen kann man ihre körperliche Anwesenheit an bestimmten Orten oder auch eine bestimmte Zahl ihrer Muskelbewegungen pro Stunde. Aber Begeisterung kann man nicht kaufen ... Loyalität kann man nicht kaufen ... Die Hingabe der Herzen kann man nicht kaufen. Diese Dinge muß man sich verdienen.

Clarence Francis

Frühe Managementtechniken

SELBSTWERTGEFÜHL AM ARBEITSPLATZ: DIE ACHT SCHLÜSSEL ZUM RICHTIGEN VERHALTEN

Kathy L. Indermill

Chefberaterin von *By Design*

*Wie kann man von jemandem, den man erniedrigt und herabsetzt,
erwarten, daß ihm die Produktqualität ein Anliegen ist?*

Tom Peters

Wie sehr es den Verfechtern klassischer Managementtheorien auch widerstreben mag, wie schadenfroh Garry Trudeau den „Kalifornischen Verband zur Förderung des Selbstwertgefühls" ins Lächerliche ziehen mag, und wie begeistert sich die Großaktionäre auch über die Taktik „Management mit mehr Profit" äußern mögen – das Geheimnis ist gelüftet: Die Menschen arbeiten gern für Unternehmen, die an ihrer persönlichen und beruflichen Entwicklung Anteil nehmen und die sie beim Aufbau eines guten Selbstwertgefühls unterstützen. Kein Mensch will in einem Unternehmen arbeiten, in dem der Managementstil „Wir gegen sie" vorherrscht und in dem er sich nicht geschätzt fühlt. Wenn die voraussichtliche Arbeitskräfteknappheit des Jahres 2000 einen Wettkampf um kompetente Arbeitnehmer auslösen wird, dann werden wir uns vielleicht der prophetischen Worte von Rosabeth Moss Kanter, der ehemaligen Herausgeberin der *Harvard Business Review* erinnern: „Jenen Unternehmen, die das qualitativ beste Arbeitsumfeld bieten, wird es gelingen, die fähigsten Mitarbeiter anzuziehen und zu halten." Also, liebe Wirtschaftstreibende: Wir befinden uns bereits in den neunziger Jahren! Habt ihr denn nicht zugehört?

Für jene Unternehmen, die zugehört haben, ist die Botschaft klar. Es ist an der Zeit, mit Arbeitsbedingungen Schluß zu machen, die Entfremdung, Frustration und Unzufriedenheit mit sich bringen. Statt dessen sollten Trainingsprogramme eingerichtet werden, in denen Führungskräfte, Manager und Mitarbeiter gleichermaßen lernen, wie man eine Arbeitsumgebung schafft, die der Selbstachtung zuträglich ist. Die Wirtschaft muß eine soziale Verantwortung übernehmen, indem sie die mit einem schlechten Selbstwertgefühl einhergehenden gesellschaftlichen Übel wie Alkoholismus oder Drogenabhängigkeit bekämpft. Schließlich versuchen die meisten von uns mindestens acht Stunden pro Tag und fünf Tage pro Woche ihre Bedürfnisse in bezug auf Leistung und Beziehungen zu erfüllen. Diese Zeit wird zur Ewigkeit, wenn wir sie

90

an einem Ort mit einem Klima und einer Arbeitskultur verbringen müssen, die anstelle eines guten Selbstwertgefühls der Mitarbeiter Angst, Wut, Zynismus und Groll fördern.

Einer der Gründe, warum das Selbstwertgefühl am Arbeitsplatz ein solches Tief erlebt, liegt darin, daß niemand mit Sicherheit zu wissen scheint, was Selbstbewußtsein eigentlich ist, woher es kommt, oder wie es sich steigern läßt. Da es noch keine allgemein akzeptierte Definition des Begriffs „Selbstwertgefühl" gibt, wollen wir ihn hier als Einstellung eines Menschen zu der Gesamtheit der folgenden Dinge definieren:

- Selbstachtung (das Überzeugtsein vom eigenen Wert)

- Selbstvertrauen (das Überzeugtsein von der persönlichen Kompetenz)

- Selbstverantwortung (die Akzeptanz der Tatsache, daß man für seine eigenen Handlungen und für verantwortungsvolles Handeln anderer gegenüber verantwortlich ist)

Laut Nathaniel Branden, einem praktizierenden Psychologen, Psychotherapeuten und Pionier auf dem Gebiet der Erforschung des Selbstwertgefühls, kommt ein Mensch, der über ein gutes Selbstwertgefühl verfügt, mit den Problemen des Lebens besser zurecht, ist flexibler, kreativer und ehrgeiziger, kann besser Beziehungen knüpfen, behandelt andere mit mehr Respekt und hat mehr Lebensfreude. Wenn man bedenkt, welche offensichtlichen Vorteile ein gutes Selbstwertgefühl mit sich bringt, wie könnte man dann nicht danach streben, mehr von diesem Wunderelixier zu bekommen? Die Frage, die wir uns stellen müssen, lautet: „Wie können wir selbst ein gutes Selbstwertgefühl entwickeln, und wie können wir anderen dazu verhelfen?"

Als erstes können wir uns an den frühen Verfechtern eines starken Selbstwertgefühls orientieren, deren Pioniergeist uns mitreißen könnte. Kay McCleery ist eine solche Aktivistin, die sich dafür einsetzt, dem Selbstwertgefühl einen höheren Stellenwert in der Arbeitswelt einzuräumen. Als Schulungsleiterin, Restaurantchefin, Franchiseberaterin der *Hobee Franchising Corporation* und Gründerin einer eigenen Beratungsfirma, der *Hospitality Systems International, West*, hat Kay McCleery ausführlich Gelegenheit, selbst zu praktizieren, was sie predigt. Wie sie sagt: „Ob es den Wirtschaftstreibenden nun paßt oder nicht: die meisten persönlichen und zwischenmenschlichen Probleme am Arbeitsplatz haben mit einem Mangel an Selbstwertgefühl zu tun. Wir haben da ein großes Problem zu lösen, aber wir haben schon mit der Arbeit begonnen."

Die acht Schlüssel zur Verbesserung des Selbstwertgefühls am Arbeitsplatz

Wir können zwar niemandes Selbstwertgefühl – mit Ausnahme unseres eigenen – verbessern, aber wir können an unserem Arbeitsplatz Dinge tun, die das Selbstwertgefühl der anderen fördern und unterstützen. Die folgenden acht Verhaltensschlüssel können zur Verbesserung des Selbstwertgefühls beitragen. Kay McCleery hat festgestellt, daß beispielsweise Restaurantchefs, die diese Schlüssel bewußt und konsequent anwenden, die zufriedensten Mitarbeiter haben. So können sie Geld auf die Bank legen, anstatt es in die Schulung von Mitarbeitern zu investieren, die doch nur in der Fluktuationsstatistik bleibende Spuren hinterlassen.

Wenn diese acht Verhaltensschlüssel mehr für uns sind als nur gute Ideen, wenn sie uns zur zweiten Natur werden und wir sie ganz automatisch anwenden, dann werden sich unsere Arbeitsplätze zu wahren Brutstätten eines guten Selbstwertgefühls der dort tätigen Menschen entwickeln. Aber wir wollen den Dingen nicht vorgreifen. Jeder einzelne Schlüssel besteht aus bestimmten Verhaltensweisen, die erlernt, praktiziert und bewußt angewendet werden müssen, damit optimale Ergebnisse erzielt werden können.

1. Respektiere andere. Die berühmte Sängerin Aretha Franklin hatte recht: Jeder von uns wünscht sich ein wenig R E S P E K T, wie sie in einem ihrer Lieder meint. Jeder von uns hat das innere Bedürfnis, von anderen wahrgenommen und verstanden zu werden. Manager können ihren Mitarbeitern Respekt bekunden, indem sie sie höflich behandeln, ihnen aufmerksam und einfühlsam zuhören und Augenkontakt zu ihnen halten, aber auch, indem sie es vermeiden, ihnen unerwünschte Ratschläge zu geben, sie zu belehren oder sie herablassend und sarkastisch zu behandeln.

In allzu vielen Fällen besteht das Problem darin, daß uns der uns gebührende Anteil an Respekt im Leben vorenthalten wird und daß wir deshalb nicht sehr geübt darin sind, anderen Respekt zu zollen. Noch schlimmer ist, daß jene Menschen, deren Selbstwertgefühl ohnehin schon schlecht ist, dazu neigen, in schwierigen Situationen kontrollierend, ungeduldig oder regelrecht ausfällig zu agieren und dadurch jegliche eventuell erworbenen Kommunikationsfertigkeiten zunichte zu machen. Unabhängig von den Umständen ist nicht daran zu rütteln, daß es keinem Manager gelingen wird, seine Mitarbeiter zu außergewöhnlichen Leistungen anzuspornen, indem er sie feindselig, verächtlich oder respektlos behandelt.

Ein Restaurant ist ein perfektes Versuchsfeld für das Praktizieren selbstachtungsfördernder Verhaltensweisen, denn es gibt kaum eine leistungsorientiertere, streßbeladendere Umgebung als ein Restaurant. Wie Kay McCleery unterstreicht: „In einem typischen *Hobee's*-Restaurant werden jeden Tag durchschnittlich 375 Gäste bedient, deren Bedürfnisse befriedigt werden müssen. Wenn das nicht gelingt, besteht die Gefahr, daß sie gehen und nie wieder zurückkommen."

Einer der „Stars" im Bereich der Förderung der Selbstachtung ist die Managerin Kathy Gunn, Leiterin des *Hobee's* Restaurant in Cupertino (Kalifornien). Kathy ist eine jener sehr bewußt agierenden Managerinnen, die es sich jeden Tag von neuem zur Aufgabe machen, eine Arbeitsumgebung zu schaffen, in der die acht in diesem Artikel präsentierten Verhaltensschlüssel kontinuierlich umgesetzt werden. Kathys Managementstil baut auf einem Fundament des Respekts vor ihren Mitarbeitern auf: „Wenn jemand ein Anliegen hat, dann vereinbare ich mit dem Betreffenden sofort ein Gespräch unter vier Augen. Normalerweise halten wir dieses Gespräch nicht im Büro ab, sondern ziehen uns dafür an einen ruhigen Ort im Freien zurück, denn dort herrscht eine offenere Atmosphäre. Ich eröffne das Gespräch mit den Worten: 'Sagen Sie mir, was Sie auf dem Herzen haben.' Dann höre ich genau zu und unterbreche meinen Gesprächspartner nicht, bis er geendet hat."

Am allerbesten kann man andere Menschen motivieren, indem man ihnen zuhört.

Roy E. Moody
Präsident von *Roy Moody and Associates*

2. Befähige deine Mitarbeiter, und ermögliche ihnen Eigenständigkeit. Seine Mitarbeiter zu befähigen bedeutet, ihnen das Wissen und die Fähigkeiten an die Hand zu geben, die sie für eine erfolgreiche Arbeit brauchen. Ihnen die Möglichkeit zur Eigenständigkeit zu geben bedeutet, sie so zu unterstützen, daß sie ihre Aufgaben eigenverantwortlich erledigen können. Ohne Ausbildung können die Menschen keine adäquaten Leistungen erbringen, und ohne Eigenverantwortlichkeit neigen sie dazu, zu handeln, ohne mitzudenken. Gut ausgebildete Menschen haben ein gutes Selbstwertgefühl, weil sie ausgezeichnete Leistungen erbringen können. Für selbstverantwortlich handelnde Menschen gilt dasselbe, weil sie die Verantwortung für die Gestaltung ihres Lebens selbst tragen, ihre Macht (ihre Fähigkeiten, Talente und Ressourcen) kennen und wissen, daß es an ihnen liegt, ihr Leben in vielerlei Hinsicht selbst zu gestalten.

Kathy Gunn fördert ihre Mitarbeiter, indem sie ihnen eine ihrer Position entsprechende exzellente, leistungsorientierte Ausbildung zuteil werden läßt.

Jeden Monat setzt sie sich mit ihren Mitarbeitern zusammen, um darüber zu sprechen, wie gut sie die festgelegten Leistungsstandards erfüllt haben. „Es gibt eine Art Wettbewerb zwischen allen *Hobee's*-Restaurants. Dabei wird jeden Monat das Abschneiden der einzelnen Restaurants bewertet." Es überrascht nicht, daß Kathys Restaurant bei diesem Wettbewerb schon den Sieg davongetragen hat.

Kathy gibt ihren Mitarbeitern auch die Möglichkeit zum eigenständigen Handeln, indem sie sie nach ihren Wünschen fragt und sie ermutigt, die Initiative zu ergreifen und auftretende Probleme selbst zu lösen. Derzeit ist sie zum Beispiel dabei, in ihrem Restaurant die Styroporbecher gegen Pappbecher zu tauschen. Ihren Mitarbeitern erklärte sie, daß es zu teuer sei, für den persönlichen Gebrauch Pappbecher zu benutzen. Die Lösung bestand darin, daß alle Mitarbeiter Tassen von zu Hause mitbrachten. Sie wollten allerdings einen sicheren Ort für deren Aufbewahrung. Kathy war mit dieser Lösung einverstanden, aber sie machte ihnen klar, daß es ihre Aufgabe sei, einen Platz im Restaurant zu finden, an dem die Tassen sicher waren. Ein anderes Mal trat eine Serviererin mit einem Problem an sie heran, indem sie sagte, sie könne einfach nicht mit einer bestimmten Person zusammenarbeiten. Kathy schlug vor, der Sache gemeinsam mit ihr auf den Grund zu gehen, und bot ihr mehrere Lösungsmöglichkeiten an (zum Beispiel, daß sie im Bedarfsfall als Vermittlerin auftreten könnte). Die Serviererin wählte eine Lösung. Dann vereinbarten die beiden einen Plan, und Kathy legte einen Zeitplan für seine Umsetzung fest. Sie behielt die Sache im Auge, indem sie das Verhalten der beiden Beteiligten beobachtete und mit beiden über den Verlauf ihres Treffens sprach.

Das Selbstwertgefühl der Menschen steigt, wenn man ihnen Gelegenheit gibt, eigenverantwortlich zu handeln.

Will Schutz

3. Handle kongruent und konsequent. Unser Verhalten ist kongruent, wenn das, was wir in unserem Inneren fühlen, mit dem übereinstimmt, was wir nach außen hin tun und sagen. Unser Verhalten ist konsequent, wenn es unserem Wesen und unseren persönlichen und beruflichen Werten entspricht.

Wie Branden es ausdrückte: „Es sind nicht die Lügen, die wir von uns geben, die unserer Selbstachtung schaden, sondern es sind die Lügen, die wir leben." Bedauerlicherweise haben viele von uns eine beachtliche Geschicklichkeit darin erworben, ihre wahren Gefühle zu verbergen. Das Problem ist nur, daß eine „beachtliche" Geschicklichkeit nicht ausreicht. In ihrem Buch *The Cynical Americans* argumentieren Kanter und Mirvis, daß das Vertrauen in die

94

Wirtschaft und in die wirtschaftlichen Führungskräfte von 70 Prozent Ende der sechziger Jahre auf etwa 15 Prozent heute gesunken ist. Laut ihrer jüngsten Studie entsprechen „43 Prozent der arbeitenden amerikanischen Bevölkerung dem Profil des Zynikers, der – einfach ausgedrückt – davon überzeugt ist, daß es Teil der menschlichen Natur ist, zu lügen, sich zu verstellen und alles zu tun, was nötig ist, um Geld zu verdienen". Warum ist das Verhalten der Menschen nicht natürlicher und authentischer? Die Antwort ist, daß Ehrlichkeit viel Mut erfordert.

Inkonsequentes Verhalten des Managements wird von den Mitarbeitern bestenfalls mit Verwirrung und schlimmstenfalls mit Zynismus und Mißtrauen quittiert. Die Manager können bei ihren Mitarbeitern Vertrauen erwerben, indem sie aufrichtig sind und ihnen die Wahrheit sagen. Wie können wir erwarten, daß unsere Mitarbeiter uns gegenüber ehrlich und offen sind, wenn wir ihnen nie direkt sagen, was wir wirklich fühlen und denken?

Kathy Gunn versucht, ihre Mitarbeiter zu einem offenen und legeren Verhalten ihr gegenüber zu ermutigen, indem sie ihnen ehrlich gegenübertritt. Eines Tages erhielt sie in der Arbeit einen Anruf, bei dem ihr mitgeteilt wurde, daß ihre Katze an Katzenleukämie erkrankt sei. Die Mitarbeiter waren alle in einer fröhlichen Stimmung und scherzten wie gewohnt miteinander, nur Kathy war auffallend ruhig. Irgendwann einmal wurde ihr die allgemeine Heiterkeit zu viel, und sie sagte: „Übrigens, Leute, wenn ich euch heute irgendwie stiller vorkomme als sonst, dann deshalb, weil ich soeben gehört habe, daß meine Katze Leukämie hat." Der allgemeine Lärmpegel sank, und irgendwie brachte sie den Tag hinter sich. Wie Kathy sagt: „Ich mag es nicht, irgend jemanden im unklaren darüber zu lassen, was los ist."

„Vorbild zu sein ist nicht nur die beste, sondern vielleicht auch die einzige Methode zu lehren."

Albert Schweitzer

4. Sorgen Sie für Sicherheit. Eine „sichere" Arbeitsumgebung ist eine Umgebung, in der die Menschen das Gefühl haben, daß sie sagen können, was sie denken, ohne befürchten zu müssen, daß sie lächerlich gemacht oder Repressalien ausgesetzt werden. In einer solchen Umgebung hat niemand Angst zu sagen: „Ich habe einen Fehler gemacht." In seinem Buch *Talking Straight* sagt Lee Iacocca: „Nur der Chef kann eine Atmosphäre schaffen, in der sich die Leute getrauen, die magischen Worte ‚Das weiß ich nicht', gefolgt von ‚aber ich werde es herausfinden' zu sagen." Wenn Menschen sich sicher fühlen, sind sie von Natur aus neugierig und kreativ. Wenn sie sich nicht sicher fühlen, können sie defensiv, gehemmt, ängstlich, schüchtern oder böse reagieren. Diese Verhaltensweisen sind Spitzenleistungen meist nicht förderlich. Im allgemeinen ist unsere Gesellschaft kein „sicherer" Ort zum Leben, aber die Manager können lernen, sicherere Arbeitsumgebungen zu schaffen, in denen Eigeninitiative, kreative Problemlösung, offene Kommunikation und verstärkte Teamarbeit gefördert werden.

Kathy Gunn versucht in das Gewebe der Arbeitskultur ihres Unternehmens „Sicherheit" einzubauen. Da sie ihre Mitarbeiter häufig um Anregungen und Feedback bittet, fühlen sich diese geschätzt. Sie ist auch tolerant, wenn jemand Fehler macht. „Ich gestehe meinen Mitarbeitern ein hohes Maß an Verantwortung zu und lasse sie innerhalb ihres Bereichs weitgehend selbst bestimmen. Deshalb versuche ich auch, tolerant zu sein, wenn sich eine Entscheidung als Fehler erwiesen hat."

Ein gutes Selbstwertgefühl kann nur in einer Atmosphäre entstehen,
in der individuelle Unterschiede geschätzt und Fehler toleriert werden,
in einer Umgebung, in der offene Kommunikation und flexible Regeln
herrschen – kurz in einer Umgebung, wie sie eine schützende
Familie bietet.

Virginia Satir

5. Legen Sie die persönlichen Grenzen fest. Den meisten von uns wurde nie beigebracht, anderen persönliche Grenzen zu setzen. Wir haben nie gelernt, anderen respektvoll mitzuteilen, daß wir ihr Verhalten als unhöflich empfinden und daher als inakzeptabel betrachten. Beleidigungen jeder Form (gleich, ob verbal oder nonverbal) sind ebenso wie Beschimpfungen unter dem Vorwand Offenheit, Ehrlichkeit oder Selbstbehauptung inakzeptabel. Jeder Mensch hat – unabhängig von seiner Position oder seinem Titel – das Recht, persönliche Grenzen für andere festzusetzen. Als Manager haben wir die Chance, durch unser Beispiel Maßstäbe zu setzen. Die Art und Weise, wie wir mit uns selbst sowie mit unseren eigenen Bedürfnissen und zeitlichen Erfordernissen umgehen, dient anderen als Rollenvorbild. Manchmal ist es notwendig, zu einem unhöflichen Mitarbeiter zu sagen: „Ihr Verhalten ist für mich vollkommen inakzeptabel. Wenn Sie es nicht ändern, beweisen Sie mir damit Ihre Bereitwilligkeit, die Konsequenzen zu akzeptieren." Unsere Herausforderung als Manager besteht darin, anderen in einem neutralen Tonfall Grenzen zu setzen, ohne gleich die ganze Person zu vernichten, diktatorische Befehle zu bellen oder auf indirekte nonverbale, bestrafende Verhaltensweisen zurückzugreifen.

Niemand kann Ihnen ohne Ihr Einverständnis das Gefühl geben, daß Sie ein minderwertiger Mensch sind.

Eleanor Roosevelt

Auch Kathy Gunn sah sich gezwungen, ihren Mitarbeitern persönliche Grenzen zu setzen. Das drastischste Beispiel ist vielleicht das ihrer Chefin (der Eigentümerin der Restaurantkette), die ausgerechnet zur Spitzenzeit anrief, um ihr Feedback über eine Entscheidung zu geben, die Kathy getroffen hatte. Sie setzte ihr eine klare und präzise Grenze, indem sie (in einem neutralen Tonfall) sagte: „Ich bin hier, um mich um die Gäste zu kümmern. Wenn es etwas gibt, worüber Sie mit mir sprechen wollen, rufen Sie mich bitte nach Geschäftsschluß an. Dann werde ich mir gerne die Zeit für das Gespräch nehmen."

6. Gehen Sie Leistungsdiskrepanzen auf den Grund. Viele Manager verstehen die Handlungen eines Mitarbeiters erst dann, wenn sie wissen, welchen Sinn sie für den Betreffenden haben. Laut Branden sind sämtliche Handlungen, ob adäquat oder inadäquat, immer mit dem Versuch verbunden, ein Bedürfnis zu befriedigen, oder aber mit dem Bemühen zu überleben, uns zu schützen, das Gleichgewicht zu halten, Angst und Schmerzen zu vermeiden, uns selbst etwas Gutes zu tun oder zu wachsen. Wenn ein Mitarbeiter ein inakzeptables Verhalten an den Tag legt, sollten Sie zuerst nach der Ursache der Leistungsdiskrepanz forschen – dem Mißverhältnis zwischen der tatsächlichen und der erwarteten Leistung. Sprechen Sie mit Ihrem Mitarbeiter darüber, wie er selbst die Situation sieht, bevor Sie die Maßnahmen festlegen, die zur Behebung des Problems gesetzt werden können.

Eines Tages bemerkte Kathy Gunn, daß das Telefon neben der Kasse zu lange läutete, bevor sich jemand fand, der den Hörer abhob. Sie beobachtete, daß eine neue Mitarbeiterin, die im Empfang arbeitete, vorbeiging, ohne auf das Klingeln zu reagieren, und machte sich im Geiste eine Notiz. Etwas später am selben Vormittag nahm sie die Mitarbeiterin beiseite und fragte: „Haben wir Ihnen irgendwie das Gefühl gegeben, daß Sie nicht zum Telefon gehen sollen?" Die Mitarbeiterin sagte: „Nein. Ich habe einfach nicht darauf geachtet, aber ich werde es von jetzt an tun." Darauf Kathy: „Gut. Es ist mir wichtig, daß Anrufe prompt beantwortet werden, denn jeder Anrufer ist ein potentieller Gast."

Wenn die Mitarbeiter gut behandelt werden, werden diese ihrerseits die Gäste gut behandeln.

Todd Englander
Incentive

7. Beobachten Sie das Verhalten Ihrer Mitarbeiter, und geben Sie ihnen dann ein konstruktives Feedback. Eine der besten Methoden, die Mitarbeiter etwas zu lehren, besteht darin, ihnen ein promptes, konstruktives Feedback über ihre Leistungen zukommen zu lassen. Diese Fähigkeit will jedoch erst erlernt sein. Wir alle haben unsere Lieblingsformen des Feedback, aber wenn wir es anderen geben sollen, vergessen wir nur allzuleicht darauf. Wann immer möglich, sollte ein Manager in spezifischer Weise auf die Leistungsstärken eines Mitarbeiters eingehen und ihm dann gezielt sagen, wie er seine Leistungen verbessern kann. Er sollte es vermeiden, Mitarbeiter mit einem bestimmten Etikett zu versehen, ihren Charakter zu beurteilen oder übertriebene Komplimente zu verteilen. Die Menschen mögen es nicht, beurteilt zu werden, und ihr Selbstwertgefühl leidet, wenn sie wissen, daß das Lob übertrieben ist.

Ertappen Sie Ihre Leute auf frischer Tat – wenn sie etwas richtig gemacht haben.

Ken Blanchard

Ihren Mitarbeiterinnen gibt Kathy Gunn am liebsten Feedback, wenn sie Seite an Seite mit ihnen arbeitet. Dann, so sagt sie, „kann ich die positiven Dinge am besten beobachten, die sie im Augenblick tun. Wenn mir ein Leistungsproblem auffällt, das Informationen oder eine Schulung erfordert, oder wenn es etwas ist, das nicht sofort behoben werden kann, vereinbare ich ein Gespräch nach Arbeitsschluß. Die Leute sagen, ich hätte Augen im Hinterkopf, weil ich Dinge bemerke, wie zum Beispiel, daß jemand vergißt, ein Omelett mit gehackter Petersilie zu garnieren. Aber dann lache ich und sage, daß ich es auch bemerke, wenn jemand es nicht vergißt.“

8. Entwickeln Sie das Potential Ihrer Leute, und registrieren Sie, wenn sie die gewünschten Leistungen erbringen. Das ist Kay McCleerys Lieblingsdevise: „Haben Sie immer die Goldmedaille vor Augen", sagt sie. „Machen Sie Ihre Leute zu Champions, und betrachten Sie niemals jemanden als unfähig, Spitzenleistungen zu erbringen." Menschen mit einem schlechten Selbstwertgefühl haben oft ebensoviel Angst vor ihren Stärken wie vor ihren Schwächen. Schwächen können das Gefühl auslösen, den gestellten Aufgaben nicht gewachsen zu sein, während Stärken Angst davor erzeugen können, Eigenverantwortung zu übernehmen oder Schwierigkeiten mit anderen zu bekommen. Je zwiespältiger die Menschen ihrem eigenen Potential gegenüberstehen, desto stärker kann die Geduld eines Managers auf die Probe gestellt werden. Aber, wie Dr. Robert Ball, ehemaliger Leiter des „Kalifornischen Verbandes zur För-

derung des Selbstwertgefühls" und Autor des Buches *Walking on Water*, uns beschwört: „Seien Sie nett. Sie wissen ja, daß wir alle einen harten Kampf kämpfen."

Kathy Gunn fällt dazu die Geschichte eines jungen Mannes mit schlechtem Selbstwertgefühl ein, der endlose Fragen stellte und mehr Feedback verlangte als alle ihre anderen Mitarbeiter. Nach zwei langen Jahren trugen Kathys Geduld und die Hartnäckigkeit des Jungen endlich Früchte – nämlich insofern, als er heute einer ihrer besten Servierer ist. Sie erinnert sich stolz an den Tag, an dem die Mutter zweier junger Angestellter hereinkam, nur um Kathy zu sagen, wie sehr ihre Söhne dazugelernt und wie gut sie sich entwickelt hätten, seit sie bei *Hobee's* arbeiteten.

Das Problem am Rattenkampf ist, daß der Sieger auch nach
gewonnenem Kampf eine Ratte bleibt.

Lily Tomlin

Ein Aufruf zum Aktivwerden

Wenn Sie sich von Kay McCleerys und Kathy Gunns Erfahrungen mit den acht Verhaltensschlüsseln angesprochen fühlen, werden Sie vielleicht selbst aktiv werden wollen. Der Wunsch, das Selbstwertgefühl der Mitarbeiter am Arbeitsplatz zu fördern, ist kein unrealistischer Traum. Um ihn allerdings Wirklichkeit werden zu lassen, müssen es sich Angehörige und Leiter aller Unternehmen zur Aufgabe machen, neue Fähigkeiten zu erlernen und Arbeitsplätze zu schaffen, die das Selbstwertgefühl steigern. Also, liebe Wirtschaftstreibende: Habt ihr zugehört?

SELBSTWERTGEFÜHL UND FÜHRUNGSQUALITÄTEN

Ken Blanchard

Managementberater
Koautor von *The One Minute Manager*

Menschen mit gutem Selbstwertgefühl erzielen gute Arbeitsergebnisse.

The One Minute Manager

Menschen, die gute Arbeitsergebnisse erzielen, haben ein gutes Selbstwertgefühl.

The Power of Ethical Management

Ich begann mich erstmals für das Thema Selbstwertgefühl zu interessieren, als meine Frau Margie mit Mark Tager, einem Arzt und Gesundheitsexperten, an einem Buch mit dem Titel *Working Well* arbeitete. Die beiden wollten erforschen, welche Faktoren für eine gesunde Arbeitsumgebung ausschlaggebend sind. Eine der Fragen, die sie den Menschen im ganzen Land stellten, lautete: „Kann einen ein Chef krank machen?" Und natürlich lautete die Antwort in der Regel: „Na sicher, was sonst!" Die Beschwerden, die als Folge einer schlechten Behandlung durch den Chef genannt wurden, umfaßten Migräne, Magengeschwüre, schlaflose Nächte, Herzinfarkt und sogar Krebs.

Je länger ich über das Thema nachdachte, desto stärker wurde mir bewußt, wie recht sie hatten. Schließlich spielen die Chefs eine wichtige Rolle in unser aller Leben. Wenn man zum Beispiel zu einem bestimmten Zeitpunkt mit jemandem spricht, erzählt er vielleicht, wie begeistert er von seinem Job und seiner Arbeit ist. Fragt man ihn drei Monate später nochmals, ist ihm möglicherweise hundeelend zumute. In neun von zehn Fällen liegt die Ursache des Unglücks darin, daß der Betreffende einen neuen Chef hat. Meistens wurde der alte Chef, der eine positive Ausstrahlung hatte und ein gutes Selbstwertgefühl vermittelte, durch eine herrische neue Person ersetzt, die dem Betreffenden das Gefühl gibt, unwichtig zu sein, oder durch einen „Nichtstuer", der nie anwesend ist und Konflikte um jeden Preis vermeidet.

Mich faszinierte die Frage, was die Menschen dazu bewegt, sich so zu verhalten. Diese Neugier brachte mich dazu, eine Studie über Selbstwertgefühl durchzuführen und schließlich gemeinsam mit Jennifer James, einer Kulturanthropologin und exzellenten Vortragenden, ein Tonbandkassetten-Programm mit dem Titel *Inner Management: The Power of Self-Esteem* aufzunehmen. Dabei gewann ich zwei Erkenntnisse: Erstens ist das Selbstwertgefühl eine Sache der eigenen Entscheidung, und zweitens ist mangelndes Selbstwertgefühl ein Problem des Ego.

Selbstwertgefühl ist eine Sache der eigenen Entscheidung

Laut Jennifer James beruht unser Selbstwertgefühl auf vier Säulen. Die erste ist unser *Schicksal*. Wir können uns nicht aussuchen, wer unsere Eltern sind, wo wir geboren werden und welcher Rasse oder welchem Geschlecht wir angehören. Diese Faktoren sind es aber, die unser Selbstwertgefühl beeinflussen.

Die zweite Quelle unseres Selbstwertgefühls ist unsere *Familie* oder andere wichtige Erwachsene in unseren frühen Lebensjahren: die Art und Weise, wie wir erzogen und in der Schule behandelt werden; ob wir mit beiden Eltern, einem alleinerziehenden Elternteil oder ohne Eltern aufwuchsen; wie wir in der Familie behandelt wurden und wie die einzelnen Familienmitglieder miteinander umgingen. Gab es in unseren frühen Schuljahren irgendwelche Lehrer, die uns stark prägten? Anders ausgedrückt: Die wichtigen Menschen unserer frühen Jahre haben einen Einfluß darauf, was wir als Kinder und später als Erwachsene von uns selbst halten.

Die dritte Quelle unseres Selbstwertgefühls sind unsere *Lebenserfahrungen*. Die Erfolge und Niederlagen unseres Lebens haben allesamt einen Einfluß auf unser Selbstwertgefühl als Erwachsene.

Die vierte Quelle unseres Selbstwertgefühls ist die Art und Weise, wie die drei erstgenannten Quellen von uns *wahrgenommen* werden. Warum ist das so? Wenn wir die drei ersten Quellen des Selbstwertgefühls für uns selbst positiv bewerten, ist die Wahrscheinlichkeit hoch, daß wir als Erwachsene ein gutes Selbstwertgefühl haben. Wenn wir uns zum Beispiel glücklich schätzen, in unsere Familie hineingeboren worden zu sein, wenn wir uns von unseren Eltern geliebt und ermutigt fühlten und wenn uns die positiven Erfahrungen unseres Lebens am stärksten im Gedächtnis geblieben sind, werden wir aller Wahrscheinlichkeit nach ein gutes Selbstwertgefühl haben. Wenn wir auf der anderen Seite mit unserer familiären Situation nicht zufrieden waren, wenn wir uns ständig zurückgesetzt fühlten und am stärksten von unseren negativen Lebenserfahrungen geprägt wurden, dann werden wir als Erwachsene aller Wahrscheinlichkeit nach unter einem schlechten Selbstwertgefühl leiden.

Ein schlechtes Selbstwertgefühl ist ein Problem des Ego

Was hat das Selbstwertgefühl mit dem Ego zu tun? Wenn es stimmt, daß das Selbstwertgefühl eine Sache der eigenen Entscheidung ist, dann brauchen wir die innere Stärke, mit den Hochs und Tiefs des Lebens fertigzuwerden. Die meisten Menschen würden das so interpretieren, daß wir ein starkes Ego brauchen. Aber in Wirklichkeit ist es genau das, was wir nicht brauchen!

In unserem Buch *The Power of Ethical Management* stellten Norman Vincent Peale und ich fest: „Bescheidene Leute denken nicht schlechter von sich – sie denken einfach nicht so oft an sich." Mit dieser Aussage meinen wir, daß es gesund ist, gut über sich selbst zu denken. Wichtig ist aber, dabei nicht vollkommen abzuheben. Das Problem ist unser Ego.

Jemand sagte einmal zu mir, daß „Ego" ein Akronym für „Edging God Out"* sei. Wenn wir beginnen, unser eigenes Bild verzerrt zu sehen und uns als Zentrum des Universums zu betrachten, verlieren wir das Gefühl dafür, wer wir als Kinder Gottes eigentlich sind. Unsere Gedanken werden entstellt, und wir verlieren das Gefühl der Verbundenheit mit unserer Basis, mit anderen und unserem wahren Selbst.

Es ist interessant zu sehen, wie Selbstzweifel und falscher Stolz das Verhalten von Managern beeinflussen können. Wenn ihr Ego in irgendeiner Weise beeinträchtigt ist, leidet ihre Effektivität. Mit Selbstzweifeln befrachtete Manager sind „Nichtstuer-Chefs". Ihre Mitarbeiter sagen von ihnen, daß sie „nie da sind, alle Konflikte vermeiden und nicht besonders hilfreich sind". Sie lassen ihre Mitarbeiter in ihrer Unsicherheit oft allein und wissen nicht, was diese tun. Sie scheinen weder an sich noch an ihr eigenes Urteil zu glauben. Sie bewerten die Meinung anderer – vor allem die ihrer Vorgesetzten – höher als ihre eigene. Die Folge ist, daß sie äußerst selten Standpunkte beziehen und ihre eigenen Mitarbeiter unterstützen. Wenn Druck auf sie ausgeübt wird, ordnen sie sich meist der mächtigsten Person unter.

Am anderen Ende des Spektrums sind die „Kontrolleure" angesiedelt. Das sind Manager, deren Verhalten von falschem Stolz bestimmt wird. Selbst wenn sie nicht wissen, was sie tun, haben sie ein starkes Bedürfnis nach Macht und Kontrolle, und auch wenn jedermann klar ist, daß sie sich falsch verhalten, bestehen sie darauf, recht zu haben. Diese Manager tun auch nicht viel, um ihre Leute zu unterstützen. Wenn alle fröhlich und optimistisch sind, sind sie es, die die positive Atmosphäre zerstören. Sie halten immer zu ihren Vorgesetzten, weil sie die Karriereleiter hochklettern und auf der richtigen Seite stehen wollen.

---

* Gott zur Seite drängen

Machen Sie sich keine Sorgen, wenn Ihnen diese Verhaltensweisen ein bißchen zu bekannt vorkommen. Die meisten von uns sind mit Spuren von Selbstzweifel und falschem Stolz behaftet, weil wir unser Ego nicht überwinden können. Wir sind festgefahren, einsam, nur auf uns selbst konzentriert. Es gibt aber eine gute Nachricht: Wenn wir Gottes bedingungslose Liebe akzeptieren können, bereiten wir den Boden für eine Zeit, in der Resultate oder die Zustimmung anderer nicht mehr das wichtigste in unserem Leben sein werden.

In den letzten Jahren habe ich es mir zur Gewohnheit gemacht, die Teilnehmer meiner Managementseminare zu fragen: „Wer von Ihnen hat Kinder?" Auf diese Frage erheben sich viele Hände. Dann frage ich: „Wer von Ihnen liebt seine Kinder?" Gelächter, während sich dieselben Hände erheben. Dann kommt die Schlüsselfrage: „ Wer von Ihnen macht die Liebe für seine Kinder davon abhängig, was sie leisten? Wenn sie Erfolg haben, lieben Sie sie. Wenn nicht, dann nicht." Nun erheben sich keine Hände mehr. „Die Liebe zu Ihren Kindern hängt also nicht davon ab, was sie leisten oder wieviel Macht und Einfluß sie gewinnen", fahre ich fort. „Und warum akzeptieren Sie und ich dann nicht die bedingungslose Liebe unseres Vaters, des Herrn?"

Wenn wir die bedingungslose Liebe annehmen lernen, die uns geschenkt wird, sind uns Dinge wie Ergebnisse, Anhäufung von Besitztümern, Macht, Akzeptanz, Kontrolle oder andere profane Dinge nicht länger wichtig. Statt dessen können wir uns auf unsere Lebensreise konzentrieren – wie wir unser Leben leben wollen und anderen helfen können. Nun ist unser Selbstwertgefühl gesichert. Auch wenn wir noch mehr leisten, noch mehr Kontrolle haben oder noch mehr Besitztümer anhäufen, können wir nicht mehr Liebe erwerben. Wir haben alle Liebe, die wir brauchen. Das war das Thema meines Buches *We Are the Beloved*.

Es liegt also an Ihnen. Akzeptieren Sie, daß Sie in Ordnung sind, und Sie werden sich Feedback anhören und Kritik sowie Lob akzeptieren können, ohne über geheime Beweggründe zu spekulieren. Gleichzeitig brauchen Sie keine Angst mehr davor zu haben, andere zu loben und zu unterstützen, weil Sie wissen, daß Ihnen dadurch nichts weggenommen wird. Sie können jemanden, der vom Weg abgekommen ist, tadeln oder zurechtweisen, ohne ihn dabei zu erniedrigen. Schließlich sind alle Menschen, die mit Ihnen arbeiten, Kinder Gottes wie Sie. Wie Spencer Johnson und ich in unserem Buch *The One Minute Manager* feststellen: „Die Menschen sind in Ordnung. Nur ihr Verhalten ist manchmal ein Problem." Wenn Sie mit unangenehmen Verhaltensweisen konfrontiert sind, denken Sie daran, daß Sie das Verhalten, und nicht die betreffende Person, loswerden wollen. Deshalb haben wir in unserem Buch unterstrichen, daß ein Tadel – also negatives Feedback – immer mit einer

Aufmunterung enden sollte, wie zum Beispiel: „Was mich daran so aufregt, ist die Tatsache, daß Sie eigentlich gut sind – Sie können das besser, das weiß ich." Wenn Ihnen keine solche Aufmunterung einfällt, sollten Sie sich den Tadel besser ganz verkneifen. Denn dann geht es nicht um die Einstellung, sondern um die Fähigkeit. Nun braucht die betreffende Person Anleitung und Führung von Ihrer Seite.

Wenn ich von meiner Aussichtswarte aus das gesamte Bild betrachte, dann gewinne ich den Eindruck, daß das größte Problem, mit dem die Unternehmen heute zu kämpfen haben, das menschliche Ego ist. Wenn wir die Leute zu eigenständigem Handeln motivieren und unsere Betriebe kundenorientiert, kosteneffektiv, schnell, flexibel und immer besser machen wollen, müssen die Leiter dieser Betriebe, die ihre Aufgabe im traditionellen Sinn erfüllen, über ihren Schatten springen. Meiner Meinung nach besteht die einzige effektive Möglichkeit dazu – abgesehen von der Erfahrung, dem Tod nahe zu sein – in einem spirituellen Erwachen und in der Erkenntnis, daß der liebe Gott keinen Müll produziert hat. Daß wir in Ordnung sind und daß jeder von uns seinen Wert hat, sind feststehende Tatsachen. Deshalb habe ich für mich selbst folgenden Vorsatz formuliert: „Ein liebevoller Lehrer und Vorbild für jene einfachen Wahrheiten sein, die mir und anderen helfen, die Gegenwart Gottes in unserem Leben zu erfahren." Gott liebt Sie, und das tue ich auch. Effektive Manager nehmen diese Liebe an und geben sie an andere weiter. Tun Sie's einfach!

QUELLE: ETTA HULME Abdruck mit freundlicher Genehmigung der Newspaper Enterprise Association, Inc.

ARBEITSETHIK

Dr. Kate Ludeman

Autorin von *The Worth Ethic, Earn What You're Worth*
Koautorin von *The Corporate Mystic*

Liebe ist die stärkste Macht der Welt – und das gilt auch für die Arbeitswelt. Trotzdem wird über Liebe in der Arbeitswelt kaum gesprochen. Das Thema ist von einem gleich starken Tabu umgeben wie es der Sex vor 20 Jahren war. Wir tun, als wäre unser Unternehmen zum Untergang verdammt, wenn wir zugeben, daß wir unser Team wegen seiner Fähigkeiten und Leistungen lieben, daß wir unsere Produkte wegen ihrer großen Nützlichkeit lieben oder daß wir unsere Manager wegen der von ihnen herbeigeführten Produktivität lieben.

Wir erwarten als Lohn für unsere Arbeit ein sinnvolles Leben, in dem nicht nur unser Körper und unsere Intelligenz zum Einsatz kommen, sondern in dem auch noch Platz für unsere Gefühle ist. Natürlich wollen wir auch an unserem Arbeitsplatz an anderen Anteil nehmen, und wir wünschen uns, daß unsere Kollegen und Vorgesetzten auch an unserem Leben Anteil nehmen. Wir möchten glauben, daß wir unserem Unternehmen ebensoviel wert sind wie unsere Chefs. Wir wünschen uns eine sinnvolle Arbeit, und wir gehen davon aus, daß unsere Kollegen und Vorgesetzten diesen Wunsch mit uns teilen.

Das ist vor allem deshalb wichtig, weil wir den größten Teil unseres Lebens an unserem Arbeitsplatz verbringen. Die Arbeitswoche der Amerikaner, die im Jahr 1973 auf eine 40-Stunden-Woche reduziert wurde, umfaßt heute im Durchschnitt wieder 46 Stunden. Wir haben heute pro Woche um zehn Stunden weniger Freizeit als noch vor 15 Jahren. Die Arbeit füllt zwei Drittel unseres Tages aus und bestimmt unseren Lebensstil.

Alle diese Faktoren tragen dazu bei, daß die Ethik der Werte immer stärker an Bedeutung gewinnt. Mit Ethik der Werte meine ich, daß Sie einen unzerstörbaren Glauben an Ihren eigenen Wert und an den potentiellen Wert anderer in sich tragen. Diese Ethik der Werte ist besonders für jene von uns von Bedeutung, die in den letzten Jahrzehnten des ausklingenden 20. Jahrhunderts und darüber hinaus arbeiten. Menschen, die nach den Prinzipien der Werteethik leben, lehnen es ab, Anweisungen zu befolgen, ohne selbst aktiv mitzudenken. Sie übernehmen Verantwortung an ihrem Arbeitsplatz und geben ihr Bestes. Manager, die sich an der Werteethik orientieren, machen es sich zur Aufgabe, die Entwicklung ihrer Mitarbeiter zu unterstützen, ihre Fähigkeiten und Talente zu fördern und ihnen dabei zu helfen, den gerechten Lohn für ihre Bemühungen zu erhalten. Das Ergebnis ist eine Vielfalt persönlicher Beiträge, aus denen wertvolle Produkte und Dienstleistungen entstehen.

Zum Glück kommt die Werteethik uns selbst ebenso zugute wie den Arbeitgebern. Wenn die Menschen das Gefühl haben, an ihrem Arbeitsplatz geschätzt zu werden, nimmt die Produktivität sprunghaft zu. Wie kommt das? Laut einem leitenden Manager von *Federal Express*, James A. Perkins, besteht einer der Gründe darin, daß die Angestellten eines Unternehmens die Kunden genauso behandeln, wie sie selbst vom Management behandelt werden. „Wenn man seinen Leuten Wertschätzung entgegenbringt", sagt Perkins, „dann verhalten sie sich gegenüber den Kunden höflich und effizient. Und wenn das der Fall ist, dann schnellen die Gewinne in die Höhe." In nur 15 Jahren hat *Federal Express* seinen Umsatz auf vier Milliarden Dollar erhöht, und heute nimmt es einen Spitzenplatz unter jenen 100 US-Unternehmen ein, die als beste Arbeitgeber gelten.

Wie wirkungsvoll die Werteethik sein kann, beweist auch das Beispiel von *Florida Power & Light*, wo 10.000 Angestellte in Teams organisiert wurden, um sie besser einbinden zu können und ihren Innovationsgeist zu fördern. Ein *Florida Power & Light*-Team sparte dem Unternehmen in einem einzigen Jahr 26,6 Millionen Dollar ein. Im *Frito-Lay*-Werk in der Nähe von Bakersfield (Kalifornien) erreichten Teams, die in offenen Systemen mit viel Kommunikation und wenig Überwachung arbeiteten, daß die Produktion innerhalb einer Woche nach Eröffnung im vollen Umfang aufgenommen werden konnte (normalerweise dauert es etwa sechs bis 13 Wochen, bis die Produktion in einem neuen Werk voll läuft). Im *Goodyear Tire & Rubber*-Werk in Lawton (Kalifornien) ist die starke Einbindung der Mitarbeiter das Geheimnis für „eine Produktion von 50.000 Reifen täglich, verglichen mit 25.000 Reifen in einem anderen Werk ähnlicher Größe", sagt der leitende *Goodyear*-Manager, Stanley J. Mihclick.

Um zu dem von der Werteethik verlangten „WIR" zu gelangen, können die Vorgesetzten Macht abgeben, Belohnungen aussetzen oder Lob verteilen. Die meisten tun das jedoch nicht. Die Unternehmen bejahen zwar eine offene Kommunikation und ehrliche Auseinandersetzungen zwischen Vorgesetzten und Mitarbeitern, aber mehr tun sie nicht, um einen freien Austausch von Meinungen und Gefühlen in Büros, Werkstätten, Kantinen oder auf Firmenparkplätzen zu ermutigen.

Nur einige wenige fortschrittliche Manager verwenden diesen neuen Ansatz zur Führung von Menschen. Sie wissen, daß alle Angehörigen des Unternehmens den Wunsch in sich tragen, fähig und mächtig zu sein. Sie geben ihren Mitarbeitern den notwendigen Spielraum, um wichtige persönliche Beiträge zu den anstehenden Aufgaben zu leisten, indem sie sie ihrem maximalen Potential entsprechend ausbilden, ihnen auf jeder Verantwortungsebene herausfordernde Aufgaben übertragen und in ihren Managementmethoden auf flexible Organisationen und menschenfreundliche Systeme setzen. Greg Steltenpohl und Gerry Percy, Mitbegründer der *Odwalla Juice Company* in Davenport (Kalifornien), vergrößerten ihr Unternehmen von vier auf 75 Personen. Am Anfang preßten die vier Mitarbeiter händisch frischen Saft für einige wenige ortsansässige Restaurants; heute werden unter dem Motto „Saft für Menschen" Millionen Flaschen verkauft. Laut Steltenpohl steckt hinter diesem Motto das Bestreben, „Odwalla als menschenfreundliches Unternehmen zu führen, und zwar sowohl für unsere Kunden als auch für unsere Mitarbeiter".

Bei *Morrison & Foerster*, einer landesweit agierenden amerikanischen Anwaltskanzlei, werden Berichtskarten verteilt, auf denen die jungen Anwälte die Stärken und Schwächen der leitenden Partner bewerten können. Laut James Finberg, dem Koordinator des Bewertungsprogramms für die 30 Anwälte der Strafrechtsabteilung in San Francisco, „gibt uns das Programm das Gefühl, daß unsere Partner uns respektieren und unsere Anregungen, wie die Kanzlei geführt werden sollte, als wichtig erachten". Das ist wichtig, sagt Peter Keane, Präsident der Anwaltsvereinigung von San Francisco, weil „eine Kanzlei, die nicht möchte, daß sich die jungen Partner selbständig machen und Klienten mitnehmen, besser auf deren Wünsche und Ideen reagieren muß".

Wie können nun Sie persönlich Ihren Chef dazu bringen, Ihnen mehr Interesse und Anteilnahme entgegenzubringen? Schließlich ist diese Idee den alten Managementregeln diametral entgegengesetzt: Bisher wurde den Managern nämlich eingebleut, sich nicht auf die Mitarbeiter und ihre Gefühle einzulassen. Die meisten Manager hören nur dann auf die Wünsche und Träume ihrer Untergebenen, wenn sie dazu gezwungen sind. Wenn Ihr Chef kein Gleichgesinnter, sondern ein Gegner ist, und wenn er zum „Workaholismus" neigt, anstatt einen ausgeglichenen Lebensstil zu pflegen, können Sie nicht erwarten, daß ein solcher Mensch seine alte Einstellung mit einem Mal fallenläßt und plötzlich ein fürsorgliches und teilnahmsvolles Verhalten an den Tag legt.

Die Menschen ändern ihr Verhalten nur dann nachhaltig, wenn sie auch die nötige Bereitschaft dazu haben. Das ist der Punkt, an dem Sie ansetzen können. Wie Eleanor Roosevelt so klug bemerkte: „Niemand kann Ihnen ohne Ihr Einverständnis das Gefühl geben, minderwertig zu sein." Wenn Sie die Art und Weise verändern wollen, wie Sie von Ihrem Chef und von Ihren Kollegen behandelt werden, müssen Sie zuerst Ihre eigene Einstellung verändern. Beginnen Sie damit, indem Sie sich bemühen, die Wahrheit zu sagen, indem Sie auch anderen einen Platz an der Sonne zugestehen und indem Sie sich zu

Wort melden, wenn Sie eine gute Idee haben oder sich über Ihre Prioritäten im Leben klar geworden sind.

Können Sie als einzelner Mensch der Werteethik zum Durchbruch verhelfen? Ja, Sie können! Die Werteethik findet ihren Niederschlag in Ihrer persönlichen Integrität und in der Art und Weise, wie Sie mit Ihrer persönlichen Macht umgehen. Sie zeigt sich in Ihrer Bereitschaft, einen tiefen Sinn in Ihrer Arbeit zu finden, Ihre Intuition einzusetzen, Ihre Talente zu entwickeln und sich selbst zu bejahen. Sie zeigt sich darin, wie gut es Ihnen gelingt, Ihr Leben ins Gleichgewicht zu bringen, so daß Sie sich für gute Arbeit selbst belohnen und mit Ihrer Zeit und Ihrem Streß auf eine für Sie positive Weise umgehen können.

Die Werteethik drückt sich in einem guten Selbstwertgefühl aus und wird von Ihren eigenen Leistungen und Ihrer Zufriedenheit mit sich selbst genährt. Wenn sie einmal ein Teil Ihrer selbst geworden ist, werden Sie staunen, wie oft Sie Ihr Chef für Ihre Arbeit lobt und wie viele Gelegenheiten Sie plötzlich haben, Ihre Fähigkeiten ins rechte Licht zu rücken. Für diese Vermutung gibt es zwei Gründe: Erstens bewirkt ein besseres Selbstwertgefühl, daß Sie die positiven Dinge, die die Leute über Sie sagen, besser hören und akzeptieren können, und zweitens werden Sie, je mehr Sie leisten und je deutlicher Sie Ihre Zufriedenheit mit sich selbst zeigen, von den Leuten über Ihre Veränderung befragt werden: „Was ist denn plötzlich in Sie gefahren?" werden sie fragen. Dann können Sie antworten: „Die Werteethik!"

Sechs Methoden zur Entwicklung einer persönlichen Werteethik

1. Halten Sie sich an hohe Integritäts- und Vertrauensstandards. Viele Leute sind insgeheim davon überzeugt, daß sie ihre Ziele nicht erreichen können, wenn sie die Wahrheit sagen. Einmal legte ich mich mit meinem Chef an, indem ich ihn damit konfrontierte, wie wir unsere Produkte meiner Meinung nach entwickeln sollten. Weder er noch meine Kollegen stimmten mir zu. Aber ich blieb so lange hartnäckig, bis alle mir zugehört und eine meiner Ideen ausprobiert hatten. Sie funktionierte, und das nächste Mal, als ich einen Vorschlag machte, hörte man mir von Anfang an zu.

Allzuoft handeln wir aus opportunistischen Beweggründen heraus, wenn wir eigentlich versuchen sollten, Vertrauen aufzubauen. Auf lange Sicht erzeugt eine opportunistische Handlungsweise Mißtrauen und Argwohn. Eine gemeinsame Problemlösung ist ohne gegenseitiges Vertrauen nahezu unmöglich. Deshalb legen so viele Manager bei der Entscheidung, ob jemand von einer allgemeinen Mitarbeiterposition auf die erste Managementebene befördert werden soll, soviel Wert auf die Fähigkeit der betreffenden Person, Vertrauen aufzubauen und die Leute zu einer guten Zusammenarbeit zu motivieren. Sichern Sie sich den Respekt anderer, indem Sie zu dem stehen, was Sie sagen und tun.

2. Werden Sie sich des Sinns Ihrer Arbeit bewußt. Sinnvoll erscheint uns unsere Arbeit dann, wenn es uns gelingt, einen Zusammenhang zwischen unseren eigenen Werten und den Aufgaben in der Arbeit herzustellen. Wenn Sie wissen wollen, inwieweit Ihre höchsten Werte mit Ihrer Arbeit im Einklang stehen, brauchen Sie nur an Situationen zu denken, in denen Ihnen Ihre Arbeit am sympathischsten war. Denken Sie vor allem darüber nach, inwieweit die Produkte und Dienstleistungen Ihres Unternehmens mit Ihren Werten im Einklang stehen. Tragen sie zum Beispiel dazu bei, die Welt zu einem gesünderen, glücklicheren oder sichereren Ort zu machen? Überlegen Sie, inwieweit Ihre persönlichen Werte und Ihre Arbeit mit den kurz- und langfristigen Zielen Ihres Unternehmens in Einklang stehen.

In meiner ersten Managementposition wurde ich aufgefordert, ein Programm vorzulegen, das angeben sollte, wie Leistungsbewertungen in unserem Unternehmen durchgeführt wurden, wie die einzelnen Jobs kodiert und eingestuft wurden und wie das Gehaltssystem funktionierte. Langweiliges Zeug, dachte ich. Aber drei Tage später, nachdem ich eingehender über die Sache nachgedacht hatte, erkannte ich, daß ich den Angestellten mit Hilfe des Programms erläutern konnte, inwiefern ihre Gehälter von ihrer Ausbildung und von der ihnen übertragenen Verantwortung beeinflußt wurden, wie die Manager ihre Leistung bewerteten und wie ihre Gehaltserhöhungen finanziert und argumentiert wurden. Wenn ich das Programm gut präsentierte, würde es den Angestellten ein neues Verständnis für die finanziellen Rahmenbedingungen im Unternehmen ermöglichen und ihnen zeigen, was sie tun mußten, um mehr Geld zu verdienen. Plötzlich konnte ich mit weit mehr Begeisterung an die mir gestellte Aufgabe herangehen. Und schlußendlich wurde das Programm sehr populär, weil es den Menschen mehr Kontrolle über einen Bereich gab, mit dem viele von uns ihre Schwierigkeiten haben: mit den Finanzen.

3. Geben Sie anderen Spielraum zum eigenständigen Handeln, indem Sie etwas von Ihrer Macht abgeben. Schaffen Sie für jedes von Ihnen geleitete Projekt eine produktive Partnerschaft, indem Sie andere dazu ermutigen, wahrnehmbare Beiträge zu leisten. Leisten Sie dann Ihrerseits wahrnehmbare Beiträge. Sorgen Sie auch dafür, daß Sie den Erfolg Ihrer Gruppe nicht nur an Ihre eigenen Fahnen heften. Wenn Sie auf die Menschen eingehen, geben Sie

110

ihnen bessere Möglichkeiten, sich einzubringen, und Sie fördern ihr Engagement und ihre Kreativität.

Die meisten von uns haben zumindest einen Kollegen, in dem sie einen Konkurrenten für ihre nächste Beförderung sehen. Aber wenn wir unsere Macht teilen, erhöhen wir unsere Erfolgschancen weit stärker, als wenn wir andauernd nur auf uns aufmerksam machen. Studien haben gezeigt, daß man in einem Unternehmen dann Kompetenz erlangt, wenn man kreativ ist, sich einbringt und sich engagiert. Nachdem das Entwicklungspersonal von *General Motors* Schulungen in positiven Verhaltenstechniken absolviert und gelernt hatte, seine Mitarbeiter in die täglichen Problemlösungs- und Entscheidungsfindungsprozesse einzubinden, verbesserten sich die Ergebnisse in diesen Bereichen um etwa 70 Prozent. Wenn Sie als extrem konkurrenzbewußt gelten und in Ihrem Unternehmen eine Stelle frei wird, wird sich das Top-Management mit hoher Wahrscheinlichkeit für einen Neueinsteiger von außen entscheiden. Warum? Nun, weil die nächststärkste Person aller Wahrscheinlichkeit nach lieber kündigen wird, als Sie vor die Nase gesetzt zu bekommen. Menschen, die keine starken Beziehungen aufbauen können, werden nicht befördert.

4. Erkennen Sie den „Gewinner" in jedem Menschen, auch in sich selbst. Loben Sie die Menschen, wo immer Sie können. Sehen Sie ihnen ins Gesicht, lächeln Sie sie an, und sprechen Sie sie direkt mit ihrem Namen an. Dann sagen Sie genau, was der oder die Betreffende getan hat, um sich Ihren Respekt zu verdienen. Hängt die Prämie für das nächste Quartal davon ab, wie schnell bei einem hereinkommenden Anruf der Hörer abgehoben wird und wie präzise Ihnen die Nachrichten weitergegeben werden? Wenn Sie zu einer Sekretärin zum Beispiel sagen: „Sie sind toll! Sie haben herausgefunden, was der Kunde wollte, Sie haben mich aufgestöbert und sich mit mir in Verbindung gesetzt und so zur Erreichung unseres Verkaufsziels für dieses Quartal beigetragen", wird ihr Selbstbewußtsein gewaltig steigen, und außerdem kann sie aus Ihrem Lob genau ableiten, wie sie die gute Leistung wiederholen und sich noch mehr Lob verdienen kann.

Hören Sie zu. Den Leuten in Ihrer Umgebung – Ihrem Chef, Ihren Kollegen, Ihren Untergebenen – Ihre volle Aufmerksamkeit zu schenken, ist eine ausgezeichnete Methode, ihnen Ihre Wertschätzung zu bekunden. Wie sagte doch J. W. Marriott Jr., Vorsitzender und Präsident der *Marriott Corporation*: „Wenn wir unsere Mitarbeiter korrekt behandeln, werden sie auch nett zu den Gästen sein. Und wenn sich die Gäste gut behandelt fühlen, kommen sie wieder." Zuhören ist gleichzusetzen mit höchstem Lob, und außerdem ist es gut für Ihre Karriere.

Am wichtigsten ist, daß Sie sich selbst Lob spenden. Natürlich machen Sie manchmal Fehler. R. H. Macy scheiterte siebenmal, bevor er mit seinem New Yorker Geschäft Erfolg hatte. Der Baseballspieler Babe Ruth absolvierte 1.330 Versuche, um seine 714 Home-runs zu schaffen. Loben Sie sich und andere für Versuche, selbst wenn diese fehlschlagen. Es stimmt, daß wir dazu tendieren, andere so zu behandeln wie uns selbst. Wenn Sie sich nicht selbst auf den Rücken klopfen, wird es Ihnen nahezu unmöglich sein, andere zu loben.

5. Gewöhnen Sie sich an den Gedanken, daß Sie ein kreativer Mensch sind. Daniel Yankelovich, Herausgeber von *Psychology Today*, sagt: „Jüngere und besser ausgebildete Arbeitnehmer ... haben die unglaubliche Entdeckung gemacht, daß es die Arbeit ist und nicht die Freizeit, die ihnen das geben kann, was sie suchen – eine Möglichkeit zur Selbstverwirklichung *und* materielle Gratifikation."

Unterstützen Sie sich vor allem dann mit positiven „Selbstgesprächen" über den Wert Ihrer Gedanken und Vorstellungen, wenn andere das nicht tun. Sie kennen vielleicht schon die Geschichte von dem Managementprofessor an der Yale-Universität, der, als er Fred Smiths Arbeit über die Bereitstellung von Rund-um-die Uhr-Diensten las (Smith wurde später zum Gründer von *Federal Express*), dazu bemerkte: „Das Konzept ist interessant und gut formuliert, aber um mit einer besseren Note als ‚Befriedigend' bewertet werden zu können, müßte es auch umsetzbar sein." Und Spencer Silver, der mit seiner Arbeit den Grundstein für die Entwicklung des Klebstoffs für die Post-It-Blöcke von *3M* legte, gab zu, „daß ich, wenn ich länger über die Sache nachgedacht hätte, das Experiment nicht gewagt hätte. Die Literatur ist voller Beispiele, aus denen hervorgeht, daß ein solches Unterfangen unmöglich ist".

Um Vertrauen in Ihre eigene Kreativität und Intuition zu entwickeln, sollten Sie sich eine Liste erstellen, in die Sie eintragen, wie oft Ihr Mut schon Früchte getragen hat. Je deutlicher Sie die vergangenen Erfolge Ihrer Kreativität und Intuition sehen, desto eher werden Sie auch in Zukunft auf sie vertrauen. Ermutigen Sie andere, ebenfalls kreative Ideen einzubringen. Konzentrieren Sie sich nicht so stark auf Ihre eigenen Ideen, daß Sie keinen Platz für die Ideen anderer sehen. Geben Sie Ihre Fehler zu, und tolerieren Sie die Fehler anderer.

6. Ordnen Sie Ihre Prioritäten, und schaffen Sie ein Gleichgewicht zwischen Ihrem Privat- und Ihrem Arbeitsleben. Viele von uns sind davon überzeugt, daß sie Überstunden machen müßten, um befördert zu werden. Es gibt sogar einige Leute, die jeden Tag nach Arbeitsschluß im Büro bleiben und auch am Wochenende in die Firma kommen, um ein „Gesichtsbad" zu nehmen. Gary

112

Cooper, Professor für Organisationspsychologie an der University of Manchester in England, studierte die Arbeitsgewohnheiten von mehr als 1.000 Führungskräften in den Vereinigten Staaten und in Großbritannien und gelangte dabei zu folgender Erkenntnis: „Ein Manager, der mehr als 50 Stunden pro Woche arbeitet, kann unmöglich optimale Leistungen erbringen."

Eine gute Gesundheit ist unabdingbar, wenn wir in irgendeinem Bereich – wie etwa bei der Arbeit – Spitzenleistungen erbringen wollen. Das bedeutet, daß wir uns gesund ernähren, Alkohol und Drogen vermeiden, ausreichend schlafen und Sport betreiben müssen. Schlafmangel schadet beispielsweise unserer Fähigkeit, kreativ zu denken und mit ungewohnten Situationen fertigzuwerden. Der britische Psychophysiologe Dr. James Horne stellte zum Beispiel fest, daß eine einzige schlaflose Nacht die Fähigkeit eines Menschen zum eigenständigen und kreativen Denken beeinträchtigen kann.

Gehen Sie mit einer positiven Einstellung an Ihre Arbeit heran, und investieren Sie Ihre Energie in die Ihnen übertragenen Aufgaben, aber verwenden Sie Ihre Arbeit nicht als Rechtfertigung für ein unbefriedigendes Privatleben. In einer Studie, in der 37.000 Menschen erfaßt wurden, stellten amerikanische, finnische und schwedische Forscher fest, daß das Alleinleben ein ebenso großes Risiko für die Gesundheit darstellt wie das Rauchen. Menschen, die auf

kein starkes soziales Netzwerk zurückgreifen können und keine engen Freunde haben, tragen ein doppelt so hohes Risiko, vorzeitig zu sterben, wie andere Menschen.

Wenn Sie davon überzeugt sind, daß Sie nicht gleichzeitig Karriere machen und ein befriedigendes Privatleben führen können, machen Sie sich selbst zum Opfer einer selbsterfüllenden Prophezeiung. Das ist deshalb besonders wichtig, weil heute fast die Hälfte aller Arbeitnehmer Frauen sind, die bekanntermaßen am häufigsten Karriere und Familie unter einen Hut bringen müssen. Das *American Demographics Magazine* prognostiziert, daß 64 Prozent aller Jobs, die bis zum Jahr 2000 geschaffen werden sollen, an Frauen gehen werden. Die Frage, die sich stellt, ist nicht, *ob* wir Karriere und Privatleben unter einen Hut bekommen, sondern *wie* wir das tun.

Versuchen Sie, Ihre persönlichen Produktivitätsmuster festzustellen: Arbeiten Sie am besten morgens, nachmittags oder abends? Können Sie Ihren Papierkram vor oder nach den offiziellen Bürostunden erledigen? Arbeiten Sie effizienter zu Hause oder im Büro? Unternehmen wie *Pacific Bell, Travelers Companies* und *J. C. Penney* haben festgestellt, daß die Produktivität ihrer Mitarbeiter um bis zu 25 Prozent stieg, wenn die Leute zu Hause arbeiteten.

Arbeiten Sie mit Kalendern, Verzeichnissen und Listen. Wenn bei Ihnen die linke Gehirnhälfte dominiert, sollten Sie „Spaßpausen" einplanen, die ein ebenso wichtiger Bestandteil Ihres Tagesablaufs sein sollten wie die einzelnen Aufgaben.

Setzen Sie sich spezifische, lohnende und herausfordernde Ziele. Das Festsetzen von Zielen ist die einzig zuverlässige Methode, um Ihre Arbeitsproduktivität zu steigern.

Beginnen Sie die Werteethik einzuführen, indem Sie mit sich selbst besser umgehen und andere dann so behandeln, wie Sie sich selbst behandeln. Wenn Sie Ihrer Arbeit Integrität und Sinn geben, wenn Sie andere an Ihrer Macht teilhaben und ihnen Lob und Anerkennung zuteil werden lassen, wenn Sie ihre Kreativität, ihre Entwicklung und ihr Wachstum unterstützen, wenn Ihnen Produktivität und Wohlbefinden etwas wert sind und wenn Sie als Vorbild für ein Gleichgewicht zwischen Beruf und Privatleben gelten, dann werden Sie und andere viel zufriedener mit Ihrer Arbeit sein.

Außerdem werden Sie Ihre Gruppe in lichte Höhen der Produktivität katapultieren. Gruppen, die nach den Grundsätzen der Werteethik gemanagt werden, erbringen anhaltend bessere Leistungen als Gruppen, deren Manager kompetent, aber wenig einfühlsam sind. Bei *Transco Energy* in Houston hält Präsident George Slocum zum Beispiel sogenannte „Prahlsitzungen" ab, bei denen sich die Angestellten mit ihren Kostensenkungsplänen brüsten können.

114

Nach vergangenen Erfahrungen zu schließen, wird *Transco* in den nächsten beiden Jahren 18 Millionen Dollar einsparen – und das nur deswegen, weil sich die einzelnen Abteilungen bei diesen Sitzungen gern hervortun.

Diese Spitzenwerte an Produktivität und Zufriedenheit mit dem Arbeitsplatz werden auf keinen Fall unbemerkt bleiben. Die Menschen Ihrer Umgebung werden Ihrem Beispiel folgen und ebenfalls interne Veränderungen vornehmen wollen. Nun wissen Sie so gut wie ich, daß Veränderungen in den seltensten Fällen einfach dadurch erreicht werden, daß man an Schulungen teilnimmt oder sich eine Vorführung ansieht und das Gelernte am Arbeitsplatz dann im Maßstab eins zu eins umsetzt. Aber wenn Sie durch Ihre langfristigen Strategien die Menschen unterstützen, werden sich in den Systemen, Verfahren und Strukturen Veränderungen bemerkbar machen, die sich für Ihr Unternehmen als nützlich erweisen werden. Letzten Endes wird die Werteethik Ihnen und Ihrem Unternehmen einen umfassenden Erfolg sichern. Das können wir mit Sicherheit sagen, denn die Werteethik verfehlt nie ihre Wirkung.

SELBSTWERTGEFÜHL UND ARBEIT

Will Schutz

Unternehmensberater, Trainer
Autor von *The Human Element* und *The Truth Option*

*Die Emotion – das Empfinden – ist die wichtigste Quelle allen Werdens.
Ohne Emotion kann Dunkelheit nicht zu Licht werden, und Apathie
nicht zu Aktivität.*

Carl Gustav Jung

*Stellen Sie sich folgende Situation vor:
Aus einer großen Gruppe wähle ich sechs Freiwillige aus, die ich in einen
separaten Raum führe. Aus diesen greife ich nochmals drei heraus und
spreche mit ihnen, ohne daß die anderen drei hören können, was wir sagen.
Dann führe ich die Dreiergruppe zu der gesamten Gruppe zurück und bitte
sie, den vorderen Teil des Raums aufzuräumen. Sie folgen meinem Wunsch,
aber auf schlampige, nachlässige, lieblose, ungeschickte und langsame Weise.
Ich danke ihnen und bitte sie, in der großen Gruppe Platz zu nehmen. Dann
kehre ich in den anderen Raum zurück und führe auch mit der anderen Dreiergruppe ein privates Gespräch. Ich geleite sie zu der großen Gruppe zurück und
bitte sie ebenfalls, den vorderen Teil des Raums aufzuräumen. Sie gehen mit
Schwung an die Aufgabe heran, teilen sich die Arbeit auf, arbeiten schnell und
scheinen auf ihr Werk stolz zu sein. Frage: Was sagte ich zu den beiden Dreiergruppen? Nein, ich bat sie nicht, schnell oder langsam zu arbeiten, mit Eifer
oder mit Mißmut an die Arbeit heranzugehen oder sie effizient oder ineffizient
zu erledigen. Was sagte ich ihnen dann? Die Antwort wird am Ende des Kapi-
tels gegeben, obwohl Sie sie vielleicht schon vorher erraten.*

Nachdem ich 15 Jahre lang in verschiedenen Unternehmen gearbeitet hatte,
erkannte ich, daß ein positives Selbstbild – ein gut entwickeltes Selbstbewußtsein – die Grundlage von allem ist, der Schlüssel zu einer höheren Produktivität und besseren Qualität des Arbeitsplatzes. Diese Erkenntnis wies mir den
Weg zu vielerlei Gedanken, die ich mir ab den sechziger Jahren zu diesem Thema machte. Es fiel mir seit jeher schwer, die Kritik an der „Ich"-Generation zu
verstehen. Tom Wolfe und andere nannten sie narzißtisch, eingebildet, ego-
zentrisch, egoistisch und hochmütig. Für mich, der ich mich als Verfechter

der Entwicklung des menschlichen Potentials sah, war diese Beschreibung mehr als befremdlich. Mit wenigen Ausnahmen wiesen die Menschen, die herausgefunden hatten, wer sie waren, keinen dieser Charakterzüge auf. Ich hatte den Eindruck, daß die einzelnen Personen immer ruhiger, stärker, wirklichkeitsnäher, ehrlicher und erfolgreicher in ihren Beziehungen wurden, je mehr sie über sich selbst erfuhren, und daß sie sich zu mitfühlenden und hilfsbereiten Menschen entwickelten. Auf der anderen Seite möchte ich aber keineswegs behaupten, daß die Angehörigen der „Ich"-Generation oder bestimmte Befürworter eines starken Selbstbewußtseins unschuldig an den angeführten Behauptungen sind. Ich spreche nur von der großen Mehrzahl jener Menschen, mit denen ich persönlich zu tun hatte. Von meinem Standpunkt aus betrachtet liegen die Befürworter eines starken Selbstbewußtseins genau richtig. Es ist einfach nicht an der Tatsache zu rütteln, daß ein starkes Selbstbewußtsein die Voraussetzung für alles andere ist.

Das Wörterbuch hielt eine Lösung für meine Verwirrung bereit: „Selbstbewußtsein" wird dort auf zwei Arten definiert, die in einem gewissen Sinn widersprüchlich sind. Das konnte ich als Erklärung für mein Dilemma heranziehen. Im *Random House Dictionary* wird das Wort *self-esteem* (Selbstbewußtsein) wie folgt definiert:

1. Objektiver Respekt vor oder ein positiver Eindruck von der eigenen Person
2. Unangebrachter oder übertrieben positiver Eindruck von der eigenen Person

Offensichtlich gehen die Befürworter eines starken Selbstbewußtseins von der ersten Definition aus, während sich die Kritiker auf die zweite Definition beziehen. Die entstandene Verwirrung könnte das Ergebnis des folgenden Paradoxons sein: Wenn ich über Selbstbewußtsein im Sinn der ersten Definition verfüge (nennen wir es hier *Selbstachtung*), bin ich nicht übertrieben selbstbewußt im Sinn von Definition zwei (nennen wir es *Arroganz*). Vielmehr ist es so, daß ich, wenn ich ein schwaches Selbstbewußtsein habe, arrogant werde, prahle und mich überheblich gebe, um andere – oder im Grunde genommen mich selbst – davon zu überzeugen, daß ich durchaus in Ordnung bin.

Was ist Selbstbewußtsein?

Selbstbewußtsein ist das Gefühl, welches das Bild meines Selbst in mir auslöst. Wenn das, was ich mir für mich selbst wünsche, damit übereinstimmt, wie ich mich selbst wahrnehme, dann trägt das dazu bei, daß ich ein positives Selbstbild entwickle. Das bewirkt wiederum, daß ich mich so lebendig, selbstbestimmt, wichtig, kompetent und liebenswert fühle, wie ich sein möchte. Ich kann also dann Selbstbewußtsein entwickeln, wenn ich der Mensch sein kann, der ich sein möchte.

Selbstbewußtsein ist etwas, was ich sowohl auf der bewußten als auch auf einer unbewußten Ebene habe. Es wurzelt in der Kindheit, und es entwickelt sich, während ich mein Selbstkonzept entwickle, indem ich die von meinen Eltern und anderen erhaltenen Botschaften über mein Ich verinnerliche (oder zurückweise). Außerdem formt es sich aufgrund meiner eigenen Erfahrungen, was ich kann und was ich nicht kann und was ich bin und was ich nicht bin. Ich vergleiche mich selbst mit anderen oder mit meiner Idealvorstellung der Person, die ich sein möchte, aber auch damit, wie andere einen idealen Menschen definieren.

Bestimmte Teile meines Selbstkonzepts sind mir nicht bewußt. Der Grund dafür kann sein, daß sie mir nicht angenehm sind oder daß ich das Gefühl habe, daß ich mich nicht mit ihnen auseinandersetzen kann oder will. So kann ich der Meinung sein, daß ich im Grunde böse bin und es deshalb nicht verdiene, von denen, die mich gut kennen, geliebt zu werden. Dieses Gefühl des nicht Geliebtwerdens habe ich in mein Unterbewußtsein verdrängt, weil es zu schmerzhaft wäre, mich ihm zu stellen. Um dieses Gefühl vor mir zu verbergen oder mich davor zu schützen, es erfahren zu müssen, flüchte ich mich möglicherweise in Arroganz. Vielleicht muß ich immer die erste Geige spielen, mit meinen Leistungen prahlen oder ständig versuchen, mich bei anderen einzuschmeicheln. Solche Verhaltensweisen wurzeln in einem unbewußt schlechten Selbstwertgefühl und einer unbewußt geringen Selbstachtung. Meine Selbstachtung ist intakt, wenn ich flexibel bin, wenn ich mich ungehemmt ausdrücken kann, wenn ich selbstbestimmt handle und alles genau wahrnehme und wenn ich gelernt habe, meine Wahrnehmungen in mein Bewußtsein zu rücken.

Auf dem Höhepunkt der McCarthy-Ära Ende der vierziger Jahre war ich gerade dabei, mein Studium an der University of California in Los Angeles abzuschließen. Meinen Lebensunterhalt bestritt ich mit Hilfe des Studienprogramms für Armeeangehörige und mit meinem Gehalt als Assistenzlehrer. Als Universitätsangestellter mußte ich einen Loyalitätseid ablegen, um den Job zu bekommen. Ich beharrte auf meiner Weigerung, meine Unterschrift unter den Eid zu setzen, da ich der Meinung war, daß Menschen aufgrund ihrer Leistung und nicht aufgrund ihrer politischen Einstellung beurteilt werden sollten. Ich begann, aktiv gegen die Eidvorschrift zu kämpfen. Mein Vater, der von meinem Tun gehört hatte, flog aus dem Mittleren Westen nach Kalifornien. Drei

Tage lang diskutierte er mit mir über die Situation und über meine Haltung zu diesem Thema. Seine Argumentation war wie immer sehr logisch. „Natürlich hast du im Prinzip recht, aber du setzt deine Zukunft aufs Spiel. Du bist ein ungeprüfter Lehrassistent. Niemand kennt dich, und wenn du deinen Abschluß in der Tasche hast, wird man andere vor dir einstellen. Für einen Arbeitgeber stellst du ein zu großes Risiko dar."

Ich ließ mich von seinen Argumenten überzeugen. Ich verabredete mich mit meinen Sinnesgenossen, die sich ebenfalls weigerten, ihre Unterschrift unter den Eid zu setzen, und teilte ihnen mit, daß ich mich entschlossen hatte, zu unterschreiben und „von innen heraus weiterzukämpfen" – ein Euphemismus, den wir verwenden, um die Aufgabe eines Kampfes zu umschreiben. Als ich danach durch die Tür des Restaurants in das helle Sonnenlicht von Los Angeles trat, hatte ich das Gefühl, mindestens drei Tonnen zu wiegen. Meine Muskeln waren steif und schwer, und in mir herrschte völlige Finsternis. Da wisperte mir eine leise Stimme ins Ohr: „Welche Art Mensch möchtest du eigentlich sein?"

„Halt' den Mund", sagte ich. „Siehst du nicht, daß ich völlig fertig bin?" Aber die Stimme hörte nicht auf zu flüstern, und schließlich hatte ich verstanden: Unterzeichnen oder nicht unterzeichnen – das war keine Frage der Logik. Wahrscheinlich konnte man für beide Positionen jede Menge überzeugender Argumente finden. Die Entscheidung hing davon ab, welche Art Mensch ich sein wollte. Ich entschloß mich, den Loyalitätseid nicht zu unterzeichnen. Da fiel mir ein Stein vom Herzen. Ich hatte das Gefühl, federleicht zu sein. Ich fühlte mich großartig. Mein Körper sagte mir, welche Art Mensch ich sein wollte. Wenn ich seiner Botschaft folgte, fühlte ich mich gut. Rückblickend weiß ich, daß ich damals zum ersten Mal spürte, daß meine Selbstachtung davon abhängt, wie nahe ich meiner Wunschvorstellung von dem Menschen komme, der ich sein will.

Solange ich das Gefühl habe, meinem Idealbild zu entsprechen und weit weg zu sein von dem Menschen, der ich nicht sein möchte, ist meine Selbstachtung in Ordnung. Je weiter ich mich jedoch von meinem Idealbild entferne, desto enttäuschter bin ich von mir selbst, und desto wütender werde ich auf mich. Die Gefühle der Enttäuschung und des Zorns auf mich selbst schwächen mein Selbstbewußtsein. Warum verspüre ich diese Unzulänglichkeiten in meinem Selbstkonzept? Wie kann ich meine Selbstachtung verbessern? Die Antwort auf diese Fragen liegt darin, mir bewußt zu machen, daß ich eine Wahl habe: Ich kann mir meine Gefühle und meine Verhaltensweisen selbst aussuchen, und ich bin davon überzeugt, daß sie sich, wie ineffektiv sie auch sein mögen, eines Tages für mich lohnen werden. Wenn ich mich für eine schlechte Selbstachtung entscheide, dann muß der Grund darin liegen, daß ich mir davon Vorteile erwarte.

Nehmen wir zum Beispiel an, daß ich versuche, humorvoll zu sein, daß es mir aber nicht gelingt. Ich wirke mürrisch und schwerfällig. Was habe ich von meiner Humorlosigkeit? Wenn ich genauer darüber nachdenke, wird mir bewußt, daß ich daraus ein Gefühl der Sicherheit beziehe. Ich argwöhne, daß die Leute ohnehin über mich lachen, und ich befürchte, daß ich überrascht und verletzt werden könnte, wenn ich etwas Ernstgemeintes als Scherz betrachte. Deshalb gehe ich davon aus, daß alles ernst gemeint ist, denn auf diese Weise kann ich schmerzhafte Überraschungen vermeiden. Meine Angst hält mich davon ab, der humorvolle Mensch zu sein, der ich gern sein möchte, und das schwächt mein Selbstbewußtsein.

Wenn ich mich selbst nicht mag, empfinde ich Komplimente und die Unterstützung von anderen zwar als angenehm, aber sie halten, wenn überhaupt, nicht lange vor. Komplimente wische ich einfach vom Tisch, weil ich davon überzeugt bin, daß die Spender nicht alle meine Fehler, Gedanken, Gefühle und Taten kennen. Wenn sie ihnen bekannt wären, würden sie mich in einem anderen Licht sehen. Es kann sogar sein, daß ich das Lob oder die Zuneigung anderer als Bedrohung empfinde. Was, wenn ich etwas tue, was sie enttäuschen könnte? Vielleicht würden sie mir dann ihre Zuneigung entziehen! Das bedeutet, daß es riskant für mich ist, mich zu freuen, wenn etwas Gutes über mich gesagt wird. Der Entscheidung, mich selbst nicht mehr zu mögen, kann ich aber auch noch andere „gute" Seiten abgewinnen: „Es ist arrogant, sich selbst zu mögen ... wenn ich bescheiden auftrete, werden mich die Leute lieber haben ... man wird nicht soviel von mir erwarten, wenn ich einen unsicheren Eindruck mache ... ich werde nicht so unverschämt sein zu denken, ich sei besser als meine Eltern oder Geschwister ... es wäre lächerlich, mich selbst zu mögen, wenn mich niemand anderer mag."

Wie profitiert ein Unternehmen von selbstbewußten Mitarbeitern?

Es folgt eine neue Fassung einer alten Weisheit: *Wenn ich einer hungrigen Frau einen Fisch gebe, wird sie nicht mehr hungrig sein. Wenn ich sie das Fischen lehre, wird sie nie wieder in ihrem Leben Hunger leiden. Wenn ich Bedingungen schaffe, unter denen sie sich das Fischen selbst beibringen kann, wird sie nie wieder Hunger leiden, und ihr Selbstbewußtsein wird wachsen.*

Selbstbewußtsein ist der Ausgangspunkt aller menschlichen Beziehungen und jeglicher Produktivität in einem Unternehmen.

Zum Beispiel:

- **Teamwork**-Schwierigkeiten entstehen aus Starrköpfigkeit und Defensivität, die ihre Ursache nicht in Meinungsverschiedenheiten einzelner Mitglieder haben, sondern in mangelndem Selbstbewußtsein und in der Angst vor Risiken.

- **Konfliktlösungen** hängen in ähnlicher Weise davon ab, ob die Starrköpfigkeit besiegt werden kann und ob die Menschen dazu motiviert werden können, Konflikte als ein logisches Puzzlespiel zu betrachten, das von allen Mitgliedern gemeinsam gelöst werden muß.

- **Problemlösungen** werden durch die Angst vor Risiken, durch Rechthaberei oder durch andere defensive Verhaltensweisen blockiert, die ihre Wurzeln in einem schlechten Selbstwertgefühl haben.

- **Führungskompetenz** setzt vor allem Selbsterkenntnis voraus, die ihrerseits ein ausreichend starkes Selbstbewußtsein erfordert, um Schwächen vor sich selbst und vor anderen zugeben zu können.

- **Leistungsbewertungen** können nur insoweit erfolgreich sein, als sich der einzelne mit all seinen Stärken und Schwächen anerkannt fühlt; wichtig ist, daß auf Schuldzuweisungen zugunsten einer wechselseitigen Problemlösung verzichtet wird.

- **Sichere und gesunde Arbeitsplätze** setzen ebenfalls Selbsterkenntnis voraus.

- **Qualitätsprogramme** sind dann erfolgreich, wenn Probleme, die durch ein mangelndes Selbstbewußtsein von Arbeitskräften entstehen, effektiv bewältigt werden, so daß das Team den Rücken frei hat und sich auf die wirklich wichtigen inhaltlichen Fragen konzentrieren kann.

- **Vielfältigkeit** kann sich ungehindert entwickeln, wenn die Bedrohungen des Selbstbildes durch „andere" Gruppen gemildert werden.

Da Produktivität und Effizienz vom Selbstbewußtsein der Firmenangehörigen abhängen, schneiden Unternehmen, die sich um ein besseres Selbstwertgefühl ihrer Mitarbeiter bemühen, in der Regel besser ab. So betrachtet, besteht das Ziel des idealen Unternehmens darin, einer möglichst großen Zahl von Mitarbeitern ein möglichst großes Selbstbewußtsein zu vermitteln. Wenn alle Angehörigen eines Unternehmens großes Selbstbewußtsein haben, wird das Unternehmen zwangsläufig produktiv und erfolgreich sein.

Allerdings kann das Unternehmen selbst seinen Angehörigen kein Selbstbewußtsein vermitteln. Die Verbesserung des Selbstbewußtseins eines Menschen wird oft mit der Bereitstellung von Arbeit, Nahrung oder Geld gleichgesetzt. So hilfreich diese Dinge auch sein mögen – sie bewirken nicht unbedingt ein verbesseres Selbstbewußtsein. Wer hungrig ist und zu essen bekommt, ist zwar nicht länger hungrig, aber er wird nicht unbedingt optimistischer, was seine Fähigkeit, sich selbst Nahrung zu beschaffen, anbelangt. Damit will ich *nicht* sagen, daß wir nicht großzügig sein sollten, sondern nur, daß diese Dinge nicht unbedingt geeignet sind, das Selbstbewußtsein eines Menschen zu stärken.

Die Vorstellung, daß Hilfe bedeutet, jemandem etwas zu geben, was wir *selbst* für wertvoll halten, ist allzu weit verbreitet. Viele Beziehungen zerbrechen, weil ein Partner nur das gibt, was er *selbst* geben möchte, und dann erstaunt ist, daß der andere nicht rundum zufrieden ist. So etwas kann passieren, wenn man sich nicht die Mühe macht, herauszufinden, was dem anderen wirklich wichtig ist. Etwas nur deshalb zu geben, weil man will, daß andere einen für großzügig halten, ist keine echte Großzügigkeit. In den meisten Fällen wurzelt ein solches Verhalten in einem schlechten Selbstbewußtsein. Wer wirklich großzügig ist, macht sich die Mühe, herauszufinden, was dem anderen hilft oder ihm Freude macht. Worum es geht, ist hilfreich zu *sein*, nicht hilfreich zu *erscheinen*.

Damit sich eine persönliche oder soziale Handlung positiv auf das Selbstwertgefühl auswirken kann, muß sie sorgfältig durchdacht sein. *Das Helfen ist eine Kunst.* Wenn ich das Selbstbewußtsein eines Menschen heben möchte, muß ich erfinderisch sein und Bedingungen schaffen, unter denen der andere seine eigenen Fähigkeiten entwickeln und seine Versagensängste überwinden kann (denken Sie an die oben erwähnte Geschichte vom Fischen). Meiner Erfahrung nach wächst das Selbstbewußtsein, wenn es einem gelingt, etwas zu tun oder zu sein, was man sich vorher nicht zutraute. Daraus folgt, daß ein Unternehmen seinen Angehörigen nicht mehr Selbstbewußtsein geben kann, sondern daß es Bedingungen schaffen muß, die es ihnen erleichtern, das selbst zu tun. Wie diese Bedingungen beschaffen sein müssen, zeigt die nachstehende Tabelle:

Atmosphärische Ziele eines idealen Unternehmens

Damit sich die Angehörigen eines Unternehmens ...	*muß eine Atmosphäre der ...*
tatkräftig	Einbindung
selbstbestimmt	Freiheit
ihrer eigenen Stärken und Schwächen bewußt	Offenheit
wichtig	Anerkennung
kompetent	Eigenständig
liebenswert	Menschlichkeit
fühlen,	*geschaffen werden.*

Die Tabelle zeigt, welche Verbindungen zwischen dem Selbstbewußtsein des einzelnen und der jeweiligen Atmosphäre in einem Unternehmen bestehen. Weiter unten werde ich auf diese Verbindungen noch detaillierter eingehen.

Der *einzelne* hat die Aufgabe, die sechs Säulen seines Selbstbewußtseins kontinuierlich zu stärken.

- **Tatkräftigkeit.** Ich fühle mich wirklich fit. Ich setze meine Kräfte gut ein. Ich bin von Energie durchströmt. Ich fühle mich angeregt, nicht gelangweilt.
- **Selbstbestimmtheit.** Ich wähle meine Art zu leben selbst. Ich lebe selbstbestimmt und autonom. Ich fühle mich frei und nicht unter Zwang. Ich bin für mich selbst verantwortlich.
- **Bewußtsein der eigenen Stärken und Schwächen.** Ich sage mir selbst und vor anderen die Wahrheit. Ich kenne mich selbst gut. Ich weiß, daß ich ein Unterbewußtsein habe, und ich versuche, mir immer mehr Dinge bewußt zu machen. Ich gebe mich keinen Selbsttäuschungen hin.
- **Wichtigkeit.** Ich fühle mich wichtig. Ich bin ein bedeutender Mensch. Ich kann etwas bewirken.
- **Kompetenz.** Ich fühle mich kompetent. Ich bewältige die Herausforderungen, vor die mich das Leben stellt.
- **Gesunde Eigenliebe.** Ich mag mich. Ich bin gern in meiner eigenen Gesellschaft. Ich mag den Menschen, der ich bin.

Unternehmen haben die Aufgabe, eine Atmosphäre zu schaffen, die dem Selbstbewußtsein ihrer Angehörigen förderlich ist. Dazu sind die folgenden Faktoren wichtig:

- **Einbeziehung.** Das Unternehmen bietet seinen Mitarbeitern umfassende Beteiligungsmöglichkeiten an allen Aktivitäten. Ich, der Mitarbeiter, möchte zwar nicht und muß auch nicht an allem teilnehmen, aber ich habe die Möglichkeit dazu und bin dazu eingeladen. Man hält mich über die Aktivitäten des Unternehmens auf dem laufenden, darunter auch über jene Dinge, an denen ich mitarbeiten möchte.
- **Freiheit.** Man traut mir zu, daß ich selbst weiß, wie ich am besten arbeiten kann.
- **Offenheit.** Das Unternehmen und ich pflegen einen vollkommen offenen Umgang miteinander. Wir haben keine Geheimnisse voreinander (ausgenommen bestimmte Branchen- oder Sicherheitsgeheimnisse) und halten keine Informationen zurück. Alle Fragen werden wahrheitsgetreu und vollständig beantwortet.

- **Anerkennung.** Mein Unternehmen kennt und anerkennt mich. Es ist Firmenpolitik, den Wert und die Fähigkeiten aller Unternehmensangehörigen anzuerkennen.
- **Eigenständigkeit.** Ich kann mich frei entfalten und handle in allem freiwillig. Ich beteilige mich an den endgültigen Entscheidungen aller Fragen, über die ich am meisten weiß und die mich am stärksten betreffen.
- **Menschlichkeit.** Das Unternehmen kennt und schätzt mich als Menschen und fördert meine sozialen Kontakte.

Wie kann ich mein Selbstbewußtsein verbessern?

Wenn weder das Unternehmen noch jemand anderer mein Selbstbewußtsein verbessern kann, wie kann ich es dann selbst tun? Die folgenden fünf Methoden können Ihnen helfen, den Prozeß der Verbesserung des Selbstbewußtseins in Gang zu setzen:

1. Bekräftigung. Die erste Methode zielt auf die eigenen Verhaltensweisen ab. Obwohl diese Methode den Ursachen eines schwachen Selbstbewußtseins nicht auf den Grund geht, hat es durchaus seine Vorteile, positivere Verhaltensweisen zu üben, während man – mit Hilfe der anderen vier Methoden – an den Ursachen arbeitet.

Auf der Verhaltensebene können die folgenden Vorgangsweisen geübt werden, um das Selbstwertgefühl zu stärken:

- Ich vertrete meine eigene Wahrheit und mache mir selbst und anderen klar, was meine Wahrheit ist.
- Ich übernehme für alles, was in meinem Leben passiert, bewußt die Verantwortung und akzeptiere sie, ohne anderen Schuld zuzuweisen.
- Ich strebe nach mehr Selbsterkenntnis; ich lese, diskutiere, denke nach, versuche alte Verhaltensmuster besser zu erkennen und in tiefere Ebenen des Seins vorzudringen.
- Ich höre auf mit Schuldzuweisungen, warte mit meinem Urteil, höre zu und versuche zu verstehen, bevor ich mich verteidige, andere angreife oder ihnen Schuld zuweise.
- Ich halte mir mein ideales Selbst vor Augen und vergesse nicht, daß ich selbst bestimme, wie ich sein möchte.
- Ich lüge nicht, ich bin offen und gebe mich keinen Selbsttäuschungen hin.
- Ich stelle meine selbsteinschränkenden Überzeugungen in Frage. Jedesmal, wenn ich mir selbst sage, daß ich etwas nicht kann, werde ich den Wahrheitsbeweis dafür antreten.

- Ich versuche, meinen Körper besser wahrzunehmen und auf alle Signale zu hören, die er mir sendet.
- Ich beobachte mich selbst und mein Wachstum respektvoll und geduldig anstatt gereizt und voreingenommen und behalte dabei das größere Ziel im Auge, mich in meiner eigenen Weise und in meinem eigenen Tempo zu entwickeln.

2. Das ideale Selbst. Diese Methode basiert auf der Vorstellung, daß mein Selbstbewußtsein davon abhängt, wie weit ich mich meinem idealen Selbst nähere. Sie hilft mir herauszufinden, welche Teile meiner Persönlichkeit nicht meinen Idealvorstellungen entsprechen und daher einem besseren Selbstbewußtsein entgegenstehen. Wenn ich diese Faktoren einmal erkannt habe, kann ich herausfinden, welchen Nutzen ich davon habe, mich meinem Idealbild nicht stärker anzunähern. Indem ich mir die Differenzen zwischen dem Menschen, der ich sein möchte, und dem Menschen, der ich bin, bewußt mache, gewinne ich einen Meßwert für mein Selbstbewußtsein.

Das sind Symptome, auf die ich achten kann:

- Ich gebe vor, kompetenter zu sein, als ich es meinem Gefühl nach tatsächlich bin.
- Ich habe das Gefühl, nicht tatkräftig genug zu sein.
- Ich verhindere, daß andere mich als so wichtig empfinden, wie ich wirklich bin.

3. Freie Entscheidung. Bei der nächsten Methode geht es um freie Entscheidung beziehungsweise um Selbstverantwortung. Anstatt mir einfach vorzunehmen, die Dinge zu verändern, mit denen ich unzufrieden bin, gehe ich davon aus, daß ich diese Unzulänglichkeiten deshalb nicht aufgebe, weil ich etwas von ihnen habe. Um herauszufinden, welche Dinge das sind, mache ich mir bewußt, daß es nicht darum geht, mich als gut oder als schlecht zu beurteilen. Vielmehr muß ich mich selbst erforschen und mich verstehen lernen, ohne gleichzeitig über alles zu urteilen. Sobald ich weiß, inwieweit ich von meinen eigenen Unzulänglichkeiten profitiere, kann ich über mein zukünftiges Verhalten bewußt entscheiden. Als ersten Schritt schreibe ich für jede Verhaltensweise, mit der ich nicht zufrieden bin, auf, in welcher Weise ich von ihr profitiere. Der Gewinn muß tatsächlich und nicht nur vordergründig vorhanden sein. Er muß so lohnend sein, daß ich es in Kauf nehme, wenn er mich davon abhält, ein besseres Selbstbewußtsein zu entwickeln.

Beispiel: Ich gebe mich weniger kompetent, als ich bin, weil ich nicht möchte, daß die Leute aufgrund zu hoher Erwartungen enttäuscht von mir sind.

4. Kindheit. Die nächste Methode zur Stärkung meines Selbstbewußtseins besteht darin, den Ursachen meines Unzulänglichkeitsgefühls auf den Grund zu gehen. Woher stammen meine Vorstellungen über mich selbst? Wie die anderen Methoden ist auch diese kein Allheilmittel. Sie kann mir nur den Weg in die richtige Richtung weisen und mir zeigen, was mir vielleicht dabei helfen wird, mehr Selbstbewußtsein zu erlangen. Alle genannten Methoden sind noch wirkungsvoller, wenn ich einen anderen Menschen oder vielleicht sogar eine Gruppe von Freunden dazu bewegen kann, diese Übungen gemeinsam mit mir zu machen und danach über sie zu sprechen.

Teil I. Als erstes erforsche ich, woher meine Gefühle über mich selbst in jedem einzelnen Verhaltens- und Gefühlsbereich stammen. Eine der frühen Quellen, aus denen ich mein Selbstbild ableite, sind die Verhaltensweisen meiner Eltern mir gegenüber und die Schlüsse, die ich aus diesen Verhaltensweisen über mich selbst ziehe. Hier geht es nicht darum, den Eltern Schuld zuzuweisen, sondern um den Versuch, mich selbst besser zu verstehen. Ich bin mir bewußt, daß es sich dabei um keine unverrückbaren Wahrheiten, sondern immer nur um Interpretationen ihrer Verhaltensweisen handelt. Beispiele:

Wie reagierten meine Eltern, als ich fragte, sagte, andeutetete oder forderte ...

... daß ich dabei sein wollte? (Beispiele: „Darf ich mit euch kommen? Darf ich mit euch bei Tisch sitzen? Darf ich zu euch ins Zimmer? Darf ich mit euch einkaufen gehen? Darf ich euch bei dem Besuch begleiten?")

... daß ich mehr Eigenverantwortung übernehmen wollte? (Beispiele: „Ich will das selbst machen. Ich werde nicht tun, was ihr sagt. Ich will das so machen, wie ich will.")

... daß ich ihnen gegenüber offen sein wollte und diese Offenheit auch von ihnen erwartete? (Beispiele: „Sagt mir, wie ihr wirklich zu mir steht. Sagt mir, was ihr wirklich über andere Leute, über dieses oder jenes Ereignis oder über euch selbst denkt. Ich möchte, daß ihr wißt, was mich wirklich bewegt, wovor ich Angst habe und was ich an mir selbst mag.")

Teil II. Die Antworten auf diese Fragen können mir helfen, den Ursachen jener Teile meines Selbstbildes auf den Grund zu gehen, mit denen ich nicht zufrieden bin. Um zu erforschen, woher die Entscheidungen stammen, die mein Selbstbewußtsein unterminieren, kann ich mir die folgenden Fragen stellen:

- Wann habe ich meiner Erinnerung nach das erste Mal so gehandelt oder mich das erste Mal so gefühlt?
- Habe ich mich jemals gegenüber einem Elternteil oder gegenüber einem nahen Verwandten so verhalten?
- Hat sich ein naher Verwandter in meiner Kindheit mir gegenüber auf diese Weise verhalten?
- Inwieweit profitiere ich heute als Erwachsener von dieser Einstellung oder diesem Verhalten?
- Ist es das, was ich wirklich möchte?
- Was bin ich bereit, dafür zu tun?

5. Visualisierung Ihres Wesenskerns. Bei der fünften Methode wenden wir eine Technik an, die uns hilft, mit unserem Unterbewußtsein in Kontakt zu treten und es unter die Kontrolle unseres Bewußtseins zu bringen. So funktioniert sie:

Schließen Sie die Augen. Denken Sie nun an drei Eigenschaften, die Sie an sich selbst besonders mögen. Pause. Reihen Sie diese Eigenschaften nach Ihrer Wichtigkeit, wobei eins die wichtigste Eigenschaft ist und zwei und drei die weniger wichtigen. Pause. Stellen Sie sich nun vor, daß Sie zwar Eigenschaft eins und zwei haben, nicht aber Eigenschaft drei. Spüren Sie, wie das wäre, und visualisieren Sie ein Bild dieser Situation. Pause. Nun stellen Sie sich vor, daß Sie zwar Eigenschaft eins haben, nicht aber Eigenschaft zwei und drei. Pause. Nun stellen Sie sich vor, keine dieser Eigenschaften zu haben. Wie fühlt sich das an? Welche Bilder erscheinen vor Ihren Augen? Pause. Nun öffnen Sie die Augen, und achten Sie auf die Gefühle, die Sie dabei haben. Pause. Was würde übrigbleiben, wenn Sie tatsächlich keine der drei Eigenschaften mehr hätten?

Die Reaktionen der Teilnehmer an diesem Test weisen eine große Bandbreite auf – von freudiger Erregung und Freiheitsgefühl bis hin zu Angst- und Isolationsgefühlen. Sie können davon ausgehen, daß das, was bleibt, der Kern Ihres Wesens ist. Ihre Charakterzüge sind nicht identisch mit Ihrer Person. Indem Sie den Kern Ihres Wesens in eine „begreifbare" Form bringen, können Sie ihn bewußt verändern. Die Teilnehmer können nun zum Bild ihres Wesenskerns zurückgehen und damit arbeiten. Ich ermutige sie, ihn zu stärken, wenn sie das wollen, indem sie sich aktiv damit auseinandersetzen und sich von anderen dabei helfen lassen. Auf diese Weise eröffnet sich ihnen die Chance, ihr eigenes Selbstbild in die von ihnen gewünschte Richtung zu korrigieren.

Zurück zur Übung am Beginn des Kapitels:

Meine Gespräche mit den einzelnen Gruppen verliefen ganz einfach. Zu der ersten Gruppe sagte ich: „Sie haben ein sehr schlechtes Selbstbewußtsein. Damit meine ich, daß Sie sich nicht tatkräftig fühlen, daß Sie keine Kontrolle über Ihr Leben haben, daß Sie sich selbst nicht kennen und daß Sie sich unbedeutend, inkompetent und nicht liebenswert fühlen." Zu der zweiten Gruppe sagte ich: „Sie haben ein ausgezeichnetes Selbstbewußtsein. Damit meine ich, daß Sie sich tatkräftig fühlen, daß Sie das Gefühl haben, die Dinge unter Kontrolle zu haben, daß Sie sich selbst gut kennen und daß Sie sich bedeutend, kompetent und liebenswert fühlen." Das war's auch schon.

Diese Übung zeigt, daß das Selbstbewußtsein ungeheuer viele Verhaltensweisen beeinflußt. Um ausgezeichnete oder schlechte Ergebnisse von den beiden Dreiergruppen zu erhalten, braucht man keine spezifischen Verhaltensweisen vorzugeben. Der Zustand ihres Selbstbewußtseins bestimmt Moral, Effizienz, Beziehungen und andere wichtige Aspekte. Eine Veränderung im Selbstbewußtsein ist derart grundlegend, daß damit automatisch die Veränderung einer ungeheuren Zahl spezifischer Verhaltensweisen Hand in Hand geht, wie ich durch die überaus deutlichen Leistungsunterschiede der beiden Teams nachgewiesen habe.

SIE BRAUCHEN NUR ZU FRAGEN!

Stephen Boehler

Präsident von *Mercer Island Consulting*
Ehemaliger Bereichsleiter von *Weyerhauser*
Ehemaliger Werbeleiter von *Procter & Gamble*

Als *Procter & Gamble* in den Jahren 1973 bis 1975 die neuen Kartoffelchips namens *Pringle's Newfangled Potato Chips* in den ganzen USA einführte, wurde das Produkt sofort zu einem Erfolg.

Innerhalb eines Jahres begann sich jedoch ein jäher Rückgang abzuzeichnen, und die Umsätze fielen zwischen 1975 und 1980 um rund 25 Prozent. Diese Entwicklung war, vom Standpunkt des stolzen und erfolgreichen Unternehmens *Procter & Gamble* aus betrachtet, mehr als unerfreulich. *P&G* war es einfach nicht gewöhnt, auf einem Markt den kürzeren zu ziehen, geschweige denn öffentlich zu scheitern. Das Geschäft war äußerst verlustträchtig; nach Schätzungen mancher externer Beobachter verlor *P&G* mit *Pringle's* eine Summe von 250 Millionen Dollar. Auch das Selbstbewußtsein und das Image von *P&G* litten: Schließlich war *P&G* das Konsumgüterunternehmen, das mehr führende Marken vorzuweisen hatte als alle anderen. Als Erfolg galt ausschließlich die Marktführerschaft, und *Pringle's* war der größte und offenkundigste Fehlschlag des Konzerns.

In dem Versuch, das Produkt zu retten, wurden jede Menge Zeit, Energie und Ressourcen in *Pringle's* gepumpt. Aus dem ganzen Konzern wurden leitende *P&G*-Mitarbeiter zugezogen, die den Turnaround herbeiführen sollten. Dabei wurde eine Top-down-Politik verfolgt; das heißt, die höchstrangigen Mitarbeiter gaben Richtung und Taktik vor. Unter anderem probierte man es auch mit einer neuen Werbeagentur. Aber nichts funktionierte.

Warum gelang es nicht einmal den besten und klügsten Köpfen des ehrwürdigen Unternehmens *P&G* mit seinen enormen Ressourcen, den Turnaround bei *Pringle's* zu bewerkstelligen? Interessanterweise war es eine Gruppe junger Führungskräfte, die die Wahrheit ans Tageslicht förderte, nachdem leitende Angestellte des ganzen Unternehmens damit beauftragt worden waren, die *Pringle's*-Sache zu „reparieren": Die Antwort war die ganze Zeit über offenkundig gewesen – man hätte nur „die Menschen unten" zu fragen brauchen. Und das ist das erste Gesetz des Turnaround: Die Leute an der Basis kennen fast immer die Ursache, aber sie sind in unser von oben nach unten ausgerichteten, hierarchischen Geschäftswelt eine viel zu wenig beachtete Gruppe.

Großunternehmen sind oft so organisiert, daß Beiträge von den Unternehmensangehörigen wenig bis gar kein Gehör finden. Das führt zu einer Demoralisierung der Belegschaft, die schließlich resigniert und dazu übergeht, „am Firmeneingang ihr Hirn abzugeben", um ein aus dem 19. Jahrhundert stammendes Diktum zu zitieren.

Und trotzdem gelang es inmitten einer der am stärksten durchstrukturierten Arbeitsumgebungen der Vereinigten Staaten einem Team junger Führungskräfte, eine Umgebung zu schaffen, in der Teamarbeit, persönliches Engagement und die Beiträge einzelner gefördert wurden. In wenig mehr als einem Jahr wurde das *Pringle's*-Produkt verbessert, die Kosten wurden drastisch gesenkt, die Verpackung wurde geändert, der Preis verringert, neue Geschmacksrichtungen wurden eingeführt, und *Pringle's Light* wurde zum ersten „Light-Chip" der Nation.

Wie wurde all das bewerkstelligt? In der immer noch ausschließlich paternalistischen Umgebung von *P&G* ließ das leitende Management die *Pringle's*-Führungskräfte allein; es hatte fast den Anschein, als wollten die führenden Manager nichts mehr von *Pringle's* hören und hätten daher beschlossen, das Problem einfach zu ignorieren und lieber an wichtigeren Fragen zu arbeiten.

Zu dieser Zeit stattete ein 25jähriger Marketingmanager dem Werk in Jackson einen Besuch ab. Bei dieser Gelegenheit fragte er einen Arbeiter, der dem Unternehmen schon 25 Jahre lang angehörte, was seiner Meinung nach gut laufe und was nicht, und – was vielleicht am wichtigsten war – was unternommen werden könne, um verschiedene Probleme zu beheben. Der Arbeiter begann voller Eifer – mit gestikulierenden Armen, gehobener Stimme und leuchtenden Augen – Lösungsmöglichkeiten aufzuzeigen. Als der junge Marketingmanager ihn fragte, warum er sich so aufrege, antwortete der Arbeiter: „Das kann ich Ihnen sagen. Ich arbeite hier schon seit 25 Jahren, und bisher hat sich niemand die Mühe gemacht, mich um meine Meinung zu fragen." In diesem Moment erkannte der junge Marketingmanager mit einem Mal eine der wichtigsten Wahrheiten des Wirtschaftslebens: Die Menschen, die die Arbeit machen, wissen genau, was los ist. Man muß sie nur fragen!

In dieses Vakuum stießen die jungen *Pringle's*-Führungskräfte, indem sie ein spezielles Team bildeten, das eines der ersten seiner Art in einem Konsumgüterunternehmen in den Vereinigten Staaten war. Das Team entwickelte zuerst seine eigene Satzung und legte operative Ziele und Geschäftsstrategien fest. In den Team-Sitzungen konnten die Leute, die bei *Pringle's* mitarbeiteten, ihre Meinung zu allem und jedem sagen, solange es mit *Pringle's* zu tun hatte. Die daraus folgenden Diskussionen und der Meinungsaustausch förderten die

Entwicklung von Marketing- und Produktplänen, die den Stempel des gesamten Teams trugen und vom Kunden aufwärts anstatt von oben nach unten entwickelt wurden. Es gab kein Thema, das tabu war, und keine Heiligen Kühe. Die *Pringle's*-Geschichte ist die Geschichte eines bekannten Turnaround. Sie wurde in zahlreichen Wirtschaftsmagazinen beschrieben; MBA-Studenten entwickelten Fallgeschichten rund um sie, und viele derzeitige und ehemalige Mitarbeiter von *P&G* können mit Stolz auf ihre Rolle bei dem großartigen Turnaround zurückblicken. Weniger bekannt ist, daß der Turnaround selbst von einem hart arbeitenden und gut zuhörenden Team junger Führungskräfte bewerkstelligt wurde, und auch, daß sein Erfolg eine wahre Lawine von Unternehmensteams ins Rollen brachte und die Entwicklung des berühmten Brand-Managementsystems von *Procter & Gamble* in die Wege leitete. Harte Arbeit war hier gleichbedeutend mit genauem Zuhören, und die Unternehmensangehörigen setzten sich mit einer erstaunlichen Leidenschaft für ihr Unternehmen ein.

RADIKAL AUF SELBSTWERTGEFÜHL SETZEN

Bud Seith
Geschäftsführer der *Catalyst Group* und ehemaliger Vizepräsident von *Xerox*

Dr. Jacklyn Wilferd
Geschäftsführer von *Internet Marketing* und ehemaliger Marketingleiter von *Xerox*

Ein voll einsatzfähiger Mitarbeiter mit einem gesunden Selbstwertgefühl ist wie Geld auf der Bank.

Marilyn Ferguson

Es ist kein Geheimnis, daß die amerikanische Arbeitswelt in Aufruhr ist. Die Gewinne gehen hinauf, aber mit den Menschen geht es bergab. Wir stürzen uns auf neue Technologien, um die Produktivität zu verbessern, während wir die grundlegenden Sorgen der Mitarbeiter um die Zukunft ignorieren. Selbst über den gut ausgebildeten „Kopfarbeitern" hängt eine bedrohliche Gewitterwolke der Unsicherheit, während sie im Rennen um Gewinne in einer globalen Wirtschaft um einen Wettbewerbsvorsprung ringen. Wall Street diktiert die Voraussetzungen für eine starke Startposition – Aktienpreise, Kredit-Ratings, Patente und Rekordgewinne. Und was ist mit den Menschen?

Sind die Menschen immer noch „unser größtes Vermögen"? Noch wichtiger: Sind sie davon überzeugt, daß sie von ihren Organisationen und Unternehmen geschätzt werden? Welche Botschaft vermitteln wir unseren Mitarbeitern? Vor zehn Jahren noch bot man guten Mitarbeitern sichere Sozialleistungen und gute Weiterbildungs- und Aufstiegsmöglichkeiten an. Heute ersetzt man diese Dinge durch Personalkürzungen, strategischen Personalabbau und, in manchen Fällen, durch unverfrorene Schrumpfungen um kurzfristiger Gewinne willen. Die Menschen gelten als Belastung für das Unternehmensergebnis und als Bürde für die Zukunft. Wenn Geschäftsentscheidungen von einer so verächtlichen Einstellung beeinflußt werden, kann es dann überraschen, daß das schwindende Selbstwertgefühl in der Arbeit zu einem bestimmenden Thema geworden ist?

Wir als leitende Funktionsträger der Wirtschaft sollten unser Augenmerk auf die Überlebensfähigkeit des Unternehmens in seiner Gesamtheit legen. Allzuoft legen wir uns Scheuklappen zu, konzentrieren uns nur noch auf die geschäftlichen Kennzahlen und lassen uns von ihnen unsere Kreativität zerstören. Dabei ist Kreativität eine Voraussetzung für tatkräftige Leistung und selbsterneuernde Energie. Stellen Sie das in Ihrem Unternehmen richtig, und alle Kennzahlen werden sich mit einem Schlag verbessern. Das gesamte Unternehmen wird florieren.

In all den Jahren meiner geschäftlichen Tätigkeit habe ich keinen einzigen Manager kennengelernt, der so böswillig gewesen wäre, das Selbstwertgefühl seiner Mitarbeiter mit oder ohne Absicht schädigen zu wollen. Aber ich habe mit vielen zusammengearbeitet, darunter auch mit den Leitern riesiger Konzerne, die nicht verstanden, welche Führungsqualitäten nötig sind, um eine Arbeitsumgebung zu schaffen, in der das Selbstwertgefühl der Mitarbeiter wachsen und gedeihen kann.

In meiner Arbeit als Unternehmensberater lehre ich Führungskräfte und Fachkräfte die Anwendung von Führungsprinzipien für die verschiedensten Situationen. Diese Prinzipien sind nicht schwer zu verstehen – ganz im Gegenteil, sie sind intuitiv einfach zu erfassen. Und trotzdem liegen die Ergebnisse immer jenseits aller positiven Erwartungen meiner Klienten.

Mein Glauben an diese Prinzipien hatte 25 Jahre Zeit zu wachsen, während ich sie in meiner Managementkarriere bei der *Xerox Corporation* anwendete. Ich nenne sie deswegen „Prinzipien", weil es sich um Ideen handelt, die wiederholt und beliebig anwendbar sind. Sie bringen selbst dann Ergebnisse, wenn nichts anderes funktioniert. Ich verwende sie bei meiner Arbeit mit Führungskräften in Vorstandsetagen auf der ganzen Welt, wo es nicht selten um viele Millionen Dollar schwere Konzernentscheidungen geht. Und ich kann Ihnen versichern, daß sie funktionieren.

Eines der wichtigsten Führungsprinzipien, die ich entdeckt habe, ist das folgende: Es ist Aufgabe der Führungskraft, eine Vision der Zukunft des Unternehmens zu entwickeln und aufrechtzuerhalten. Die Führung eines Unternehmens kann mit einer mächtigen Wirkkraft verbunden sein, vor allem dann, wenn sie mit einem neuen Sinngefühl einhergeht und den Menschen zu einem besseren Selbstwertgefühl verhilft.

Geschäftliche Kennzahlen sind zwar wichtig, aber kein Ersatz für Führungsvisionen. Läßt sich eine visionäre Führungskraft durch ein gleichgültiges Managementteam ersetzen? Ich glaube das nicht. Der Grund liegt natürlich darin, daß die Menschen Führungskräften mit einer Vision begeistert folgen. Auch wenn wir nicht genau wissen, warum, zieht uns eine unbeschreibliche Kraft zu ihnen hin und bringt uns dazu, ihre außergewöhnlichen Ziele gemeinsam mit ihnen zu verfolgen.

Erfolgreiche Führungskräfte sind Experten darin, uns zu einem neuen Bild der Realität zu bewegen. Sie sind de facto mächtig, weil sie der Arbeit des einzelnen Sinn und Bedeutung geben und weil sie ihre Selbsteinschätzung positiv verändern. Sofern wir das Konzept verstanden haben, können wir alle Visionen verwirklichen und aufrechterhalten. Und das sollten wir auch tun, wenn es uns in unserer Eigenschaft als Manager wirklich ernst damit ist, unsere Unternehmen zur Entfaltung ihres vollen Potentials zu bringen.

Im Jahr 1980 bat man mich, die Leitung eines darniederliegenden Informationssystemunternehmens der *Xerox Corporation* in Rochester (New York) zu übernehmen. Der stellvertretende Leiter der Personalabteilung war an einem Sonntag persönlich nach London gekommen, um mir in meinem englischen Landhaus einen Besuch abzustatten und mich für das Projekt zu gewinnen, denn ich hatte den Ruf, schwache Geschäftsbereiche zum Erfolg führen zu können. *Xerox* kannte die Führungsprinzipien, nach denen ich arbeitete, nicht genau, aber man war beeindruckt von den Ergebnissen, die ich mit ihnen erzielte.

Nachdem ich mich dazu entschlossen hatte, die Herausforderung anzunehmen, saß ich bald darauf in einem Flugzeug nach New York und durchforstete einen umfassenden Bericht der Manager der Informationssystemgruppe. Die Umsätze von *Xerox* boomten, aber dieses Unternehmen war eindeutig ein Sorgenkind. Die über das ganze Land verteilten Datenzentren wurden durch enorme Rückstände in der Kundenfakturierung und lähmende Engpässe in der Verwaltung behindert. Systemzusammenbrüche, bürokratische Prozeduren und demoralisierte Mitarbeiter waren an der Tagesordnung. Das Managementteam hatte keine Idee, wie dieser Trend umzukehren sei. Die in seinem Bericht enthaltenen Empfehlungen waren einfallslos und banal – weitere fünf Millionen Dollar hier, 70 zusätzliche Leute dort und so weiter. Sie glaubten tatsächlich, daß das die richtigen Antworten wären.

Die Leistungen in diesem Unternehmen waren so schwach, daß sie bereits negative Auswirkungen auf das Kerngeschäft von *Xerox* zeitigten. Der Betrieb wurden für Lieferverzögerungen, Gewinnrückgänge und Kundenbeschwerden in sämtlichen Regionen und Produktsektoren verantwortlich gemacht. Die Folge war, daß sich die Abteilungsleiter an bestimmte wichtige Ziele nicht mehr gebunden fühlten. Das Problem hatte enorme Ausmaße angenommen und begann sich bereits stark auf die Geschäftsergebnisse auszuwirken.

Freunde und Wohlmeinende hatten mich gewarnt, daß die Sache schwierig werden könnte. Sogar mein bester Freund sagte: „Herzlichen Glückwunsch, Kumpel. Endlich hast du einen Job, in dem du scheitern wirst." Mein Vorgänger hatte es – vergeblich – mit allem versucht: Zeit, Geld, der neuesten Technologie und den neuesten Arbeitsprozessen. Aber obwohl er sich bis zur Erschöpfung angestrengt hatte, war ihm der Erfolg versagt geblieben.

Das leitende Management war zu der Ansicht gekommen, daß es da ein Problem mit den Menschen geben müsse. Also wurde ich engagiert, und man erwartete tatsächlich von mir, daß ich einen großen Teil der Mitarbeiter kündigen würde.

Ich wußte aber, daß die Menschen nicht das Problem waren. Im Gegenteil – für mich war sonnenklar, daß die Lösung in den Menschen liegen mußte. Sie waren es, die das Unternehmen letztendlich in das verwandeln würden, was es werden mußte, aber ich wußte auch, daß sie das nicht in der bestehenden Umgebung bewerkstelligen konnten.

Was fehlte, war eine Atmosphäre, in der Innovation, Kreativität und Erfindungsgeist blühen konnten. Wir brauchten eine Umgebung, die es den Menschen gestattete, unkonventionelle, außergewöhnliche und großartige Veränderungen herbeizuführen. Und das mußte schnell geschehen. Es blieb keine Zeit für evolutionäre Problemlösungsprozesse. Ich wußte, daß ich etwas Revolutionäres tun mußte.

Am dritten Tag in meinem neuen Job erhielt ich einen unangekündigten Besuch des stellvertretenden Leiters der Personalabteilung. „Nun, wie steht's?" fragte er vorsichtig. Ich lächelte und antwortete: „Wir werden bald in ausgezeichneter Form sein." Ich hatte mir eine Methode zurechtgelegt, von der ich wußte, daß sie funktionieren würde. Ich hatte sie noch nie ausprobiert, aber ich war mir absolut sicher, daß sie phantastische Auswirkungen auf die Leistung haben würde. Wie konnte ich das nach nur drei Tagen wissen? Wie konnte ich mir derart sicher sein?

Ich hatte eine Vision, an die ich glaubte – eine auf dem gesunden Menschenverstand basierende Vorstellung dessen, was sein würde. Erstens war ich mir absolut sicher, daß ich mich auf meine Erkenntnisse über die menschliche Natur verlassen konnte. Ich wußte, daß die Menschen alles zu geben bereit sind, um einen positiven Beitrag zu leisten, daß sie kreativ sein möchten und daß sie ihre Kreativität in ihrer Arbeit ausleben wollen. Ich wußte auch, daß sie, wenn ihre Arbeitsumgebung sie dazu ermutigte, die Probleme des Unternehmens lösen würden. Sie beschäftigten sich mit Dingen, die ich nicht einmal auszusprechen imstande war, und sie waren auf ihrem Gebiet weit kompetenter als ich.

Die von mir entwickelte Vision, bestand also in der Schaffung einer Umgebung, in der die Menschen das sein konnten, was sie wirklich waren, einer Umgebung, in der das Selbstwertgefühl florierte, in der jeder einzelne Mensch und jeder einzelne Beitrag geschätzt wurde und in der jeder bedeutend mehr schaffte, als er je für möglich gehalten hätte. Für mich war das eine Realität, die die anderen noch nicht sehen konnten.

Trotz der Einwände praktisch aller, mit denen ich über meinen Plan sprach, kündigte ich einige Dinge an, die uns meiner Vision näherbringen würden. Ich sagte den Mitarbeitern, daß sie alle ab sofort nicht nur ihren regulären Pflichten nachgehen, sondern auch als meine Berater fungieren sollten. In dieser Funktion waren sie mir direkt unterstellt – alle 500. Das bewirkte eine atemberaubende Veränderung. Ich erwartete von jedem einzelnen Mitarbeiter Vorschläge über Verbesserungen, die er in seinem Arbeitsbereich durchführen konnte. Die Leute wußten, daß ich nicht spaßte, sondern daß es mir vollkommen ernst war.

Dann legte ich drei Grundregeln fest. Die erste Regel lautete, daß jede Idee eine gute Idee ist. Die Ideen, die meine Mitarbeiter an mich herantrugen, würden von mir nicht kritisiert werden. Ich würde sie zwar beurteilen, aber nicht als falsch hinstellen. Diese Leute waren an eine Umgebung gewöhnt, in der die meisten ihrer Vorschläge wenig Gehör fanden oder in ihrer Gesamtheit verworfen wurden. Also hatten sie aufgehört, neue Ideen zu liefern. Ich mußte der Beurteilung von Ideen und Menschen ein Ende machen. Punkt. Beurteilungen sind fehl am Platz, wenn es darum geht, eine Umgebung zu schaffen, in der das Selbstwertgefühl blühen und gedeihen kann.

Zweitens erwartete ich, daß alle Ideen auch umgesetzt würden. Ich vertraute darauf, daß die Beiträge meiner Mitarbeiter wertvoll sein würden. Es lag also an ihnen, zu beweisen, daß ich recht hatte. Im Gegenzug stellten sie an sich selbst den Anspruch, Ideen zu liefern, die tatsächlich funktionierten. So wurden ihre Vorschläge von einem vollkommen neuen Realitätssinn bestimmt.

Drittens übertrug ich den Managern die Verantwortung für die Umsetzung der Ideen. Sie konnten um zusätzliche Budgetmittel oder um mehr Ressourcen einkommen, falls notwendig, aber sie durften die Ideen unserer Leute nicht einfach kritisieren, ignorieren oder zurückweisen. Die Manager hatten einen neuen Standard, nach dem sie sich zu richten hatten – das garantierte ich gegenüber dem Unternehmen. Wie sich herausstellte, waren die Manager darüber froh, obwohl die meisten von ihnen zunächst protestiert hatten.

Ich beschränkte mich nicht darauf, Ausschau nach irgendwelchen unverbindlichen Vorschlägen zu halten. Statt dessen benötigte ich 500 professionelle Berater. Die Leute brauchten grundlegende Schulungen in der Arbeitsflußanalyse, der Formulierung von Empfehlungen und der Evaluierung von geschäftlichen Auswirkungen. Also organisierte ich ein Schulungsprogramm für alle. Sechs Wochen lang stellte ich ihnen dafür jede Woche einen halben Arbeitstag zur Verfügung. Danach erstellte jeder einzelne wie ein echter Berater eine individuelle Präsentation für mich.

Für meine Mitarbeiter waren diese Präsentationen eine erhebende Erfahrung, und ich lernte viel daraus. Die Leute begeisterten mich mit ihren intelligenten Ideen und deren umsichtiger Aufbereitung. Ich war dankbar für jeden einzelnen Beitrag. Nun bekam ich das Vertrauen, das ich in sie gesetzt hatte, langsam wieder zurück.

Der Höhepunkt all dieser Aktivitäten war der Tag, als vier von unseren Fachkräften eine neue Strategie präsentierten, die uns jedes Jahr über eine halbe Million Dollar sparen würde. Die Strategie beinhaltete sogar die Streichung ihrer eigenen Jobs. Das zeigte, wieviel Vertrauen sie in mich setzten. Natürlich akzeptierte ich ihren Plan, bedankte mich bei ihnen mit einem fetten Bonus und verhalf ihnen zu Beförderungen.

In den folgenden Wochen und Monaten begannen sich in unseren Niederlassungen im ganzen Land bemerkenswerte Dinge zu tun. Die Auswirkungen unserer Aktivitäten waren schlicht erstaunlich. Die Teams machten raschere Fortschritte, als ich es je für möglich gehalten hätte. Sie verschafften sich den Respekt des restlichen Konzerns. Die Leute waren mit Begeisterung bei der Arbeit, und die Kurve der geschäftlichen Kennzahlen wies steil nach oben.

Um dem Unternehmen diese phänomenale Kreativität zu erhalten, wies ich alle Manager an, in ihren Budgets bestimmte Summen für etwas zu reservieren, was ich „Glasscherben" nannte. Anfangs beklagten sich einige darüber, daß sie nicht wüßten, wofür sie dieses Geld ausgeben sollten. „Das liegt daran, daß noch kein Glas zerbrochen wurde", antwortete ich. Später riefen sie dann an und verkündeten stolz: „Heute haben wir Glas zerbrochen."

„Toll", sagte ich. „Was ist passiert?" Geschichten über Glasscherben liebe ich, weil sie mir die Gewißheit geben, daß die Leute in einer Atmosphäre arbeiten, die sie dazu ermutigt, Risiken auf sich zu nehmen.

Die Leute liebten die Arbeit. Sie genossen ihre Tätigkeiten und hatten Spaß daran. Die nächste Mitarbeiterumfrage ergab Verbesserungen, die jede Statistik Lügen straften. In weniger als einem Jahr waren die passive Langeweile und der unterdrückte Widerstand verschwunden und hatten positiven Gefühlen Platz gemacht. „Wir arbeiten gern hier, und wir sind stolz auf unsere Leistungen", lautete der neue Konsens. Innerhalb des Unternehmens schufen wir uns einen Namen als Talenteschmiede.

Das Unternehmen erwirtschaftete weit bessere Ergebnisse, als man es je für möglich gehalten hätte. Sämtliche Leistungsziele wurden übererfüllt. Rückstände wurden aufgearbeitet, Klagen verstummten. Innerhalb von vier Jahren steigerte das Unternehmen seine Produktion um 300 Prozent, während die Betriebskosten um fast 50 Prozent gesenkt wurden. Die Leistungskennzahlen waren die besten der Branche. Unsere Datenzentren und die nationalen Telekommunikationsbetriebe wurden zum Schaufenster, das die *Xerox Corporation* der Welt stolz präsentierte.

All das ist den Menschen zu verdanken, die die Arbeit leisteten. Meine eigene Rolle beschränkte sich darauf, eine Umgebung zu schaffen und zu erhalten, in der die Kreativität florierte und die Mitarbeiter ein Höchstmaß an Beiträgen leisteten. Ich sorgte einfach dafür, daß sie sich sicher fühlen konnten, wenn sie mit ihren Talenten glänzten.

Das wettbewerbsintensive Klima der heutigen Wirtschaft fordert höhere Produktivität, bessere Qualität, innovative Produkte und Geschäftslösungen – und das alles zu niedrigeren Kosten für das Unternehmen. Wenn wir Manager eine Führungsvision der Selbstachtung verfolgen und uns radikal auf unsere Personalressourcen verlassen, dann kommen wir diesen Ergebnissen schon sehr nahe.

RESPEKTVOLLE BEHANDLUNG

Robert Levering und Milton Moskowitz

Koautoren von *The 100 Best Companies to Work for in America*

Wir müssen alle Dinge und alle Menschen mit Respekt behandeln.

Don Doyhis

Carl Leonard, der ehemalige Vorsitzende von *Morrison & Foerster*, der größten Anwaltskanzlei von San Francisco, erklärte uns, daß das Bemühen, das Personal gut zu behandeln, kein „typisch kalifornisches Weichspüler-Gelaber" sei, sondern wirtschaftlichen Sinn mache. „Auch wenn Sie die tollste Sachverhaltsdarstellung geschrieben haben, sind Sie von dem Boten abhängig, der sie an ihren Bestimmungsort bringen soll. Wenn dieser Bote um 17 Uhr oder um 17:30 Uhr sagt: ‚Meine Arbeitszeit ist zu Ende, daher brauche ich dies hier nicht mehr zu erledigen', wird Ihre wunderbare Sachverhaltsdarstellung niemals rechtzeitig bei ihrem Empfänger ankommen. Das ist knallharte Ökonomie, wie sie bei der Führung einer Anwaltskanzlei zu beachten ist. Wenn Sie Leute, wie eben diesen Boten mit Respekt behandeln und ihnen das Gefühl geben, daß sie Teil eines Teams sind, werden sie weit mehr leisten als ihre Kollegen anderswo, die nicht so behandelt werden."

Das mag knallhartes Wirtschaftsdenken sein, es zeugt aber auch von einem warmen Herzen. Und außerdem schweißen Werte wie die von *Morrison & Foerster* die Leute zusammen. Lynn Azevedo, Sachbearbeiterin für Rechtsstreitigkeiten, sagt: „Wahrscheinlich liegen unsere Gehälter über dem, was andere größere Kanzleien so bezahlen. Aber da ist noch etwas: Bei uns wird man als Mensch ganz anders behandelt. Ich kam aus einer sehr großen Kanzlei hierher, und eine Sachbearbeiterin, die dort zum Beispiel Anwälte, Rechtspraktikanten oder wen immer betreute, hatte überhaupt nichts mitzureden. Sie wurde einfach ignoriert. Hier könnte das nie passieren. Wir können mit unserem direkten Vorgesetzten oder mit den Anwälten über unsere Anliegen sprechen. Jeder hört uns zu."

Robin Rouda, der in der Personalabteilung arbeitet, sagte, die Kanzlei mache den Jurastudenten, die als Ferialpraktikanten im Büro arbeiteten, klar, daß „unsere Mitarbeiter unser wertvollstes Gut sind und auch so behandelt werden müssen. Tatsächlich lebt hier jeder gefährlich, der dabei ertappt wird, daß er einen anderen von oben herab behandelt oder auf irgendeine Weise beschimpft. So etwas tolerieren wir einfach nicht." Die Anwältin und angehende Teilhaberin Janice Sperow, fügte dem hinzu: „Da kommen oft Top-Leute mit Super-Qualifikationen, die besten Jahrgangsabsolventen von Harvard, die schon viel publiziert und in dieser oder jener berühmten Kanzlei praktiziert haben, Leute, die all die richtigen Dinge gemacht haben. Wenn sie dann hier als Praktikanten arbeiten und ihre Sekretärin wie einen Untermenschen behandeln – holen Sie mir dies, erledigen Sie jene persönliche Besorgung für mich –, bekommen sie kein Angebot von uns."

RESPEKT ALS VERMÖGENSWERT

Dr. Chérie Carter-Scott

Autorin von *Negaholics* und *The Corporate Negaholic*
Vorstandsvorsitzende des *The MMS Institute*

Es gibt zahllose Möglichkeiten, großes zu erreichen, doch muß die Straße, auf der wir unser Höchstpotential verwirklichen können, auf einem Fundament des Respekts für den einzelnen, des Strebens nach Vollkommenheit und der Zurückweisung von Mittelmäßigkeit gebaut sein.

Buck Rodgers

Es gibt einen grundlegenden gemeinsamen Nenner, der sich quer durch alle Kulturen, Nationalitäten, Rassen und Religionen zieht: Respekt. Wenn man einem Mitarbeiter mit Respekt begegnet, übergeht man alle Unterschiede der Persönlichkeitstypen, Lernstile, Überzeugungen, Stärken und Schwächen. Diese Unterschiede bilden die Grundlage für Voreingenommenheit, Absonderung und Vorurteile, und in der Voreingenommenheit bestehen die Krebszellen, welche die Beziehungen bedrohen. Respekt macht Unterschiede möglich, bedeutet gleichzeitig auch, andere als das zu akzeptieren, was sie sind, ohne zu versuchen, sie einem selbst ähnlicher zu machen. Andere zu respektieren bedeutet, ihre Bereiche des Fachwissens und der Kompetenz, ihre Präferenzen, ihre Stärken, aber auch ihre Schwächen zu schätzen. So fühlen sie sich aufgewertet und können ein positives Selbstbild oder Selbstwertgefühl entwickeln.

Das Selbstwertgefühl der Mitarbeiter zu erhalten, ist eine heikle Sache. Es erfordert eine klare Kommunikation über folgende Dinge: Rollen und Pflichten, Erwartungen, Chancen und Konsequenzen, Leistungsüberwachung, ständiges Feedback, positive Verstärkung, Anerkennung und angemessene, zeitgerechte Belohnung. Aber der Respekt betrifft nicht nur die Kommunikation, sondern er ist auch die Grundlage für Mitgefühl, Einfühlungsvermögen, Unterstützung und taktvolle Offenheit. In einer Welt, in der jeder vierte von uns eine schwere Gesundheitskrise eines nahestehenden Menschen erlebt und in der wir zusätzlich dem Druck standhalten müssen, eine Familie zu ernähren, die Beziehung zu unserem Partner zu pflegen und unseren Lebensunterhalt zu verdienen, spielen menschliche Beziehungen eine äußerst wichtige Rolle.

142

Mitarbeiter sind Menschen. Das ist klar, oder nicht? Vielleicht nicht ganz, wenn Sie an Chefs denken, die von ihren Mitarbeitern erwarten, daß sie wie Maschinen funktionieren. Wenn ein Chef seine Mitarbeiter nur als Mittel zum Zweck betrachtet, dann wird er nicht bereit sein, die notwendige Zeit, Energie und Anteilnahme aufzuwenden, die für ihr Wohlbefinden notwendig wären.

Mitarbeiter sind Menschen, die in Familien aufgewachsen sind. In ihrer familiären Umgebung wurden sie auf eine Weise behandelt, die sie für ihr ganzes Leben prägte. Diese Prägung beeinflußte ihre Entscheidungen und ihre Einstellung zum Leben, und diese Entscheidungen und Einstellungen ermöglichten es ihnen, als Kinder und später auch als Erwachsene zu überleben.

Die Menschen bringen ihre ungelösten Probleme aus ihrer ursprünglichen Familie in die Arbeitsumgebung mit und handeln dementsprechend in der größeren Familie – der Unternehmensfamilie. Ob ein Mensch nun in einer funktionalen oder dysfunktionalen Umgebung aufwuchs, er bringt seine Talente und Fähigkeiten, aber auch seine persönlichen Probleme in die Arbeitssituation mit. Bei diesen Problemen kann es sich um Autoritätsprobleme oder Geschwisterrivalitäten, um das Einzelkindsyndrom oder um ein schwaches Selbstbewußtsein handeln, das sich auf vielerlei Weise manifestieren kann. Wenn diese Probleme in der Kindheit nie richtig in Angriff genommen wurden, kann man mit Sicherheit davon ausgehen, daß sie später im Arbeitsleben an die Oberfläche kommen und ausgelebt werden. Dann führen sie oft dazu, daß der Betreffende kritisiert, isoliert, verbannt oder abgelehnt wird oder daß man mit dem Finger auf ihn zeigt.

Wenn ein Kind zum Beispiel auf dem Schulspielplatz gehänselt wird, kann es zu dem Schluß kommen, daß die Menschen grausam sind und daß es, um zu überleben, die anderen auf Distanz halten und für sich allein bleiben muß. Diese Entscheidung kann beim Erwachsenen dazu führen, daß er vor Gruppen zurückscheut und ein Leben als einsamer Wolf vorzieht. Einem solchen Menschen wird leicht das Etikett „teamunfähig" verpaßt.

Sämtliche Formen eines schwachen Selbstwertgefühls haben ihre Ursache in dem sogenannten „Loch-in-der-Seele"-Syndrom. Mit „Loch in der Seele" ist das Gefühl der Unzulänglichkeit gemeint. Die betreffende Person hat das Gefühl, daß sie die mit einer Rolle oder einer Aufgabe verbundenen Erwartungen nicht ausreichend erfüllen kann. Wenn beispielsweise eine junge Frau, die in der Schule Schwierigkeiten in Mathematik hatte, alle Jobs vermeidet, in denen man ein gutes Zahlengefühl braucht, und schließlich in eine Position befördert wird, in der man ein Budget managen und mit Quoten und statistischen Daten jonglieren muß, kann es leicht sein, daß ihr die neuen Anforderungen angst machen und sie sich überfordert und unzulänglich fühlt.

In einem Menschen, der als Kind oft Dinge zerbrach und deshalb von anderen als „ungeschickt" abgestempelt wurde, wird sich, wenn man von ihm verlangt, sich mit Computern vertraut zu machen, wahrscheinlich eine laute innere Stimme zu Wort melden, die ihm ein entschiedenes „Nein!" zuruft. Ein solches Nein könnte als Weigerung, sich weiterzuentwickeln oder als Widerstand gegen Veränderung interpretiert werden. *Wenn man den Beweggrund kennt, dann ist die Reaktion klar verständlich.* Wenn man hingegen nur die Reaktion kennt, kann es sein, daß man dem Betreffenden mit Voreingenommenheit gegenübertritt, ihn abstempelt, kritisiert oder ihm vorschnell ein Etikett verpaßt. Angesichts der rasanten Entwicklung der Arbeitswelt in den neunziger Jahren bleibt nicht immer genug Zeit, um auftretenden Problemen auf den Grund zu gehen. Deshalb kann es sein, daß sich die Probleme, die die Menschen aus ihren Familien mitbringen, in Situationen, in denen ihr schwaches Selbstbewußtsein zutage tritt oder ihr Gefühl der Unzulänglichkeit verstärkt wird, verschlimmern.

Bei einem Konfliktlösungsseminar, das ich vor kurzem in Namibia abhielt, lamentierte ein kleiner, vierschrötiger Mann namens Five, ein Gewerkschafter der Post, leidenschaftlich über die dortigen Arbeitsbedingungen. „Den Managern ist alles egal. Sie führen nur schöne Reden. Aber sie setzen keine Taten."

Ronnie, ein großer, schlanker, blonder, gut gekleideter Manager einer Telefongesellschaft, schnappte zurück: „So schlimm ist es auch wieder nicht!"

Five starrte Ronnie wütend an und fuhr ihn dann an: „Sie haben keine Ahnung. Sie sind vollkommen abgehoben, und Sie sehen nicht, was wirklich los ist."

Ronnie gab ganz kühl und lässig zurück: „Kommen Sie doch, und arbeiten Sie für mich. Dort, wo ich arbeite, liegen die Dinge anders."

Five schnaubte verächtlich: „Für Sie arbeiten?"

„Ja, und Sie werden positive Erfahrungen machen, da bin ich mir sicher. Die Leute, die für mich arbeiten, haben nämlich eine positive Einstellung zur Arbeit", gab Ronnie provokant zurück. Man spürte die Raumtemperatur förmlich ansteigen und Kulturen, Rassenspannungen, Unternehmensschichten und unterschiedliche Lebenserfahrungen zusammenstoßen.

„Darf ich mal kurz unterbrechen?" sagte ich. „Können wir diesen Augenblick als ein Beispiel für einen echten Konflikt festhalten und ihn vor der Gruppe analysieren? Wenn Sie beide dazu bereit sind, könnten wir das, was sich zwischen Ihnen abgespielt hat, genauer unter die Lupe nehmen und aus dem Konflikt lernen." Sie stimmten zu. Beide fühlten sich respektlos behandelt. Als Five sagte, daß Ronnie keine Ahnung von der Situation habe, deutete er an, daß Ronnie den Kontakt zur Realität verloren habe, und Ronnie fühlte sich seinerseits diskreditiert.

Als Ronnie sagte: „Kommen Sie doch, und arbeiten Sie für mich", fühlte Five sich herabgesetzt. In diesem Augenblick sah Five vor seinem geistigen Auge sämtliche Weißen Revue passieren, die „Arbeiten Sie für mich" zu ihm gesagt hatten. Die Rassenhierarchie im politisch explosiven Afrika riß alte Wunden auf. Das Stigma der Hautfarbe war in Fives Leben ständig präsent. Auch wenn Ronnie die besten Absichten hatte, als er Five einen Job anbot, zündeten seine Worte doch Fives kurze Zündschnur.

Ein Vorfall wie dieser löst Voreingenommenheit auf beiden Seiten aus. Voreingenommenheit geht Hand in Hand mit herabsetzenden Aussagen, hinterhältigen Angriffen, Intrigen, Verschwörungstheorien, Unterteilung der Belegschaft in zwei feindliche Lager, subtilen Heckenschützenangriffen, Grenzscharmützeln, Sabotage, Zurückhalten wichtiger Informationen und verdeckten Operationen. Kurz gesagt: Die andere Seite wird so behandelt, daß sie möglichst eine Niederlage erleidet.

Das Gegenteil von Respekt ist Herabsetzung. Die Eskalation der Ereignisse in unserem Beispiel hat ihre Ursachen in einem prinzipiellen Mißverständnis. Die Gegenmittel bestehen darin, die Gefühle des anderen anzuerkennen und sich zu entschuldigen. Nur eine starke Persönlichkeit ist in der Lage, einen Fehler zuzugeben. In der beschriebenen Situation mußten beide Beteiligten ihre Voreingenommenheit auf den Tisch legen und sich in den anderen hineinversetzen, um sich bewußt zu machen, daß sie einen Menschen vor sich hatten. Die Stacheln der peinigenden Worte mußten aus dem wunden Fleisch gezogen werden. Als die verletzenden Worte wiederholt wurden, zeigte sich, daß das Mißverständnis eskaliert war und daß der verlorengegangene Respekt wieder hergestellt werden mußte. Letzten Endes sagte Five zu Ronnie: „Tut mir leid, daß ich Ihnen nicht glaubte."

Und Ronnie sagte: „Es tut mir leid, was passiert ist, Five. Sie hatten es in Ihrem Leben sicher auch nicht leicht." Es war wichtig für Five, das zu hören. Er war als fünftes Kind seiner Familie geboren worden und hatte deshalb den Namen „Five" erhalten.

Das 21. Jahrhundert hält viele Herausforderungen für Führungskräfte bereit, die das Selbstwertgefühl ihrer Mitarbeiter verbessern wollen. Das Selbstwertgefühl ist kostbar, fragil und zerbrechlich – und es ist schwer wiederherzustellen. Die Mitarbeiter an den Entscheidungen über Veränderungen, an den Veränderungsstrategien und an der Umsetzung teilnehmen zu lassen, zeugt von Respekt, stärkt ihr Selbstwertgefühl und ermuntert sie, Beiträge zu leisten. *Wenn Sie Ihren Mitarbeitern Eigenständigkeit zugestehen, so daß sie Verantwortung übernehmen, anstatt nur Befehle entgegenzunehmen,* bauen

Sie nicht nur ihr Selbstwertgefühl auf, sondern Sie bilden statt Jasagern auch Führungskräfte heran.

Aufgeklärte Führungskräfte und Manager müssen lernen, die Arbeitnehmer als Vermögenswerte zu betrachten, die Aufmerksamkeit, Pflege, Schulung, Entwicklung, Information, Kommunikation, Wahrheit und Feedback brauchen. Die Mitarbeiter müssen als wichtigster Vermögenswert eines Unternehmens betrachtet werden. Aus diesem Grund müssen Führungskräfte langfristig denken und in ihren Plänen in respektvoller Weise Rücksicht auf ihre Mitarbeiter mit ihren Familien, ihrer Zukunft, Ihrer Einzigartigkeit und ihrem Wohlbefinden nehmen.

In der Folge sind sieben Methoden für einen respektvolleren Umgang miteinander angeführt.

Methoden für einen respektvolleren Umgang miteinander

1. Ansprüche klarmachen. Die meisten Geschäftsführer, Führungskräfte und Manager verabsäumen es, den von ihnen geführten Menschen zu sagen, wofür sie stehen. Es ist ein Zeichen des Respekts vor sich selbst und vor seinen Mitarbeitern, klarzumachen, welche Werte und Erwartungen einem wichtig sind und welche Voraussetzungen man für eine erfüllende Arbeitsbeziehung für notwendig hält. Vielleicht schätzen und verlangen Sie Ehrlichkeit, Integrität, ein Bekenntnis zu exzellenten Leistungen und einen einfühlsamen Managementstil. Vielleicht verlangen Sie aber auch zeitgerechte und detaillierte schriftliche Berichte oder Projekte.

Sie können aber auch andere Dinge fordern, wie zum Beispiel, daß Ihre Leute für jedes Problem oder für jede Beschwerde drei Lösungsvorschläge vorlegen, und Sie können sich weigern, Verhaltensweisen wie Lügen, Stehlen oder das Verraten von Firmengeheimnissen zu tolerieren. Solche Verhaltensweisen könnten Gründe für eine fristlose Entlassung sein.

Ich schlage vor, daß Sie sich etwas Zeit nehmen und eine drei Punkte umfassende Liste erstellen:

- Was ich von den hier Beschäftigten *verlange*;
- was ich mir von den hier Beschäftigten *wünsche*;
- welche Verhaltensweisen ich bei den hier Beschäftigten *nicht toleriere*, und als Entlassungsgrund festlege.

Diese Liste wird in Einstellungsgesprächen oder in Orientierungsprogrammen kaum, wenn überhaupt, angesprochen. Sie ist aber wichtig für echten Erfolg und Zufriedenheit im Job.

146

2. Verantwortungsvolles Management. Nachdem Sie einen Mitarbeiter einge- stellt haben, fragen Sie ihn: „Welcher Managementstil kommt Ihnen am mei- sten entgegen?" Manche Menschen werden auf diese Frage antworten: „Sagen Sie mir einfach, was Sie wollen, und lassen Sie mich in Ruhe arbeiten, dann bin ich zufrieden." Andere fordern oder wünschen sich täglichen Kontakt, wie- der andere brauchen viel Anleitung. Vielleicht sollten Sie fragen: „Bei welchem Managementstil konnten Sie sich in der Vergangenheit am besten entfalten? Unter welchen Bedingungen können Sie Bestleistungen bringen? Was wün- schen Sie sich von mir, um erfolgreich zu sein – Freiheit oder Strukturen, Au- tonomie oder Hierarchie, Arbeit im Team oder allein?"

Sie können Ihrem neuen Mitarbeiter auch Fragen über seinen Lernstil stellen: „Wie lernen Sie am besten? Lesen Sie sich den Lernstoff gern laut vor, besuchen Sie Seminare, bevorzugen Sie praktische Übungen oder schrittweise Anleitung?"

In Texas beriet ich einmal eine Chefin namens Erica und ihre Mitarbeite- rin Jan.

Erica sagte: „Ich weiß nicht, was mit dieser Person los ist. Ich gebe ihr alle Möglichkeiten, und sie tut nichts. Sie wird einfach nicht aktiv. Zum Bei- spiel sagt sie mir schon die längste Zeit, daß sie lernen möchte, mit Compu- tern umzugehen. Also gebe ich ihr alle Bücher, die sie braucht, aber sie lernt nichts."

Als ich später mit Jan sprach, sagte sie: „Wissen Sie, ich weiß nicht, war- um mir meine Chefin nicht hilft. Sie gibt mir nie, was ich brauche. Ich habe ihr gesagt, daß ich gern lernen möchte, wie man mit Computern umgeht, und was tut sie? Sie gibt mir einen Stapel Bücher." Als ich ein wenig tiefer bohrte, stellte ich fest, daß Jan am liebsten durch praktische Übung lernte. Sie mußte ihre Finger auf der Tastatur haben, während sie Instruktionen erhielt. Aus Büchern konnte sie nicht lernen. Diese Methode war einfach nicht die richtige für sie.

3. Relevanz. Stellen Sie fest, welche relevanten Werte, Bedürfnisse, Wünsche und Neigungen *Ihre Mitarbeiter* haben.

Lassen Sie mich das durch eine Geschichte veranschaulichen. Meine Schwester Lynn feierte im vergangenen Jahr ihren 50. Geburtstag. Sie hat kei- nen Lebenspartner, also übernahm ich es als ihre Schwester, Geschäftspartne- rin und lebenslange Gefährtin, ihren 50. Geburtstag zu einem unvergeßlichen Erlebnis für sie zu machen.

Ich dachte lange darüber nach, was für eine Frau, die meine Schwester und meine Geschäftspartnerin war und die ihren 50. Geburtstag – einen wichtigen Tag in ihrem Leben – feierte, ein adäquates Geschenk sein könnte. Welches Geschenk würde groß genug sein?

Schließlich fiel mir eine Reise nach Griechenland ein. Es stellte sich heraus, daß ich genügend Bonusmeilen dafür gesammelt hatte. So mietete ich für einige Wochen ein Haus auf Mykonos, arrangierte einen Haustausch mit einer Familie in London und nahm die ganze Familie mit nach Griechenland. Lynn geriet ob des Geschenks völlig aus dem Häuschen. Es war nicht besonders teuer gewesen, sondern nur kreativ. Sie hatte das Gefühl, daß das Geschenk eine wirkliche Anerkennung ihrer Person und ihrer Werte war, und sie freute sich, daß ich mit viel Kreativität etwas für sie zusammengestellt hatte, was sie ihr ganzes Leben nicht mehr vergessen würde. Eigentlich hatte ich nur die Grenzen der Norm verlassen und etwas gefunden, was sie auf einer wirklich tiefen Ebene ihres Seins berührte. Ich will Ihnen hier nicht empfehlen, daß Sie allen Ihren Mitarbeitern eine Reise nach Griechenland schenken, sondern daß Sie herausfinden, was sie wirklich zum Strahlen bringt, und daß Sie ihnen dann genau das geben.

4. Anerkennung und Ermunterung. Anerkennung bedeutet, andere zu beachten und ihnen Aufmerksamkeit zu schenken. Mit Ermunterung können Sie jenes Verhalten hervorrufen, das Sie fördern möchten. Manche Menschen mögen schriftliche Botschaften. Andere freuen sich über persönliche, mündliche Anerkennung. Eine bekannte Managerin bewahrt einen Stapel Karten in einer Lade auf und schreibt jeden Tag mehrere Anerkennungsnotizen, wie zum Beispiel: „Was Ihnen heute mit dem Kunden X gelungen ist, war toll und bedeutet viel für mich und für das Unternehmen. Ich weiß Ihre Leistung wirklich zu schätzen."

Manche Menschen freuen sich über private Anerkennung, andere hingegen lieben es, öffentlich gelobt zu werden. Um das herauszufinden, brauchen Sie nur zu fragen!

5. Bewußtwerdung. Stellen Sie fest, was die Leute wollen und brauchen, damit Ihnen ihre Ziele bewußt werden. Fragen Sie: „Was sind Ihre ultimativen Karriereziele? Wo sehen Sie sich selbst in fünf Jahren? Wenn Sie genau das tun könnten, was Sie wollen, was wäre das?"

Wenn eine Frau ihren Job nur als vorübergehende Lösung betrachtet und in Wirklichkeit Künstlerin werden möchte, während Sie von der Annahme ausgingen, daß sie bei Ihnen den Job fürs Leben fand, dann sind Sie beide nicht auf einer Linie. Also müssen Sie ihre innersten Wünsche erkunden und feststellen, was sie in ihrem Leben eigentlich tun möchte, welche Ziele sie verfolgt, was sie motiviert und worauf sie ihre Aufmerksamkeit konzentrieren möchte – Sie müssen dem auf die Spur kommen, was ich ihre „spirituelle DNS" nennen möchte. Diese spirituelle DNS können Sie nur entschlüsseln, indem Sie Fragen stellen, mit denen Sie die innersten Wünsche dieser Person erkunden. Als erstes müssen Sie dafür sorgen, daß sich die betreffende Person so sicher fühlt, daß sie Ihnen ihr Inneres offenbaren kann. Wenn das nicht der Fall ist, wird sie das sagen, wovon sie glaubt, daß Sie es hören möchten, und sie wird Angst haben, gefeuert zu werden, weil sie sich nicht langfristig verpflichten möchte.

Vor einigen Tagen sagte ich zu meinem Buchhalter Tren: „Ich habe das Gefühl, daß Sie beruflich nicht das tun, was Sie eigentlich tun möchten. Ich habe den Eindruck, daß Sie die Arbeit hier nur als Job betrachten und daß Ihr Herz für etwas anderes schlägt. Wenn das stimmt, müssen wir miteinander sprechen."

Er antwortete: „In Wahrheit möchte ich als Innenarchitekt arbeiten. Nebenberuflich tue ich das auch, aber ich möchte es gern die ganze Zeit tun. Ich will tatsächlich kein Buchhalter mehr sein."

Ich sagte: „Sobald die Wahrheit auf dem Tisch liegt, können wir aktiv werden, und wir können Sie bei der Verwirklichung Ihrer Wünsche und Träume unterstützen. Aber solange ich die Wahrheit nicht kenne, werde ich ärgerlich auf Sie sein, weil die Qualität Ihrer Buchhaltung nicht stimmt. Sie wollen ja ohnehin kein Buchhalter sein. Irgendwann werden Sie dann wütend auf mich, weil ich wütend auf Sie bin. So wird eine Beziehung zerstört, die gesund und produktiv sein könnte."

Wenn wir tiefer blicken und über das hinaussehen, was die Menschen aus Überlebens- oder aus Sicherheitsgründen tun, um den Status quo zu erhalten oder um einem Wertesystem Genüge zu tun, das ihnen sagt, daß sie das, was sie eigentlich tun möchten, nicht tun können – sie brauchen ja einen „Brotberuf" –, dann unterstützen wir sie wirklich, indem wir ihre Aufrichtigkeit honorieren und sie ermutigen, ihre Träume zu leben und ihre spirituelle DNS zu entfalten.

Schließlich wollen Sie, daß Ihr Unternehmen Mitarbeiter hat, die wirklich dort arbeiten wollen. Ihre Aufgabe als Manager ist es, allen, die eigentlich nicht dort sein wollen, dabei zu helfen, sich dieser Tatsache zu stellen und sie dabei zu unterstützen, dorthin zu gelangen, wohin sie wollen. Wenn Sie jemandem echte Unterstützung zuteil werden lassen, vergessen Sie die Überlebensbedürfnisse Ihres Unternehmens. Manager denken oft: „Ich brauche diesen Angestellten zur Erledigung dieser Arbeit, und ich kann ihn nicht einfach gehen lassen." Nun, lassen Sie ihn gehen, und es wird jemand kommen, der den Job *möchte*.

6. Quellen der Irritation. Alle Mitarbeiter haben ihre eigene Liste an Dingen, die sie nicht ausstehen können. Fragen Sie jeden einzelnen: „Gibt es etwas, was ich nie tun sollte – etwas, was Sie wirklich aufregen, verärgern oder verletzen würde: herumbrüllen, Sie berühren, einschlägige Witze machen, Sie hänseln, Sie vor anderen herabsetzen usw.?"

Ich habe einen Mitarbeiter, der ein äußerst guter Techniker ist. Er kann Daten mit affenartiger Geschwindigkeit eingeben und viele Computerprobleme zuverlässig beheben. Er ist aber auch ein sehr verschlossener Mensch, der nicht gern kommuniziert. Meine Schwester konnte ihn nicht ausstehen, also mußte ich ständig als Puffer zwischen den beiden fungieren. Irgendwann einmal sagte sie zu mir: „Er spricht nicht mit mir, er antwortet nicht, er reagiert nicht." Ich antwortete: „Laß ihn doch zufrieden. Er ist eben extrem introvertiert." Einige Monate später sagte sie zu ihm: „Sie sind in letzter Zeit um soviel netter zu mir. Können Sie mir sagen warum?"

Er antwortete: „Nun, genau weiß ich es auch nicht, aber ich mag es einfach nicht, berührt zu werden. Ich kann es nicht ausstehen, daß jemand mich anfaßt, und Sie taten das die ganze Zeit. Das machte mich ganz verrückt."

Lynn ist ein Mensch, der andere ganz automatisch berührt. Sie ist eben ein taktiler Typ. Für ihn war es so ziemlich das Schlimmste, was sie tun konnte, aber das sagte er ihr nie. Zwei Jahre lang erwähnte er es kein einziges Mal. Sie wußte es nicht, er sagte es nicht, und so kam es, daß es zwischen den beiden eine ständige Quelle der Irritation gab, die nie angesprochen wurde. Es ist wichtig zu wissen, was die Menschen mögen und was nicht.

7. Belohnungen. Stellen Sie fest, welche Belohnungen Ihren Mitarbeitern am liebsten sind, wann sie sie wollen und in welcher Häufigkeit sie sie brauchen. Belohnungen sind die kleinen Schätze des Lebens. Sie müssen nicht groß sein. Sie müssen für die belohnte Person nur eine Bedeutung haben. Wir beschäftigen zum Beispiel einen Anrufbeantwortungsdienst, und etwa alle drei Monate bringen wir dort einen riesigen Karton Krapfen vorbei, weil die Leute dort eben gern Krapfen essen. Das ist eines der Dinge, die sie motiviert. Eine meiner Freundinnen ist Publizistin. Einer ihrer Kunden schickt ihr jeden Monat einen riesigen Blumenstrauß. Vor einigen Tagen sagte sie zu mir: „Diese Typen schicken mir jeden Monat Blumen. Ich finde das toll!"

Der eine wird von Krapfen motiviert, der andere von Blumen. Diese kleinen Geschenke vermitteln dem Empfänger die Botschaft: „Jemand weiß, daß es mich gibt. Jemand weiß, daß ich existiere. Jemand weiß meine Arbeit zu schätzen." Die Geschenke sind die Juwelen, die wir unseren Mitarbeitern und

Kollegen täglich, wöchentlich oder monatlich geben können, um ihnen zu zeigen, wie sehr wir sie schätzen.

Wenn Sie die sieben Grundsätze des Respekts verwirklichen, werden sich Ihre Mitarbeiter gewürdigt und verstanden fühlen. Ihr Selbstwertgefühl wird sich verbessern, und Spitzenleistungen werden möglich. Arbeitsgeist und Produktivität werden spürbar zunehmen, weil alle Angehörigen des Unternehmens ihre gesamte Energie auf ihre Aufgaben konzentrieren und so bahnbrechende Ergebnisse erzielen können.

RESPEKT, ANTEILNAHME UND VIEL LIEBE

Jack Hawley

Unternehmensberater
Autor von *Reawakening the Spirit in Work*

Isaac Tigrett, einer der Gründer des *Hard Rock Café*, hatte sich geschworen, daß er alles anders machen würde, falls er jemals die Chance zur Führung eines Unternehmens erhalten sollte. „Ich war der dritt- oder viertjüngste in der Firma und wußte nichts über die Gastwirtschaft. Also mußte ich der Stimme meines Herzens folgen", sagte er. „Es gab einfach keine Anleitung, wie ich jenen Ort schaffen konnte, den ich in meinen Gedanken und in meinem Herzen trug."

Seine Mitarbeiter stellte er alle höchstpersönlich ein. „Meine Regenbogen-Kollektion", nannte er sie. „Unsere Mitarbeiter sprachen 25 verschiedene Sprachen." Er hielt täglich und wöchentlich sogenannte „Familientreffen" mit der gesamten Belegschaft ab. „Bringt mir dieses Geschäft bei", sagte er zu ihnen, „und ich werde die Ressourcen beistellen und der Steuermann sein."

Die Treffen verliefen turbulent und lebendig. „Wir trainierten und trainierten immer weiter", sagte er. „Jede Woche sprachen wir über Dinge wie Liebenswürdigkeit, über Qualität durch Höflichkeit und über unsere Themen: klassenlose Gesellschaft und ‚aggressive amerikanische Freundlichkeit'. Wir mußten hart daran arbeiten, die übliche englische Reserviertheit zu überwinden. Wir wollten, daß dieser Ort Liebe ausstrahlte."

Isaac führte den ersten Gewinnteilungsplan in einer englischen Restaurantkette ein. Die Gewinne wurden nach einem Punktesystem verteilt, das neben konventionelleren Leistungskriterien Freundlichkeit, Hilfsbereitschaft und „Familienbewußtsein" bewertete. Alle wurden gleich behandelt. In den sechziger Jahren erhielten Frauen normalerweise nur die Hälfte des Gehaltes der Männer. Im *Hard Rock Café* erhielten sie genau gleichviel.

Es gab damals wohl keinen Manager, der sich so persönlich in sein Geschäft einbrachte wie ich, lachte er. „Ich kannte jeden Angehörigen des Restaurants mit Namen, und alle kannten mich. Und alle hatten meine Telefonnummer und wußten, daß sie mich jederzeit direkt kontaktieren konnten. Ich verbrachte 70 Prozent meiner Zeit mit Telefonieren. Zwischen meinen Mitarbeitern und mir bestand eine spezielle Beziehung. Später stellte ich in jeden Mitarbeiteraufenthaltsraum ein Fax mit direkter Verbindung in mein Büro. So wußten alle Mitarbeiter in allen *Hard Rock Cafés* der Welt, daß sie sich jederzeit persönlich mit mir in Verbindung setzen konnten.

Bestimmte Leute ernannte ich zu ‚Managern' oder ‚Supervisern', wobei ich in der Folge sehr genau darauf achtete, daß sie ihre neue Macht nicht mißbrauchten. Sie waren für geschäftliche Aspekte verantwortlich, aber auch für menschliche. Wenn ihre Handlungen aus persönlichen Gründen, aus Ignoranz oder einfach aus Gewohnheit von dem abwichen, was wir in unserer Arbeitsumgebung anstrebten, versuchte ich, ihnen mit einem ‚speziellen Hilfsprogramm' unter die Arme zu greifen! Sie wußten genau, was ich wollte.

Ich gab zum Beispiel dem Personalchef die Macht, den Geschäftsführer in persönlichen Angelegenheiten oder in Fragen des Umgangs mit den Mitarbeitern zu überstimmen – zum Beispiel, wenn es um Dinge wie Gehaltskürzungen oder Geldüberweisungen vor einem Urlaub ging. Die Leute arbeiteten in einem Restaurant und verdienten nicht viel. Da konnten wir zumindest sensibel sein und ihre Einkünfte ein bißchen strecken. Respekt war das Schlüsselwort. Wir respektierten unsere Leute, und im Gegenzug respektierten sie uns."

„Und dasselbe galt für die Gäste," fuhr er fort. So habe er, der selbst eine Aversion gegen das Schlangestehen hatte, immer besonders mit den Menschen Mitgefühl, die in langen Schlangen vor der Tür warteten. „Ich haßte es, die Leute bei schlechtem Wetter Schlange stehen zu sehen", sagte er. „Aber was konnte ich machen? Wir sprachen in unseren Treffen viel darüber, und schließlich hatten wir eine gute Idee.

Wir beschlossen, die Grenze unseres Lokals bis zum Ende der Warteschlange auszudehnen, ganz gleich, wo sie tatsächlich war – manchmal reichte die Schlange bis zum Park. Wir holten uns in dieser Sache keine Ratschläge von Rechtsanwälten oder dergleichen, sondern wir proklamierten die Erweiterung einfach und ernannten einen „Schlangenkellner". Er war immer dort draußen und bemüht, es den Leuten bequemer zu machen. Bei Regenwetter brachte er Schirme hinaus (es verschwand kein einziger). Wenn es heiß war, gab es Eistee, und wenn es kalt war, Kakao oder Suppe. Das beschreibt ungefähr, wie es so war", sagte Isaac Tigrett. „Alle liebten das Café!"

Isaacs Augen begannen zu leuchten, als er meinte: „Zur Hard-Rock-Café-Familie zu gehören, war für die Menschen wie eine Therapie. Auch wenn sie aus einer gewalttätigen familiären Umgebung kamen – hier wurden sie geliebt und gaben ihrerseits Liebe weiter.

So ist es immer bei den Menschen. Ich konnte jene einstellen, die niemand außer mir wollte, und in sechs oder sieben Monaten waren sie neue Menschen. Ich nannte das meine 'High School' und sagte, daß ich von allen erwartete, daß sie ihren Abschluß machten. Ich hatte früh erkannt, daß wir Gewohnheiten schufen – das war alles, nur Gewohnheiten. Und genau das ist es, was den Erfolg oder Mißerfolg der Leute im Leben ausmacht: Gewohnheiten.

Also entschloß ich mich, gute zu formen. Bei uns machten einige wirklich großartige Leute ihren High-School-Abschluß."

Eines Tages hatte er eine Eingebung: „Wenn wir so berühmt sind, wenn die Leute das *Hard Rock Café* so sehr lieben, warum nicht eine Botschaft formulieren, um ihnen etwas Positives zurückzugeben?" Also begann er, Epigramme auf Gehaltsschecks, T-Shirts, Sweatshirts und ähnliches zu drucken. Die Aufdrucke waren kleine Aphorismen: „Beginn den Tag mit Liebe", „Tu Gutes, sei gut, erkenne Gutes" und so weiter. „Ich verkaufte Millionen von Sweatshirts an die verschiedensten Leute – manche davon ganz schön rauhe Typen", sagte er mit einem spitzbübischen Grinsen, „und auf allen prangten diese positiven Aussagen. Das muß doch etwas Gutes bewirkt haben!"

Liebe, Geist und Energie – das waren also für Isaac die wichtigsten Ingredienzien für Erfolg. Dazu kamen natürlich noch Qualitäten wie Integrität, Mut, innere Wahrheit, Zuneigung, Höflichkeit, Respekt, Intensität und Tatkraft, um nur einige zu nennen.

„Alle liebten das Café", wiederholte er strahlend. „Jeder, der dort arbeitete, war stolz darauf. Wir waren berühmt. Man brauchte nur in das Café hineinspazieren und spürte sofort diese großartige Energie. Alle Mitarbeiter, vom Geschirrwäscher aufwärts, waren stolz auf das Café."

Isaac verkaufte das Hard Rock Café erfolgreich und genießt heute unverminderten Erfolg mit *The House of Blues*, das er gemeinsam mit dem Schauspieler Dan Ackroyd in Los Angeles gründete.

DER SCHREIHALS

Joe Black

Vortragender und Trainer
Autor von *The Attitude Connection – Focus on Quality*

Vor einiger Zeit nahm mich eine junge Dame, die vor kurzem von dem Hotel, in dem ich ein Seminar für Persönlichkeitsentwicklung leitete, eingestellt worden war, beiseite und fragte mich, ob sie kurz mit mir sprechen könnte. Sie sagte, daß sie sich in den letzten zwei Tagen meine Präsentation über Qualitätsbewußtsein angehört hätte, während sie Erfrischungen für die Seminarpausen vorbereitete. Sie wollte meine Meinung zu einem bestimmten Problem hören.

„Was soll man tun, wenn der Chef den ganzen Tag lang flucht und einen dauernd anschreit? Meiner brüllt die ganze Zeit, und das ist wirklich unfair, weil mich niemand in meinen Job eingeschult hat."

„Eine traurige Sache – aber alles andere als selten", dachte ich. Niemand wird als Experte geboren. Einschulung und Weiterbildung sind unbedingt notwendig, wenn der neue Mitarbeiter die ihm zugeteilten Aufgaben bewältigen soll. Da niemand bei der Arbeit Fehler machen oder einen schlechten Tag haben will, gibt es normalerweise zwei Gründe für auftretende Fehler:

1. Fehlende Einschulung/Weiterbildung
2. Mangelnde Aufmerksamkeit oder die Einstellung „Das kann ich nicht!"

Der zweite Grund steht zwar nicht immer, aber sehr oft in einem engen Zusammenhang mit dem ersten. Beide haben ihre Ursache typischerweise darin, daß das Management keinen Wert auf die richtige Ausbildung der Mitarbeiter legt und auch nicht in sie investiert.

Die junge Dame, die ich da vor mir hatte, war offensichtlich intelligent und versuchte ihr Bestes zu geben. Ich fragte sie, ob sie mit ihrem Chef über das Problem gesprochen hätte.

„Nein", antwortete sie. „Ich habe Angst vor ihm."

Da ich mehr über sie erfahren wollte, fragte ich sie, ob sie mir ein wenig über sich erzählen wolle. Daraufhin berichtete mir Carolyn – so hieß sie – über ihre Familie, über die Stadt, aus der sie stammte, über ihre Ausbildung und ihre Berufserfahrung. Sie war eine sehr kluge junge Frau, aber das Leben hatte sie nicht immer sanft angefaßt. Sie hatte ein unterentwickeltes Selbstwertgefühl, was zur Folge hatte, daß sie sich unter ihrem Chef nicht entfalten konnte, sondern eher dahinvegetierte.

Ich erklärte ihr, daß niemand das Recht hat, einen anderen anzubrüllen oder zu verfluchen, und daß sie ein einzigartiges menschliches Wesen sei und Respekt verdiene. Wenn sie es zuließ, daß andere sie respektlos behandelten, würde sie ihr ganzes Leben lang unter diesem Verhalten zu leiden haben. Wie sie von anderen behandelt wurde, war etwas, was sie selbst bestimmen konnte. Sie brauchte es nicht den anderen zu überlassen.

Sie sah mich an, als hätte ich ihr soeben eine Offenbarung gemacht. „Ich habe mir das nie so richtig bewußt gemacht", sagte sie. Dann dankte sie mir dafür, daß ich mir die Zeit für das Gespräch genommen hatte, und ging ihres Weges.

Zwei Tage später hielt ich mich gerade in meinem Hotelzimmer auf, als das Telefon klingelte. Es war Carolyn. „Mr. Black, könnte ich Sie in der Lobby treffen? Ich möchte mit Ihnen sprechen ... ich muß sofort mit Ihnen sprechen."

Ich sagte, daß ich gleich dort sein würde. Während ich mit dem Lift hinunter in die Halle fuhr, gingen mir mehrere mögliche Szenarien durch den Kopf.

Da war sie schon, über das ganze Gesicht strahlend. „Mr. Black, ich habe über unser Gespräch nachgedacht, und ich habe Ihr Buch *The Attitude Connection* gelesen." Dann fuhr sie fort: „Ich komme soeben aus dem Büro meines Chefs. Als er heute nachmittag anfing, mich anzubrüllen, bat ich ihn, sich zu setzen. Zu meiner Überraschung tat er das auch. Dann sagte ich: 'Hören Sie auf, mich anzubrüllen. Das tut mir weh. Hören Sie bitte auf.' Zu meinem Erstaunen antwortete er: ,Warum haben Sie mir das nicht früher gesagt? Ich brülle alle meine Mitarbeiter so lange an, bis sie mir sagen, daß ich aufhören soll.'"

Dann versicherte sie mir, daß sie nie wieder für jemanden arbeiten würde, der sie anbrüllte.

„Carolyn, ich bin stolz auf Sie. Ich hoffe, daß sich Ihre Beziehung zu Ihrem Chef jetzt verbessern wird."

„Oh, er ist gar nicht mehr mein Chef. Ich habe gekündigt. Nach unserem Gespräch vor zwei Tagen ging ich meine Freundin im *Marriott*-Hotel besuchen. Sie arbeitet so gern dort. Sie erzählte mir, daß dort alle Leute einander mit Respekt behandeln. Als ich hörte, daß eine Stelle frei sei, bewarb ich mich. Sie haben mich eingestellt, und nächste Woche werde ich beginnen. Ich weiß jetzt, was ich wert bin Mr. Black. Ich brauche mir Beschimpfungen nicht gefallen zu lassen. Das weiß ich jetzt." Sie dankte mir und lud mich ein, nächstes Mal, wenn ich in der Gegend wäre, ein Seminar im *Marriott* abzuhalten.

Ich strahlte wie ein Honigkuchenpferd, als sie gegangen war! Ist es nicht wunderbar, was für einen positiven Einfluß wir auf das Leben anderer nehmen können, wenn wir uns die Mühe machen, uns für sie zu interessieren? Die Geschichte hatte übrigens noch zwei erwähnenswerte Folgen:

1. Der brüllende Chef hielt mich am nächsten Tag auf dem Flur an und sagte, er wisse, daß ich daran schuld sei, daß eine seiner besten Mitarbeiterinnen gekündigt habe. „Nein, mein Herrr", antwortete ich, „daran sind schon Sie selbst schuld!"

2. Ich verlegte unser nächstes Seminar ins *Marriott*-Hotel. Dort wird Qualität wirklich großgeschrieben, und die Angestellten werden nicht angebrüllt!

EIN MEISTER MENSCHLICHER BEZIEHUNGEN

Quelle unbekannt

Die Fähigkeit, gut mit Menschen umgehen zu können, ist mir mehr wert als jedes andere Talent unter der Sonne.

John D. Rockefeller

Dale Carnegie pflegte eine Geschichte über Charles Schwab zu erzählen, der in der Stahlbranche jährlich eine Million Dollar verdiente. Wie er Mr. Carnegie erzählte, bezahlte man ihm dieses enorme Gehalt vor allem seines Talents wegen, mit Menschen umzugehen.

Eines Tages, als Schwab durch eines seiner Werke spazierte, entdeckte er eine Gruppe von Männern, die direkt unter einem „Bitte nicht rauchen"-Schild eine Zigarette rauchten.

Anstatt auf das Schild zu zeigen und zu sagen: „Was ist los, Leute – könnt ihr nicht lesen?" plauderte Schwab ganz gemütlich mit den Männern, ohne auch nur zu erwähnen, daß sie sich unter einem „Bitte nicht rauchen"-Schild befanden.

Am Ende des Gesprächs überreichte er den Männern einige Zigarren, und dann sagte er mit einem Augenzwinkern: „Ich wäre Ihnen dankbar, wenn Sie diese Zigarren im Freien rauchen würden."

Mehr sagte er nicht – keine Vorhaltungen, keine Schuldzuweisungen, keine Demütigungen. Sicher hatte er den Missetätern bewußt gemacht, daß sie eine Regel gebrochen hatten, und sicher bewunderten sie ihn für seine Einstellung, und ich bin mir sicher, daß sie, da er ihnen gegenüber so fair gewesen war, auch ihm gegenüber fair sein würden.

DER „SPASSMINUTEN"-MANAGER: EIN INTERVIEW MIT KEN BLANCHARD

Joel Goodman

Direktor von *The National Humor Project*
Autor von *Laffirmations* und *Playfair*
Koautor von *Chicken Soup for the Laughing Soul* (vor der Veröffentlichung)
Herausgeber von *Laughing Matters*, aus dem dieses Interview stammt

Ken Blanchard

Präsident von *Blanchard Training and Development*
Koautor von *The One Minute Manager, Putting the one Minute Manager to Work* und *The Power of Ethical Management*

Die Menschen haben fast nur bei Dingen Erfolg, die ihnen Spaß machen.

La Rochefoucauld

Die Selbstverwirklichung ist dann perfekt, wenn der Unterschied zwischen Arbeit und Freizeit verschwimmt.

Ken Blanchard

Joel Goodman: Können Sie sich noch daran erinnern, welche Rolle der Humor für Sie in Ihrer Jugend spielte?
Ken Blanchard: Bei den Basketball-Meisterschaften in der sechsten Klasse der Grundschule kam unsere Schule ins Finale. In der gegnerischen Mannschaft gab es da diesen riesigen Typen, der in der sechsten Klasse sicher schon über einen Meter achtzig groß war. Alle Kinder des Teams nannten ihn Meatball (Fleischkloß). Ich hatte einen absoluten Traumtag – alle meine Bälle trafen in den Korb. Es war einfach nicht zu fassen: Wir gewannen.

Als das Spiel vorüber war, gingen wir uns umziehen. Meatball saß auf der Bank. Im Vorübergehen klopfte ich ihm auf die Schulter und sagte: „Gutes Spiel, Meatball." Er sprang auf, packte mich am Kragen, warf mich gegen seinen Spind und sagte: „Nur meine Freunde nennen mich Meatball." Ich weiß nicht, wie es mir gelang, die Fassung zu bewahren, aber ich sagte: „Nun – warum sind wir nicht einfach Freunde?" Meatball fand das offenbar unheimlich komisch, denn er bog sich fast vor Lachen. Dann ließ er mich los und sagte: „Du bist o. k., Mann."

Joel Goodman: Und deshalb sind Sie geworden, was Sie sind! Gab es in Ihrer Kindheit noch andere Menschen, die Ihnen halfen, Ihren Sinn für Humor zu entwickeln?

Ken Blanchard: Mein Vater hatte die unglaubliche Gabe, an jeder Situation – und sei sie noch so tragisch – etwas Komisches zu finden. Während des Zweiten Weltkriegs war er auf den Marshall-Inseln im Pazifik stationiert, und 70 Prozent seiner Männer wurden getötet oder verwundet. Später erzählten mir die Typen, die ich traf, das es da etwas gegeben habe, was sie aufrecht hielt: die Stimme meines Vaters, der sie über die Sprechanlage aufheiterte.

Als ich die Junior High School besuchte, wurde ich zum Klassensprecher gewählt und mußte bei diesem Anlaß eine Rede halten. Dad half mir bei der Vorbereitung und sagte: „Das wichtigste an einer Rede ist, daß man die Leute zum Lachen bringt."

Ich hielt dann sowohl in der Junior High School als auch in der High School vor jeweils Tausenden von Leuten die Abschlußrede. Was mir daran auffiel, war, daß das Publikum bei vielen anderen Reden gelangweilt aussah. Ich wußte, daß ich den Leuten nur wenige Minuten ohne herzhafte Lacher zumuten konnte, weil sie mir sonst – körperlich oder geistig – abhanden kommen würden.

Damit will ich sagen, daß es wichtig ist, die ernsthaften Argumente in jene zwei Minuten hineinzupacken, in denen man das Publikum im Griff hat, und dann dafür zu sorgen, daß der Spaß nicht abreißt.

Joel Goodman: Das hat sich Ihnen also schon sehr früh eingeprägt. Und wo fanden Sie in späteren Zeiten Ihres Lebens Humor, oder wo fand der Humor Sie?

Ken Blanchard: An der Universität von Ohio hielt ich einen Kurs über Unternehmenspolitik ab. Der Humor machte es möglich, daß sich dabei alle glänzend unterhielten. Ich hätte mir nie vorgestellt, daß in meinem Unterricht alle lachen und sich gut unterhalten würden. Der Kurs erhielt ausgezeichnete Bewertungen, und so entschloß ich mich, den Lehrberuf zu ergreifen. Die Studenten sagten zu mir: „Sie sind ganz anders als die anderen Professoren, denn Ihr Unterricht ist überhaupt nicht trocken." Das zu hören, freute mich besonders, denn ich wußte aus eigener Erfahrung, was langweiliger Unterricht war. Die meisten meiner Professoren waren nicht imstande gewesen, ihren Unterrichtsgegenständen auch eine komische Seite abzugewinnen.

Also fing ich bewußt an, Humor einzusetzen. Das eigentlich Interessante war, daß die Studenten begannen, mir Geschichten zuzutragen, die ich im Unterricht verwenden konnte. Am liebsten schildere ich die Realität – so, wie sie ist. Wenn die Geschichten lustig sind, lachen die Leute und sagen „Genau wie meine Mutter" oder „Genau wie ich", und schon fühlen sie sich einbezogen.

Joel Goodman: In meiner Arbeit als Unternehmensberater und Veranstalter von Firmenseminaren über den Einsatz von Humor im Management bin ich auf Leute gestoßen, die sagen: „Worüber redest du da eigentlich? Über Humor? Sprechen wir lieber über harte Fakten", oder: „Hör doch auf mit den Witzgeschichten." Möchten Sie den Managern ein weises Wort mit auf den Weg geben, damit sie den Humor vielleicht doch noch als effektives Managementinstrument entdecken?

Ken Blanchard: Ein klassisches Beispiel, das wir alle aus der Schule kennen, ist der Unterschied zwischen Prozeß und Produkt. Das Produkt ist das Endergebnis, das, was wir herzustellen oder zu erreichen versuchen, während der Prozeß die Art und Weise des Herangehens an das Problem und die Interaktion ist. Als ich in Japan war, hörte ich den folgenden wundervollen Ausspruch: „Gewinn- oder ergebnisorientiertes Management ist, als hätte man beim Tennisspielen seine Augen auf die Punktestandtafel und nicht auf den Ball gerichtet." Leute, die immer sagen: „Zurück zum Geschäftlichen", vergessen, daß nicht nur das Produkt eine Rolle spielt, sondern auch der Prozeß. Sie vergessen, auf den Ball zu schauen.

Indem Sie mit Humor und Lachen arbeiten, setzen Sie bei Ihren Zuhörern einen Selbstheilungsprozeß in Gang. Es gibt da noch einen weiteren Ausspruch, den ich liebe: „Im Leben bleiben uns genau jene Dinge erhalten, gegen die wir Widerstand leisten." Humor kann ein wundervolles Ventil sein, denn in dem Augenblick, in dem wir uns mit den Dingen auseinanderzusetzen beginnen, die uns stören, fängt das Problem an, sich aufzulösen. Probleme nimmt man ohnehin am besten mit Humor in Angriff – dann wissen alle, worauf man hinauswill, alle lachen, und man braucht nichts mehr hinzuzufügen.

Wenn man in einem Unternehmen mit Humor und Lachen arbeitet, kann man damit rechnen, daß man mehr Feedback bekommt, daß einem die anderen Unternehmensangehörigen ehrlicher begegnen und daß man von den anderen positive Dinge zu hören bekommt. Die Lösungen für die Probleme eines Unternehmens müssen immer von den Leuten kommen. Das Schwierige ist aber, daß 50 Prozent von ihnen sich nicht zu Problemen äußern wollen, weil sie, wenn sie es doch tun, dafür üblicherweise eins übergezogen bekommen. Der Überbringer der schlechten Botschaft wird, wie wir ja wissen, getötet.

Humor kann die Kommunikationswege öffnen. Die Angehörigen des Unternehmens, in dem ich arbeite, sind bereit, mir Dinge zu sagen, die sie anderen nicht sagen würden, weil sie wissen, daß ich die Wahrheit ertragen kann und daß ich über unsere Herausforderungen und Probleme auch lachen kann.

Joel Goodman: Eines der Dinge, die ich in meinen Seminaren immer wieder sage, ist, daß es einen Unterschied zwischen einem todernsten und einem seriösen Manager gibt. Es ist schon in Ordnung, daß man mit Ernst an seine Arbeit geht, aber allzu ernst sollte man sich selbst auch nicht nehmen.

Ken Blanchard: Hier kommt der Stolz ins Spiel. Falscher Stolz bedeutet, daß man nicht über sich selbst lachen kann. Wenn man ein gutes Selbstwertgefühl hat und die Dinge aus dem richtigen Blickwinkel sieht, kann man über sich selbst und über seine Schwächen lachen. Man braucht nicht dauernd auf der Suche nach Selbstbestätigung zu sein. Wie Norman Vincent Peale sagt: „Wir wissen doch, daß Gott keinen Mist gebaut hat." Das gilt auch für uns selbst.

Ich erinnere mich an eine interessante Begebenheit. An einem meiner Geburtstage schmissen meine Mitarbeiter eine Party für mich. Eines Abends versammelte sich eine ganze Gruppe von ihnen und dachte sich 21 Sketches über meine Eigenarten aus. Schließlich studierten sie sieben oder acht ein, und es war zum Brüllen komisch. Ich habe Photos, auf denen mir vor Lachen die Tränen über die Wangen kollern. Und meine Frau Marge sagte: „Als ich mir die Sketches ansah, wurde mir erst bewußt, mit was für einer Type ich da zusammenlebe."

Und ich sagte: „Nun ja, irgendwie ist jeder eine Type – nur mögen es die meisten nicht, wenn man sie wegen ihrer speziellen Eigenschaften aufs Korn nimmt. Sie nehmen sich selbst einfach zu ernst."

Mein Vater verlor nicht einmal auf seinem Sterbebett den Humor. Ich werde diesen Moment nie vergessen. Nach einem Schlaganfall lag er da und hing an allen möglichen lebenserhaltenden Maschinen. Mühsam versuchte er mir etwas zu sagen, was ich nicht verstand. Da ging ein Krankenpfleger zu ihm und sagte: „Herr Admiral, vielleicht sollten Sie Ihrem Sohn eine kleine Notiz schreiben." Er überreichte ihm einen Block. Mein Vater begann zu schreiben, und ich sagte lachend: „Ich konnte seine Handschrift nicht einmal lesen, als er noch gesund war!" Also schrieb der Krankenpfleger das Alphabet in großen Buchstaben auf den Block und schlug vor, daß mein Vater einfach auf die entsprechenden Buchstaben deuten sollte, um mir seine Botschaft zu vermitteln.

162

Mein Vater sah mich an, und ich bemerkte das altbekannte Zwinkern in seinen Augenwinkeln. Dann deutete er auf die Buchstaben S-H-I-T (Scheiße). Wenn man die Dinge von ihrer heiteren Seite betrachtet, kann man sie viel besser bewältigen.

Das erinnert mich an die Geschichte von Yogi Berra, den man fragte: „Warum haben Sie heute gewonnen?" Er sagte: „Wir haben keine falschen Fehler gemacht." Dann fragte ihn jemand: „Können Sie uns sagen, zu welchem Teil Baseball von mentalen und zu welchem Teil er von körperlichen Faktoren abhängt?" Darauf antwortete er einfach, daß 90 Prozent mentale und die anderen 50 Prozent körperliche Faktoren seien.

Joel Goodman: Gibt es noch andere Lieblingsgeschichten, die Sie in Ihren Seminaren immer wieder zur Illustration Ihrer Ideen oder Konzepte verwenden?

Ken Blanchard: Ein berühmter Bühnenautor schickte Churchill eine Notiz folgenden Wortlauts: „Hiermit sende ich Ihnen zwei Karten für meinen Premierenabend. Bringen Sie einen Freund mit, falls Sie einen finden." Churchill schrieb zurück: „Ich danke sehr für die Einladung. Es tut mir leid, daß ich am Premierenabend verhindert bin, aber ich würde gern zu der nächsten Aufführung kommen, falls es eine gibt."

Dann ist da die Geschichte von dem kleinen Mann, der an der Kassa eines Lebensmittelgeschäfts sitzt. Herein kommt ein großer Texaner, der sagt: „Sohn, ich will einen halben Salatkopf." Der Kassier sagt: „Nun, Sir, ich fürchte, wir verkaufen keine halben Salatköpfe." Der Texaner gibt zurück: „Mein Sohn, ich fürchte, wir haben uns nicht verstanden. Ich sagte, ich möchte einen halben Salatkopf." Der Kassier sagt, daß er nach hinten gehen und den Manager fragen wolle. Das tut er, ohne zu bemerken, daß ihm der riesige Texaner dicht auf den Fersen folgt. Der Kassier sagt zu dem Manager: „Draußen ist irgendein Riesenidiot, der einen halben Salatkopf möchte." Als er plötzlich aus seinen Augenwinkeln den Texaner hinter sich stehen sieht, dreht er sich ruckartig um und platzt heraus: „Und dieser nette Herr hier möchte die andere Hälfte!"

Joel Goodman: Ein herrliches Beispiel von Aikido und Schlagfertigkeit. Apropos Schlagfertigkeit – wie steht es mit dem Humor zu Hause?

Ken Blanchard: In meiner Funktion als Eheberater bekomme ich viele Briefe. Die Leute fragen mich, welches das wichtigste Kriterium für eine gute Ehe ist, und ich antworte, daß es mit Sicherheit der Humor ist. Wenn man nicht über sein Verhalten in einer Beziehung lachen kann, hat man wirklich ein Problem, denn das Zusammenleben mit einem Partner kann furchtbar aufreibend sein.

163

Meine Frau Marge wird oft gefragt: „Wie ist es eigentlich, mit Ken zu leben?" Nun, das erste, worüber sie dann spricht, ist mein Sinn für Humor. Davon bekommt die Öffentlichkeit nichts mit, er ist eine Sache nur zwischen mir und ihr. Am liebsten habe ich es, wenn ich höre, wie sie über etwas zu kichern beginnt. Dann brauche ich nur noch einzuhaken und ...

Joel Goodman: ... gnadenlos zu sein.

Ken Blanchard: Das erinnert mich an meinen Onkel, der ein origineller Typ war. Er war Kinderarzt, und die Leute pflegten bei ihm Schlange zu stehen, weil er sie immer beruhigte, wenn sie Probleme mit ihren Kindern hatten. Ich habe vor kurzem gelesen, daß durchschnittliche Ärzte, die zu ihren Patienten freundlich sind, weniger Risiko haben, geklagt zu werden, als ausgezeichnete Ärzte mit unangenehmen Umgangsformen. Es ist eine echte Berufshaftpflichtversicherung, mit anderen gut umgehen und Humor effektiv einsetzen zu können.

Meine Frau wurde vor kurzem operiert, und sie hatte einen ausgezeichneten Arzt. Ich kann mir nicht vorstellen, daß er je geklagt werden könnte. Ich beobachtete ihn, wie er in seine Abteilung im Krankenhaus kam und wie sich alle Gesichter – die des Pflegepersonals, die der Putzfrauen, einfach alle – aufhellten. Er kam mit einem Lächeln auf den Lippen, ließ sich die Informationen geben und machte Scherze darüber. Die Leute fühlten sich einfach wohl in seiner Nähe.

Joel Goodman: Kompetenz und inspirierendes Selbstvertrauen passen gut zusammen. Meinen Sie, daß Hoffnung für uns besteht? Können wir lernen, unseren Sinn für Humor zu entwickeln?

Ken Blanchard: Vor kurzem haben wir in einigen Schulbezirken Beratungen durchgeführt. Eine unserer ersten Erkenntnisse war, daß in der Schule heute niemand mehr Spaß zu haben scheint. Die Kinder hatten keine Lust hinzugehen, und dasselbe galt für die Lehrer und den Direktor. Nicht einmal die Schulwarte wollten hingehen. Lachen scheint eine vergessene Kunst zu sein. Ich meine, daß nichts in der Schule derartig ernst sein kann. Schließlich geht es doch um das Leben der Kinder. Da können wir nicht einfach auf das Lachen vergessen.

Keine Situation ist wirklich trist, wenn man ihr eine lustige Seite abzugewinnen versucht. Und so wird jeder Moment zu einer potentiellen Lernerfahrung.

VOM WER ZUM WARUM

James O'Toole

Autor von *Leading Change:*
Overcoming the Ideology of Comfort and the Tyranny of Custom

Sucht nicht die Fehler. Sucht die Lösung.

Henry Ford

Als James Houghton die *Corning Glass Company* übernahm, wußte er, daß er alles auf den Kopf stellen mußte. Die neuen Technologien und der globale Wettbewerb forderten Innovationen.

Seinen Bemühungen im Wege stand die Tatsache, daß das Unternehmen seit jeher diktatorisch geführt worden war. Diese Kultur des „Management by fear" galt es zu überwinden.

Also initiierte Hamilton ein Programm, das auf dem Respekt für den einzelnen basierte.

Die Veränderung wurde durch ein kritisches Ereignis zu Beginn des Qualitätsprogramms angekündigt.

Jemand machte einen sehr kostspieligen Fehler. Als Hamilton davon erfuhr, platzte er hinaus: „Wer war das?"

Dann gewann er seine Fassung wieder. Vor Verlegenheit errötend, formulierte er seine Frage neu:

„Warum ist das passiert?"

„Wie können wir den Fehler beheben?"

„Wie können wir dafür sorgen, daß das nicht noch einmal passiert?"

Ab dem Zeitpunkt dieser eindrucksvollen Demonstration von Führungsstärke „war die erfolgreiche Umwandlung von *Corning* gesichert".

QUELLE: Dilbert von Scott Adams. Abdruck mit freundlicher Genehmigung von United Features Syndicate, Inc.

VERANTWORTUNG ÜBERNEHMEN

Michael J. Wyman

Unternehmensberater

Alle sind verantwortlich, und niemand hat Schuld.

Will Schutz

In meiner Eigenschaft als Unternehmensberater wurde ich gebeten, einem Unternehmen zu helfen, das unter schlechter Arbeitsmoral litt und in den ersten drei Jahren seines Bestehens hohe Schulden angehäuft hatte. Als ich mich mit dem Eigentümer traf, sprach er über nichts anderes als darüber, daß es mindestens drei Jahre dauere, bis man den Break-even-Punkt erreiche, daß seine gleichgültigen Teilzeitarbeiter sich für nichts anderes als für ihre Gehälter und Prämien interessierten und daß ihnen der finanzielle Zustand des Unternehmens oder sein persönliches Wohlbefinden mehr als gleichgültig seien.

Ich hörte mir diese ganze „Opferlitanei" an – wie ich sie mir in der Vergangenheit schon von so vielen Unternehmensleitern angehört hatte – und sagte dann: „Wenn Sie den Turnaround in Ihrem Unternehmen wirklich schaffen wollen, werden Sie die uneingeschränkte Verantwortung für Ihre Situation übernehmen müssen." Dann fragte ich: „Wer oder was ist Ihrer Meinung nach für Ihr finanzielles Versagen verantwortlich – mangelnder Erfolg oder schlechte Arbeitsmoral?"

Darauf hatte er eine unmittelbare Antwort: „Meine Mitarbeiter, die wirtschaftliche Situation und die Konkurrenz."

Ich fragte weiter: „Wer oder was ist Ihrer Meinung nach für Ihren finanziellen Erfolg oder Ihr finanzielles Versagen verantwortlich?"

Er hielt inne, dann sagte er: „Meine Mitarbeiter, die wirtschaftliche Situation und die Konkurrenz."

Schließlich sagte ich: „Wenn Sie mit Ihrem Unternehmen den Umschwung schaffen wollen, werden Sie akzeptieren müssen, daß Sie sich Ihre Realität – bewußt oder unbewußt – selbst schaffen."

Ganz erstaunt fragte er: „Wie meinen Sie das?"

Ich antwortete: „Es ist die Macht Ihrer Überzeugungen, Gedanken und Gefühle, die Ihnen jene Menschen, Erfahrungen und Ereignisse zuführt und verschafft, von denen Sie in Ihrem persönlichen und beruflichen Leben umgeben sind. Das Endergebnis ist, daß sich das, was Sie als Ihre Wahrheit erkennen – gleich, ob positiv oder negativ –, immer mehr Realität wird. Wenn Sie Ihre Überzeugungen, Gedanken und Gefühle ändern, werden Sie auch Ihre Realität verändern. Tatsache ist, daß schlechte Arbeitsmoral, schwaches Selbstwertgefühl und niedrige Umsätze und Einnahmen allesamt auf die negativen und einschränkenden Einstellungen zurückzuführen sind, die Ihr Denken und das Ihrer Mitarbeiter bestimmen. Die meisten Menschen haben keine Ahnung, was ihre Sichtweise der Realität alles bewirken kann."

Schließlich erwachte er und erkannte, daß das, was ich ihm sagte, stimmte. Daraufhin entschloß er sich, mit meiner Hilfe zu versuchen, seine Einstellung zu seinem Unternehmen und seine Meinung über seine Mitarbeiter zu verändern. Sobald er sich bewußt entschlossen hatte, sich von seinen festgefahrenen Meinungen „Man braucht drei Jahre, um einen Gewinn zu erwirtschaften, die wirtschaftliche Lage ist mies, meine Kunden sind nicht loyal, und meine Mitarbeiter sind gleichgültig") zu lösen und umzudenken („Mein unglaubliches neues Unternehmen erwirtschaftet außergewöhnliche und greifbare finanzielle Erfolge, die wirtschaftliche Lage ist ausgezeichnet, meine Kunden sind loyal, und meine wunderbaren, kreativen Mitarbeiter setzen sich für mich und das Unternehmen ein"), verwandelte sich sein gesamtes Unternehmen innerhalb eines Monats.

Einer der wichtigsten Augenblicke dieses unglaublichen Monats war gekommen, als er vor die versammelte Belegschaft hintrat und sagte: „Von nun an muß jeder für sein Geld wirklich arbeiten. Wer ein Gehalt und Prämien möchte, wird dafür sorgen müssen, daß das Unternehmen zumindest den Break-even-Punkt erreicht, oder noch besser, daß es einen Gewinn macht." Keiner seiner Mitarbeiter drohte ihm mehr mit der Kündigung, falls er sich weigerte, ihre Forderungen zu erfüllen. Nun kämpfte nicht länger Opfer gegen Opfer – „wir gegen den Chef". Die Mitarbeiter sahen die Zeit gekommen, gemeinsam mit dem Eigentümer eine umfassende Verantwortung zu übernehmen und sicherzustellen, daß alle am selben Strang zogen und dieselben positiven, auf Eigenverantwortlichkeit basierenden Einstellungen, Überzeugungen und Gefühle an den Tag legten. Wer sich dem nicht anschließen wollte, konnte das Unternehmen unverzüglich verlassen.

Jene, die die Veränderung mitvollzogen, entwickelten ein noch nie gekanntes Selbstwertgefühl, und sie wuchsen und blühten ebenso auf wie das Unternehmen. Jene, die sich weiterhin zu den Opfern zählen, negativen Gedanken nachhängen und nur Trittbrettfahrer sein wollten, kündigten über kurz oder lang oder wurden vom Rest der Belegschaft, der die Veränderung durchgemacht hatte, hinauskomplimentiert.

Wenn Unternehmensleiter oder Eigentümer die Gesamtverantwortung übernehmen und ihre Überzeugungen, Einstellungen und Gefühle zu ihren Mitarbeitern und ihren Unternehmen verändern, ist ein interessantes Phänomen zu beobachten: Das Universum ordnet sich neu und paßt sich der neu geschaffenen Realität an. Jene Mitarbeiter, die diese Veränderung nicht mitvollziehen können oder in alten Mustern steckenbleiben, verlassen das Unternehmen meist, um sich neue Arbeitsplätze zu suchen, an denen sie es sich bequem machen können – meist in der Gesellschaft anderer „Opfer". Jene hingegen, die sich am Prozeß der Neugestaltung beteiligen, bleiben und werden zu Champions und Siegern.

Kurze Zeit nach dieser Verwandlung verdoppelte das Unternehmen seinen Umsatz und erwirtschaftete einen Gewinn. Arbeitsmoral und Selbstwertgefühl der Mitarbeiter verbesserten sich drastisch, und der Eigentümer verbrachte den Großteil seiner Zeit damit, seine wunderbaren Mitarbeiter für ihre positiven Beiträge zum großartigen Erfolg seines Unternehmens zu loben, die ausgezeichnete wirtschaftliche Lage zu preisen und seinen Kunden für ihre Loyalität und Verbundenheit mit dem Unternehmen zu danken. Nun war er ein glücklicher Mann mit glücklichen Mitarbeitern.

Einige Monate später, als die Erfolgskurve immer noch steil nach oben wies, starb der Mann bedauerlicherweise, und das Unternehmen blieb seinem Schicksal überlassen. Da sich seine Mitarbeiter jedoch aufgrund der positiven Ergebnisse, die sie erreicht hatten, längst an Eigenverantwortlichkeit gewöhnt hatten, brachten sie das erforderliche Geld auf und kauften seiner Familie das Unternehmen ab, dessen Erfolg bis heute ungebrochen ist.

LASST DIE LAMENTIERER DIE PROBLEME LÖSEN

Auszug aus dem Pryor-Bericht und basierend auf:
Maverick: The Success Story Behind the World's Most Unusual Workplace
von Ricardo Semler

Ricardo Semler, Geschäftsführer des erfolgreichen brasilianischen Produktionsunternehmens *Semco*, ist ein überzeugter Verfechter des partizipativen Managements.

Diese seine Philosophie dehnte er auf einen Bereich seines Werks aus, das Gegenstand heftiger Emotionen war: die Cafeteria.

Die Mitarbeiter meinten, daß sie das schlechteste Essen aller Institutionen ohne Gitterfenster anbot. Also riet ihnen Semler, einen Cafeteriaausschuß zu bilden, der für die Auswahl eines Lieferanten, die Überwachung der Qualität und die Festlegung der Preise verantwortlich sein sollte.

Jair Pinto, ein Buchhalter, der schon seit 25 Jahren bei der Firma war, wurde zum Leiter dieses Ausschusses bestellt.

Jair war für seine Hartnäckigkeit bekannt. Kunden, die ihre Rechnungen zu spät bezahlten, knurrte er an wie ein Dobermann einen unangekündigten Besucher um Mitternacht.

Aber beim Essen ließ seine Durchsetzungskraft zu wünschen übrig, und deshalb kamen die Arbeiter zu dem Schluß, daß er etwas Motivation brauchte.

Eines Tages war das Dessert eine nur noch schwer als Pudding zu identifizierende Masse. Als sich Jair mit seiner Mahlzeit zu Tisch gesetzt hatte, erhob sich ein Arbeiter an seinem Tisch und klatschte seinen Pudding wortlos auf Jairs Tablett. Dann ging er hinaus, ohne ein Wort zu verlieren. Augenblicke später tat ein anderer Arbeiter dasselbe. Und noch einer. Zehn Minuten später saß Jair vor einem ganzen Puddingberg.

Am nächsten Tag begann er, das Essen genauer zu überwachen. Er wog die Steaks ab, um sicherzustellen, daß sie tatsächlich die im Vertrag festgelegten 125 Gramm wogen. Auch dem Küchenpersonal begann er auf die Finger zu sehen. Bald beklagte sich niemand mehr über die Qualität des Essens.

Das nächste Streitthema waren die Kosten. *Semco* subventionierte das Kantinenessen zu 70 Prozent. Der Cafeteriaausschuß initiierte jedoch einen „Robin-Hood-Mahlzeitenplan", bei dem die Arbeitnehmer Beiträge entsprechend ihrem Einkommen leisten sollten. Manager und leitende Techniker wurden aufgefordert, 95 Prozent der tatsächlichen Kosten zu übernehmen, während das Putzpersonal nur fünf Prozent bezahlte.

Einige Chefs fühlten sich schlecht behandelt und begannen, ihre Essenspakete von zu Hause mitzubringen. Der Ausschuß unternahm nichts dagegen und wartete darauf, daß die Chefs erkennen würden, daß 95 Prozent immer noch weniger waren als 100 Prozent. Nach einigen Wochen dämmerte ihnen diese Erkenntnis tatsächlich.

Heute verteidigen diese Chefs den Robin-Hood-Plan, denn sie wissen, was er für ihre schlechter bezahlten Kollegen bedeutet.

Anmerkung des Herausgebers: Wenn sich die Leute über etwas beklagen, übergeben Sie ihnen einfach das Problem zur Lösung. Sie werden Mittel und Wege finden, die Sie nie in Betracht gezogen hätten oder die vorzuschlagen Sie nie gewagt hätten.

DIE BRÜCKE ZWISCHEN SELBSTWERTGEFÜHL UND EINER SICH VERÄNDERNDEN ARBEITSUMGEBUNG

Bob Moawad

Präsident des *Edge Learning Institute*
Präsident der *National Association for Self-Esteem*
Autor von *Whatever it Takes*

Haben Sie manchmal das Gefühl, daß die Veränderung die einzige Konstante in Ihrem Unternehmen ist? Und stellen Sie in letzter Zeit immer öfter fest, daß sogar die Veränderung im Wandel begriffen ist? Vielleicht ist Ihr Unternehmen eines der vielen, die Prozesse wie Umstrukturierungen, Reorganisationen, Schrumpfungen oder ähnliches durchmachen. Vielleicht haben Sie vor kurzem Verbesserungen umgesetzt, die eine neue Art der Zusammenarbeit mit sich bringen, oder Sie haben Jobbeschreibungen verändert, Kündigungen durchgeführt oder vielleicht sogar Arbeitsplätze eliminiert. Die Unternehmen versuchen immer noch, auf jene unreduzierbare Zahl von Kernmitarbeitern zu schrumpfen, die ihnen die Wettbewerbsfähigkeit sichert. Hat man Sie schon aufgefordert, mit weniger mehr zu bewerkstelligen? Hat man Sie aufgefordert, Ihren seit vielen Jahren bewährten Management- oder Führungsstil zu verändern, der aber der Kultur des partizipativen Managements und der Einbeziehung der Mitarbeiter widerspricht?

Viele Menschen fühlen sich angegriffen, wenn von ihnen verlangt wird, 15 bis 25 Jahre ihrer Lernerfahrungen und Gewohnheiten über Bord zu werfen und alles anders zu machen als bisher. Für viele bedeutet Kompetenz, mit minimalem Aufwand maximale Ergebnisse zu erzielen. Wir haben bestimmte festgefahrene Gewohnheiten des Arbeitens und des Managens. Wir haben etwas geschaffen, und nun werden wir aufgefordert, alles anders zu machen. Man verlangt von uns, alte Gewohnheiten aufzugeben und umzulernen. Die Dinge anders zu machen, kostet uns viel mehr Mühe und ruft alle möglichen Gefühle der Überraschung, der Fremdheit, der Unsicherheit und des Kontrollverlusts in uns hervor.

Was denken Sie über Total Quality Management, selbstbestimmte Arbeitsteams, Schrumpfung, Empowerment, eine sich verändernde Arbeitskultur und den globalen Wettbewerb? Wenn ein Unternehmen schrumpft, verändert sich das Aufgabenfeld des mittleren Managements erheblich. Die Entscheidungsfindung durch Teams wird zur Norm. Wenn sich Ihr Selbstwertgefühl ausschließlich auf Ihre Jobbeschreibung stützt, ist es gut möglich, daß es sich auf dünnem Eis bewegt.

In diesen Zeiten der Veränderung sollten wir unsere Fähigkeit auffrischen, uns neue Kenntnisse anzueigen. Wir sollten erkennen, daß das Lernen keine Aufgabe ist, die wir mit einem Mal abtun können, sondern ein kontinuierlicher Prozeß. Wir *können* lernen, einen Laptop-Computer zu bedienen und unsere „alten" Geschäftsmethoden den neuen Zeiten anzupassen.

Die Problematik erinnert mich an Ed Stitt aus Trenton (New Jersey), der sich im Alter von 87 Jahren als Vollzeitstudent im örtlichen College einschrieb. Er sagte dazu: „Das hält meine Gehirnwindungen in Gang und sorgt dafür, daß ich nicht unter der ‚Oldtimer-Krankheit' zu leiden beginne." Gladys Clappison ist Vollzeitstudentin an der Universität in Ames (Iowa). Mit ihren 82 Jahren lebt sie im Studentenheim und arbeitet an ihrer Dissertation. Auf die Frage, was sie studiere, antwortete Gladys: „Geschichte – ich habe soviel davon erlebt, da kann ich mir genausogut ein Zeugnis darüber holen." Selma Plott promovierte im Alter von 100 Jahren an der Universität von Toronto. Mit dem Wachsen und Lernen braucht man eben nie aufzuhören!

Ein gut organisierter Mensch mit viel Selbstwertgefühl ist optimistisch genug, in jeder Situation umlernen und mit einer „Das-schaffe-ich"-Einstellung an neue Situationen herangehen zu können. Ein gutes Selbstwertgefühl hilft uns, an neue Dinge mit derselben positiven Einstellung heranzugehen, die wir als kleine Kinder hatten: Alles, was es wert ist, getan zu werden, darf ruhig mühsam sein und ist es auch wert, schlecht gemacht zu werden – jedenfalls eine Zeitlang.

Wenn Sie davon überzeugt sind, daß Ihr Selbstwertgefühl auf dem basiert, was Sie zu tun gewöhnt sind, dann bricht es in sich zusammen, sobald Sie etwas anderes tun müssen! In diesem Fall ist es klar, daß Ihr Selbstwertgefühl in diesen Zeiten intensiver Veränderung äußerst gefährdet ist. Sie sind nicht identisch mit Ihrer Jobbeschreibung, und Sie brauchen sich nicht an Ihren so gut wie „ersessenen" Pensionsanspruch zu klammern: Sie sind von Natur aus ein wertvoller Mensch. Sich selbst zu schätzen bedeutet nicht, egoistisch zu sein, und es bedeutet auch nicht, Ihre Lieblingseigenschaften und Vorzüge im Geiste aufzulisten. Statt dessen geht es darum, daß Sie sich trotz all Ihrer Fehler, Schwächen, sich verändernden Jobbeschreibungen und menschlichen Unzulänglichkeiten mit einem Gefühl der Wärme, der Liebe und der Wertschätzung betrachten. Wenn Sie sich selbst mögen, wissen Sie, daß Sie ein wertvoller Mensch sind, und diese Überzeugung vermitteln Sie auch nach außen.

Versuchen Sie es mit folgenden Merksätzen: „Ich bin das einzige und allerbeste Ich, das es jemals gegeben hat. Ich wachse ständig in Weisheit und Liebe. Kein Mensch auf der Welt ist mehr oder weniger wert und wichtiger oder unwichtiger als ich. Wir unterscheiden uns zwar in unseren angeborenen Talenten und Begabungen, aber nicht in unserem Wert. Ich bin froh, daß ich ich bin. Trotz der vielen Probleme und Herausforderungen, mit denen ich in meinem persönlichen und beruflichen Leben konfrontiert bin, freue ich mich, den Rest meines Lebens mit mir verbringen zu dürfen." Sie haben auch allen Grund, sich darüber zu freuen. Stellen Sie sich nur die Alternative vor!

Es gibt einige Richtlinien und „persönliche Werbekampagnen", die Ihnen in diesen Zeiten der Veränderung von Nutzen sein können:

● Machen Sie sich bewußt, daß Sie, so wie Sie sind, schön und einzigartig sind – das einzige und allerbeste Sie, das es je gab.

● Machen Sie sich von der Vorstellung frei, daß Sie anderen nacheifern müßten. Der einzige wirkliche Konkurrent, den Sie haben, ist Ihr eigenes bestes Selbst. Wenn Sie mit anderen konkurrieren, öffnen Sie nicht nur der Mittelmäßigkeit Tür und Tor, sondern Sie laufen auch Gefahr, Ihr Selbstwertgefühl nachhaltig zu schädigen.

● Machen Sie sich bewußt, daß Sie ein angeborenes Selbstwertgefühl haben, das nicht von Handlungen und Entscheidungen abhängig ist. Sie mögen Ihren Job verloren haben, aber deswegen sind Sie noch lange kein Verlierer. Sie mögen an einem Projekt gescheitert sein, aber deswegen sind Sie noch lange kein Versager.

● Übernehmen Sie zu 100 Prozent die Verantwortung für Ihre Entschlüsse und Entscheidungen. Machen Sie sich bewußt und nehmen Sie zur Kenntnis, daß Sie sich die Spannungen – seien sie positiv oder negativ – durch Ihre Reaktionen auf die Geschehnisse in Ihrem Umkreis selbst schaffen. Die Umstände und die anderen Menschen erzeugen keine Spannung in Ihnen – das tun nur Sie selbst. (Ist Ihnen dieser Gedanke angenehm, oder erzeugt er in Ihnen eine Spannung?)

● Machen Sie sich bewußt, daß Fehler Meilensteine zum Erfolg sind. Wenn Sie entlassen oder aus Ihrem Job verdrängt werden, sollten Sie sich die Chance geben, bei der Suche nach einem neuen Arbeitsplatz aus Ihren Fehlern zu lernen, indem Sie sich beispielsweise weiterbilden. In diesen Zeiten der Veränderung kann es sehr gut sein, wenn Ihr Einstellungsquotient (EQ) wichtiger wird als Ihr Intelligenzquotient (IQ). Wie es der selige Buckminster Fuller sagte: „Alle meine Erkenntnisse gewann ich sozusagen versehentlich. Was ist, entdeckt man, indem man das eliminiert, was nicht ist."

- Vielleicht wäre es klug, sich die Einstellung Thomas Edisons zu eigen zu machen, der auf die Frage, ob er sich nach 25.000 vergeblichen Versuchen, Elektrizität in einem Kasten zu speichern (die schließlich in die Erfindung der Batterie münden sollten), als Versager gefühlt habe, antwortete: „Wir von Edison Inventions, Inc. betrachten uns niemals als Versager. Wir haben Fehlstarts, zeitweilige Rückschläge und Lernfehler zu verkraften. Aber unsere Grundeinstellung zu diesen 25.000 Versuchen lautet, daß wir bis dato 25.000 verschiedene Möglichkeiten gefunden haben, wie man Elektrizität nicht speichert. Das muß uns dem Durchbruch wirklich nahegebracht haben." Eine solche Einstellung würde auch Ihnen gut anstehen.

- Genießen Sie jeden Tag für sich, und machen Sie sich bewußt, daß das Leben eine Reise ist, die Augenblick für Augenblick ausgekostet werden will. Es gibt da ein Diebespaar, das Ihnen Ihre Effektivität zu rauben und an Ihrer Wertschätzung für das Leben zu nagen versucht: erstens das Gestern, also die Vergangenheit, und zweitens das Morgen, also ein Schuldschein, für den niemand eine Garantie besitzt. Ich hoffe, Sie sind kein Anhänger der Pop-Psychologie der siebziger Jahre, die uns davon zu überzeugen versuchte, daß „heute der erste Tag unseres restlichen Lebens" sei. Sollten Sie je einen Logik- oder Erkenntnistheoriekurs absolviert haben, dann kennen Sie den fatalen Haken an dieser Theorie: Niemand von uns besitzt eine Garantie für dieses „restliche Leben". Lernen Sie, im Hier und Jetzt zu leben und jeden Tag in Dankbarkeit zu genießen. Das ist echte Wertschätzung des Lebens. Mark Twain sagte einmal: „Leben Sie jeden Tag Ihres Lebens so, daß sogar der Bestatter traurig wäre, wenn Sie heute sterben müßten." Halten Sie inne, und schnuppern Sie den Duft der Rosen.

- Überhäufen Sie sich selbst mit Lob für Ihre Mühe. Lob hilft auch dann, wenn alles gerade nicht so gut läuft.

Hier noch einige zusätzliche Richtlinien, die Ihnen über eine Phase des Übergangs hinweghelfen können:

- Sprechen Sie sanft und liebevoll mit sich selbst.

- Vertrauen Sie auf Ihre innere Stimme und Ihre Intuition.

- Betrachten Sie es als Ihre Pflicht, Ihr volles Potential und Ihre Kreativität zu entfalten.

- Vergeben Sie sich selbst. Überwinden Sie Ihre Schuldgefühle.

- Haben Sie Spaß. Lächeln Sie auch dann, wenn Ihnen nicht zum Lachen zumute ist. Es wird Ihnen schon etwas einfallen.

- Sagen Sie ja, wenn Sie ja sagen wollen, und nein, wenn Sie nein sagen wollen.

- Nehmen Sie die Zuneigung und Komplimente anderer an. Gestatten Sie es anderen, in diesen schwierigen Zeiten Ihre Freunde zu sein. Sie haben das Recht, von anderen zu erwarten, daß sie Sie respektvoll behandeln. Voraussetzung dafür ist aber, daß auch Sie die anderen so behandeln.

- Entscheiden Sie sich bewußt, nicht zu lamentieren. Das schadet Ihnen und den Menschen in Ihrer Umgebung.

- Heben Sie Ihre tagtägliche Lebensfreude, ohne daß dazu etwas Bestimmtes passieren muß.

Denken Sie daran, daß Einstellungen ansteckend sind und daß niemand attraktiver (auch für einen Arbeitgeber!) ist als ein von Natur aus glücklicher, zufriedener, lebendiger Mensch. Die Schwierigkeiten des Lebens sind dazu da, uns zu besseren Menschen zu machen und nicht zu verbitterten.

- Denken und handeln Sie positiv.

- Loben Sie sich selbst für gut bewältigte Aufgaben.

- Sprechen Sie täglich mit Menschen, die Sie sehr gern mögen.

- Planen Sie voraus, aber seien Sie dabei flexibel.

- Sorgen Sie für Bewegung und Entspannung.

- Entscheiden Sie sich bewußt dafür, sich Ihre kostbare Gegenwart nicht von Schuldgefühlen über die Vergangenheit oder Sorgen über die Zukunft zerstören zu lassen. Denken Sie daran, daß wir uns zu jenem Bild unserer Welt hinbewegen, das wir in unserem Geist hochhalten, und daß wir diesem Bild ähnlich werden.

- Es erfordert weniger Energie, etwas Unangenehmes sofort zu erledigen, als sich den ganzen Tag lang davon belasten zu lassen.

- Achten Sie auf Ihr Gewicht, und sorgen Sie für eine ausgewogene Ernährung.

- Machen Sie sich bewußt, daß Feiertage, Urlaube und Hobbys wichtig sind.

- Planen Sie Aktivitäten ein, die Ihnen Energie geben – Dinge, die Sie gern tun, und solche, die Sie nur für sich tun.

- Halten Sie nicht Ausschau nach den Haaren in der Suppe, sondern nach den positiven Dingen. „Ertappen" Sie sich und andere dabei, wie Sie gerade etwas richtig machen.

Ich hasse diese Mitarbeiter-Motivierungsseminare.

3   EIN HERZ FÜR MENSCHEN

Der Manager ist das A und O aller Dinge. Das wichtigste ist: Hat er ein Herz für Menschen?

Jim Treybig
Präsident und Geschäftsführer von *Tandem Computers*

Den Menschen ist es egal, wieviel Sie wissen – wenn sie nur wissen, daß sie Ihnen nicht egal sind.

John Hanley
Präsident und Geschäftsführer von *Lifespring*

FÄDEN

James Autry

Ehemaliger Präsident des Zeitschriftenbereichs von *Meredith Publishing*
Autor von *Love and Profit: The Art of Caring Leadership*

Menschenführung erfordert Menschlichkeit. Mit Förmlichkeit,
Professionalität und kühler Sachlichkeit allein kann man nicht führen.

Paul Hawken
Gründer von *Smith & Hawken*

Manchmal macht es „klick",
einfach so,
nichts Großes vielleicht,
aber jedenfalls jenseits des normalen Geschäftskrams.
Es kommt und ist ebenso schnell wieder vorbei;
man muß also achtgeben, eine Veränderung im Blick
auf die Frage nach der Familie; ein aufflackernder Schmerz
hinter den reinen Fakten
auf die Frage nach Kindern, die zur Schule gehen
oder die man nur jeden zweiten Sonntag sieht.
Ein älterer Mann spricht über seine Verlobte
ein bißchen verlegen nach fünfundzwanzig Jahren.
Ein Aufsteiger mit heißen Augen lacht bevor es Zeit ist.
Jemand erzählt vom Job seiner Frau
oder warum sie kündigte, um zu Hause zu bleiben.
Ein alter Scherzbold braucht eine letzte Pointe
auf dem Weg zur Pension.
Eine Frau erzählt, sie investiere einen großen Teil ihres Gehalts
in ein Au-Pair-Mädchen, und es sei schwer, ein gutes zu finden.
Doch es sei die Sache wert, weil ihr nichts wichtiger sei
als ihr Kind.
Zuhören.
In jedem Büro laufen Fäden
der Liebe, der Freude und der Schuld.
Rufe nach Aufmerksamkeit und Bestätigung
und nach einem Menschen, der sie miteinander verknüpft.
Verknüpfen Sie sie, und der Rest ergibt sich von selbst.

178

WAS BEDEUTET SCHON EIN NAME?

Robert Levering und Milton Moskowitz

Coautoren von *The 100 Best Companies to Work for in America*

Wenn man den Menschen mit Anteilnahme und Interesse begegnet, kann das für die Produktivität entschieden förderlich sein.

Thomas Peters und Robert Waterman, Jr.

Der Vorstandsvorsitzende und Geschäftsführer der *First Federal Bank*, Bill Mortensen, kennt fast alle seine Mitarbeiter mit Vornamen. Penny Resnick, die bei der *FirstFed* als Aushilfe begann, erinnert sich: „An meinem ersten Arbeitstag", so erzählte sie uns, „saß ich hier oben in der 12. Etage an meinem Schreibtisch, als ein Mann vorbeikam und zu mir sagte: ‚Guten Morgen, Penny. Wie geht's denn so?'

Und ich antwortete: ‚Gut, vielen Dank.' Als er ging, sah ich die Empfangssekretärin an und fragte: ‚Wer war denn das?'

Sie drehte sich zu mir um und sagte: ‚Das war der oberste Boß.' Da dachte ich: ‚Was? Der Boß nimmt sich Zeit, um sich nach dem Namen einer Aushilfe zu erkundigen? Es muß toll sein, für ihn zu arbeiten!' Nun sieben Jahre später, kann ich diesen ersten Eindruck nur bestätigen: Es ist wirklich toll, für diesen Chef und für dieses Unternehmen zu arbeiten."

Natürlich ist diese scheinbare Beiläufigkeit in Wirklichkeit Bestandteil der Firmenpolitik. Auf der ersten Seite des „Persönlichen Leitfadens zum Erfolg bei *First Federal*" steht: „Bei *First Federal* nennen einander alle Mitarbei-

Quelle: Dilbert von Scott Adams. Abdruck mit freundlicher Genehmigung von United Feature Syndicate, Inc.

179

ter beim Vornamen. Wir arbeiten professionell, aber wir finden, daß Arbeit Spaß machen sollte und daß wir alle fröhlich und freundlich sein sollten, während wir unsere Aufgaben erledigen. Wir sind davon überzeugt, daß ALLE Angehörigen unserer Organisation wichtig sind und daß keine Tätigkeit wichtiger ist als eine andere."

Mortensen erklärt die Firmenpolitik so: „Ich versuche, alle mit ihrem Vornamen anzusprechen, und ich lasse mich auch selbst beim Vornamen nennen. Es gibt nichts Schlimmeres, als eine bestimmte Zeit lang an einem Ort gearbeitet zu haben, und die Leute kennen einen nicht einmal mit Namen. Wir alle mögen es, mit unserem Namen angesprochen zu werden. Und wenn einen jemand ansieht, der vergessen hat, wer man ist, dann kann das sehr demotivierend wirken. Irgendwie habe ich das Gefühl, daß Manager besser demotivieren als motivieren können. Ich bin mir nicht sicher, wie sehr man die Leute wirklich motivieren kann, aber ich weiß ganz genau, daß man sie demotivieren kann. Wir gehen davon aus, daß unsere Mitarbeiter gute Arbeit leisten wollen, daß sie sich bemühen und daß sie auf ihren Arbeitsplatz und auf ihre Leistung stolz sind."

DIE ENTSCHEIDENDE FRAGE

JoAnn C. Jones

Während meines zweiten Monats in der Krankenpflegerschule stellte uns unsere Lehrerin eine kleine Aufgabe, bei der wir einen schriftlichen Fragebogen beantworten mußten. Da ich eine pflichtbewußte Schülerin war, überflog ich die Fragen schnell. Die letzte Frage, auf die ich stieß, machte mich stutzig: „Wie heißt die Reinigungsfrau der Schule mit Vornamen?"

Das mußte eine Art Witz sein, da war ich mir sicher. Ich hatte die Reinigungsfrau schon öfter gesehen. Sie war groß, dunkelhaarig und Mitte fünfzig, aber woher sollte ich ihren Namen wissen? Ich gab den Prüfungsbogen ab, ohne die letzte Frage beantwortet zu haben.

Am Ende der Stunde fragte eine Schülerin, ob die letzte Frage für die Note zähle. „Natürlich", sagte die Lehrerin. „In Ihrem Beruf werden Sie mit vielen Menschen zu tun haben. Alle sind wichtig, und alle verdienen Ihre Aufmerksamkeit und Ihre Anteilnahme, auch wenn Sie nichts weiter für sie tun können als lächeln und Guten Tag sagen."

Diese Lektion habe ich nie vergessen. Übrigens brachte ich in Erfahrung, daß die Reinigungsfrau Dorothy hieß ...

BERECHENBARKEIT UND GLEICHHEIT

Dr. Timothy Johnson

Leiter der Abteilung für Gynäkologie und Geburtshilfe
an der University of Michigan in Ann Arbor

Wer als Führungskraft erfolgreich sein oder auch nur bestehen möchte, muß vor allem eines haben: Respekt vor den Menschen. Man muß jedem einzelnen mit Respekt begegnen, und zwar mit großem Respekt. Respekt für den Hausmeister und Respekt für den Unternehmensleiter – denn keiner kann seine Arbeit ohne den anderen tun. Diese Art von Respekt, den man anderen als Teammitglied in Form von vielfältigsten Kontakten zollt, ist sehr, sehr wichtig.

„Berechenbarkeit" und „Gleichheit", das sind meine beiden Lieblingsworte. Ich bin davon überzeugt, daß Ihre Mitarbeiter ihr Bestes geben werden, wenn sie auf Ihre Berechenbarkeit zählen können, das heißt, wenn klar ist, wie Sie auf eine bestimmte Situation reagieren werden. Diese Gewißheit gibt ihnen mehr Spielraum, weil ihnen klar ist, wie sie an eine Sache herangehen und welche Vorbereitungen sie treffen müssen. Wenn Sie auf bestimmte Situationen nicht immer gleich reagieren, wissen Ihre Untergebenen nie, was sie zu erwarten haben oder wie sie etwas erledigen sollen, bevor es auf Ihren Schreibtisch kommt. Ich glaube, daß meine Leute recht gut abschätzen können, wie ich reagieren werde. Da ich mich um Berechenbarkeit bemühe, wissen sie ziemlich genau, welche Arbeitsergebnisse sie mir zumuten oder mit welchen Fragen oder Beschwerden sie sich an mich wenden können. Normalerweise können sie sich diese Dinge überlegen, bevor sie zu mir kommen.

Als ich meine derzeitige Abteilung übernahm, pflegte man Frauen, die genau dieselbe Arbeit wie die Männer verrichteten, pro Jahr um 40.000 bis 50.000 Dollar weniger zu bezahlen.

Frauen mit genau gleicher Ausbildung und genau demselben Fachwissen wie ihre Kollegen wurden finanziell erheblich benachteiligt. Wenn ich von Gleichheit spreche, dann meine ich nicht nur die Gleichheit am Arbeitsplatz, sondern auch finanzielle Gleichheit und Gleichheit in der Verteilung der Arbeitslast. Das Ganze funktioniert in beide Richtungen. Eine meiner ersten Aktivitäten in meiner Abteilung war, daß ich zwei Jahre damit zubrachte, finanzielle Gerechtigkeit in das System zu bringen, damit es für die Leute nachvollziehbar war, nach welchen Kriterien sie bezahlt wurden, und damit sie sicher sein konnten, daß sie fair behandelt wurden und daß für dieselbe Arbeit alle dasselbe Gehalt bekamen.

DAS UNSICHTBARE ZEICHEN

Mary Kay Ash

Gründerin und ehemalige Vorsitzende von *Mary Kay Cosmetics*
Autorin von *Mary Kay on People Management und You Can Have It All*

Jeder Mensch ist einzigartig! Davon bin ich vollkommen überzeugt. Wir alle möchten ein gutes Gefühl in bezug auf uns selbst haben, aber ich finde, es ist ebenso wichtig, daß wir dieses gute Gefühl auch anderen vermitteln. Jedesmal, wenn ich mit anderen Menschen zusammentreffe, stelle ich mir vor, daß sie ein unsichtbares Schild mit folgender Aufschrift um den Hals tragen:

GIB MIR DAS GEFÜHL, DASS ICH WICHTIG BIN!

Auf diese Botschaft reagiere ich sofort, und meine Reaktion wirkt Wunder.

Manche Menschen sind jedoch zu sehr in ihre eigenen Angelegenheiten vertieft und sie übersehen, daß sich auch andere wichtig fühlen wollen.

Bei einem Empfang stand ich einmal in einer langen Warteschlange, und als ich schließlich an der Reihe war, die Hand des Verkaufsleiters zu schütteln, behandelte er mich, als wäre ich Luft. Ich bin mir sicher, daß er sich nicht an den Vorfall erinnert, und wahrscheinlich wurde ihm nie bewußt, wie sehr er mich verletzt hatte. Ich erinnere mich jedoch daran, als wäre es gestern gewesen – ich muß also wirklich betroffen gewesen sein. Ich habe an diesem Tag eine wichtige Lektion gelernt, die sich tief in mein Bewußtsein eingegraben hat: *Ganz gleich, wie beschäftigt du bist – du mußt dir die Zeit nehmen, um dem anderen zu vermitteln, daß er wichtig ist!*

Vor vielen Jahren wollte ich mir einmal ein neues Auto kaufen. Damals waren gerade zwei schicke Modelle auf den Markt gekommen, und ich hatte mein Herz an einen schwarzweißen Ford verloren. Da es mir immer schon unangenehm gewesen war, etwas zu kaufen, was ich mir nicht leisten konnte, hatte ich genug Geld gespart, um den Wagen bar bezahlen zu können. Das Auto sollte mein Geburtstagsgeschenk an mich selbst sein. Also steckte ich das Geld in meine Handtasche und begab mich in freudiger Erwartung in den Schauraum des Händlers.

Der Autoverkäufer nahm mich offensichtlich nicht ernst. Er hatte mich in meinem alten Wagen vorfahren sehen und glaubte nun wahrscheinlich, daß ich mir keinen neuen leisten konnte. In der damaligen Zeit bekam eine Frau nicht so leicht Kredit wie ein Mann, und deshalb kam es selten vor, daß eine

Frau einfach in einen Schauraum hineinspazierte und ein Auto kaufte. Frauen waren für die Verkäufer nicht gerade Top-Kundinnen und der Ford-Repräsentant ignorierte mich demnach auch nach Kräften. Wenn er beabsichtigte, mir das Gefühl zu geben, ich sei eine unbedeutende Null, dann machte er seine Sache ausgezeichnet. Als es Mittag wurde, entschuldigte er sich kurzerhand, indem er sagte, er müsse gehen, weil er sonst zu einer Verabredung zu spät komme. Da ich das Auto unbedingt wollte, verlangte ich den Verkaufsleiter zu sprechen. Der war aber nicht da, und man sagte mir, daß er nicht vor 13 Uhr zurück sein würde. Da ich nun einige Zeit totzuschlagen hatte, entschloß ich mich, ein bißchen spazierenzugehen.

Gleich um die Ecke lag der Schauraum des Mercury-Händlers. Ich ging hinein, aber nur, um mich ein bißchen umzusehen, denn ich wollte immer noch den schwarzweißen Ford kaufen. Der Mercury-Händler hatte ein gelbes Modell ausgestellt, das mir sehr gut gefiel, aber der Preis auf dem Verkaufsschild lag jenseits der Summe, die ich auszugeben geplant hatte. Der Verkäufer behandelte mich aber mit größter Höflichkeit und gab mir das Gefühl, eine wichtige und ernstzunehmende potentielle Kundin zu sein. Als er hörte, daß ich Geburtstag hatte, entschuldigte er sich kurz. Nach ein paar Minuten kam er zurück und setzte das Gespräch mit mir fort. 15 Minuten später brachte ihm seine Sekretärin ein Dutzend Rosen, die er mir mit seinen besten Geburtstagswünschen überreichte. Ich fühlte mich wie eine Prinzessin! Nun, ich brauche wohl nicht näher zu erläutern, warum ich anstelle des schwarzweißen Ford letztlich doch den Mercury kaufte.

Dieser Verkäufer machte das Geschäft, weil er mir das Gefühl gab, wichtig zu sein. Er ließ sich nicht davon beeindrucken, daß ich eine Frau war, die ein altes Auto fuhr. Ich war ein Mensch – und in seinen Augen bedeutete das, daß ich etwas Besonderes war. Er hatte das unsichtbare Schild gesehen, das ich um den Hals trug.

Jeder Manager sollte wissen, daß der liebe Gott in alle Menschen Samenkörner gelegt hat, aus denen Großes werden kann. Jeder von uns ist wichtig, und ein guter Manager kann diese Samenkörner zum Keimen bringen! Wie schade, daß die meisten Menschen sterben, ohne ihre Musik in ihrer ganzen Fülle jemals gehört zu haben. Man sagt, daß wir nur zehn Prozent unserer von Gott gegebenen Fähigkeiten nutzen und daß wir die restlichen 90 Prozent niemals antasten. Denken Sie nur an Grandma Moses, die erst im Alter von 75 Jahren zu malen begann! Sie wurde noch eine weltbekannte Künstlerin, aber es ist sicher, daß sie ihr Talent auch schon in früheren Jahren gehabt hat. Wäre es nicht schade gewesen, wenn Grandma Moses ihre gottgegebenen künstlerischen Fähigkeiten niemals entdeckt hätte?

Geben Sie den Menschen das Gefühl, wichtig zu sein – sie sind es ja auch tatsächlich!

Ich bin davon überzeugt, daß jeder Mensch die Fähigkeit hat, etwas Wichtiges zu erreichen, und deshalb ist für mich jeder Mensch etwas Besonderes. Ein Manager sollte diese Einstellung ebenfalls haben – aber Achtung: Es ist eine Einstellung, die sich nicht vortäuschen läßt. Man muß ehrlich davon überzeugt sein, daß jeder Mensch wichtig ist.

Das ist etwas Grundlegendes, etwas, was Sie wahrscheinlich schon viele Male gehört haben. Trotzdem möchte ich Sie nochmals daran erinnern, denn viele Geschäftsleute vergraben sich dermaßen in ihre Arbeit, daß sie vergessen, diesen wichtigen Grundsatz in der Praxis anzuwenden. „Geschäft ist Geschäft, Mary Kay", bekomme ich von ihnen zu hören. „Man braucht seine Angestellten nicht auf Rosen zu betten. Meine Mitarbeiter können von mir nicht erwarten, daß ich ihnen das Gefühl gebe, wichtig zu sein. Dafür werde ich schließlich nicht bezahlt."

Aber da liegen sie völlig falsch. Anderen das Gefühl zu geben, wichtig zu sein, ist eben genau das, wofür ein Manager bezahlt wird. Der Grund dafür liegt darin, daß dieses Gefühl die Menschen dazu motiviert, besser zu arbeiten. John D. Rockefeller sagte einmal: „Die Fähigkeit, mit Menschen umzugehen, ist mir mehr Geld wert als alles andere." Eine gute Arbeitsmoral ist eine wichtige Voraussetzung für die Steigerung der Produktivität. Das bedeutet, daß ein guter Manager ständig bestrebt sein muß, das Selbstbewußtsein jedes einzelnen Angehörigen im Unternehmen zu stärken.

Meine Erfahrung mit Menschen sagt mir, daß sie im allgemeinen genau das tun, *was von ihnen erwartet wird!* Wenn Sie gute Leistungen von ihnen erwarten, werden sie auch gute Leistungen erbringen, und wenn Sie nur das Schlechteste von Ihnen erwarten, werden sie auch diese Erwartung erfüllen. Ich bin davon überzeugt, daß der durchschnittliche Angestellte, der sein Bestes gibt, um Ihre hohen Erwartungen zu erfüllen, mehr leistet als der überdurchschnittliche Mitarbeiter mit einem schlechten Selbstbewußtsein. Motivieren Sie Ihre Leute dazu, jene 90 Prozent ihrer brachliegenden Ressourcen anzuzapfen, und ihre Leistungen werden in die Höhe schnellen!

Wie kann ein Manager seinen Mitarbeitern das Gefühl geben, wichtig zu sein? Nun – erstens, indem er ihnen *zuhört.* Indem er ihnen zu verstehen gibt, daß er sie respektiert, und indem er ihnen Gelegenheit gibt, ihre Meinung zu äußern. (Dadurch lukriert er noch einen zusätzlichen Vorteil: Er kann dabei etwas lernen!) Eine meiner Freundinnen erzählte mir einmal von einem leitenden Manager einer großen Einzelhandelskette, der zu einem seiner Filialleiter sagte: „Sie können mir nichts erzählen, worüber ich nicht schon nachgedacht hätte. Sagen Sie mir nie, was Sie denken, es sei denn, ich frage Sie um Ihre Meinung. Ist das klar?" Stellen Sie sich vor, wie erniedrigt sich der Filialleiter gefühlt haben muß. Ich bin mir sicher, daß er die Freude an der Arbeit vollkommen verlor und daß sich seine Leistung in der Folge verschlechterte. Wenn jemandes Selbstbewußtsein leidet, sinkt sein Energiepegel. Wenn Sie aber andererseits jemandem das Gefühl vermitteln, wirklich wichtig zu sein, dann wird er auf Wolken schweben, und sein Energiepegel wird in ungeahnte Höhen schnellen. Sie haben den Adrenalinknopf gedrückt – und ein harmloses Kätzchen wird zum Tiger!

Verantwortung ohne Autorität kann destruktiv sein

Menschen fühlen sich auch wichtig, wenn ihnen Verantwortung übertragen wird. Aber Vorsicht: Verantwortung ohne die entsprechende Autorität kann das Selbstbewußtsein untergraben. Haben Sie je beobachtet, wie ein kleines Mädchen reagiert, das zum ersten Mal auf seinen kleinen Bruder aufpassen soll? Die Kleine sprüht vor Begeisterung, weil ihr der Status einer Erwachsenen zuerkannt wird. Aber wenn sie die Verantwortung hat, auf ihren kleinen Bruder aufzupassen, dann sollte sie auch die Autorität haben, ihn frühzeitig ins Bett zu schicken, falls er sich schlecht benimmt. Der Einzelhandelsmanager, von dem ich oben erzählte, verabsäumte es nicht nur, seinem Filialleiter zuzuhören, sondern er nahm ihm auch jede Autorität, Entscheidungen zu treffen. Die Folge war, daß das Selbstbewußtsein des Filialleiters einen Dämpfer erhielt und daß er sich bald nach einem neuen Job bei der Konkurrenz umsah. In dem neuen Job wurde ihm sowohl Verantwortung als auch Autorität übertragen. Davon profitierte sein Selbstbewußtsein, und bald fühlte er sich so sicher, daß er seinem neuen Arbeitgeber Vorschläge für innovative Einzelhandelskonzepte zu machen wagte. Diese Vorschläge erwiesen sich als so wertvoll, daß er bald in einer höheren Position landete als sein früherer Chef.

Ein Rechtsanwalt erzählte mir von einem Meeting, das seine Kanzlei für die leitenden Mitarbeiter einer Regionalbank veranstaltete. Einer seiner Partner, der einen kleinen Imbiß organisieren sollte, hatte bei einem nahegelegenen Partyservice Brötchen bestellt. Damit machte die Anwaltskanzlei keinen besonders guten Eindruck. Mehrere Wochen später wurde eine andere Juristin der Kanzlei mit der Aufgabe betraut, ein Geschäftstreffen mit einer anderen Bank zu organisieren. Dafür hatte man ihr ein etwas höheres Budget zur Verfügung gestellt.

Sie wußte, wie wichtig das Treffen für die Kanzlei war, und sie fühlte sich geehrt, daß ihr die Verantwortung dafür übertragen worden war. Am Vorabend bereitete sie bei sich zu Hause köstliche kleine Happen vor; außerdem ließ sie von einem im selben Gebäude gelegenen Restaurant einige warme Speisen liefern. Sie selbst fungierte bei dem Treffen als Gastgeberin und begrüßte jeden einzelnen der Banker, die die Räumlichkeiten der Kanzlei betraten. Sie machte ihre Sache großartig, weil ihr die Tatsache, daß ihr die Verantwortung für diese Sache übertragen worden war, das Gefühl gab, wichtig zu sein. Die Veranstaltung war ein ungeheurer Erfolg. In der Kanzlei trafen mehrere Dankschreiben von den Bankern ein, die den tollen Imbiß lobten, und kurz danach übertrug die Bank der Kanzlei einen Teil ihrer Rechtsangelegenheiten.

Zeigen Sie den Menschen, daß Sie sie schätzen

Ich empfehle Ihnen, Ihren Mitarbeitern immer wieder verstehen zu geben, wie sehr Sie sie schätzen. Ich habe noch nie jemanden getroffen, der keinen Wert darauf legte, geschätzt zu werden, und wenn Sie denselben Eindruck haben, dann sollten Sie nicht zögern, Ihre Wertschätzung zum Ausdruck zu bringen. Selbst wenn sich das Lob nur darauf bezieht, daß jemand pünktlich zur Arbeit kommt, sollten Sie die betreffende Person jedenfalls wissen lassen, daß Sie Pünktlichkeit zu schätzen wissen. „Ich finde es toll, Jack, daß man nach Ihnen die Uhr stellen kann. Jeden Morgen erscheinen Sie Punkt acht Uhr im Büro. Pünktlichkeit ist etwas, was ich wirklich bewundere." Sagen Sie das einmal zu einem Ihrer Mitarbeiter und beobachten Sie, wie selten er danach zu spät zur Arbeit kommt. Oder vielleicht sind Ihnen die Höflichkeit oder die guten Manieren eines Mitarbeiters aufgefallen. An jedem Menschen gibt es irgend etwas zu bewundern. Sagen Sie es laut, anstatt es geheimzuhalten!

Wir von *Mary Kay Cosmetics* stellen unsere Schönheitsberaterinnen und Verkaufsleiterinnen aufs Podest, wo immer es möglich ist. Sie sind es, mit denen ich mich am stärksten identifiziere, denn ich war selbst viele Jahre lang im Verkauf tätig. Das ganze Unternehmen ist von meiner Wertschätzung für das Verkaufspersonal durchdrungen. Wenn unsere Verkäuferinnen in die Zentrale kommen, dann tun wir unser Möglichstes, um den roten Teppich für sie auszurollen. Alle Firmenangehörigen behandeln sie wie Königinnen.

Um diese Wertschätzung noch zu unterstreichen, belohnen wir unsere Verkaufsleiterinnen mit rosa Cadillacs, wenn sie ein bestimmtes Umsatzvolumen erreicht haben. Meines Wissens waren wir das erste Unternehmen, das so viele Mitarbeiterinnen mit so tollen Autos belohnte. Wir wählten Cadillacs, weil sie seit jeher für Vollkommenheit stehen. Eine *Mary-Kay*-Beraterin mit einem rosa Cadillac fährt buchstäblich eine „Trophäe auf Rädern". Sie ist auf den ersten Blick als jemand erkennbar, der ausgezeichnete Arbeit leistet. Das Auto ist ein Zeichen dafür, daß sie in unserem Unternehmen eine wichtige Rolle spielt. Und natürlich möchte sie auf dieses Statussymbol nie wieder verzichten, nachdem sie es einmal erreicht hat.

Wir bieten nur das Beste an Belohnungen, und obwohl sie teuer sind, sind sie ihr Geld wert, weil sie unseren Mitarbeiterinnen das Gefühl geben, etwas Besonderes zu sein. So laden wir zum Beispiel jedes Jahr unsere besten Verkaufsleiter und -leiterinnen und deren Partner auf Luxusreisen nach Hongkong, Bangkok, London, Paris, Genf oder Athen ein, um nur einige Reiseziele zu nennen. Wir scheuen keine Kosten, und obwohl ein Flug mit der Concorde, eine Kreuzschiffahrt oder eine Suite im eleganten Pariser Hotel Georges V ein hübsches Extrasümmchen kosten, zeigen wir unseren Leuten auf diese Weise, wie wichtig sie für uns sind. Mit dieser Politik wecken wir selbst in Städten, in denen Pomp und aufwendige Zeremonien an der Tagesordnung sind, beträchtliche Aufmerksamkeit. Die Passanten bleiben stehen, um zuzusehen, wie unsere schönen Mitarbeiterinnen vom Hotel zu den Limousinen geleitet werden, und sie fragen sich, wer sie wohl sein mögen. Diese Frauen fühlen sich wie Königinnen, und für uns sind sie es auch!

Von Anfang war es unsere Strategie, unseren Mitarbeitern nur das Beste zu bieten. Wenn uns etwas zu teuer war, ließen wir es lieber ganz bleiben, anstatt eine „Sparversion" zu bieten. So beschränken wir uns zum Beispiel auf ein elegantes Bankett pro Jahr, anstatt zwei durchschnittliche zu veranstalten. Warum machen wir das? Nun, denken Sie einmal daran, wie wichtig man sich fühlt, wenn man in einem erstklassigen Restaurant diniert. Alles ist perfekt – der herzliche Empfang durch den Oberkellner, die hervorragenden Speisen, einfach alles. Das gibt einem ein Gefühl der Zufriedenheit, das man in einem weniger eleganten Restaurant kaum haben wird.

Ebenso wie ein feines Restaurant, das seinen Gästen das Gefühl zu vermitteln versucht, daß sie etwas Besonderes sind, versuchen das auch wir. Gelingt es uns nicht, dann haben wir schlechte Arbeit geleistet. Meiner Meinung nach sollte jeder Manager die Aufschrift dieses unsichtbaren Schildes beachten:

GIB MIR DAS GEFÜHL, DASS ICH WICHTIG BIN!

JESSIES HANDSCHUH

Rick Phillips

Trainer für internationalen Verkauf und Management

Jedes Jahr veranstalte ich für die *Circle K Corporation*, eine amerikanische Kette von Tante-Emma-Läden, eine Reihe von Managementkursen. Zu den Themen, die wir in unseren Seminaren ansprechen, zählt die Frage, wie man gute Mitarbeiter hält. Das stellt angesichts der Gehälter, die in der Dienstleistungsindustrie üblicherweise bezahlt werden, eine echte Herausforderung für die Manager dar.

Bei diesen Diskussionen pflege ich die Teilnehmer zu fragen: „Was hat Sie dazu bewogen, lange genug dabeizubleiben, um in eine Managementposition aufzurücken?" Als ich diese Frage vor einiger Zeit einer frischgebackenen Managerin stellte, überlegte sie eine Weile und antwortete dann langsam, mit fast unhörbarer Stimme: „Es war ein Baseball-Handschuh um 19 Dollar."

Cynthia erzählte den anderen Kursteilnehmern, daß sie die Arbeit bei *Circle K* ursprünglich als Überbrückungsjob angenommen hatte, um sich in Ruhe nach einer besseren Arbeit umsehen zu können. An ihrem zweiten oder dritten Tag hinter dem Ladentisch erhielt sie einen Anruf von ihrem neunjährigen Sohn Jessie, der sie um einen Baseball-Handschuh bat. Ihre finanziellen Mittel als alleinerziehende Mutter waren damals sehr beschränkt, und sie mußte Jessie erklären, daß sie ihren ersten Gehaltsscheck in die Bezahlung von Rechnungen investieren mußte und daß sie seinen Baseball-Handschuh vielleicht mit dem zweiten oder dritten Scheck kaufen könnte.

Als Cynthia am nächsten Morgen zur Arbeit kam, sprach Patricia, die Filialleiterin, sie an und bat sie zu einem Gespräch in ein kleines Hinterzimmer des Ladens, das als Büro diente. Cynthia dachte, daß sie am Vortag vielleicht etwas falsch gemacht oder ihre Arbeit nicht beendet hatte. Sie war verwirrt und besorgt.

Aber ihre Sorgen waren unbegründet. Patricia überreichte ihr eine Schachtel und sagte: „Ich habe gehört, wie Sie gestern mit Ihrem Sohn telefonierten. Ich weiß, wie schwer es ist, Kindern solche Dinge zu erklären. Hier ist ein Baseball-Handschuh für Jessie. Er weiß vielleicht nicht, wie wichtig er Ihnen ist, nur weil Sie Ihre Rechnungen bezahlen müssen, bevor Sie ihm seinen Baseball-Handschuh kaufen können. Wissen Sie, wir können guten Leuten wie Ihnen nicht so viel bezahlen, wie wir dies gern tun würden. Aber Sie sind uns wichtig, und ich möchte, daß Sie das wissen."

Diese Geschichte über das Einfühlungsvermögen und das Zartgefühl einer Filialleiterin zeigt deutlich, daß den Menschen eher die Einstellung ihres Arbeitgebers in Erinnerung bleibt als das Gehalt, das er ihnen bezahlt. Eine wichtige Lektion – zum Preis eines Baseball-Handschuhs!

WIE SICH ANTEILNAHME AUF DAS UNTERNEHMENSERGEBNIS AUSWIRKT

Christina Campbell

Geschäftsführerin und Präsidentin von *Christina Campbell and Company*
Supercuts-Franchisenehmerin

Unser Unternehmen hat das Jahr 1996 zum Jahr der Anteilnahme und des Service erklärt, und zwar nicht im traditionellen Sinn: Gemeint ist ein über das geschäftliche Eigeninteresse hinausgehender Service. Das kristallisierte sich bei einem Gespräch heraus, das ich bei unserer jährlichen Weihnachtsfeier in Dallas mit einem unserer Mitarbeiter führte. Die Feier stand unter einem Country-Western-Motto. Es wurde großartiges Essen serviert, und natürlich waren auch die Gäste großartig. Nachdem wir zu unserem Firmensong „We Are Family" getanzt hatten, setzte ich mich.

In diesem Augenblick kam Kendall Scott Eastep – wir alle nennen ihn „Scottie" – auf mich zu. Er arbeitet seit 1991 in einem unserer Frisiersalons und ist nun infolge seiner AIDS-Erkrankung an den Rollstuhl gefesselt. Er trug ein strahlendes Lächeln auf seinen Lippen, als er mir für die Einladung zu der Party dankte. Wie er mir erzählte, wäre er fast nicht gekommen, weil sein Rollstuhl so alt aussah, weil er so unhandlich war und weil er sich dafür schämte. Als er seiner Physiotherapeutin davon erzählte, beschaffte sie ihm einen supermodernen Rollstuhl, der perfekt zu seinem schnittigen Outfit paßte.

Scottie sagte, daß es ihm gut gehe und daß er plane, auch an unserer nächsten Weihnachtsfeier teilzunehmen. „Ich möchte sie um nichts in der Welt versäumen", sagte er und fügte hinzu: „Wissen Sie, Christina, das letzte Jahr war ein reines Hinein und Hinaus aus dem Krankenhaus, und ich bin der *Supercuts*-Familie in Oaklawn so dankbar, daß sie an meinem Schicksal Anteil nimmt und mich unterstützt. Da gibt es diese Tage, an denen zwar mein Herz und mein Gemüt stark sind, an denen ich mich aber kaum auf den Beinen halten kann."

Dann schossen ihm die Tränen in die Augen, als er sagte: „Als ich letztes Mal aus dem Krankenhaus nach Hause kam, waren da meine Freunde aus dem Frisiersalon, die alles für mein Nachhausekommen vorbereitet hatten! Das machte wirklich einen tiefen Eindruck auf mich. Sie hatten das in ihrer Freizeit und nur für mich allein getan." Er fügte hinzu: „Sie wissen, wie anspruchsvoll ich bin, wenn es um das Aussehen meiner Wohnung geht." Dann nahm er meine Hand, dankte mir für meine „Anteilnahme" und sagte, er wolle nun zu der Party zurückkehren, um jeden Augenblick auszukosten.

Ich wischte mir eine Träne aus dem Augenwinkel, begann zu lächeln und sagte zu mir selbst: „Vielen Dank, Scottie, ich möchte auch keinen Augenblick verpassen."

Vor wenigen Tagen erhielt ich einen Bericht über die Umsatzsteigerungen unserer Läden für das Jahr 1995 – und da zeigte sich, daß Scotties Laden an erster Stelle lag! Um ehrlich zu sein, hatte ich nichts anderes erwartet.

DIE MACHT DER WORTE

Anita Roddick

Gründerin und Geschäftsführerin von *The Body Shop International PLC*

Es ist etwas Wunderbares, in der Wirtschaft weibliche Prinzipien anzuwenden und ein Unternehmen aus dem Bauch heraus, mit Instinkt, Intuition und Leidenschaft zu führen. In der weiblichen Ethik zählen hauptsächlich Dinge wie Anteilnahme und Teilen, und ich bin davon überzeugt, daß wir Frauen die Macht haben, den Markt zu verändern.

Ich werde seit langem mit Kraftausdrücken in Verbindung gebracht, die den Marktspekulanten kalte Schauer über den Rücken jagen, weil sie fürchten, daß diese rauhen Sprüche den Aktienpreis drücken könnten. Warum ist es so schwer, mit anderen einschlägigen Wörtern in die Schlagzeilen zu kommen, die in meinem Unternehmen genauso oft, wenn nicht öfter verwendet werden: Wahrheit, mögen, geben, Anteil nehmen, fühlen, hoffen und fair sein – Wörter, die allesamt in meiner Arbeit vorkommen und zu den am häufigsten gebrauchten Wörtern in meinem Sprachschatz zählen?

Ich war seit jeher davon überzeugt, daß Herz und Gefühl bei der Arbeit nicht fehl am Platz sind. Die meisten von uns verbringen den Großteil ihrer Lebenszeit an ihrem Arbeitsplatz. Dort kommen wir jeden Tag mit anderen Menschen in Kontakt, dort setzen wir unsere kreative Energie ein, und dort gehen wir Beziehungen ein. Es wäre schlimm, wenn wir nicht verstünden, welche Rolle die Arbeit in der Entwicklung von Menschen spielt. Für mich ist der Arbeitsplatz nicht so sehr eine Fabrik zur Produktion von Gütern, sondern viel eher eine Nährstätte für den menschlichen Geist.

Der Arbeitsplatz bietet sich in besonderer Weise dafür an, Kontakte zu knüpfen, gemeinsame Ziele zu verfolgen und Gefühle der Freundschaft und der Gemeinsamkeit zu entwickeln. Es ist unser Arbeitsplatz, wo ein nachhaltiges Gefühl spiritueller Entwicklung entstehen kann und an dem wir uns kraft unseres Selbstwertgefühls ausdrücken und in selbstloser Weise zu einem positiven größeren Ganzen beitragen können.

Management mit Herz

Ich frage mich, ob irgend jemand in der Lage ist, den menschlichen Geist zu „managen". Von mir weiß ich jedenfalls, daß ich es nicht kann. Aber wenn Führungskräfte lernen könnten, mit dem Herzen zu managen, dann bin ich mir sicher, daß in der Wirtschaft großartige Dinge passieren können und auch passieren werden.

Die Menschen, mit denen ich arbeite, sind großteils jung und vorwiegend weiblich, und für sie sind Herzlichkeit und Anteilnahme wichtige Werte. Sie wünschen sich in der Zeit zwischen neun Uhr morgens und fünf Uhr nachmittags alles andere als eine Art leblosen Zustand. Sie suchen einen tiefen Sinn in dem, was sie tun. Ich suche in ihnen ein geheimes Element namens „Begeisterung". Begeisterung, die aus dem Herzen kommt, durchdringt die ganze Person, und alles wird möglich. Diese Begeisterung sorgt dafür, daß das Selbstwertgefühl am Arbeitsplatz ganz von allein steigt. Aber Begeisterung läßt sich nicht managen, und sie läßt sich nicht lehren. Sie wird einfach zur Gewohnheit und wirkt ansteckend auf die Leute, mit denen man zusammenarbeitet.

Kommunikation ist das Um und Auf

Die Kommunikation ist das wichtigste Werkzeug, auf das Führungskräfte zurückgreifen können. Wer andere effektiv führen will, muß fachliche Kompetenz mit der Gabe verbinden, sich in andere einzufühlen. Ganz gleich, mit wieviel Begeisterung Sie bei der Arbeit sind oder wie leidenschaftlich Sie am Geschick Ihrer Mitarbeiter Anteil nehmen: Wenn es Ihnen nicht gelingt, Ihrer Umgebung diese Einstellung zu vermitteln, können Sie ebensogut durch Abwesenheit glänzen.

Wirkliche Kommunikation hat nichts mit Hierarchien oder Organigrammen zu tun. Ebensowenig zählt, wie schnell Nachrichten über Computernetzwerke rund um den Globus geschickt werden können. Fakten und Zahlen, tief vergraben in „Neusprech"-PR-Texten, sind ebenfalls nicht auschlaggebend. Tatsächlich geht es um einen offenen Dialog von Mensch zu Mensch. Der Schlüssel zu effektivem Management liegt darin, einen echten Dialog in Gang zu bringen, auf welche Weise auch immer.

Ich bin davon überzeugt, daß es gut ist, wenn ich mich aus meinem Chefsessel erhebe und mich in meinem Unternehmen zeige. Ich warte nicht, bis die Leute zu mir kommen, um mit mir zu sprechen. Ich gehe zu ihnen, und zwar ohne Voranmeldung. Für mich ist es aufschlußreicher, wenn sie nicht mit meinem Kommen gerechnet haben und wenn sie mir direkt und ohne lange zu überlegen erzählen, wie es ihnen mit ihrer Arbeit geht. Wenn ich sehe, daß sich eine interessante Gesprächsgruppe zusammengefunden hat, geselle ich mich oft dazu. Die Kommunikation in solchen Gruppen verläuft ganz spontan, und so erfahre ich mehr über das, was sich im Unternehmen tut und wie die Leute reagieren, als wenn ich hinter verschlossenen Türen in meinem

194

Büro sitze. Das Prinzip funktioniert übrigens in beide Richtungen: Meine Mitarbeiter vergessen das Telefon oder das E-mail-System und kommen persönlich bei mir vorbei, um kurz mit mir zu plaudern (und mich mit einem Küßchen zu begrüßen oder sich so zu verabschieden!).

Je größer ein Unternehmen wird, desto schwieriger wird es, alle zu treffen und auf eine informelle Weise Neuigkeiten auszutauschen. Ich habe das Problem für mich gelöst, indem ich einen eigenen Newsletter geschaffen habe, durch den ich mit meinen Mitarbeitern auf der ganzen Welt persönlich kommuniziere. Ich drucke darin Berichte über meine Reisen ab, informiere die Mitarbeiter über meine neuesten kreativen Ideen, sage ihnen, in welche Richtung das Unternehmen meiner Meinung nach geht, und – das ist das wichtigste – ich bitte sie, mir ihr Feedback zu geben und mir ihre Hoffnungen und Wünsche mitzuteilen.

Die Entwicklung einer Empowerment-Taktik

Eine Ausgabe unseres Newsletters enthielt einen einseitigen Fragebogen, in den die Mitarbeiter ihre Gedanken und Ideen eintragen konnten, um ihn dann an mich zurückzufaxen (eine ganz einfache Taktik, an die wir fast nicht gedacht hätten, weil sie so einfach ist). Sie können sich gar nicht vorstellen, wie viele Reaktionen bei mir eintrafen.

Wenn den Mitarbeitern Gelegenheit gegeben wird, der Firmenchefin ihre Gedanken mitzuteilen, fühlen sie sich aufgewertet, und ihr Selbstbewußtsein nimmt gewaltig zu. Der englische Ausdruck „Empowerment" (Ermächtigung zu eigenständigem Handeln) bedeutet in diesem Kontext, daß jeder Unternehmensangehörige selbst für die Schaffung der Unternehmenskultur verantwortlich ist. Empowerment ist jedoch etwas, was nicht von heute auf morgen entsteht. Die Menschen brauchen Zeit, um Respekt und Vertrauen zu entwickeln.

Empowerment kann viele Formen annehmen: vom Aufhängen kleiner Zetteln auf den Toiletten, auf welche die Mitarbeiter ihre Gedanken und Ideen schreiben (ja, wirklich, sie schreiben sich ihre Wünsche und Probleme von der Seele, und die Chefs antworten) über mehrstündige Gespräche zwischen dem Vorstand und einer ausgewählten Gruppe von Mitarbeitern über die Werte des Unternehmens bis hin zu der Durchführung einer umfassenden Sozialanalyse sämtlicher Beteiligter.

Es mag sein, daß die Chefs nicht alles gern hören, was gesagt wird, aber die Gewißheit, daß sie zuhören, ist wichtig für ein aufrichtiges Gespräch. Egal, welche Taktik auch angewendet wird: jeder, ganz gleich, welche Position er vertritt, muß direkten Zugang zur Unternehmensleitung haben und sicher sein können, daß seine Meinung gehört wird und daß man in irgendeiner Weise auf sie reagiert. Das Bewußtsein, gehört zu werden, reicht als Belohnung oft schon aus.

Erfolgreiche Strategien für die persönliche Weiterentwicklung

Über meiner Bürotür hängt eine Tafel mit der Aufschrift: „Zukunftsabteilung". Sie soll symbolisieren, daß sich meiner Ansicht nach ein von der Gemeinschaft abgeschnittenes Unternehmen in Zukunft nicht behaupten wird können. Eine meiner wichtigsten Aufgaben sehe ich darin, es unseren Mitarbeitern zu ermöglichen, einen bestimmten Teil ihrer Arbeitszeit im Dienst der Gemeinde zu verbringen. Aus diesen Tätigkeiten schöpfen sie Selbstbewußtsein, und durch den Dienst an anderen entdecken sie die Helden in sich selbst.

Allen Mitarbeitern von *The Body Shop* wird ein (bezahlter) halber Tag pro Monat zugestanden, an dem sie an einem Gemeindeprojekt ihrer Wahl mitarbeiten können. Ob sie sich nun für die Betreuung lokaler Randgruppen entscheiden, ob sie sich im Umweltschutz ihrer Gemeinde engagieren oder kranke Tiere betreuen: Diese Tätigkeiten geben ihnen das Gefühl, in eine Gemeinschaft eingebunden zu sein und etwas Gutes zu tun. Auch das ist eines der gar nicht so geheimen Elemente, die dazu beitragen, das Selbstwertgefühl der Mitarbeiter zu heben.

Lassen Sie mich ein Beispiel dafür bringen: Als im Jahr 1990 die schockierenden Nachrichten über das Erbe, das die 26jährige Gewaltherrschaft Nicolae Ceausescus in Rumänien hinterlassen hatte, an die Öffentlichkeit drangen, begab ich mich selbst an Ort und Stelle, um zu sehen, wie wir helfen konnten. Ich war erschüttert von dem, was ich sah. Die schrecklichen Bilder ließen mich wochenlang nicht los. Trotzdem gelang es uns innerhalb von nur sechs Wochen, unsere Hilfsorganisation „Romanian Relief Drive" auf die Beine zu stellen. Die Mitarbeiter rissen sich darum, zu den Freiwilligen zu gehören, die nach Rumänien fuhren und halfen, die Waisenhäuser zu renovieren, AIDS-kranke Babys zu betreuen und ihnen etwas zu geben, was viele von ihnen noch nie in ihrem Leben bekommen hatten: Liebe und Anteilnahme.

Heute heißt unsere Organisation „Eastern European Relief Drive" und wird – mit äußerst beschränkten Mitteln – immer noch von einer Handvoll junger Mitarbeiter geführt. Ihr Engagement für die Kinder in Rumänien und Albanien sollte uns alle beschämen. Von ihrem Wunsch, zu helfen, ließen sich über 450 Mitglieder unseres Unternehmens auf der ganzen Welt anstecken. Sie fuhren nach Osteuropa, um mit Hand anzulegen, und sie kamen vollkommen verändert zurück. Ihre Werte entwickelten sich mit einem Schlag zu einer ungeahnten Kraftquelle, aus der sie nun schöpfen können. Sie haben begonnen, von edlen Zielen zu träumen.

Die Politik der Bewußtseinsbildung

Die Wirtschaft hat uns allzu lange gelehrt, daß Politik und Geschäftsleben zwei verschiedene Dinge sind. Ich bin nicht dieser Ansicht. Politisches Bewußtsein und Aktivismus müssen in das Geschäftsleben einfließen. In einer globalen Welt gibt es keine wertfreien oder politisch irrelevanten Handlungen. Es gibt kaum eine stärkere Motivationskraft, als seinen Mitarbeitern die Möglichkeit zu geben, ihren Idealismus so umzusetzen und auszuleben, daß sie dadurch eine Veränderung – sei es auf lokaler, nationaler oder globaler Ebene – herbeiführen können.

Gefragt sind nicht nur Kampagnen für eine Veränderung der Welt, sondern Kampagnen für eine Veränderung der Art und Weise, wie Menschen zusammenarbeiten. Ihnen das Gefühl zu geben, daß sie von sich aus etwas bewirken können, ist ebenso wichtig wie das Lösen konkreter Probleme. Auf diese Weise entsteht ein neues Forum der Mitarbeiterbildung. Sie können nun in Bereiche und Gebiete vordringen, um die sie im Normalfall einen großen Bogen schlagen würden. Kampagnen sind ein ausgezeichnetes Instrument, um das Verhalten der Mitarbeiter an ihrem Arbeitsplatz mit jenen Werten in Einklang zu bringen, die sie als einzelne Bürger in einer größeren Welt hochhalten. Die führenden Persönlichkeiten der Wirtschaft müssen erkennen, daß dies der Weg nach vorn ist: Das Persönliche wird zum Politischen, und das Politische wird zum Globalen.

Den Frauen eine Stimme geben

Vielleicht mutet es ironisch an, daß ich mich dafür entschieden habe, mich gerade in der Kosmetikindustrie für die Rechte der Frauen stark zu machen. Die Kosmetikindustrie ist eine Industrie, in der immer noch die Männer das Sagen haben, und es sind Männer, die falsche Bedürfnisse wecken, indem sie sich die Unsicherheit der Frauen zunutze machen. Seit 20 Jahren stelle ich dieselben altbekannten Fragen: Warum befaßt sich die Kosmetikindustrie nur mit dem, was man sieht? Warum setzt sie nicht bei dem Gefühl an, das ihre Kundinnen zu sich selbst haben, bei dem, was sie tun, bei ihren Leidenschaften und Beziehungen? Soll Kosmetik wirklich nicht tiefer unter die Haut gehen, als sie es derzeit tut?

Das äußere Erscheinungsbild sagt nichts über Seele und Charakter aus, nichts über die Gedanken und Gefühle der Frauen, nichts über das, was ihnen wichtig ist, und nichts über das, wofür sie sich einsetzen wollen. Da meine Mitarbeiter großteils Frauen sind, möchte ich gerne verstehen, was für die Frauen in ihrer Arbeit wichtig ist und was ihr Selbstwertgefühl hebt.

Obwohl mehr als zwei Drittel meiner Mitarbeiter in Großbritannien Frauen sind, sieht das Bild auf den höheren Managementebenen enttäuschenderweise ganz anders aus: Hier stellen die Frauen nicht einmal ein Drittel der Mitarbeiter. Ich bin oft entsetzt, wenn ich sehe, wie leicht Frauen zum Machtverzicht bereit sind. Zum Teil liegt der Grund darin, daß sie nicht genügend Selbstvertrauen haben – wer eine höhere Managementposition anstrebt, muß natürlich über ein gerüttelt Maß an Selbstvertrauen verfügen. Die Frauen *müssen* einfach den Willen zur Macht aufbringen. Sie müssen Geschmack an der Möglichkeit finden, eine führende Position zu übernehmen. Wenn ihnen das nicht gelingt, tun sie weder sich selbst noch den anderen Frauen etwas Gutes.

Vor diesem Hintergrund haben wir innerhalb unseres Unternehmens ein Programm zur Förderung von Frauen in Managementpositionen initiiert. Für den ersten Kurs dieses Jahres engagierten wir eine Vortragende von der Stanford University, die sich in ihrem Intensivseminar mit Persönlichkeitsentwicklung, Führungsstilen und Managementtechniken befaßte. Die Teilnehmerinnen beabsichtigen, auf diesem Seminar aufzubauen und ein Frauennetzwerk als Forum für Gemeinsamkeiten zu schaffen. Das ist Musik in meinen Ohren.

Aber was ist mit den Hunderten anderen Frauen in der Zentrale? Was geht in ihnen vor? Um das herauszufinden, führten wir eine Blitzumfrage unter den Frauen aus den verschiedenen Unternehmensbereichen durch. Wir fragten: „Welche Dinge heben Ihr Selbstbewußtsein bei der Arbeit?" Sie wurden gebeten, nur ein oder zwei Beispiele zu nennen, aber heraus kam eine lange Liste! Das sind die Dinge, die den Frauen bei ihrer Arbeit wichtig sind:

„Wenn meine Tochter von ihren Freundinnen beneidet wird, weil ihre Mama im Body Shop arbeitet" (Abteilungsleiterin)

„Das Fehlen von Bekleidungsvorschriften – wir können in der Arbeit tragen, was wir wollen." (Büroangestellte)

„Das Gefühl, daß Visionen und Ideen geschätzt und beachtet werden – jeder kann sich Gehör verschaffen." (Direktorin)

„Wenn sich die Direktoren nicht zu gut sind, Guten Tag zu sagen." (Schulungsleiterin)

„Wenn mir bestätigt wird, daß meine persönlichen Werte in alles einfließen, was ich in der Arbeit tue." (Produktmanagerin)

„Wenn mir erklärt wird, wie dieses Unternehmen funktioniert, und wenn wir über unsere Werte und Visionen sprechen." (Franchise-Koordinatorin)

„Je facettenreicher meine Arbeit ist, desto besser ist mein Gefühl, wenn ich alles geschafft habe." (Büroangestellte, Lieferung)

„Das Wissen, daß das Unternehmen Menschenrechtskampagnen, Sozialprojekte, fairen Handel, Tierschutz und Umweltschutz unterstützt." (Abteilungsleiterin, F&E)

„Einerseits das Überzeugtsein von den Produkten und andererseits die Firmenpolitik, soziale Verantwortung zu übernehmen. Die Möglichkeit, Dinge zu verändern." (Studioleiterin)

„Mit Menschen zu arbeiten, die über sich selbst lachen können." (Leiterin von Führungen durch das Unternehmen)

„Die Zeit zugestanden zu bekommen, meine Freiwilligenarbeit als Umweltberaterin meiner Abteilung zu leisten und dafür respektiert zu werden." (Forscherin)

„Das Vertrauen, das das Unternehmen in mich setzt, wenn es darum geht, meine Vision innerhalb einer berechenbaren und sicheren Struktur umzusetzen." (Projektleiterin)

„Die Zahl der Menschen, die mich aufrichtig um Rat fragen oder um meine Meinung bitten." (Personalchefin)

„Zu wissen, daß die Menschen mir zuhören, daß sie aufnehmen, was ich sage, und daß sie die Zeit, die ich mit ihnen verbringe, wirklich zu schätzen wissen." (Werbungskoordinatorin)

Und was erwies sich als der einfachste Weg zu einem gesteigerten Selbstbewußtsein? Das selbstverständliche, aber so oft vergessene Wort „Danke"!

Ein verrückter, verschlungener Weg

Für den Erfolg gibt es weder Regeln noch Formen. Erfolg kann man nur leben. Dieses Wissen gibt uns genügend Freiheit, um in Richtung dessen zu experimentieren, was wir uns wünschen und was wir uns erträumen. Glauben Sie mir, der Weg dorthin ist verrückt und verschlungen. Er besteht aus Versuch und Irrtum. Aus reinem Opportunismus in des Wortes ursprünglicher Bedeutung: „Versuchen wir alles einmal, und probieren wir aus, wie es funktioniert."

Es macht mich stolz, mein Unternehmen zu betrachten und festzustellen, daß wir uns nun auf dem richtigen Weg befinden. Dazu waren Jahre des Experimentierens, der Erfahrung, der Energieinvestition und – jawohl! – der Kraftausdrücke notwendig. In erster Linie aber war es die Liebe, die uns vorangebracht hat.

EIN PAAR SOCKEN

Trevor B. Kwok

Wir ernähren uns von dem, was wir bekommen, aber wir leben von dem, was wir geben.

Norman MacEswan

Ich bin Geschäftsmann und leiste manchmal Freiwilligenarbeit in einer Suppenküche in einem der ärmeren Bezirke, um dem Streß von Zeit zu Zeit zu entkommen und mein Leben wieder in die richtige Perspektive zu rücken.

Eines Abends, als ich wieder einmal an der Reihe war, fegte ich gerade den Platz vor der Suppenküche, als eine ältere Frau um die Ecke bog. Sie trug ein altes Kleid aus geblümtem Stoff, einen ausgebleichten gelben Strickpullover und ein Paar kaputte schwarze Schuhe. Es war sehr kalt an diesem Abend, und deshalb fiel mir wohl auch gleich auf, daß sie keine Socken anhatte.

Als ich sie fragte, wo ihre Socken seien, antwortete sie mir, daß sie keine hätte. Ich sah diese zerbrechliche alte Frau an, und mir wurde bewußt, wie viele Dinge ihr fehlten. Wenigstens eines konnte ich ihr allerdings an Ort und Stelle anbieten: ein Paar warmer Socken. Ich zog meine Sportschuhe aus, entledigte mich meiner neuen weißen Socken und überreichte sie ihr – gleich dort auf dem Parkplatz. Für mich war es nur eine kleine Geste der Freundlichkeit, aber ihre Reaktion werde ich nie vergessen. Sie schenkte mir einen so liebevollen Blick, wie ihn eine Großmutter ihrem Enkelsohn schenken würde, und sagte: „Danke. Ich danke Ihnen so sehr. Wenn es etwas gibt, was ich liebe, dann das Gefühl, abends mit warmen Füßen zu Bett zu gehen. Ich weiß gar nicht, wann ich das das letzte Mal gehabt habe." An diesem Abend fuhr ich mit einem warmen Herzen nach Hause.

Am nächsten Abend absolvierte ich eine weitere Schicht in der Suppenküche, als zwei Polizisten bei der Tür hereinkamen. Sie wollten einige Informationen über eine Frau einholen, die von einer ihrer Nachbarinnen tot aufgefunden worden war. Sie zeigten mir ein Bild der Frau, der ich meine Socken geschenkt hatte. Schmerz durchzuckte mich, und ich fragte: „Was ist da passiert?"

Die Polizisten erzählte mir, daß diese alte Dame keine Familienangehörigen und nur wenige Freunde gehabt hatte. Sie lebte in dem ungeheizten alten Schuppen eines Hauses, nur ein paar Straßenblocks entfernt. Eine Nachbarin, die gelegentlich vorbeischaute, hatte sie gefunden.

Während ich den beiden Polizisten eine Tasse Kaffee einschenkte, sagte ich: „Was für eine traurige Geschichte." Da schaute der eine Polizist von seiner Tasse auf und sagte: „Wissen Sie, ich war dabei, als die Leiche abgeholt wurde. Es klingt vielleicht komisch, aber ich hatte das Gefühl, als läge auf ihrem Gesicht ein Ausdruck vollkommener Zufriedenheit. Ein Ausdruck von innerer Ruhe, Harmonie und Seelenfrieden. Ich hoffe, daß ich auch einmal so aussehen werde, wenn meine letzte Stunde geschlagen hat."

Als ich an diesem Abend nach Hause fuhr, dachte ich über das schwierige Leben nach, das diese Frau gehabt haben mußte, an all ihre Probleme und an ihre Einsamkeit. Dann erinnerte ich mich an die Worte, die sie gesagt hatte, als ich ihr meine Socken geschenkt hatte: „Wenn es etwas gibt, was ich liebe, dann das Gefühl, abends mit warmen Füßen zu Bett zu gehen." Im materiellen Sinn hatte ich dieser alten Dame nicht viel gegeben. Aber was das Menschliche anbelangt, so kann ich nicht umhin zu denken, daß ich ihr an ihrem letzten Abend hier auf Erden ein bißchen Behaglichkeit geschenkt hatte.

EIN GANZ NORMALER ARBEITSTAG

Naomi Rhode

Vortragende
Ehemalige Präsidentin der *National Speakers Association*
Autorin von *More Beautiful Than Diamonds: The Gift of Friendship* und *The Gift of Family: A Legacy of Love*

Wenn ich aus einem einzigen Leben das Leid nehmen
oder einen Schmerz lindern
oder einem kraftlosen Rotkehlchen
wieder ins Nest helfen kann,
dann habe ich nicht vergeblich gelebt.

Emily Dickinson

Man lieferte ihn in die Notaufnahme ein und legte ihn in die Herzabteilung. Er hatte langes Haar, er war unrasiert, schmutzig und extrem übergewichtig. An das Fußende der Bahre hatte man seine schwarze Motorradjacke geworfen.

Ganz offensichtlich war er ein Fremder in dieser sterilen Welt glänzend geschrubbter Fliesenböden, geschäftiger, uniformierter Ärzte und Pfleger und ätzender Desinfektionsmittel.

Ein Unberührbarer, daran bestand gar kein Zweifel.

Die Schwestern auf der Station rissen die Augen auf, als dieser menschliche Fleischberg an ihnen vorbeigeschoben wurde, und sie sahen allesamt nervös zu meiner Freundin Bonnie, der Stationsschwester, hinüber. „Hoffentlich bin es nicht ich, die den da aufnehmen, baden und pflegen muß ..." lautete die flehende, stumme Botschaft aus ihren besorgten Augen.

Es gibt eine Charaktereigenschaft, die wahre, professionelle Führungskräfte auszeichnet: Sie tun das Undenkbare. Sie berühren Unberührbare. Sie beginnen das Unmögliche! Ja, es war Bonnie, die sagte: „Ich übernehme diesen Patienten selbst." Ein äußerst ungewöhnliches, unkonventionelles Verhalten für eine Stationsschwester! Aber genau der „Stoff", der den menschlichen Geist beflügelt und heilt.

Als sie sich die Latexhandschuhe überstreifte, um diesen riesigen, ungepflegten Mann zu baden, zersprang ihr beinahe das Herz.

Wo war seine Familie? Wo war seine Mutter? Wie mochte er wohl als kleiner Junge gewesen sein?

Sie summte leise bei der Arbeit. Sie hoffte, daß ihm das einen Teil der Angst und der Scham nehmen würde, die er sicher verspürte.

Und dann, einer plötzlichen Eingebung folgend, sagte sie: „Heutzutage ist in den Krankenhäusern kaum noch Zeit für Rückenmassagen. Aber ich bin mir sicher, daß sie Ihnen guttun würde. Sie würde Ihnen bei der Entspannung helfen und den Heilungsprozeß fördern. Denn genau dazu ist ein Krankenhaus da ... um die Patienten zu heilen!"

Die dicke, schuppige, gerötete Haut erzählte die Geschichte eines ungesunden Lebensstils. Wahrscheinlich jede Menge Süchte – Essen, Alkohol und Drogen.

Während sie seine angespannten Muskeln massierte, summte und betete sie. Betete für die Seele eines kleinen Jungen, der jetzt erwachsen war, verstoßen durch die Grobheit des Lebens und danach lechzend, von einer harten, feindlichen Welt aufgenommen zu werden.

Der krönende Abschluß bestand in einer vorgewärmten Körperlotion und in Babypuder. Es war ein solcher Kontrast zu dieser enormen, fremden Körperfläche, daß es fast lächerlich war. Als er sich auf den Rücken drehte, sah sie, daß sein Kinn zitterte und Tränen seine Wangen hinabkollerten. Mit einem Lächeln in seinen erstaunlich schönen braunen Augen sagte er mit zitternder Stimme: „Seit Jahren hat mich niemand berührt. Ich danke Ihnen. Nun wird alles gut."

Menschen im richtigen Augenblick berühren!

In unserer Zeit, in der wir nicht mehr wissen, wann Berührungen angebracht sind, besteht die Herausforderung für die geplagte Menschheit darin, es zu wagen, die Unberührbaren zu berühren ... durch Augenkontakt, durch einen warmen Händedruck, durch eine mitfühlende Stimme oder die körperliche Wohltat von vorgewärmter Körpermilch und Babypuder.

Vielen Dank, Bonnie, daß du dich in einer gequälten Welt als echter Profi erwiesen hast.

Nun sind Sie an der Reihe mit dem Berühren!

BERÜHRUNGEN

Sid Friedman

Geschäftsführer der *Corporate Financial Services*
Vortragender und Motivationsberater

Ich empfinde viel Liebe für meine Mitarbeiter. Leider zwingt mich die Welt von heute mit all ihren Anschuldigungen sexueller Belästigung zu großer Vorsicht. Ich kann von Glück reden, daß ich noch nie geklagt wurde, denn ich bin ein großer Schmuser und Umarmer. Ich umarme alle, es sei denn, es sagt jemand zu mir: „Finger weg!"

Dieses Verhalten ist weder ungesetzlich noch unmoralisch – es vermittelt meinen Leuten nur, daß ich sie mag. Wenn ich den Flur entlanggehe, bin ich sehr präsent. Meine Leute registrieren die Auswirkungen des Körperkontakts, und sie lieben sie. Sie sehen mich andere umarmen, sie tun es selbst, und die Umarmten umarmen wieder. Es ist wie eine Infektion ... allerdings mit den besten Keimen, die es gibt!

4   DIE MACHT DER ANERKENNUNG

Das am tiefsten im Menschen verwurzelte Bedürfnis ist seine Sehnsucht nach Anerkennung.

William James

Es gibt zwei Dinge, die sich die Menschen mehr wünschen als Sex und Geld: Lob und Anerkennung.

Mary Kay Ash

Die Fähigkeit, Begeisterung zu wecken, zählt zu meinen größten Stärken. Mit Lob und Anerkennung holt man das Beste aus einem Menschen heraus.

Charles Schwab

Mache ich etwas falsch? Du sagst nie mehr „braver Hund" zu mir.

WIE MAN SEINE MITARBEITER WIRKLICH MOTIVIERT

Leute mit Köpfchen gehen ebenso wie Leute mit Herz dorthin, wo sie Wertschätzung erfahren.

Robert McNamara
Ehemaliger US-Verteidigungsminister

Bei einer von *Glenn Tobe & Associates* durchgeführten Studie wurden Vorgesetzte gebeten, zehn Motivationsfaktoren so nach deren Priorität zu reihen, wie sie glaubten, daß dies ihre Mitarbeiter tun würden. Dann wurden die Mitarbeiter gebeten, dieselbe Liste nach den Kriterien zu reihen, die sie sich von ihren Chefs am meisten wünschten.

Angestellte	Chefs
Wertschätzung	Gutes Gehalt
Auf dem laufenden gehalten werden	Jobsicherheit
Verständnisvolle Einstellung	Aufstiegsmöglichkeiten
Jobsicherheit	Gute Arbeitsbedingungen
Gutes Gehalt	Interessante Arbeit
Interessante Arbeit	Loyalität des Managements
Aufstiegsmöglichkeiten	Taktvolle Disziplin
Loyalität des Managements	**Wertschätzung**
Gute Arbeitsbedingungen	**Verständnisvolle Einstellung**
Taktvolle Disziplin	**Auf dem laufenden gehalten werden**

Kümmert sich hier irgend jemand darum, was der andere sagt oder tut?

DIE GANZE FAMILIE: DER AUFBAU VON SELBSTWERTGEFÜHL ZU HAUSE UND AM ARBEITSPLATZ

Harvey Mackay

Präsident der *Mackay Envelopes Corporation*
Autor von *How to Swim with the Sharks without Getting Eaten Alive* und *Sharkproof*

Wenn mich die Leute fragen, wie man sich am besten auf die Position eines Vorstandes vorbereiten kann, dann antworte ich: Indem Sie in die Vaterrolle schlüpfen! Ein Vorstand muß sich mit denselben Fragen beschäftigen wie der Vater von Jugendlichen – es geht um Wachstum und Entwicklung, und um nichts anderes als Wachstum und Entwicklung.

Dr. Tim Johnson
Vorstand des Instituts für Gynäkologie und Geburtshilfe
der University of Michigan in Ann Arbor

In gut funktionierenden Familien werden eher die positiven Eigenschaften des einzelnen hervorgehoben; in schlecht funktionierenden eher die Fehler.

Matthew Fox

„Du sollst mir nicht von deinem beruflichen Erfolg erzählen, Harvey", sagte eine Freundin vor kurzem zu mir. „Ich möchte wissen, warum in deiner Familie alles so gut läuft. Deine drei Kinder sind alle in die Welt hinausgegangen, haben liebevolle Partner gefunden und haben Berufe, die ihnen liegen. Und sie vertragen sich sogar mit ihren Eltern! Was ist dein Geheimnis?"

Nun, das Geheimnis ist ganz einfach, aber nicht so leicht zu erklären – und manchmal ist es nur eine Sache des Glücks. Es besteht darin, eine gute Ehe zu führen.

Wenn Beschuldigungen – oder noch schlimmer, Lampen und Teller – durch die Luft fliegen, dann ziehen die Kinder ihre Köpfe ein wie Schildkröten. Wenn sie inmitten von Mißtrauen und Streit aufwachsen, können sie nicht ungehindert wachsen und sich entfalten. Wenn sie aber in einer Atmosphäre der Sicherheit und Geborgenheit liebevolle Zuwendung erfahren, ist das Gegenteil der Fall. Dann haben sie wirklich gute Chancen, sich zu unabhängigen und produktiven Menschen zu entwickeln.

Tatsächlich, so sagte ich zu meiner Freundin, besteht ein enger Zusammenhang zwischen meinem Erfolg im Beruf und meinem Erfolg in der Familie. Am wichtigsten ist, in beiden Bereichen dasselbe Ziel zu verfolgen: eine Atmosphäre zu schaffen, in der alle sowohl einzeln als auch in der Gruppe ihr volles Potential entfalten können. Das ist der Fall, wenn durch einfühlsame Führung eine unterstützende Umgebung entsteht – jene Art von Umgebung, in der das Selbstwertgefühl wachsen kann.

Wir alle möchten uns wichtig fühlen.

Das Bild, das wir von uns selbst haben, beruht hauptsächlich auf den Erfahrungen unserer Kindheit und Jugend. Trotzdem haben uns diese Erfahrungen nicht so werden lassen, wie wir sind – sie lassen uns nur glauben, daß wir so sind.

Selbst die klügsten, fähigsten und talentiertesten Kinder oder Mitarbeiter können ihre Ressourcen nicht voll ausschöpfen, wenn sie nicht an sich selbst glauben. Sie werden schlechte Leistungen erbringen oder vollkommen versagen. Gute Eltern und gute Manager helfen den von ihnen Geführten, sich wertvoll und stark zu fühlen.

Und wie machen sie das?

Am wichtigsten ist natürlich der verschwenderische Umgang mit Lob. Wie oft reagieren wir nur auf negative Dinge und ignorieren die positiven? Mein Vater lehrte mich den Wert des Lobes. Bei besonderen Gelegenheiten setzte er sich hin und schrieb mir einen Brief, in dem stand, wie stolz er auf mich sei. Bei meinen eigenen Kindern machte ich es genauso, weil ich weiß, wie lange man von einem solchen Geschenk zehrt. Selbst heute noch wird mir warm ums Herz, wenn ich einen der Briefe meines Vaters lese.

Bei der *Mackay Envelope Corporation*, einem Unternehmen, das ich vor etwa 13 Jahren gründete, suchen wir immer nach einer Gelegenheit, einem Angestellten auf die Schulter zu klopfen und zu sagen: „Das war toll, was Sie da gerade gemacht haben." Und das tun wir das ganze Jahr über.

Aber Lob allein ist nicht genug. Wenn man es nach dem Gießkannenprinzip verteilt, kann es sogar ein wenig unaufrichtig wirken – fast so wie die Preise, die wohlmeinende Menschen einem ganzen Team verleihen, so daß niemand ein schlechtes Gefühl hat. Aber in diesen Fällen hat auch niemand ein besonders gutes Gefühl. Viel wirksamer ist es, nach den starken Seiten eines Kindes oder eines Mitarbeiters Ausschau zu halten und sie zu verstärken, um der betreffenden Person das Bewußtsein zu vermitteln, daß sie mit ihrem Talent ein Instrument an der Hand hat, das sie nach Belieben einsetzen kann.

Zum Beispiel bemerkte ich, daß zwei meiner Kinder ihre Hände und Augen ausgezeichnet koordinieren konnten. Ich sagte es ihnen und ließ sie

Tennisstunden nehmen, um diese Fähigkeit zu entwickeln. Mein dritter Sohn war nicht so konzentriert, und ich wußte, daß er in einem Teamsport nie Spitzenleistungen erbringen würde. Dafür war er aber besonders drahtig und wendig. Also schickte ich ihn in einen Karatekurs, wo er diese Stärken entwickeln konnte.

In meinem Unternehmen machten wir die Entdeckung, daß einer unserer Verkäufer ein ganz toller „Kundenkeiler" war. Wir förderten seine Fähigkeiten und bauten auf ihnen auf. Mittlerweile nimmt er in unserer Verkaufsmannschaft eine einzigartige Position ein: Er hat nicht ein bestimmtes, eigenes Verkaufsgebiet zur Betreuung über, sondern geht überall dorthin, wo er etwas zu „keilen" wittert.

Wenn Sie das Selbstwertgefühl Ihrer Kinder oder Ihrer Mitarbeiter stärken, so hilft ihnen das auch, sich sicher zu fühlen. Wenn ihr Selbstwertgefühl gut ist, wagen sie es, den Mund aufzumachen und ohne Angst vor Kritik oder Zurückweisung ihre Meinung zu sagen. So sind sie bereit, Risiken auf sich zu nehmen. Zweifelsohne hätten die wirklich originellen Ideen keine Chance, sich durchzusetzen, wenn nicht jemand bereit wäre, ein Risiko einzugehen. Außerdem lernen Menschen mit einem guten Selbstwertgefühl, ohne Angst Fragen zu stellen.

Als Vater oder Mutter bekommt man so viele Fragen zu hören, die mit den Worten „Darf ich ...?" beginnen, daß man manchmal versucht ist, sie sofort im Keim zu ersticken. Das wäre allerdings schlecht. Sie können noch immer nein sagen, so oft Sie wollen – und das dürfen Sie auch, denn Konsequenz ist wichtig –, aber es sollte Ihrem Kind freistehen, zu fragen. Mir ist aufgefallen, daß die besten Verkäufer diejenigen sind, die keine Angst davor haben, Fragen zu stellen.

Wichtig ist es auch, den Menschen ein Gefühl ihrer eigenen Stärke zu vermitteln. Das bedeutet, ihnen ein bestimmtes Maß an Kontrolle zu übertragen. Übrigens gab es noch etwas, was meine Eltern taten: Sie legten Wert darauf, mit jedem ihrer Kinder Zeit allein zu verbringen. Und Carol und ich tun bei unseren Kindern dasselbe. Einerseits lernen wir sie auf diese Weise besser kennen, und andererseits habe ich bemerkt, daß diese Kinder diese exklusiven Momente zu schätzen wissen, weil sie dann ihre kleinen Beschwerden über die anderen Familienmitglieder loswerden können.

Bei *Mackay Envelope* bekommt jeder die Chance, sich zu behaupten. Wenn jemand das Gefühl hat, auf ungerechte Weise übergangen worden zu sein, oder wenn er meint, daß die Pflichten – aus welchem Grund auch immer – nicht gerecht verteilt seien, wird er ermutigt, einen Bogen um seinen unmittelbaren Vorgesetzten zu schlagen und sich an die nächsthöhere Instanz zu wenden. Dafür hat er keine negativen Konsequenzen zu gewärtigen. Gesetzt den unwahrscheinlichen Fall, daß ein Manager feindselig reagiert, muß er damit rechnen, daß er in dem Augenblick, in dem wir von einem solchen Verhalten Wind bekommen, sein Bündel schnüren kann.

Schließlich ist es auch noch entscheidend, allen das Gefühl zu geben, daß sie wichtig sind. In einer negativen Umgebung haben alle das Gefühl, Opfer zu sein. In einer positiven fühlen sich alle gleich wertvoll – vielleicht nicht gleich mächtig, aber jedenfalls gleich wertvoll. Es mag sein, daß ein Produktionsarbeiter seine Wünsche nicht in demselben Maß durchsetzen kann wie ein leitender Angestellter, aber er hat dieselbe Chance, gehört zu werden, so wie dem jüngsten Kind der Familie am gemeinsamen Mittagstisch dieselbe Sprechzeit zugestanden wird wie den älteren.

Das alles läuft auf eine deutliche Botschaft hinaus: Du bist etwas Besonderes, und du bist uns wichtig. Damit Ihr Kind und Ihr Angestellter einzeln Erfolg haben und damit die gesamte Familie oder Organisation florieren kann, muß jeder ein Herz für die anderen haben.

Meine Eltern bestärkten mich ständig in allem, was ich tat. Als ich einmal spät in der Nacht aufwachte, war mir, als hörte ich meine Mutter sprechen: „Du wirst diese Prüfung mit Bravour schaffen. Du kannst alles, was du nur willst."

Stephen Covey
Autor von *The Seven Habits of Highly Effective People*

WIE SICH DIE PRINZIPIEN DER FAMILIENBERATUNG AUF GESCHÄFTSKONFERENZEN ÜBERTRAGEN LASSEN

Susan E. Davis

Präsidentin der *Capital Missions Company*

Jene Unternehmen, die die qualitativ beste Arbeitsumgebung schaffen,
werden die fähigsten Mitarbeiter anziehen und halten können.

Rosabeth Moss Kanter
Herausgeberin von *Harvard Business Review*

Virginia Satir, die Gründerin der Familienberatungsbewegung, schuf durch die
Einführung vierteiliger „Familienkonferenzen" eine Struktur für den Aufbau
gesunder Familien. Wir von der *Capital Missions Company* verwenden diese
Struktur für unsere wöchentlichen Mitarbeitertreffen.

I. Anerkennung

Wir beginnen damit, einander Anerkennung zu zollen. Die Teammitglieder
überlegen sich, wem sie für etwas danken möchten – für Unterstützung, Ermutigung, eine Idee, eine persönliche Charaktereigenschaft oder bewiesene
Stärke. Diese Anerkennung sollen sie dann dem Betreffenden direkt mitteilen.
So sorgen wir dafür, daß alle innehalten und für einen kurzen Moment nur angenehme Gefühle verspüren.

2. Probleme und Lösungen

Alle Mitarbeiter sind dafür verantwortlich, sämtliche aufgetretene Probleme
aufs Tapet zu bringen und gleichzeitig einen Lösungsvorschlag zu machen, bei
dem es nur Gewinner und keine Verlierer gibt. Dann wird über die Vorschläge
verhandelt, ein Beschluß wird gefaßt, und es wird sichergestellt, daß alle am
selben Strang ziehen. Die in diesem Prozeß aufgeworfenen Probleme sind oft
schwierig, und es kommt oft vor, daß von einzelnen Personen sowohl emotionale als auch berufliche Weiterbildung verlangt wird. Letzten Endes werden jedoch alle Mitarbeiter in die gewählte Lösung einbezogen.

3. Die taktischen „Musts"

In diesem Teil der Konferenz legen wir die Liste unserer „Musts" vor, koordinieren Pläne, reihen Arbeitslasten nach ihrer Priorität und suchen nach notwendigen Synergien.

4. Hoffnungen und Träume

Der vierte Teil der Konferenz ist unseren Hoffnungen und Träumen gewidmet. Dabei setzen wir uns mit den Hoffnungen und Träumen jedes Mitarbeiters für die bevorstehende Arbeitswoche auseinander. Durch dieses gemeinschaftliche Vorgehen sorgen wir dafür, daß sich das Unternehmen und seine Mitarbeiter regelmäßig mit Kernfragen auseinandersetzen und daß die versteckten Emotionen an die Oberfläche kommen. Das widerspricht der traditionellen Unternehmenspolitik, auf falsche Höflichkeit zu setzen und von Fragen, bei denen Emotionen im Spiel sind, am besten die Finger zu lassen.

Diese Zusammenkünfte gehören zu den schwierigsten Dingen, die unsere Mitarbeiter Woche für Woche zu bewältigen haben, aber wir sind davon überzeugt, daß sie die Quelle für die ungeheure Produktivität von *CMC* sind. Sie eignen sich mehr als jedes andere von uns verwendete Instrument dazu, das Selbstwertgefühl unserer Mitarbeiter zu heben. Sie reflektieren unseren grundlegenden Wunsch, unseren Mitarbeitern eigenständiges Handeln zu ermöglichen und ihnen dabei zu helfen, sich den Job zurechtzuzimmern, von dem sie träumen. Denn wenn sie in ihrem Traumjob arbeiten, erreichen sie ein Höchstmaß an Produktivität.

DIE UNGLAUBLICHE WIRKUNGSKRAFT VON ANERKENNUNG

Michael J. Wyman

Unternehmensberater
Präsident der *Global Acknowledgment Foundation*

Wie kann man von jemandem, den man herabsetzt und erniedrigt, erwarten, daß ihm die Produktqualität wichtig ist?

Tom Peters

Indem wir anderen Wertschätzung entgegenbringen, machen wir uns ihre besten Qualitäten zu eigen.

Voltaire

Eines Tages wurde ich vom Personalchef einer großen Versicherungsgesellschaft gebeten, ein neues Mission Statement für das Unternehmen auszuarbeiten.

Als ich auf dem Weg zum Vorstandszimmer durch das Unternehmen geführt wurde, stellte man mich einer Reihe von Leuten vor, die dort arbeiteten. Insbesondere ein Mann blieb mir im Gedächtnis. Abgesehen von der Tatsache, daß er der einzige Puertoricaner war, hatte er auch erkannt, wie wichtig und notwendig es war, daß alle Unternehmensangehörigen mit *The Power of Acknowledgment*[SM] vertraut gemacht wurden. Er wußte, daß ein Mission Statement nicht das wichtigste war, sondern daß die Unternehmensangehörigen lernen mußten, einander für ihre Beiträge Lob, Anerkennung und Wertschätzung zu zollen, denn nur so ließen sich das Selbstwertgefühl der Mitarbeiter, ihre Arbeitsmoral, die Produktivität und die Umsätze steigern.

Er sagte: „Aber ich bin nur einer von vielen Vizepräsidenten, und mein Wort hat daher nicht so viel Gewicht." Dann sagte er lachend: „Aber wenn ich Präsident wäre ..."

Ich sah ihm in die Augen und sagte: „Unterschätzen Sie Ihre Macht und Ihre Fähigkeiten nicht. Sie haben alle Voraussetzungen, um Präsident zu werden. Sie wissen, wie wichtig es ist, den Menschen Wertschätzung entgegenzubringen und ihnen Verantwortung zu übertragen. Sie würden einen wundervollen Präsidenten abgeben."

Er errötete und sagte: „Vielen Dank für das Kompliment. Wir sehen uns im Vorstandszimmer."

In den nächsten vier Stunden bedrängte ich alle 18 Vizepräsidenten und den Präsidenten, ein Mission Statement zu formulieren, das den Mitarbeitern ein nie gekanntes Maß an Eigenständigkeit zubilligen sollte. Da ich unter Zeitdruck stand, bat ich alle, nach Möglichkeit bei der Sache zu bleiben und nicht miteinander zu plaudern oder abzuschweifen. Erstaunlicherweise waren die zwei einzigen Personen, die meine Bitte respektlos mißachteten, der Präsident und sein Handlanger. Jedesmal, wenn ich sie um Ruhe bat, lachten sie mir ins Gesicht und redeten weiter. Der Präsident sagte: „Hören Sie mal, ich bin der Präsident, und ich kann tun und lassen, was immer ich will. Ich bezahle schließlich Ihr Honorar."

Ich wurde immer wütender, und schließlich dachte ich nur noch: „Wenn ich könnte, dann würde ich dich und deinen widerlichen Freund feuern und euch durch José ersetzen." Schließlich war ich so zornig, daß ich nur noch dachte: „Was für widerliche Typen das sind, und wie sie die selbstbestimmte Entfaltung ihrer Leute untergraben. Die zwei können für die Arbeitsmoral und das Selbstwertgefühl der Mitarbeiter nur schädlich sein." Dabei stellte ich mir die ganze Zeit lang vor, daß José der Präsident wäre.

Unmittelbar nach Ende der Sitzung kamen der Personalchef und José zu mir, um sich für das rüde Verhalten des Präsidenten und seines Getreuen zu entschuldigen. Ich sagte: „Es ist höchste Zeit, damit aufzuhören, Entschuldigungen für die beiden zu suchen. Statt dessen sollten Sie langsam erkennen, daß die beiden das Selbstwertgefühl aller anderen untergraben, weil sie ihre 100prozentige Bemühung torpedieren, ein neues Mission Statement zu formulieren." Ich sah José an und sagte: „Wenn ich mich durchsetzen könnte, wie ich wollte, dann wären Sie Präsident."

José lächelte und sagte: „Vielen Dank, Michael, aber dafür besteht keine Chance."

Zwei Wochen später erhielt ich einen Anruf vom Personalchef der Versicherungsgesellschaft. Er sagte: „Halten Sie sich fest, Michael. Raten Sie, was gerade passiert ist!"

„Was?" fragte ich.

„Unser Unternehmen wurde soeben von einem großen Konzern gekauft, und raten Sie, wer gefeuert wurde?"

„Wer?"

„Der Präsident und sein widerlicher Schatten. Und raten Sie, wer neuer Präsident geworden ist?"

„Wer?"

„José! Ich wußte zwar, daß Anerkennung wichtig ist, aber was sie tatsächlich zu bewirken vermag, ist mir erst jetzt bewußt."

Später sagte mir José: „Wir sind wirklich großartiger, grenzenloser und mächtiger, als es uns oder anderen je bewußt war. Nehmen Sie nur das Wunder, das mir widerfahren ist!"

Es ist wirklich erstaunlich, was Anerkennung zu bewirken imstande ist.

Über eure Lippen komme kein böses Wort, sondern nur ein gutes, das den, der es braucht, stärkt, und dem, der es hört, Nutzen bringt.

Die Bibel, Briefe an die Epheser, 4:29

Bob erhält endlich die Anerkennung, die er verdient.

LIEBE UND DER TAXIFAHRER

Art Buchwald

Freischaffender Kolumnist

Kürzlich war ich in New York und nahm mir gemeinsam mit einem Freund ein Taxi. Als die Fahrt zu Ende war und wir ausstiegen, sagte mein Freund zu dem Taxifahrer: „Vielen Dank. Sie sind toll gefahren."
Der Taxifahrer war einen Augenblick lang sprachlos. Dann sagte er: „Geht es Ihnen gut?"
„Selbstverständlich, guter Mann, und ich halte Sie auch nicht zum Narren. Ich finde es großartig, wie Sie in diesem dichten Verkehr so cool bleiben können."
„Sicher", sagte der Fahrer und fuhr davon.
„Was war denn das?" fragte ich.
„Ich versuche, die Liebe zurück nach New York zu bringen", sagte er. „Meiner Meinung nach ist das das einzige, was diese Stadt zu retten vermag."
„Wie kann ein Mann allein New York retten?"
„Nicht ein Mann allein. Ich bin mir sicher, daß ich dem Taxifahrer den Tag vergoldet habe. Nehmen wir an, er hat heute noch 20 Fahrgäste. Zu denen wird er nett sein, weil jemand nett zu ihm war. Sie werden ihrerseits netter zu ihren Mitarbeitern oder zu Ladenbesitzern oder Kellnern oder sogar zu ihren Familien sein. Diese Kettenreaktion der Freundlichkeit könnte mindestens 1.000 Leute erfassen. Das ist doch nicht schlecht, oder?"
„Aber du verläßt dich darauf, daß der Taxifahrer deine Freundlichkeit an andere weitergibt."
„Ich verlasse mich nicht darauf", sagte mein Freund. „Ich weiß, daß das System nicht narrensicher ist. Heute kann ich zum Beispiel mit zehn verschiedenen Leuten zu tun haben. Wenn ich von diesen zehn nur drei glücklich machen kann, dann beeinflusse ich damit immerhin die Einstellung von 3.000 weiteren."
„Klingt in der Theorie ganz gut", gab ich zu, „aber ich bin mir nicht sicher, ob es in der Praxis tatsächlich funktioniert."
„Falls nicht, ist auch nichts verloren. Es hat mich nichts gekostet, diesem Mann zu sagen, daß er seine Sache gut macht. Das Trinkgeld ist deswegen auch nicht höher und nicht niedriger ausgefallen. Was macht es schon, wenn mein Lob auf taube Ohren gestoßen ist? Morgen wird es einen anderen Taxifahrer geben, den ich vielleicht glücklich machen kann."

„Irgendwie bist du ganz schön verrückt", sagte ich.

„Das zeigt nur, wie zynisch du geworden bist. Ich habe mich eingehend mit diesem Thema beschäftigt. Nimm zum Beispiel die Postangestellten: Das einzige, was ihnen neben einem besseren Gehalt zu fehlen scheint, ist, daß ihnen jemand sagt, wie gut sie arbeiten."

„Aber sie arbeiten wirklich nicht gut."

„Sie arbeiten nicht gut, weil sie das Gefühl haben, daß es ohnehin allen egal ist, ob sie etwas leisten oder nicht. Warum sollte man sie nicht von Zeit zu Zeit loben?"

Während unseres Gesprächs kamen wir an einer Baustelle vorbei. Davor saßen fünf Arbeiter, die gerade Mittagspause machten. Mein Freund blieb stehen. „Das ist toll, was ihr Männer da geleistet habt. Eure Arbeit muß wirklich schwer und gefährlich sein."

Die fünf beäugten meinen Freund argwöhnisch.

„Wann wird das Haus fertig sein?"

„Juni", grunzte einer.

„Aha. Das ist wirklich beeindruckend. Ihr könnt ganz schön stolz sein auf eure Leistung."

Als wir weitergingen, sagte ich zu ihm: „Seit dem *Mann von LaMancha* habe ich so jemanden wie dich nicht gesehen."

„Wenn diese Männer meine Worte verdaut haben, werden sie sich darüber freuen. Irgend jemand in der Stadt wird mit Sicherheit von ihrer Freude profitieren."

„Aber du kannst das nicht alles allein schaffen!" protestierte ich. „Du bist doch ganz allein!"

„Das wichtigste ist, daß ich mich nicht entmutigen lasse. Es ist sicher nicht leicht, die Menschen in dieser Stadt wieder freundlich zu machen, aber wenn es mir gelingt, andere in meine Kampagne einzuspannen ..."

„Du hast soeben einer ganz durchschnittlich aussehenden Frau zugezwinkert", bemerkte ich.

„Ja, ich weiß", antwortete er. „Und wenn sie Lehrerin ist, kann sich ihre Klasse auf einen phantastischen Tag freuen."

DAS LETZTE ABENDMAHL

Auszug aus *Bits & Pieces*

Das schlimmste Gefängnis ist ein verschlossenes Herz.

Papst Johannes Paul II

Als Leonardo da Vinci an seinem Gemälde „Das letzte Abendmahl" arbeitete, ärgerte er sich einmal sehr über einen bestimmten Mann. Außer Fassung geraten, schleuderte er dem anderen bittere Worte und Drohungen entgegen. Als er zu seiner Leinwand zurückkehrte, versuchte er an Jesu Gesicht weiterzuarbeiten, sah sich dazu aber außerstande. Aufgewühlt, wie er war, konnte er sich nicht so weit sammeln, um die heikle Arbeit fortzusetzen. Schließlich legte er seine Malutensilien beiseite, suchte den Mann auf und bat um Vergebung. Dieser nahm seine Entschuldigung an, und Leonardo konnte in seine Werkstatt zurückkehren und Jesu Gesicht zu Ende malen.

DIE MACHT BÖSER WORTE

E. J. Michael

Zitiert in *The Oracle Newsletter*

Jedes Wort, das wir nicht zuerst in Gedanken kleiden, wird zu einem Stein auf unserem Weg.

Rudolf Steiner

Eines Tages kam ein Mann zu Mohammed, um ihm von seiner Trauer und Frustration zu erzählen. Nach einem schlimmen Streit mit seinem Freund war er am Boden zerstört. Seine bösen Worte taten ihm leid, und er fragte den Propheten, was er tun solle, um seinen Fehler wieder gutzumachen.

Mohammed sagte ihm, er solle durch die Stadt gehen und auf die Stufen vieler Häuser Federn legen. Er wies ihn an, die Federn dort über Nacht liegen zu lassen und sie am Morgen wieder einzusammeln. Dann sollte er sich wieder bei Mohammed melden.

Am nächsten Tag erschien der Mann mit einem verzweifelten Gesicht bei Mohammed.

„Mohammed", rief er. „Ich habe getan, wie du mich geheißen hast, aber als ich heute morgen zu den Häusern kam, um die Federn von gestern abend einzusammeln, konnte ich keine einzige mehr finden!"

„So ist es auch mit deinen Worten", erklärte Mohammed. „Sie sind aus deinem Mund geflogen, haben ihre Wirkung getan und können nicht mehr zurückgerufen werden."

Wir können den Schaden, den wir durch negative oder unüberlegte Worte angerichtet haben, wiedergutmachen, indem wir an ihrer Stelle neue und bessere Worte sprechen; klüger ist es jedoch, daran zu denken, daß unsere Worte viel mächtiger sind, als die meisten Menschen es sich vorzustellen vermögen.

Es ist besser, mit den Beinen zu stolpern als mit der Zunge.

Suaheli-Sprichwort

ALLES, WAS SIE WISSEN MÜSSEN

Steve Wilson

Psychologe und Vortragender
Autor von *The Art of Mixing Work and Play*

Bessre deine Rede, sonst schadst du deinem Glück.

William Shakespeare

Eine eindrucksvolle Lektion

Norman Guitry fesselte unsere Aufmerksamkeit schon mit seinem ersten Satz: „Alles, was Sie über psychische Gesundheit wissen müssen, läßt sich in drei Worten ausdrücken."

Er war ein großer Mann von vornehmer Haltung. Weißhaarig. Milde. Mit sanfter Stimme. Redegewandt. Ein Mann mit Herz, der sich dem Dienst am Menschen verschrieben hatte. Norman Guitry lehrte uns die vielleicht wichtigste Lektion auf dem Gebiet der menschlichen Beziehungen und der geistigen Gesundheit. Sie wirkt heute noch ebenso verblüffend einfach und absolut überragend wie an jenem Tag im September 1973, an dem wir sie zum ersten Mal hörten.

Ich hielt einen Kurs zum Thema Psychiatrie für Erstsemestrige ab und hatte Norm eingeladen, die erste Gastvorlesung zu halten. Ich war begeistert, daß er sich bereit erklärt hatte, vor meinen Studenten zu sprechen, aber ich machte mir keine Vorstellung davon, wie tief er uns alle beeindrucken würde.

Er hatte sich der Herausforderung gestellt, vor einer Klasse von Studienanfängern des Faches Psychiatrie zu sprechen. Das Thema lautete: „Die Entwicklungsgeschichte der Dienste im Bereich der psychischen Gesundheit". Norm hatte einen Regionalverband für Menschen mit psychischen Problemen gegründet, und er war dessen erster Präsident und Geschäftsführer. Er war schon seit vielen, vielen Jahren ein aktiver und effektiver Interessenvertreter psychisch Kranker und deren Familien. Norm war in unserer Gemeinde der große alte Mann der Psychiatrie. Niemand konnte ihm in bezug auf Erfahrung, Praxis und Menschenkenntnis das Wasser reichen, und niemand war so qualifiziert wie er, um zu diesem Thema zu sprechen.

Während er die Zuhörer also mit dem ersten Satz seines Vortrages bereits in seinen Bann geschlagen hatte, kam er im zweiten unverblümt zur Sache: „95 Prozent der psychischen Probleme, mit denen wir heute zu kämpfen haben, wären eliminiert, wenn alle dieses Drei-Worte-Rezept befolgten und sich daran hielten."

Ich sah an seinem Gesichtsausdruck, daß er es genoß, die Spannung aufzubauen. Mit noch mehr Nachdruck als beim ersten Mal sagte er: „Ich bin aufrichtig davon überzeugt, daß 95 Prozent der psychischen Probleme, mit denen wir heute konfrontiert sind, mit einem Schlag aus der Welt geschaffen wären, wenn alle dieses Rezept befolgten und sich an diese drei Worte hielten."

Das sind sie:

SETZE NIEMANDEN HERAB

Es dauerte einige Augenblicke, bis wir seine Worte begriffen hatten.

„Setze niemanden herab. Erniedrige andere Menschen nicht. Mach sie nicht kleiner, als sie sind. Verletze nicht durch deine eigene Voreingenommenheit und durch ungerechtfertigte Kritik ihr Selbstwertgefühl. Wenn wir alle nach diesem Prinzip lebten, gäbe es die meisten Probleme, die auf psychischen Problemen basieren, nicht. Denn Kriminalität, Mißhandlung, schulisches Versagen, Probleme zwischen Arbeitgebern und Arbeitnehmern, zerbrochene Familien und Süchte lassen sich zum Großteil auf ein unterentwickeltes Selbstwertgefühl rückführen.

Deshalb gilt es, die Menschen emporzuheben; Unterschiede zu respektieren; die Einzigartigkeit aller Menschen zu schätzen und die Menschen zu lehren, sich selbst zu mögen. Das können wir, indem wir uns diesen einfachen Merksatz immer wieder vorsagen: ‚Setze niemanden herab!‘

In den vor Ihnen liegenden Jahren werden Sie viele Theorien der Persönlichkeitsentwicklung und viele Therapietechniken kennenlernen. Aber auch die besten von ihnen werden nur Beiwerk zu dieser grundlegenden Idee sein. Machen Sie diesen Merksatz zu Ihrem Glaubensbekenntnis: Erniedrige niemanden!‘

Ich wünsche Ihnen alles erdenklich Gute und viel Erfolg in Ihren edlen Bemühungen auf dem Gebiet der psychischen Gesundheit. Und denken Sie daran: Sie kennen nun das wichtigste Prinzip der psychischen Gesundheit, der menschlichen Beziehungen, des Seelenfriedens und der Liebe in Ihrem Herzen. Vergessen Sie es nicht. Geben Sie es an andere weiter. Leben Sie nach der Devise: Setze niemanden herab!"

DIE WRANGLERS GEGEN DIE STRANGLERS*

Ted Engstrom

Vor Jahren gab es an einer amerikanischen Universität im Mittleren Westen eine Gruppe brillanter junger Männer, die über ein erstaunliches schriftstellerisches Talent zu verfügen schienen. Sie waren hoffnungsvolle Dichter, Romanautoren und Essayisten. Ihre Fähigkeit, das Beste aus der englischen Sprache herauszuholen, war außergewöhnlich. Diese vielversprechenden jungen Männer trafen sich regelmäßig, um über ihre Arbeiten zu sprechen und sie zu kritisieren – vor allem, um sie zu kritisieren!

Diese jungen Männer gingen gnadenlos miteinander ins Gericht. Sie zerpflückten noch den unbedeutendsten literarischen Ausdruck in 100 Teile. Sie waren in ihrer Kritik herzlos, hart, ja sogar bösartig, aber sie waren der Meinung, daß sie auf diese Weise das Beste an den Arbeiten der anderen zum Vorschein brächten. Ihre Treffen wurden zu so heißen Schauplätzen der Literaturkritik, daß sie sich selbst den Spitznamen „The Stranglers" gaben.

Die literarisch begabten Studentinnen dieser Universität, die den Männern nicht nachstehen wollten, entschlossen sich, eine eigene Gruppe zu gründen, die den „Stranglers" vergleichbar sein sollte. Sie nannten sich „The Wranglers". Auch sie lasen einander ihre Arbeiten vor, aber trotzdem gab es zwischen den beiden Gruppen einen entscheidenden Unterschied: Die Kritik der „Wranglers" war viel sanfter, positiver und ermutigender. Manchmal wurde so gut wie gar nicht kritisiert. Jede Bemühung, und war es auch nur der schwächste Versuch, wurde auf etwas Lobens- oder Ermutigenswertes abgeklopft.

20 Jahre später führte das Absolventenbüro der Universität eine umfassende Studie über die Karrieren ihrer ehemaligen Studenten durch, und da zeigte sich, daß zwischen den literarischen Leistungen der „Stranglers" und jenen der „Wranglers" eine große Lücke klaffte. Von all den intelligenten und talentierten jungen Männern der „Stranglers" hatte es nicht ein einziger zu nennenswerten literarischen Erfolgen gebracht, während aus der Mitte der „Wranglers" mehr als sechs erfolgreiche Autorinnen von nationalem Ruf hervorgegangen waren.

---

* Wrangler = engl. für Disputant, Zänker; Strangler = engl. für Würger, Unterdrücker

DURCH LOB ZUM TEAMERFOLG

Ronald E. Guzik

Präsident der *Entrepreneurial Visions*

46 Prozent der Arbeitnehmer, die ihre Jobs kündigten, gaben als Grund dafür an, daß sie sich nicht geschätzt fühlten.

US-Arbeitsministerium

Viele Manager ignorieren oder unterschätzen die Wirkkraft eines Lobs.

Roger Flax
Präsident der *Motivational Systems*

Haben wir das nicht alle schon einmal gehört? Motivieren und belohnen Sie Ihre Mitarbeiter, und ermutigen Sie sie zu eigenständigem Handeln – und seien Sie nett zu Ihren Kunden und Lieferanten. Seien Sie ein Coach, kein Diktator. Seien Sie jemand, in dessen Gegenwart andere sich wohl fühlen. Wunderbar. Aber wie soll das Tag für Tag zu schaffen sein? Schließlich können Sie Ihren Mitarbeitern nicht jeden Tag eine Prämie geben, und Sie können sie auch nicht jeden Tag mit einer Überraschungsparty oder einem Ausflug an den Badestrand beglücken. Und an wie vielen Tagen im Jahr können Sie Ihren Kunden oder Lieferanten schon Kalender oder Kugelschreiber schenken?

Es gibt aber etwas, was Sie jeden Tag tun können: Sie können Ihren Mitarbeitern Tag für Tag Ihre Wertschätzung bekunden, indem Sie sie loben. Das ist das billigste Managementinstrument, das es gibt – allerdings auch das, das am häufigsten vergessen wird.

Aus neueren Statistiken des US-Arbeitsministeriums geht hervor, daß 46 Prozent der Arbeitnehmer ihre Jobs deshalb kündigen, weil sie sich nicht genügend geschätzt fühlen. Dazu kommt, daß in allen Studien, die ich kenne, Anerkennung und Wertschätzung ganz oben auf der Wunschliste von Mitarbeitern stehen. Außerdem hängen die Kunden meist wie die Kletten an einem Bereitsteller von Produkten oder Dienstleistungen, der ihnen schon bei der ersten Kontaktaufnahme ein gutes Gefühl vermittelt hat.

Alle Arbeitnehmer wünschen sich, Anerkennung zu bekommen, weil sie glauben, etwas gut gemacht zu haben – oder es zumindest versucht haben. Anerkennung sorgt dafür, daß sich Zufriedenheit unter Ihren Leuten ausbreitet und daß ihr Selbstwertgefühl steigt, ganz gleich, ob Sie nur einen oder 1.000 Mitarbeiter haben.

Manche größere Unternehmen wissen um den Wert des Lobes, und sie kennen die alte Devise der Organisationsentwicklung, die da lautet: „Was belohnt wird, wird erledigt, und zwar richtig." Es ist an der Zeit, daß sich auch alle kleinen Unternehmen diese Volksweisheit zu eigen machen.

Unser Wort „Chef" wird so oft als Synonym für jemanden verwendet, der andere kritisiert oder unter Druck setzt. Der Grund dafür ist wahrscheinlich, daß wir uns an einen einschüchternden Managementstil gewöhnt haben, der sich nur auf das konzentriert, was nicht in Ordnung ist. Strenge Blicke, verbale Warnungen und schriftliche Zurechtweisungen sind an unseren Arbeitsplätzen viel häufiger als ermutigendes Lächeln, Glückwünsche oder schriftliche Komplimente. Diese Situation ist zwar in Veränderung begriffen, aber in vieler Hinsicht haben wir noch einen weiten Weg vor uns.

Wahrscheinlich waren auch sie zu irgendeinem Zeitpunkt einmal Angestellter oder Untergebener in einem Unternehmen. Und ganz bestimmt können Sie sich daran erinnern, wie jemand Ihnen ein einfaches „Danke für Ihre großartige Arbeit!" sagte. Hat Ihnen ein solches Kompliment nicht den Tag vergoldet? Es gab Ihnen das Gefühl, geschätzt zu werden, es gab Ihrem Selbstbewußtsein Auftrieb und vermittelte Ihnen ein gutes Gefühl in bezug auf Ihre Arbeit. Ich bin mir jedoch sicher, daß Ihnen viel mehr Anlässe in Erinnerung sind, bei denen Sie sich bei einem Projekt besondere Mühe gaben, und niemand schien Notiz davon zu nehmen. Wenn Sie überhaupt ein „Dankeschön" zu hören bekamen, dann ein ganz flüchtiges.

Dasselbe gilt für uns als Kunden. Reagieren wir nicht alle positiv, wenn uns ein Verkäufer oder ein Hotelpage freundlich anlächelt? Und haben wir uns nicht alle schon einmal gefragt, warum wir unser hart verdientes Geld in Geschäften mit mürrischem Personal ausgeben sollten oder dort, wo Empfangssekretärinnen uns den Eindruck vermitteln, als hielte sie unsere Ankunft von viel wichtigeren Dingen ab?

Die Macht des Lobes

Erfolgreiche Manager haben ihren Erfolg zum Teil der Tatsache zu verdanken, daß sie gelernt haben, die Leistungen anderer anzuerkennen. Das ist einer der Gründe, warum sie von ihren Leuten als „charismatische" Führer betrachtet werden. Die Menschen halten sich gern in ihrer Nähe auf, weil sie wissen, daß das nächste Kompliment ganz in der Nähe ist.

Jedes Kompliment, das wir einem Mitarbeiter machen, wirkt wie ein kleines Katapult, das die Arbeitsmoral und die Leistung des Betreffenden emporschnellen läßt. Jedes aufrichtige „Vielen Dank für Ihren Besuch, und besuchen Sie uns bitte bald wieder", das Sie zu einem Kunden sagen, steigert dessen Loyalität Ihrer Firma gegenüber. Und jene Menschen, die das bereitstellen, was wir brauchen – Computerreparaturen, Marktforschung oder einfach Toilettenpapier –, werden um ein *Vielfaches* pünktlicher und gründlicher sein, wenn sie wissen, daß Sie von Ihnen ihren Anteil an ehrlich gemeintem, positivem Feedback bekommen.

Um jedoch andere loben zu können, müssen wir uns zuerst selbst Anerkennung zollen. Wir müssen uns *selbst* mit kleinen Belohnungen verwöhnen und uns selbst anerkennend auf den Rücken klopfen, wenn wir es verdient haben. Anders ausgedrückt: Wir müssen eine gute Meinung von uns selbst haben und stolz auf unsere eigenen Leistungen sein. Ein Mensch, der sich ständig selbst herabsetzt, wird seinen Mitarbeitern kaum Anerkennung und Lob zollen können.

Als nächstes sollten Sie es sich zur Gewohnheit machen, *auf das zu achten, was die Leute richtig machen* (anstatt sich ausschließlich auf ihre Fehler zu konzentrieren). Wenn es Ihnen als Chef gelingt, diese Gewohnheit zu entwickeln, werden Sie allein dadurch die Arbeitsmoral in Ihrem Geschäft, Ihrem Büro oder Ihrem Werk enorm heben.

Achten Sie vor allem auf Menschen und Verhaltensweisen, die so vorhersagbar sind, daß sie fast unbemerkt bleiben, wie zum Beispiel Mitarbeiter, die *immer* pünktlich zur Arbeit kommen, auf jene, deren Arbeit stets so vollständig und fehlerfrei ist, daß Sie versucht sind, das als selbstverständlich zu betrachten, auf Lieferanten, die Sie nie im Stich lassen und in Notfällen zusätzliche Lieferungen durchführen, oder auf Kunden, die Ihnen jahraus, jahrein die Treue halten.

Gewöhnen Sie sich an, Ihre Zufriedenheit auch zu äußern, wenn Sie Berichte, Abläufe oder Verkaufszahlen sehen, die einen guten Eindruck auf Sie machen.

Ich selbst lobe meine Mitarbeiter am liebsten unter vier Augen, das heißt außer Hörweite anderer. Aber wenn Sie mit Fingerspitzengefühl vorgehen, spricht auch nichts dagegen, jemanden vor anderen zu loben. Achten Sie nur darauf, daß Sie das Lob gerecht verteilen, damit alle den ihnen zustehenden Anteil bekommen.

Seien Sie natürlich, aber gleichzeitig auch kreativ

Es ist allerdings sehr wichtig, daß Ihr Lob weder gezwungen noch übertrieben, sondern *natürlich* klingt. Echtes Lob ist keine Schmeichelei. Es bedeutet einfach, den Leuten zu sagen, daß Sie ihre Arbeit zu schätzen wissen (aber versuchen Sie nicht, sie zu motivieren, indem Sie sie übertrieben loben. Es erfordert keine besondere Sensibilität, übertriebenes oder heuchlerisches Lob als das zu erkennen, was es ist).

Bestimmte Worte wie „richtig" und „gut" werden beim Loben jedoch überstrapaziert. Sie werden als phrasenhaft empfunden und sind wenig wirkungsvoll. Erweitern Sie Ihr Lobvokabular um Adjektiva wie „toll", „wunderbar", „super", „gründlich", „perfekt", „ausgezeichnet", „exzellent", „phantasievoll", „kreativ", „gewissenhaft" und ähnliches.

Ein paar Beispiele:

„John, das war wirklich eine perfekte Präsentation unserer Werbeunterlagen. Ich bin sicher, daß sie toll einschlagen wird."

„Vielen Dank, Paula, daß Sie die Berichte von unserer Marktforschungsabteilung selbst gebracht haben, anstatt sie in die Post zu stecken. Weil Sie und Ihr Unternehmen sich für uns so bemüht haben, werden wir unsere Frist doch noch einhalten können. Wir wissen Ihren Einsatz wirklich zu schätzen."

„Wissen Sie, Larry, Sie sind schon seit so vielen Jahren unser Wirtschaftsprüfer. Aber ich muß Ihnen einfach einmal sagen, daß wir ohne Ihre genaue Zahlenarbeit das Budget für dieses Projekt nie so knapp hätten bemessen können. Sie haben mit Ihrer Arbeit einen wichtigen Beitrag zu unserem Erfolg in dieser Sache geleistet."

„Mary Jane, Sie arbeiten nun seit zwei Jahren bei uns, und ich glaube, daß Sie noch nie mehr als fünf Minuten zu spät zur Arbeit gekommen sind. In 99 Prozent der Fälle sind Sie so pünktlich, daß man die Uhr nach Ihnen stellen kann. Ihre Pünktlichkeit ist wirklich beeindruckend und ein gutes Beispiel für alle."

Anerkennung wirkt am besten, wenn Sie sie einfach gewähren, um jemandem den Tag zu verschönern, und wenn Sie sofort loben, wenn Lob fällig ist. Seien Sie beim Loben nicht berechnend, indem Sie eine „Technik" anwenden und aus den Augenwinkeln auf eine Produktionssteigerung schielen. Die guten Dinge passieren ganz von allein. Sie brauchen nicht alles in Zahlen zu bemessen.

Es folgt eine Zusammenfassung der Tips über das Loben aus Ken Blanchards und Spencer Johnsons Buch *The One Minute Manager*:

- Sagen Sie den Leuten von vornherein, daß sie Rückmeldungen über ihre Leistungen bekommen werden.
- Loben Sie die Leute sofort, wenn sich die Gelegenheit ergibt.
- Sagen Sie den Leuten genau, was sie richtig gemacht haben.
- Sagen Sie Ihren Mitarbeitern, was für ein gutes Gefühl Ihnen ihre ausgezeichnete Arbeit gibt und wie sehr sie damit der Organisation und ihren dort arbeitenden Kollegen helfen.
- Halten Sie einen Moment inne, um den Gelobten Gelegenheit zu geben, Ihr gutes Gefühl zu „spüren".
- Ermutigen Sie sie, so weiterzumachen.
- Schütteln Sie ihnen die Hand oder berühren Sie sie so, daß sie spüren, daß Sie sie in ihrem Erfolg unterstützen.

Es ist schwer, sich neue Gewohnheiten anzueignen und diese zu perfektionieren. Das ist auch beim Loben so. Also heißt es üben, üben und nochmals üben! Ihre Mitarbeiter, Ihre Lieferanten und Ihre Kunden werden es zu schätzen wissen.

Kluge Sprüche fallen oft auf unfruchtbaren Boden, aber ein liebes Wort ist niemals vergeblich.

Sir Arthur Helps

QUELLE: Bent Offerings von Don Addis. Mit freundlicher Genehmigung von Don Addis und Creators Syndicate.

DIE MACHT EINES BLAUEN BANDES

Helice Bridges

Präsidentin von *Helice Bridges Communications*
Vorsitzende von *Difference Makers International*
Autorin von *Shaking Hands with Destiny* und *Up Is Better* (beide noch unveröffentlicht)

Worte haben große Macht und sollten sorgfältig eingesetzt werden. Aloha sollte zum Beispiel nicht einfach als oberflächliche Begrüßung für Touristen betrachtet werden. Alo bedeutet Busen oder Zentrum des Universums, und ha steht für den Atem Gottes. Die Verwendung dieses Wortes stellt also einen Tribut an die Göttlichkeit des anderen dar.

Aus der hawaiianischen Verfassung

Denise, Leiterin der Verkaufs- und Marketingabteilung eines großen kalifornischen Unternehmens, zog hastig an ihrer Zigarette, als sie sich neben mich setzte. Sie war wütend, völlig anders, als ich sie sonst kannte. Ich hatte diese Frau mit ihrem spontanen Witz und ihrer Bereitwilligkeit, in jedem nur das Beste zu sehen, ins Herz geschlossen. Es war etwas Ungewohntes und Außergewöhnliches, sie böse zu sehen.

„Ich bin so wütend", schnaubte Denise. „Der Sicherheitsbeamte dort drüben an der Tür ist der größte Rüpel, der mir je begegnet ist. Er wollte meinen Essenskupon sehen, bevor er mich in den Saal ließ. Da ich ein Gast des Eröffnungsredners bin, wußte ich nicht, daß ich einen Kupon brauchte, um hereinzukommen. Ich deutete auf mein Namensschild und auf das Logo unserer Firma, um zu beweisen, daß ich Zutritt zu sämtlichen Kongreßaktivitäten hätte, aber er sagte mir, daß das nicht ausreiche. „Kein Kupon, kein Mittagessen, Lady", sagte er. Ich blieb cool und fragte ihn ganz höflich, wo ich mir einen Kupon beschaffen könne, aber er gab mir keine Antwort. Er hielt mich sogar mit seinem Arm davon ab, den Raum zu betreten.

Ich fragte ihn nach seinem Namen und seiner Dienstnummer und sagte, daß ich mich bei seinem Vorgesetzten über sein rüdes Benehmen beschweren würde.

Darauf antwortete er: ‚Das wird schwierig sein, denn ich werde Ihnen keine Auskunft geben!'

Daraufhin schrieb ich mir seine Dienstnummer auf und sagte, daß ich sein Verhalten melden würde. Dann stürmte ich an ihm vorbei und ging hinein. Ich weiß mich vor Wut gar nicht zu fassen. Normalerweise versuche ich immer freundlich zu sein, und ich komme mit den meisten Menschen zurecht, aber bei diesem Typen ist es anders. Mein Zorn schockiert mich so. Ich weiß, Helice, daß Sie uns immer lehren, das Gute in anderen zu sehen, aber hier muß eine Ausnahme gestattet sein!"

Die anderen, die um unseren Tisch saßen, stimmten zu, daß dieses Schwergewicht an Sicherheitsmann sich wie ein Gestapo-Aufseher aufführte.

„Gut, daß Sie ihm die Meinung gesagt haben", antwortete ich. „Ich kann mir aber vorstellen, daß Sie ihn noch vor Ende dieses Nachmittags loben und ihm sagen werden, was er Positives getan hat."

„Ich fürchtete, daß Sie das sagen würden." Denise schnitt eine Grimasse.

Der Eröffnungsredner, John Martin, ein führender Vertreter der Bauindustrie, der immer bemüht ist, etwas zum Positiven zu verändern, schloß seine Rede mit der Geschichte „Who You Are Makes a Difference*" aus meinem Buch Chicken Soup for the Soul: „Der Junge berührte das blaue Band, das sein Vater ihm eben gegeben hatte. Er konnte nicht aufhören zu schluchzen, bis er endlich hervorstieß: ‚Ich wollte morgen Selbstmord begehen, Dad, weil ich glaubte, du liebtest mich nicht. Und jetzt brauche ich es nicht zu tun.‘

Wir in der Bauindustrie," fuhr John fort, „haben beruflich und privat nicht immer genug Mitgefühl mit den Leuten. Es ist an der Zeit, daß wir die Zukunft neu erfinden und den Wert anderer anerkennen. Es ist an der Zeit, daß wir einfühlsam zu kommunizieren lernen und etwas Positives im Leben der anderen bewirken. Es ist wichtig für alle von uns, unsere Kollegen, Freunde und Familienmitglieder wissen zu lassen, was sie uns bedeuten. Ich möchte nun meinen Geschäftspartner zu mir auf die Bühne bitten und ihm sagen, was für positive Dinge er in meinem Leben bewirkt hat."

Als John seinem Partner das blaue Band umgelegt hatte, umarmten sich die beiden Männer. Dann sagte John, daß ich die Autorin der Geschichte sei, und lud mich ein, nach vorn zu kommen und die 250 Zuhörer aus der Bauindustrie mit der „Who I Am Makes a Difference"-Zeremonie des blauen Bandes bekanntzumachen.

Innerhalb weniger Minuten hatte ich den Zuhörern gezeigt, wie sie der neben ihnen sitzenden Person ihre Wertschätzung ausdrücken konnten. Als sie sich mit den blauen Bändern ihren Nachbarn zuwandten, leuchteten ihre Gesichter auf, und ich sah plötzlich überall im Raum Tränen, Händeschütteln und Umarmungen. Männer klopften einander auf die Schulter und sagten: „Ich hätte nie gedacht, daß mir das mit der Anerkennung über die Lippen kommen würde." „Ich kann es gar nicht fassen, daß mir So-und-so seine Wert-

---

* Es kommt darauf an, wer ich bin

schätzung ausgedrückt hat. Ich wußte nicht, daß ich ihm so wichtig war."
„Diese Anerkennungszeremonie hat wirklich etwas für sich. Wir sollten dafür sorgen, daß sie Verbreitung findet!"

Ich war angenehm überrascht zu sehen, daß jemand sogar dem Sicherheitsposten Anerkennung zollte. Dessen Gesicht wurde weich wie das eines Welpen, als ihm das blaue Band über die Brust gelegt wurde.

Da ich neugierig auf diesen Mann war, ging ich lächelnd auf ihn zu und sagte: „Hallo, ich freue mich zu sehen, daß Sie ein blaues Band bekommen haben. Sie sind wirklich jemand, der mit ganzem Einsatz an der Arbeit ist. Ihr Job ist sicher sehr schwierig."

„Da haben Sie recht, Lady. Hier herrschen chaotische Zustände", sagte er frustriert. „Normalerweise arbeite ich nicht hier, aber sogar ich erkenne, daß ein besseres System notwendig wäre. Die einzige Anweisung, die ich bekommen habe, war, daß ich niemanden ohne gültigen Bon hineinlassen sollte.

Ob es mir gefällt oder nicht, in diesen Zeiten muß ich Nebenjobs wie diesen hier annehmen", fuhr er fort. „Letzten Monat wurde meine Frau von einem betrunkenen Autofahrer getötet. Jetzt bin ich alleinerziehender Vater, und mein Junge und ich haben es sehr schwer. Tagsüber arbeite ich als Versicherungssachverständiger, und in der Nacht als Sicherheitswache für ‚große Tiere'. Ich habe kaum Zeit für meinen Sohn. Ihre Geschichte hat mich tief bewegt und erinnert mich daran, daß ich meinem Sohn sagen muß, wie sehr ich ihn liebe und wieviel er mir bedeutet.

Übrigens", sagte er voller Begeisterung, „vor acht Jahren bekam ich bei einer phantastischen Veranstaltung auch eines dieser blauen Bänder. Es bedeutet mir so viel. Ich habe es immer noch über meinem Spiegel hängen. Ich sehe es jeden Tag an, und es erinnert mich daran, daß ich jemand bin. Würde es Ihnen etwas ausmachen, mein Exemplar von *Chicken Soup for the Soul* zu signieren?"

Mir wurde ganz warm ums Herz, als ich hörte, wie dieser Hüne über seine intimsten Gefühle sprach. „Ich fühle mich geehrt, dieses Buch für Sie zu signieren", sagte ich sanft. Ich schaute ihm in sein freundliches Gesicht, und dann schrieb ich: „Lieber Larry, Sie sind ein guter und liebevoller Vater. Vielen Dank für all das Positive, das Sie tun."

Seine Augen füllten sich mit Tränen, als ich ihm zeigte, was ich geschrieben hatte. Wir umarmten einander lange und intensiv, als ob wir einander schon seit Ewigkeiten kennen würden. Als ich ging, blickte ich zu Denise und sah, daß sie mit einem blauen Band in der Hand direkt auf Larry zusteuerte.

Sie hatte zu ihrem alten, liebevollen Selbst zurückgefunden. Ohne zu zögern, ging sie geradewegs auf Larry zu. Ich beobachtete, wie sie mit ihm sprach und dann ein blaues Band direkt über jenes legte, das er von jemand anderem erhalten hatte.

Später verließen Denise und ich Arm in Arm die Kongreßhalle. „Ich kann es gar nicht fassen, was da eben passiert ist", sagte sie nachdenklich. „Meine Meinung über diesen Mann war so falsch. Ich sagte ihm, daß ich mir gut vorstellen könne, wie schwierig sein Job war. Dann sagte er mir, daß seine Frau soeben ums Leben gekommen war. Es tat ihm leid, daß er mich so grob behandelt hatte.

Ich war ganz schockiert, und die Tränen schossen mir in die Augen. Ich konnte nichts anders tun, als ihn um eine Umarmung zu bitten. Und genau das taten wir dann.

Als Sie mir sagten, daß ich diesem Rüpel noch vor Ende dieses Tages ein blaues Band überreichen würde, konnte ich mir das beim besten Willen nicht vorstellen. Ich glaube, daß ich langsam zu verstehen beginne", sagte Denise versonnen. „Von jetzt an werde ich es mir gut überlegen, bevor ich jemanden vorschnell verurteile. Statt dessen werde ich immer daran denken, daß jeder etwas Positives an sich hat."

Tue alles, was du tust, so, als ob es große Bedeutung hätte.

William James

WAS EINE KLEINE NOTIZ BEWIRKEN KANN

Fred Bauer

Von einem netten Kompliment kann ich zwei Monate lang leben.

Mark Twain

In meinem ersten Job als Sportredakteur der in Montpelier (Ohio) erscheinenden Zeitschrift *Leader Enterprise* bekam ich nicht gerade Berge von Fanpost. Deshalb war ich ganz fasziniert, als eines Morgens ein Brief auf meinen Schreibtisch flatterte. Der Umschlag trug das Logo der Zeitung der nächstgrößeren Stadt, des *Toledo Blade*.

Ich öffnete den Umschlag und las: „Guter Artikel über die Tiger. Machen Sie weiter so." Der Brief trug die Unterschrift Don Wolfes, des Sportredakteurs. Ich war damals ein Teenager (und arbeitete zu dem fürstlichen Preis von 15 Cent pro Zoll Text), und seine Worte waren mehr als erhebend für mich. Ich bewahrte den Brief in meiner Schreibtischlade auf, bis er nur noch ein Fetzen abgegriffenes Papier war. Wann immer ich daran zweifelte, daß ich das Zeug zum Journalisten hatte, zog ich ihn hervor und schwebte wieder auf Wolken.

Später, als ich Don persönlich kennenlernte, erfuhr ich, daß er es sich zur Gewohnheit gemacht hatte, Menschen in allen Lebenslagen kurze, ermutigende Notizen zukommen zu lassen. „Wenn ich anderen ein gutes Gefühl gebe", sagte er, „fühle ich mich auch selber gut."

Kein Wunder, daß er einen Freundeskreis hatte, der in etwa so groß war wie der nahegelegene Eriesee. Als er letztes Jahr im Alter von 75 Jahren starb, war die Zeitung voll von Nachrufen und Briefen von Menschen, die Empfänger seiner erbaulichen Notizen gewesen waren. Mr. Toledo Blade, wie man ihn nannte, hatte ihnen allen zu einem guten Selbstgefühl verholfen.

Im Laufe der Jahre habe ich versucht, es Don und anderen Freunden gleichzutun, die Zeit und Mühe investieren, anderen ermutigende Notizen zuzustecken, denn ich bin davon überzeugt, daß das etwas Wichtiges ist. In einer Welt, die wir oft als kalt und hart empfinden, sind solche Mitteilungen echte Quellen der Freude und der Ermutigung. Wir alle brauchen von Zeit zu Zeit ein bißchen Zuspruch, und ein paar Zeilen des Lobes können einen Tag, wenn nicht ein ganzes Leben verändern.

Warum machen sich dann so wenige Menschen die Mühe, anderen ermutigende Botschaften zukommen zu lassen? Wahrscheinlich liegt es daran, daß die meisten es einfach nicht wagen. Sie haben Angst, falsch verstanden zu werden und als distanzlos oder heuchlerisch zu gelten. Das Schreiben kostet außerdem Zeit. Es ist viel leichter, zum Telefonhörer zu greifen. Der Nachteil von Anrufen ist allerdings, daß man mit ihnen nichts Bleibendes in der Hand hat. Eine schriftliche Notiz verleiht unseren wohlmeinenden Wünschen mehr Nachdruck. Es geht um die Form, und außerdem können schriftlich festgehaltene Worte mehr als einmal genossen und ausgekostet werden.

Obwohl das Schreiben von Lobesbriefen mehr Zeitaufwand erfordert, tun es selbst vielbeschäftigte Leute, darunter auch der ehemalige US-Präsident George Bush. Manche sagen, daß er einen großen Teil seines politischen Erfolges seiner allzeit bereiten Feder zu verdanken hat. Wie ist das gemeint? Nun, er machte es sich schon zu einem frühen Zeitpunkt seiner Karriere zur Gewohnheit, jedem Kontakt eine von Herzen kommende Reaktion folgen zu lassen – ein Kompliment, eine Zeile des Lobes oder eine Dankesgeste. Seine Botschaften läßt er nicht nur Freunden und Verwandten zukommen, sondern auch entfernten Bekannten und vollkommen Fremden – wie jenem überraschten Mann, der einen warmherzigen Dankesbrief erhielt, nur weil er Bush einen Regenschirm geliehen hatte.

Selbst Vertreter der Medien, die normalerweise nicht zu den Lieblingsbrieffreunden eines Präsidenten gehören, erhielten von Bush freundliche Botschaften. Auch deren Familien gingen nicht leer aus! Eines Sommertages, als Bush einige Mitglieder des Pressecorps nach Kennebunkport zu einem Grillfest einlud, sprang die kleine Tochter Jack Gallivans, des Regisseurs der TV-Sendung „Primetime Live", in Bushs Swimmingpool und verlor dabei ihren Zahn. Bush, der sah, daß Katie Gallivan weinte, fragte sie, was geschehen sei. Sie erzählte es ihm, und er wußte von seinen eigenen Kindern, was das bedeutete: Kein Beweis unter dem Kopfkissen für die Zahnfee! Er bat einen seiner Sekretäre, ihm eine Karte mit Präsidentenbriefkopf und einer Abbildung des Hauses in Kennebunkport zu bringen. Bush zeichnete ein kleines X auf die Karte und schrieb:

Liebe Zahnfee,

Katies Zahn fiel dorthin, wo das X steht. Es stimmt wirklich – ich schwöre es ...

George Bush

An diesem Brief sieht man, was mit phantasievollen Botschaften gemeint ist: wenig Worte, viel Einfühlungsvermögen. Und, was am wichtigsten an diesem Brief war – er trocknete Katies Tränen.

Ein weiterer begabter Verfasser von kleinen Notizen war Abraham Lincoln. Einer seiner berühmtesten persönlichen Briefe war ein zartfühlendes Kondolenzschreiben an Lydia Bixby aus Boston, die zwei Söhne im Krieg verloren hatte: „Mir ist bewußt, wie schwach und vergeblich alle meine Worte sein müssen, mit denen ich Sie über den Schmerz eines so schrecklichen Verlustes hinwegzutrösten suche", schrieb er. „Ich bete, daß unser Himmlischer Vater das unermeßliche Leid ob Ihres Verlusts lindern möge und daß Ihnen nur die kostbarsten Erinnerungen an Ihre Lieben verbleiben mögen und der feierliche Stolz, den Sie spüren müssen, da Sie auf dem Altar der Freiheit ein so kostbares Geschenk dargebracht haben."

Lincolns Brief erinnert an einen aktuelleren Konflikt und an einige andere Schreiben. Als eine in New Jersey erscheinende Zeitung ihre Abonnenten aufforderte, Briefe an die in der Operation „Wüstensturm" eingesetzten Männer und Frauen zu schreiben, nahm die Lehrerin Connie Stanzione die Herausforderung mit patriotischem Eifer in Angriff. Insgesamt schickte sie etwa 50 Briefe an anonyme Soldaten.

„Ich schrieb ihnen, wie stolz ich auf sie sei und wie sehr ich ihre Opfer für die Sache der Freiheit zu schätzen wüßte", erinnerte sie sich. Ein Soldat, der zurückschrieb, war der 30jährige Sergeant Kerry Walters, der Connie für ihre Anteilnahme dankte. Sie antwortete ihm, und so ging es weiter. Sie tauschten immer persönlichere Briefe aus, und mit der Zeit entwickelte sich eine echte Freundschaft zwischen den beiden.

Schließlich tauschten sie auch ihre Photos aus, und eine Romanze begann sich zu entspinnen. Die Briefe waren nicht länger mit „Ihr Freund" unterzeichnet, sondern mit „in Liebe" und „ich umarme dich". Nach einem 129 Dollar teuren Telefongespräch schickte Kerry seiner Freundin einen Brief mit folgendem Schluß: „Ich wünsche mir, daß ich dein Herz so berührt habe wie du das meine, und ich möchte dich fragen, ob du gemeinsam mit mir eine Familie aufbauen willst. Constance – möchtest du mich heiraten?" Connie nahm den Antrag sofort an. Passenderweise wurde bei der Trauungszeremonie die bewegende Botschaft eines der berühmtesten Briefeschreiber aller Zeiten verlesen – des Heiligen Paulus. Sein Brief an eine kleine, bedrängte Christengemeinde in Korinth inspirierte und fesselte die Menschheit so sehr, daß er seit 2000 Jahren wie ein Schatz aufbewahrt und gehütet wird. Der Brief an die Korinther sagt uns, daß die Liebe nie endet. Und genau das ist die Macht in den Worten des Lobes.

Selbst Top-Manager, deren Führungsstil meist als hart, kalt und abgehoben bezeichnet werden muß, haben begonnen, die Lektion zu lernen, indem sie ihren Leuten schriftliche Botschaften zukommen lassen, die sie aufbauen. Nun können sie die Früchte ihrer Mühen ernten. Der ehemalige Vorsitzende von Ford, Donald Petersen, dem zu einem großen Teil der Turnaround des Unternehmens in den achtziger Jahren zugeschrieben wird, machte es sich zur Gewohnheit, seinen Mitarbeitern jeden Tag positive schriftliche Botschaften zu übermitteln. „Ich kritzelte sie einfach auf einen Notizblock oder an den Rand eines Briefes und gab sie weiter", sagt er. „Die wichtigsten zehn Minuten des Tages sind jene, die man dazu verwendet, den Menschen, die für einen arbeiten, den Tag zu verschönern.

Allzuoft", so meint er, „haben Menschen, die wir aufrichtig mögen, keine Ahnung, wieviel sie uns bedeuten. Allzuoft denken wir, daß wir ohnehin *nichts Kritisches gesagt haben – warum sollen wir dann etwas Positives sagen?* Wir vergessen, daß die Menschen positive Impulse brauchen – eigentlich leben wir nur davon!"

Wie schreibt man Briefe, die ihre Empfänger aufbauen und ihnen ans Herz gehen? Wir brauchen dazu nichts als offene Augen und Ohren und die Bereitschaft, unsere Wertschätzung auszudrücken. Die erfolgreichsten Verfasser solcher positiven Botschaften beherzigen im allgemeinen vier Regeln:

1. **Sie sind aufrichtig.** Niemand ist an aufgeblasenen Worthülsen interessiert.

2. **Sie halten sich im allgemeinen kurz.** Wenn Sie das, was Sie sagen wollen, nicht in drei Sätzen ausdrücken können, überspannen Sie den Bogen wahrscheinlich.

3. **Sie sind spezifisch.** Einem Arbeitskollegen ein Kompliment zu machen, indem man ihm eine „gute Rede" attestiert, ist eine Sache; ihm zu seinem „tollen Vortrag über Warren Buffets Investment-Strategie" zu gratulieren, eine andere.

4. **Sie sind spontan.** Das gibt ihnen jene Frische und Begeisterung, die dem Empfänger noch lang im Gedächtnis bleiben werden.

Es ist schwer, spontan zu sein, wenn man nicht gleich Schreibmaterial bei der Hand hat. Deshalb achte ich darauf, daß Papier, Umschläge und Briefmarken immer in meiner Nähe sind, selbst wenn ich unterwegs bin. Für Lobesschreiben braucht man kein elegantes Briefpapier – es ist der Gedanke, der zählt.

Welcher Mensch in Ihrer Umgebung hat sich also ein Lobes- oder Dankesschreiben verdient? Eine Nachbarin, der Bibliothekar, ein Verwandter, der Bürgermeister, Ihr Ehepartner, eine Lehrerin, Ihre Ärztin? Sie brauchen nicht poetisch zu werden. Wenn Sie einen Anlaß für Ihr Schreiben brauchen, halten Sie Ausschau nach denkwürdigen Momenten, wie zum Beispiel dem Jahrestag eines besonderen Ereignisses, an dem Sie gemeinsam teilhatten. Dazu kann etwa ein Geburtstag oder ein Urlaub zählen. Seit 25 Jahren schicke ich meinen weit entfernt lebenden Freunden jedes Jahr einen maschinengeschriebenen Weihnachtsbrief, und oft füge ich mit der Hand Worte des Dankes oder Glückwünsche hinzu. Die Weihnachtszeit eignet sich besonders dafür, Erfolge anzuerkennen oder zu glücklichen Ereignissen zu gratulieren, die sich während des Jahres ergeben haben.

Geizen Sie nicht mit Ihrem Lob. Superlative wie „tollste", „klügste" oder „hübscheste" bringen unser aller Herzen zum Singen. Selbst wenn Ihre Lobeshymnen der Realität ein bißchen vorgreifen, sollten Sie nicht vergessen, daß Erwartungen oft die Quelle erfüllter Träume sind.

Heute erhielt ich einen warmherzigen Lobesbrief von meinem alten Chef und Mentor, Norman Vincent Peale. Er sagte einmal zu mir, daß Lobes- und Ermutigungsschreiben (er selbst ist der beste Verfasser von Drei-Sätze-Briefen, der mir bekannt ist) einfach den Zweck hätten, „andere aufzubauen, weil in unserer heutigen Zeit viel zu viele Leute im Abbruchgeschäft tätig sind".

Sein kleiner Brief an mich war voller aufbauender Sätze, und er trieb mich dazu, mich an die Schreibmaschine zu setzen und selbst einige längst überfällige Schreiben zu verfassen. Ich weiß nicht, ob sie ihren Empfängern den Tag vergoldeten, aber sie vergoldeten auf jeden Fall den meinen. Wie mein Freund Don Wolfe sagte, gab es mir ein gutes Gefühl, den anderen ein gutes Gefühl zu geben.

Der Meister sprach: Nicht ohne Rang zu sein, sei deine Sorge,
besorgt sei nur, des Rangs nicht wert zu sein. Nicht, daß man dich nicht
kennt, sei deine Sorge. Sorge dafür, daß du des Kennen wert.

Konfuzius

Sobald die Mitarbeiter erkennen, daß sie mit dem, was sie tun, etwas in
ihrem Unternehmen bewirken und daß ihre Beiträge geschätzt werden,
werden sie bessere Leistungen erbringen.

Rita Numerof
Präsidentin von *Numerof & Associates*

DREI EINFACHE PUNKTE

Quelle unbekannt

*Eine Gruppe kann nicht florieren, wenn ihr Leiter den Löwenanteil des
Lobes für ihre gute Arbeit für sich beansprucht.*

Lao-tse

Es ist wieder Football-Saison. Jeder begeisterte Football-Anhänger erinnert
sich mit Sicherheit an Bear Bryant, den bereits verstorbenen, berühmten
Coach von Alabama. Wenn man an Bear Bryant denkt, fallen einem unweigerlich nur gute Dinge ein. Die Leute liebten ihn nicht nur, sondern sie respektierten ihn auch, denn Bryant wußte, wie er das Beste aus seinen Spielern her-
ausholen konnte.

Wenn man große Football-Spieler fragt, welcher Mensch ihr Leben am
positivsten beeinflußt hat, dann nennen viele von ihnen Bear Bryant. Er hatte
eine einfache Philospohie, um seine Spieler zu motivieren – eine Philosophie,
die auch allen Managern gut anstünde.

Sie brauchen sich keine schriftlichen Notizen zu machen, denn wenn Sie
sie einmal gehört haben, werden Sie sich daran erinnern. Es handelt sich um
drei einfache Punkte:

1. Wenn etwas schiefgeht, ist es mein Fehler.

2. Wenn etwas gelingt, dann haben wir es gemeinsam geschafft.

3. Wenn etwas großartig wird, dann ist es dein Verdienst.

Mit dieser Philosophie lassen sich die Menschen zu Höchstleistungen treiben.
Sie baut Selbstwertgefühl auf und weckt in den Leuten den Wunsch, ihr Bestes
zu geben.

Wir müssen uns bewußt machen, daß jemand, der etwas falsch gemacht
hat, das schon vor uns weiß. Es hat also keinen Sinn, ihn darauf aufmerksam
zu machen oder ihn daran zu erinnern. Wenn jemand allerdings etwas richtig
macht, möchte er dafür Lob und anerkennendes Schulterklopfen ernten. Die
Anerkennung bewirkt, daß er so weitermacht und zu noch besserer Form findet. Brandeis sagte einmal: „In jedem Menschen glimmt ein Funke Idealismus,
der entzündet werden kann, so daß er Außergewöhnliches bewirkt."

Die drei einfachen Führungsregeln von Bear Bryant funktionieren immer und überall. Sie sind so simpel und doch so wirkungsvoll. Probieren Sie sie doch aus!

Ich werde Ihnen sagen, was einen großen Manager ausmacht:
Ein großer Manager hat die Gabe, Spieler dazu zu bringen, daß sie sich
für besser halten, als sie an und für sich zu sein glauben. Er zwingt sie,
eine gute Meinung von sich selbst zu haben. Er läßt sie wissen, daß er an
sie glaubt. Er bringt sie dazu, mehr aus sich herauszuholen.
Und sobald sie wissen, wie gut sie wirklich sind, werden sie sich nie
wieder mit Mittelmäßigkeit zufriedengeben.

Reggie Jackson

GEGEN DEN STRICH GEBÜRSTET

Bob Nelson

Vizepräsident von *Blanchard Training and Development, Inc.*
Autor von *1001 Ways to Reward Employees*

Das Beste, was man zu seinen Mitarbeitern sagen kann, ist:
„Ihr seid wertvoll, ihr seid meine wichtigsten Vermögenswerte."

Phyllis Eisen
Politische Leiterin der amerikanischen Industriellenvereinigung

Es ist eigenartig, wie oft wir uns beklagen, daß uns jemand „gegen den Strich geht". Damit meinen wir Menschen, deren Charakter, Gewohnheiten oder Lebenseinstellungen den unseren widersprechen und mit denen wir uns aus diesem Grund nicht anfreunden. Ich finde, es ist an der Zeit, daß wir uns Leute suchen, die „unserer Strichrichtung" entsprechen – Menschen, die eine positive und energiegeladene Einstellung zum Leben haben, deren Gesellschaft wir als interessant und anregend empfinden, mit denen wir gern zusammenarbeiten und deren Energie ansteckend ist. Noch besser wäre es, wenn wir alle versuchten, solche Menschen zu sein.

Ein guter Ausgangspunkt wäre, anderen Wertschätzung entgegenzubringen. Wir alle mögen es, geschätzt zu werden. Und trotzdem: Wie viele von uns nehmen sich Zeit, anderen ihre Wertschätzung zu bekunden? Im heutigen Geschäftsleben wurden ehemals allgemein übliche Höflichkeiten durch Geschwindigkeit und Technologie ersetzt. Die meisten Leute sind zu beschäftigt und zu distanziert, um anderen für deren Hilfe zu danken. An die Stelle des persönlichen Umgangs mit unserem Chef ist die Technologie getreten, und wir sitzen stundenlang vor unserem Bildschirm, anstatt den persönlichen Kontakt zu pflegen. John Naisbitt sagte diese Entwicklung vor zehn Jahren in seinem Buch *Megatrends* voraus. Je technischer unsere Arbeitsplätze würden, so Naisbitt damals, desto stärker würde das Bedürfnis der Arbeitnehmer nach einer persönlichen und menschlichen Atmosphäre. Er nannte dieses Phänomen „High-Tech/High-Touch".* Und all das zu einer Zeit, in der die Beschäftigten wieder verstärkt auf der Suche nach einem Sinn in ihrem Leben und vor allem auch in ihrer Arbeit sind.

---

* etwa: technologieintensiv/beziehungsintensiv

Wie viele Manager würden jedoch sagen, daß es eine ihrer wichtigsten beruflichen Aufgaben sei, den Menschen Wertschätzung entgegenzubringen? Wahrscheinlich nur die wenigsten. Und genau das sollte anders sein. In einer Zeit, in der von den Beschäftigten mehr verlangt wird als jemals zuvor, in der sie Vorschläge für kontinuierliche Verbesserung machen, komplexe Probleme rasch lösen und im besten Interesse ihres Unternehmens eigenständig agieren sollen, sind die zu ihrer Unterstützung zur Verfügung stehenden Ressourcen so knapp bemessen wie nie zuvor. Die Budgets sind mager, und die Gehälter werden eingefroren.

Wenn ich vor einer Gruppe von Managern spreche, bitte ich sie oft, mittels Handheben kundzutun, wie viele von ihnen unmotivierte Mitarbeiter haben. Normalerweise hebt ein Drittel bis die Hälfte der Anwesenden die Hände. Ich pflege dann zu sagen, daß unmotivierte Mitarbeiter mehr über sie selbst aussagen als über die Mitarbeiter. Alle Mitarbeiter möchten Großartiges leisten. Wenn sie einen neuen Job antreten, freuen sie sich darauf, ihr Bestes zu geben. Aber diese Begeisterung nützt sich oft schnell ab. Meiner Meinung nach ist das wahrscheinlich hauptsächlich auf die Art und Weise zurückzuführen, wie diese neuen Mitarbeiter von ihren Chefs behandelt werden.

Ironischerweise erfordert das, was die Leute am meisten motiviert, den geringsten Aufwand – zunächst nur ein bißchen Zeit und Aufmerksamkeit. In einer kürzlich von Dr. Gerald Graham durchgeführten Studie über 1.500 Arbeitnehmer kristallisierte sich heraus, daß „persönliches Lob eines Vorgesetzten für gute Arbeit" unter 65 evaluierten potentiellen Arbeitsanreizen als stärkster Motivator empfunden wurde. 57 Prozent der in der Studie erfaßten Arbeitnehmer sagten, daß sie selten bis nie einen solchen Dank von ihren Managern bekämen. An zweiter Stelle stand eine persönliche schriftliche Dankesbotschaft des Chefs für gute Leistungen; 76 Prozent sagten, sie hätten selten bis nie eine solche Botschaft erhalten.

Loben Sie so unmittelbar wie möglich

Wer anderen seine Wertschätzung ausdrücken möchte, beginnt am besten mit einem einfachen Lob oder, wie der Managementguru Ken Blanchard sagt, „indem er die Leute dabei erwischt, wie sie etwas richtig machen". In der Arbeit ist Lob ein unschätzbares Motivationsinstrument, das noch dazu vollkommen gratis ist. Andere zu loben scheint zwar eine Sache des gesunden Menschenverstands zu sein, aber trotzdem es haben viele Leute nie gelernt. Die folgende Liste zeigt Ihnen, worauf Sie achten müssen, wenn Sie effektiv loben wollen. Sie erinnert Sie daran, daß Sie möglichst unmittelbar, möglichst aufrichtig,

242

möglichst spezifisch, möglichst persönlich, möglichst positiv und möglichst vorausblickend loben sollten.

Möglichst unmittelbar. Beim Loben ist das Timing äußerst wichtig. Damit der Dank am wirkungsvollsten ist, muß er möglichst bald nach der Leistung oder der gewünschten Aktivität ausgesprochen werden. Wenn Sie sich mit dem Danken zu lange Zeit lassen, geht die Wirkung verloren. Unbewußt folgert der Betreffende, daß Ihnen wohl andere Dinge wichtiger waren, als ein paar Minuten mit ihm zu verbringen.

Möglichst aufrichtig. Worte allein sind wirkungslos, wenn Sie nicht aufrichtig sagen, warum Sie ein Lob aussprechen. Sie sollten loben, weil Sie jemandes Erfolg oder gute Arbeit wirklich zu schätzen wissen. Wenn dem nicht so ist, erwecken Sie möglicherweise den Eindruck, eine manipulative Taktik zu verfolgen – wie zum Beispiel, daß sie jemanden nur loben, um ihn dazu zu bewegen, Überstunden zu machen.

Möglichst spezifisch. Vermeiden Sie Verallgemeinerungen, und sprechen Sie lieber die genauen Einzelheiten der Leistung an. So verleihen Sie Ihrem Lob Glaubwürdigkeit, und Sie können auch die günstige Gelegenheit nutzen, um zu sagen, was Sie an der betreffenden Verhaltensweise oder Leistung als besonders positiv empfanden. Ein zu allgemein ausgefallenes Lob wird oft als unaufrichtig empfunden. Sagen Sie statt dessen: „Vielen Dank, daß Sie so lange geblieben sind, bis die von mir benötigten Kalkulationen fertig waren. Ich brauchte sie ja unbedingt für die Sitzung heute morgen." So drücken Sie genau aus, inwieweit und warum die Mühe Ihres Mitarbeiters für Sie so wertvoll war.

Möglichst persönlich. Wenn Sie ein Lob aussprechen, dann tun Sie das möglichst persönlich unter vier Augen. Sie zeigen damit, daß die gelobte Leistung so wichtig für Sie war, daß Sie alles liegen- und stehenließen und sich nur auf das Lob konzentrierten. Da unser aller Zeit beschränkt ist, zeigen Sie mit einem persönlichen Lob, wie wichtig es Ihnen ist.

Möglichst positiv. Allzu viele Manager lassen in ihrem Lob einen Hauch von Kritik mitklingen. Wenn Sie zum Beispiel sagen: „Sie haben bei diesem Bericht toll gearbeitet, aber es waren ein paar Tippfehler drin", dann löschen Sie mit diesem „aber" alles aus, was davor gesagt wurde. Heben Sie sich die Kritik für die nächste ähnliche Aufgabe auf.

Möglichst vorausblickend. Loben Sie die Fortschritte, die im Hinblick auf ein gewünschtes Ziel gemacht werden. Wenn Sie das nicht tun, laufen Sie Gefahr, sich nur auf Vergangenes – typischerweise auf bereits gemachte Fehler – zu konzentrieren.

Wie man damit beginnt, seine Mitarbeiter zu loben

Das größte Hindernis für Lob am Arbeitsplatz ist wahrscheinlich Zeitmangel. Das gilt insbesondere für Manager. Sie haben oft viel zu viel mit unaufschiebbaren Dingen zu tun, wie zum Beispiel mit Feuerwehraktionen in aktuellen Krisen, so daß sie keine Zeit für andere wichtige Dinge wie das Motivieren der von ihnen geführten Leute haben.

Verschlimmert wird diese Situation durch die falsche Annahme vieler Manager, daß sie ihre Mitarbeiter ohnehin mit Lob und Anerkennung überschütteten. Laut Aubrey Daniels, einer Autorität auf dem Gebiet des Leistungsmanagements, „loben jene Manager, die das Gefühl haben, am meisten (positive Impulse) zu liefern, ihre Mitarbeiter am wenigsten". Das heißt, viele Manager haben vielleicht irgendwo gehört, daß sie positive Verhaltensweisen ihrer Mitarbeiter verstärken sollten, und sie haben das Gefühl, das auch zu tun. Im täglichen Leben unternehmen sie allerdings sehr wenig, um ihre Mitarbeiter dabei zu „erwischen", wie sie etwas richtig machen. Noch schlimmer ist, daß ihre positiven Impulse oft nicht ins Schwarze treffen. Das heißt, daß ihr Feedback unspezifisch oder unaufrichtig ist, daß sie manche ihrer Mitarbeiter loben, während sie geflissentlich übersehen, daß auch andere zu einem bestimmten Erfolg beigetragen haben, oder daß sie die Fakten einer bestimmten Leistung, die sie loben möchten, falsch wiedergeben.

Wie kann ein Manager lernen, seine Mitarbeiter mehr zu loben? Wie bei jeder Verhaltensänderung muß er zunächst einen Weg finden, um sich die neue Verhaltensweise zur Gewohnheit zu machen und sie zu einem natürlichen Bestandteil seiner täglichen Routine werden zu lassen. Mir gelang es zum Beispiel, analytische, aufgabenorientierte Manager dazu zu bewegen, ihre Mitarbeiter zu loben, indem ich sie dazu aufforderte, ihre Leute als „Aufgaben" zu sehen, die sie lösen mußten. Ich ließ sie die Namen ihrer Untergebenen in ihre wöchentliche „Zu erledigen"-Liste eintragen und diese Namen dann nach und nach ausstreichen, wenn sie die betreffenden Personen wegen ihrer Leistungen gelobt hatten. Manchen Managern hilft eine so spezifische Technik, von der Vorstellung wegzukommen, daß es sich hier um ein allgemeines, nicht greifbares Anliegen handelt, und es zu einer spezifischen, genau definierten Aufgabe zu machen, die zu erledigen ihnen viel leichter fällt.

Ein anderes Beispiel: Hyler Bracey, Präsident von *The Atlanta Consulting Group*, hatte sich entschlossen, seine Mitarbeiter mehr zu loben, aber er war zu der Erkenntnis gekommen, daß der gute Vorsatz allein für die tagtägliche Umsetzung nicht ausreichte. Um das zu ändern, steckte er jeden Morgen fünf Münzen in eine Tasche seiner Jacke, um dann jedesmal, wenn er einem Mitarbeiter ein positives Feedback gegeben hatte, eine Münze herauszunehmen und sie in die andere Tasche zu stecken. Innerhalb weniger Wochen machte er sich so die neue Gewohnheit zu eigen, und es wurde selbstverständlich für ihn, seine Mitarbeiter zu loben. Wie Bracey sagt: „Seine Mitarbeiter zu loben, bewirkt wirklich etwas. Ein Unternehmen, dessen Manager es sich angewöhnt haben, ihre Leute zu loben, sprüht nur so vor Energie und Begeisterung."

Manager, die sich aus irgendeinem Grund nicht überwinden können, ihre Mitarbeiter persönlich zu loben, sollten darüber nachdenken, was sie tun können, um ihren Leuten Anerkennung zu zollen. Solchen Managern ist es zum Beispiel manchmal lieber, leistungsstarken Mitarbeitern persönliche Briefe zu schreiben, in denen sie ihnen für ihre ausgezeichnete Arbeit danken. Auch das ist laut Aussage von Arbeitnehmern ein ausgezeichneter Motivator. Oder sie können ihren Mitarbeitern erlauben, ein Abteilungsfest steigen zu lassen, auch wenn sie persönlich nicht daran teilnehmen.

Sie können in Ihrer Arbeitsumgebung auch Strukturen oder Systeme einführen, die dem Verteilen von Lob förderlich sind. In meinem Unternehmen, *Blanchard Training and Development,* nehmen wir uns zum Beispiel nach jeder Firmensitzung etwas Zeit, um die Anwesenden zu fragen, ob sie irgend jemanden loben möchten. Es kommt nie vor, daß sich daraufhin keine Hände heben.

Die Macht der positiven Impulse kann nur dann wirksam werden, wenn sich die Manager die Zeit nehmen, ihre guten Vorsätze auf täglicher Basis und bei jedem einzelnen ihrer Mitarbeiter umzusetzen.

Zusätzliche Richtlinien für eine verstärkte Anerkennung der Mitarbeiter

Die Leute fragen mich oft, was am wichtigsten ist, wenn sie an ihrem Arbeitsplatz in Zukunft mehr Anerkennung zeigen. Hier sind einige Richtlinien, die ich bei der Arbeit mit Einzelpersonen und in Unternehmen als hilfreich empfinde, wenn es um die verstärkte Anerkennung von Arbeitnehmern geht.

Beginnen Sie in Ihrer unmittelbaren Einflußsphäre. Motivation ist eine persönliche Sache. Wer sie erfolgreich praktizieren will, muß auf einer unmittelbaren und persönlichen Ebene beginnen. Das Gute daran ist, daß Sie für die Anwendung der dafür nötigen Prinzipien niemandes Erlaubnis brauchen. Sie können Anerkennung, Lob und Ermutigung ohne Umschweife jenen Menschen zukommen lassen, mit denen Sie arbeiten. Einfache Lobesworte, Dankesgesten und öffentliche Leistungsanerkennung sind die starken Hebel, mit denen Sie Ihre Mitarbeiter motivieren können.

Beziehen Sie die Personen ein, die Sie motivieren möchten. Bringen Sie das Thema Anerkennung aufs Tapet und fragen Sie: „Glaubt irgendjemand von Ihnen, daß wir hier mehr Anerkennung brauchen könnten?" Da ich noch nie jemanden sagen gehört habe: „Ich finde, daß ich an meinem Arbeitsplatz eigentlich zu viel Anerkennung bekomme", ist das fast eine rhetorische Frage. Bauen Sie auf dem unmittelbar geweckten Interesse Ihrer Mitarbeiter nach mehr Anerkennung auf und fragen Sie, ob irgend jemand bereit wäre, ein Anerkennungsprogramm für die Gruppe zu leiten. Die besten Anerkennungsprogramme werden nämlich von Freiwilligen initiiert und vorangetrieben! Nachdem Sie gemeinsam mit der Gruppe Ziele festgelegt haben, sollten Sie dabei helfen, die Kriterien und die Struktur des Programms zu entwickeln. Das Programm soll von Anfang an ein Programm der Mitarbeiter und nicht ein Programm des Managements sein. Das macht den Erfolg wahrscheinlicher. Bedenken Sie: Sie managen Ihre Leute dann gut, wenn Sie etwas gemeinsam mit ihnen tun, und nicht, wenn Sie ihnen etwas aufoktroyieren. Machen Sie Ihre Mitarbeiter zu Partnern ihres eigenen Erfolges.

Fragen Sie Ihre Mitarbeiter, was sie motiviert. Lassen Sie sie notieren, wovon sie an ihrem ersten Arbeitstag motiviert waren, oder lassen Sie sie einen einfachen Fragebogen über die Dinge ausfüllen, die sie als motivierend empfinden. Wichtig ist, daß Sie herausfinden, welche Präferenzen Ihre Mitarbeiter in bezug auf Anerkennung haben. Was als motivierend empfunden wird, ist von Mensch zu Mensch verschieden und verändert sich bei ein und demselben Menschen auch im Lauf der Zeit. Nehmen Sie sich die Zeit, um mit Ihren Mitarbeitern zu sprechen und herauszufinden, welche beruflichen Ziele sie anstreben, welche Hobbies sie haben und in welcher familiären Situation sie leben. Alle diese Informationen sind wertvoll, wenn es darum geht, die richtige Art der Anerkennung zu finden. Indem Sie Ihren Mitarbeitern helfen, ihre Ziele zu erreichen, können Sie in ihnen soviel Begeisterung und Engagement wecken, daß sie ihr absolut Bestes geben werden, um Ihnen und Ihrem Unternehmen zum Erfolg zu verhelfen.

Konzentrieren Sie sich auf das, was Sie können, und nicht auf das, was Sie nicht können. In fast jeder Arbeitsumgebung gibt es Dinge, die einer großzügigen Verteilung von Anerkennung im Wege stehen. So sind die Arbeitnehmer vieler Unternehmen gewerkschaftlich organisiert, wodurch einige Anerkennungspraktiken von vornherein ausscheiden; staatliche Organisationen müssen darauf achten, wie sie mit öffentlichen Mitteln für Anerkennungsprogramme umgehen, Non-Profit-Organisationen und kleinere Unternehmen verfügen möglicherweise nicht über die nötigen Mittel für Anerkennungsprogramme, und größere Unternehmen erwecken oft den Anschein der Heuchelei, wenn sie nach Entlassungswellen oder Schrumpfungen Anerkennungsprogramme durchführen.

Anstatt nur das zu sehen, was nicht möglich ist, sollten Sie sich auf die Vielzahl von Dingen konzentrieren, die Sie tun können. So können beispielsweise schon reine Informationen als äußerst motivierend empfunden werden. In einer vom *Families and Work Institute* durchgeführten neueren, bundesweiten Studie über den sich verändernden Arbeitsmarkt wurde „offene Kommunikation" als wichtigster Grund dafür genannt, daß sich die befragten Arbeitnehmer für ihre derzeitigen Jobs entschieden hatten. Alle möchten wissen, was los ist, vor allem, wenn sie selbst betroffen sind, und empfinden es als äußerst positiv, wenn sie umfassend informiert werden.

Streben Sie beim Loben nicht nach Perfektion. Ich habe beobachtet, daß manche Manager zwar mit Anerkennungsaktivitäten beginnen, sie dann aber fallenlassen, weil sie das Gefühl haben, daß der Erfolg ausbleibt. Bedenken Sie, daß jede neue Verhaltensweise und jede Veränderung zu Beginn steif und hölzern wirkt. Es gibt keine perfekte Methode, um Anerkennung zu zollen. Probieren Sie statt dessen verschiedene Möglichkeiten aus, lernen Sie aus Ihren Bemühungen, und versuchen Sie Ihre Methoden zu verbessern. Sorgen Sie dafür, daß der Spaß nicht zu kurz kommt, und Sie können eigentlich nichts falsch machen!

Einfache Gesten zählen am meisten

Anerkennung braucht nicht aufwendig und pompös zu sein. Im Gegenteil – je einfacher und direkter sie ist, desto besser. Je intensiver ich mit Anerkennung und Belohnungen arbeite, desto faszinierter bin ich davon, wie einfach und aufrichtig Arbeitnehmer einander Anerkennung zollen. Sie kommen mit einem Minimum an Kosten, Papierkram und Verwaltung aus.

Die *Tektronix, Inc.* zeigte zum Beispiel eine einfache Methode auf, wie Manager und Mitarbeiter andere loben können. Man schuf zu diesem Zweck ein einfaches Zertifikat mit dem Titel „Gut gemacht", das von jedem Angehörigen des Unternehmens jedem anderen verliehen werden konnte. In das Zertifikat wurde eingetragen, was gelobt wurde, wer die lobenswerte Handlung gesetzt hatte und wann. Dann wurde das Zertifikat dem Betreffenden überreicht.

Die Idee hat sich durchgesetzt und ist zu einem fixen Bestandteil bei *Tektronix* geworden. Ein Mitarbeiter sagt: „Man freut sich zwar, wenn die Leute etwas Nettes zu einem sagen. Aber es ist doch ganz etwas anderes, wenn sich jemand die Zeit nimmt, einen Stift zur Hand zu nehmen und das Lob schriftlich auszudrücken."

Eine weitere einfache und trotzdem wirkungsvolle Methode besteht darin, kurze Notizen auf Geschäftskarten zu schreiben. John Plunkett, Personal- und Schulungschef der *Cobb Electric Membership Corporation* in Marietta (Georgia) sagt: „Die Menschen lieben es, Geschäftskarten zu sammeln. Tragen Sie einfach immer eine ausreichende Zahl davon bei sich, und wenn Sie jemanden dabei ‚erwischen', wie er etwas richtig macht, schreiben Sie sofort ‚Danke', ‚Gute Arbeit' oder ‚Weiter so' auf die Karte, und in zwei oder drei Worten das, was genau getan wurde. Dann schreiben Sie den Namen der betreffenden Person auf die Karte und setzen Ihre Unterschrift darunter."

Sie können auch die moderne Technologie nutzen, um Botschaften auf einem Voice-mail-System zu hinterlassen oder an eine E-mail-Adresse zu senden, wenn Sie dazu die Möglichkeit haben. Diese einfachen Gesten signalisieren, daß Sie nicht zu beschäftigt sind, um zu bemerken, daß einer Ihrer Mitarbeiter etwas Besonderes geleistet hat. In der Folge noch einige weitere, wirkungsvolle Anerkennungsmethoden, die wenig, wenn überhaupt etwas kosten.

Der „Spirit of Fred"-Preis. Bei *Walt Disney World* in Orlando (Florida) gibt es unter den 180 Anerkennungsprogrammen eines mit dem Titel „Spirit of Fred Award", benannt nach einem Mitarbeiter namens Fred. Als Fred nach seiner Zeit als freier Mitarbeiter fix angestellt wurde, vermittelten ihm fünf Leute die Werte, die für einen Erfolg bei Disney ausschlaggebend waren. Aus diesem „Nachhilfeunterricht" heraus entstand der Preis, bei dem der Name Fred als Akronym für folgende Attribute verwendet wurde: Friendly, Ressourceful, Enthusiastic und Dependable.* Zunächst nur aus Jux verliehen, entwickelte sich der Preis zu einer begehrten Trophäe im Unternehmen.

Sag's durch die Blume. Die **Maritz Performance Improvement Company** in Fenton (Missouri) hat ein „Sag's-durch-die-Blume"-Programm eingerichtet, bei dem die Mitarbeiter für besonderes Entgegenkommen oder ausgezeichnete Leistungen einen Strauß Blumen erhalten. Der Betreffende gibt die Blumen dann an jemand anderen weiter, bei dem er sich für etwas bedanken möchte. Es geht darum, zu sehen, wie viele Personen die Blumen im Laufe eines Tages

---

* Freundlich, einfallsreich, begeistert und verläßlich

248

bekommen. Dem Strauß liegt eine kleine Dankeschön-Karte bei. In bestimmten Zeitabständen wird unter den Karten ein Preis verlost, wie zum Beispiel Sonnenbrillen oder eine Jacke mit dem Firmenlogo. Das Progamm wird vor allem in arbeitsintensiven oder stressigen Zeiten eingesetzt.

Der Danke-schön-Preis. Bei *AT&T Universal Card Services* in Jacksonville (Florida) ist der sogenannte Danke-schön-Preis eines von 40 verschiedenen Anerkennungs- und Belohnungsprogrammen. Es handelt sich dabei um einen farbigen Papierblock in Form eines Globus, auf dem das Wort „Dankeschön" in verschiedenen Sprachen aufgedruckt ist. Jeder Unternehmensangehörige kann auf diesem Papier eine Dankesbotschaft an jemanden schreiben und senden. Das Programm erfreut sich großer Beliebtheit. Innerhalb von vier Jahren wurden 130.000 solcher Notizen verschickt.

Wertschätzungstage. *ARA Services* mit seiner Zentrale in Philadelphia (Pennsylvania) ehrt besonders verdienstvolle Mitarbeiter mit einem Wertschätzungstag. So wird zum Beispiel eine Mitteilung verschickt, in der steht, daß Bob Jones an diesem Tag aus diesem oder jenem Grund geehrt wird. Der Geehrte wird auf alle möglichen Arten verwöhnt – zum Beispiel mit einer persönlichen Bildschirm-Begrüßungsbotschaft oder einem Gratis-Mittagessen.

Der Wanderpreis. Das *Office of Personnel Management* in Washington (DC) verwendet einen „Wanderpreis", der als erstes dem „Abteilungsbesten" überreicht wurde. Dieser gab den Preis dann an jemand anderen weiter, von dem er überzeugt war, daß er ihn verdiente. Der Preis gewann ständig an Wert und Prestige, weil er einem nicht von einem Vorgesetzten, sondern von einem Kollegen verliehen wurde. Der Empfänger kann den Preis auf unbeschränkte Zeit behalten oder so lange, bis er jemand gefunden hat, an den er ihn weitergeben möchte. Die Weitergabe des Preises wird mit einer Zeremonie und einem Mittagessen gefeiert.

Der Preis der Goldenen Banane. Eines Tages stürmte ein Techniker der *Hewlett-Packard Company* in das Büro seines Chefs in Palo Alto (Kalifornien) und verkündete, daß er soeben die Lösung eines Problems gefunden hätte, an dem die Gruppe schon seit vielen Wochen arbeitete. Sein Chef suchte hektisch auf seinem Schreibtisch nach einem Gegenstand, mit dem er diese besondere Leistung anerkennen konnte. Schließlich schnappte er sich eine Banane aus seinem Lunchpaket und überreichte sie ihm mit den Worten: „Gut gemacht. Herzlichen Glückwunsch!" Der Mitarbeiter war anfangs etwas konsterniert. Nach einiger Zeit entwickelte sich der Preis der Goldenen Banane jedoch zu einer der angesehensten Auszeichnungen für findige Mitarbeiter.

Wie Ron Zemke, Herausgeber der Zeitschrift *Training*, sagt: „Anerkennung ist etwas, was ein Manager immer geben sollte; es bedeutet, einen permanenten Dialog mit den Leuten zu führen." Und Larry Colin, Präsident von *Colin Service Systems*, fügt hinzu: „Wir erkannten, daß unserere Belegschaft unseren größten Vermögenswert darstellte und daß wir nur dann wachsen konnten, wenn wir diesen Vermögenswert entsprechend würdigten." Obwohl es so einfach ist, jemandem für gute Arbeit ein einfaches, direktes Lob auszusprechen, gibt es viele Manager, die das nicht tun. Machen Sie sich die Mühe, Ihren Mitarbeitern Ihre Wertschätzung auszudrücken, und sie werden es Ihnen auf vielfältige Weise danken.

... und das hier wurde mir für die vielen Preise verliehen, die ich gewonnen habe!

HABEN SIE DAS GEFÜHL, DASS IHR JOB EINE NUMMER ZU GROSS FÜR SIE IST?

Lesen Sie dazu, was Mutter Teresa einmal gesagt hat:

Ich betrachte nie die Massen als meine Aufgabe. Ich sehe nur den einzelnen Menschen. Ich kann nur einen Menschen auf einmal lieben. Ich kann nur einen Menschen auf einmal nähren.
Nur einen nach dem anderen ... Also beginnen Sie damit – ich habe auch so begonnen. Ich habe einen Menschen von der Straße aufgelesen. Wenn ich diesen nicht aufgelesen hätte, dann hätte ich vielleicht die 42.000 anderen auch nicht aufgelesen.
Meine ganze Arbeit ist nur ein Tropfen im Ozean. Aber wenn ich den Tropfen nicht hätte hineinfallen lassen, wäre der Ozean um einen Tropfen ärmer. Dasselbe gilt für Sie, dasselbe gilt in Ihrer Familie, dasselbe gilt in der Kirche, die Sie besuchen.
Beginnen Sie einfach – mit einem nach dem anderen.

5 Wie Manager über Selbstwertgefühl denken

Ich denke, in einem Unternehmen, das gut arbeitet, haben die Leute automatisch Selbstwertgefühl. Wie ein Unternehmen arbeitet, hängt von seinen Mitarbeitern ab. Ich glaube, die Qualität des Produkts hängt nur von der Einstellung zur Arbeit ab.

Nick Graham
Vorsitzender und Geschäftsführer der *Joe Boxer Inc.*

Herausragende Führungspersönlichkeiten tun alles, was in ihrer Macht steht, um das Selbstwertgefühl ihres Personals zu heben.
Es ist unglaublich, was die Menschen leisten können, wenn sie nur an sich glauben.

Sam Walton
Gründer von *Wal-Mart*

Eine Führungskraft muß Risikobereitschaft besitzen – und die Bereitschaft zu lieben. Hat Ihr Chef Ihnen je etwas mit ganzem Herzen gegeben?

Hubert H. Humphrey

Ein Unternehmen kann seinen Mitarbeitern kein Selbstvertrauen zuteilen. Doch es kann und muß seinen Leuten die Möglichkeit geben, zu träumen, zu riskieren und zu gewinnen, so daß sie dadurch Selbstvertrauen gewinnen können.

Jack Welch
Vorsitzender und Geschäftsführer der *General Electric*

Ich glaube fest an die Bedeutung des Selbstwertgefühls am Arbeitsplatz. Nach fast 40 Jahren bei Xerox weiß ich, daß Erfolg und Selbstwertgefühl auf individueller Ebene zu Erfolg und Selbstwertgefühl auf Gruppenebene führen und umgekehrt. Ein erfülltes Leben erfordert ein Umfeld, in dem wir uns selbst schätzen und achten können, aber wir vergessen oft, daß wir auch anderen Wertschätzung entgegenbringen müssen.

Bob Adams
Präsident der *Xerox Technology Ventures*

In unserer Zeit ist es für uns Amerikaner besonders wichtig, daß wir die Bedeutung des Selbstwertgefühls erkennen. Selbstwertgefühl ist die Grundlage für Wettbewerbsfähigkeit, und Amerikas Wettbewerbsfähigkeit ist die Grundlage für seine politische und wirtschaftliche Zukunft.

Dick Elkus
Stellvertretender Vorsizender von *Tencor*

Nur sehr wenige Unternehmen bemühen sich tatsächlich darum, die Verbindung zwischen der aktiven Einbindung der Mitarbeiter sowie der Gesundheit und Rentabilität des Gesamtunternehmens zu verstehen. Die Entwicklung des Umweltgedankens im Unternehmen, die Organisation der Belegschaft und ihre Einschwörung auf Umwelt- und Sozialinitiativen muß Vorrang haben. Indem wir das Selbstwertgefühl unserer Mitarbeiter stärken, bauen wir eine schlagkräftige Belegschaft auf.

Kristine McDivitt
Ehemaliger Geschäftsführer der *Patagonia Inc.*

Führung bedeutet im Grunde nichts anderes, als für seine Leute zu sorgen, ihnen zu helfen, den größtmöglichen Ertrag zu erwirtschaften und soviel Freude wie möglich an ihrer Arbeit zu haben. Wer dazu imstande ist – und es ehrlich damit meint –, ist eine Führungskraft.

Robert Townsend
Ehemaliger Geschäftsführer von *Avis Rent-A-Car*

Ein ausgeprägtes Selbstwertgefühl gibt uns jene Zuversicht, die wir brauchen, um uns in aussichtslos scheinenden Situationen durchzusetzen.

Steve Lundquist
Olympiasieger im Schwimmen
Geschäftsführer der *Visionary Style Inc.*

Immer mehr Dienstleistungsunternehmen erkennen, daß ihre Mitarbeiter eine ihrer wichtigsten Zielgruppen sind. Je besser das Verhältnis der Mitarbeiter zu ihrem Unternehmen wird, desto besser wird ihr Verhältnis zum Kunden.

Michael W. Gunn
Stellvertretender Leiter der Marketing-Abteilung
von *American Airlines*

Ein gutes Herz und einen guten Verstand – diese beiden Dinge braucht ein guter Häuptling.

Louis Farmer
Onandaga-Häuptling

Das Herz jedes guten Unternehmens ist ein Unternehmensleiter, der ein Herz hat.

Malcom Forbes

Einen der besten Grundsätze für die Arbeit in einem Unternehmen mit all seinen Managementebenen und seiner Unmenge an Regeln formulierte John Gardiner (der Gründer der Common Cause-*Bewegung) in seinem Buch* Self Renewal – Don't Let Form Triumph Over Spirit! *Ich rate Ihnen, in Ihrem Leben nicht die Form über den Geist triumphieren zu lassen. Mir half dieses Bekenntnis zu Geist, Kreativität und Form in meiner 30jährigen Laufbahn bei* IBM. *IBM war die „Form", und ich achtete jeden Tag darauf, daß diese „Form" kein Hindernis für neue Ideen, Kreativität und Risikobereitschaft wurde. Es ist leicht, die Dinge „nach Anleitung" zu tun. Es ist schwieriger, die Grenzen zu*

sprengen und die eingefahrenen bürokratischen Wege zu verlassen.
Was tut eine sterbende Organisation als letztes? Sie verfaßt ein neues
und besseres Regelbuch.

- *Kämpfen Sie auch angesichts von Widerstand für das, an was Sie glauben.*
- *Lassen Sie nicht zu, daß die Form über den Geist triumphiert.*
- *Finden Sie die innere Kraft, die Sie brauchen, um Ihr Selbstwertgefühl auch dann zu bewahren, wenn Ihre Ideen nicht auf Begeisterung stoßen.*

Sam Albert
Präsident von *Sam Albert Associates*

DAS WUNDERBARE GESCHENK DES KÖNIGS

Anonym

Das einzig wahre Geschenk ist ein Stück von dir selbst.

Ralph Waldo Emerson

Es war einmal ein weiser und beliebter König, der sich liebevoll um seine Untertanen sorgte und nur das Beste für sie wollte. Die Menschen wußten, daß der König persönlich an ihren Problemen Anteil nahm, und versuchten zu verstehen, wie sich seine Entscheidungen auf ihr Leben auswirkten. Oft verkleidete sich der König und wanderte durch die Straßen, um das Leben mit den Augen seines Volkes zu betrachten.

Eines Tages verkleidete er sich als armer Mann vom Land und begab sich in das öffentliche Bad. Dort waren viele Menschen versammelt, die sich in Gemeinschaft vergnügten und entspannten. Das Wasser für das Bad wurde von einem Ofen im Keller geheizt, wo ein Mann stand, der dafür verantwortlich war, daß die Wassertemperatur angenehm blieb. Der König stieg in den Keller hinab, um den Mann zu besuchen, der sich unermüdlich um das Feuer kümmerte.

Die beiden Männer aßen miteinander, und der König freundete sich mit diesem einsamen Mann an. Jeden Tag, Woche für Woche, ging der König den Heizer besuchen. Der Mann im Keller fühlte sich diesem seltsamen Besucher, der zu ihm in die Tiefe hinabstieg, bald sehr verbunden. Nie zuvor hatte sich ein Mensch derart um ihn gekümmert oder gesorgt.

Eines Tages enthüllte der König seinem Freund, wer er wirklich war. Das war ein gewagter Schritt, denn er mußte fürchten, der Mann werde ihn um Gefälligkeiten oder um ein Geschenk bitten. Statt dessen sah der neue Freund des Königs diesem in die Augen und sagte: „Ihr habt Euren schönen Palast verlassen, um mit mir in diesem heißen und schmutzigen Keller zu sitzen. Ihr teiltet mein karges Mahl mit mir und bewieset mir, daß Euch mein Wohlergehen am Herzen liegt. Anderen mögt Ihr große Geschenke machen, aber mir gabt Ihr das größte von allen. Ihr schenktet Euch selbst."

Du gibst fast nichts, wenn du deinen Besitz verschenkst. Wenn du etwas von dir selbst gibst, gibst du wirklich.

Kahlil Gibran

257

LILLIAN VERNON ÜBER DAS SELBSTWERTGEFÜHL

Lillian Vernon

Gründerin und Geschäftsführerin der *Lillian Vernon Inc.*

Jeder kann zählen, wie viele Kerne in einem Apfel sind,
doch Gott allein kann die Zahl der Äpfel in einem Kern ermessen.

Robert H. Schuller

Ich bin seit jeher fest davon überzeugt, daß die Entwicklung von Selbstwertgefühl sehr früh im Leben beginnen muß. Schon in ihren ersten Lebensjahren müssen Kinder beginnen, Vertrauen in sich selbst zu entwickeln.

Selbstwertgefühl kann nur auf einem soliden Fundament aufgebaut werden. Daher müssen die Eltern diese Entwicklung unterstützen, indem sie dem Kind gewisse Verantwortungsbereiche im Haus übertragen. Werden Kindern Aufgaben übertragen – täglich ihr Bett zu machen oder bei der Gartenarbeit zu helfen –, so haben sie das Gefühl, etwas zu leisten. Dadurch entwickeln sie Selbstsicherheit und werden selbständig.

Eines der größten Geschenke, die Eltern einem Kind zur Förderung seines Selbstwertgefühls machen können, besteht darin, ihm selbständiges Denken beizubringen, anstatt ihm zu sagen, was es zu denken hat.

Fähigkeiten können immer erworben werden, aber die Saat des Selbstvertrauens muß in jungen Jahren ausgebracht und dann in der gesamten Entwicklungszeit gepflegt werden. Selbstwertgefühl zu entwickeln, ist kein revolutionärer, sondern meist ein evolutionärer Prozeß.

Man sollte Kindern stets Anerkennung und Bestätigung zuteil werden lassen, wenn sie etwas richtig machen. Kinder blühen auf und leisten sehr viel mehr, wenn man sie lobt.

Setzen Sie Kritik nicht destruktiv, sondern konstruktiv ein. Lassen Sie das Kind wissen, daß Sie nicht immer Perfektion verlangen, jedoch stets erwarten, daß es sein Bestes gibt. Achten Sie darauf, die Stärken und Fähigkeiten des Kindes zu betonen. Lob und Kommunikation sind unverzichtbar für die Entwicklung seines Selbstwertgefühls.

Da Kinder anhand von Beispielen lernen, sollten Sie Ihre Ängste und Selbstzweifel für sich behalten. Geben Sie sie nicht an Ihr Kind weiter. Beeinflussen Sie es positiv, nicht negativ. Vermitteln Sie ihm Besonnenheit und Bescheidenheit, niemals jedoch Angst.

Lassen Sie als Erwachsener nie zu, daß andere die Grenzen für Ihr Selbstwertgefühl ziehen oder es mindern. Das Selbstvertrauen muß von innen kommen. Sie müssen daran glauben, damit Sie es fühlen und ausstrahlen können. Lassen Sie nicht zu, daß Ihre Fehler und Rückschläge die Oberhand gewinnen, sondern lernen Sie aus ihnen und wachsen Sie an ihnen. Lassen Sie sich von Fehlern nicht entmutigen, und nehmen Sie Kritik nicht persönlich.

An seinem Selbstwertgefühl muß man hart arbeiten – man kann es nicht im Geschäft kaufen! Selbstwertgefühl zu besitzen, bedeutet, zu respektieren, wer man ist, nicht was man ist.

Die Stärkung des Selbstwertgefühls meiner Mitarbeiter nimmt einen zentralen Platz in meiner Managementphilosophie ein. Ich schreibe meinen Mitarbeitern persönliche Botschaften, in denen ich ihnen für gute Arbeit Lob und Anerkennung ausspreche.

Ich bin stolz darauf, daß ich im Lauf der Jahre dazu beigetragen habe, meinen Mitarbeitern ein ausgeprägtes Selbstwertgefühl zu vermitteln. Eine einfache Botschaft wie „Ich weiß, daß Sie das schaffen können" oder „Ich vertraue auf Ihre Fähigkeiten" haben wesentlichen Anteil daran, daß die Einstellung meiner Mitarbeiter erheblich besser geworden ist. Und solche Botschaften haben ungeheuer viel dazu beigetragen, das persönliche Selbstwertgefühl am Arbeitsplatz zu verbessern.

Jeder von uns hat Stärken und Schwächen. Ich betone die Stärken meiner Mitarbeiter, indem ich ihnen deutlich zeige, daß ich weiß, daß jeder von ihnen wichtig und einzigartig ist und etwas Positives zum Ganzen beizutragen hat. Ich bin davon überzeugt, daß ein gutes Selbstwertgefühl die Selbstmotivation fördert. Wenn man überzeugt ist, daß man Erfolg haben kann, dann wird man höchstwahrscheinlich auch Erfolg haben.

Um sich Ihr Selbstwertgefühl zu bewahren, sollten Sie sich realistische Ziele stecken. Zu hohe Erwartungen können kontraproduktiv sein und Streß verursachen. Seien Sie flexibel, und ändern Sie Ihre Ziele, wenn notwendig. Geben Sie Ihr Bestes. Gelingt Ihr Unterfangen nicht, so versuchen Sie es mit einer anderen Strategie: Überdenken Sie Ihr Ziel, und beginnen Sie von vorne.

Mit anderen in einem Team zusammenzuarbeiten, kann das kreative Denken fördern und die Motivation erheblich steigern. Außerdem stärkt Teamarbeit das Selbstwertgefühl. Versuchen Sie sich mit Menschen zu umgeben, die Ihnen Mut machen, und meiden Sie jene, die ständig versuchen, Sie zu entmutigen und davon abzuhalten, Ihr gesamtes Leistungspotential auszuschöpfen.

Versuchen Sie sich zu behaupten, aber seien Sie nicht übertrieben aggressiv. Ein starkes Selbstwertgefühl strahlen Sie durch Ihr Auftreten aus.

Verhalten Sie sich stets professionell, denn mit der Zeit verinnerlicht man das, was man ausstrahlt. Strahlen Sie Selbstsicherheit aus, so werden Sie Selbstsicherheit gewinnen. Strahlen Sie Selbstvertrauen aus, so werden Sie Selbstvertrauen gewinnen. Strahlen Sie die Gewißheit aus, daß Sie Ihren Wert kennen, so wird Ihr Selbstwertgefühl wachsen.

Wenn Sie sich gelegentlich weniger selbstsicher fühlen, sollten Sie daran denken, daß dieses Gefühl vorübergehen wird. Sie können sich jederzeit wieder fassen und Ihre Selbstsicherheit zurückgewinnen.

Das einzig Wertvolle, was wir zurücklassen, ist das, was wir in Augenblicken des Friedens und der persönlichen Gewißheit hervorbringen. Befreit vom Dämon der Angst, verkörpern wir das Göttliche.

Ronald Long
Financier

SELBSTWERTGEFÜHL IN GEMEINNÜTZIGEN INSTITUTIONEN

Hunter Lovins

Präsident des *Rocky Mountain Institute*

Die wenigsten Manager zählen die Förderung des Selbstwertgefühls am Arbeitsplatz zu ihren Aufgaben. Aber nur Mitarbeiter mit ausreichendem Selbstwertgefühl können mit ganzem Herzen den Zielen eines Unternehmens dienen.

Der Großteil der modernen Managementtheorien ist auf die Erfordernisse gewinnorientierter Unternehmen zugeschnitten. Aber es gibt Tausende kleine Non-Profit-Organisationen, die mit den gleichen Problemen konfrontiert sind, jedoch kaum auf die Hilfe der Experten zählen können.

Möglicherweise gibt es dafür einen guten Grund: Jeder, der für sich in Anspruch nimmt, ein Experte für den Balanceakt des Managements gemeinnütziger Organisationen zu sein, ist sich einfach der Komplexität der Situation nicht bewußt. Hier handelt es sich um eine Fähigkeit, die man erwirbt, indem man handelt, experimentiert und Fehler begeht – erst auf der einen, dann auf der anderen Seite. Ich bin nun seit 23 Jahren als Führungskraft verschiedener gemeinnütziger Organisationen tätig, darunter seit 16 Jahren als Präsident des *Rocky Mountain Institute*, eines politischen Zentrums mit 40 Mitarbeitern. Diese Erfahrung hat mich in bezug auf absolute Aussagen große Demut gelehrt, aber ich erläutere meine Gedanken in der Hoffnung, meine Erfahrung möge für andere, die sich einer ähnlichen Aufgabe verschrieben haben, von Nutzen sein.

Die meisten Menschen, die in gewinnorientierten Unternehmen arbeiten, tun dies für Geld. Sie haben möglicherweise Freude an ihrer Arbeit, aber das Ziel des Unternehmens ist nur ganz selten ein wesentlicher Bestandteil ihres Selbstverständnisses. Im Gegensatz dazu beruht das Selbstverständnis der meisten Angestellten von Non-Profit-Organisationen teilweise auf der Art von Arbeit, die sie leisten. Daher sind sie häufig bereit (und eigentlich gezwungen, wenn sie für gemeinnützige Organisationen arbeiten wollen), nicht marktgerechte Gehälter zu akzeptieren. Das tun sie, weil sie die Arbeit an sich so befriedigend finden, daß das finanzielle Opfer dadurch aufgewogen wird. Sollten sie jedoch den Eindruck gewinnen, daß sie von der Organisation nicht ernst genommen werden, so kündigen sie ihr möglicherweise die Treue auf.

Die Bedenken der Mitarbeiter äußern sich am ehesten auf zweierlei Arten: in Form von Fragen, betreffend die moralische Richtigkeit ihrer Arbeit, und als Zweifel bezüglich der Art und Weise, wie sie als Personen behandelt werden. Zusätzlich erschwert wird die Sache dadurch, daß diese Gefühle und Zweifel normalerweise in einem Atemzug ausgedrückt werden. Die Mitarbeiter erwarten ein größeres Mitspracherecht bei den Entscheidungen der Organisation und gehen davon aus, daß sie vom Management automatisch menschlich und ethisch einwandfrei behandelt werden.

Manager gemeinnütziger Organisationen werden üblicherweise anhand höherer Kriterien gemessen als ihre Kollegen in den marktorientierten Unternehmen. Ihre Steuervorteile werden ihnen zum Teil deswegen zuerkannt, weil sie dem öffentlichen Interesse dienen. Es wird jedoch allgemein davon ausgegangen, daß sie dies auf mehr Ebenen oder in mehr Bereichen tun als nur in ihrem vorrangigen Tätigkeitsfeld. Die Mitarbeiter erwarten von den Managern, daß sie sich bemühen, die Mittel effizienter einzusetzen als herkömmliche Unternehmen, selbst wenn das mehr kostet. Sie erwarten, daß eine Non-Profit-Organisation ältere Mitarbeiter langfristig einbindet, anstatt sie zu diskriminieren und hinauszudrängen, und sie erwarten, daß das Management die Empfindungen der Mitarbeiter berücksichtigt.

Kaum ein Beteiligter, sei er nun ein Mitarbeiter oder ein Manager, stellt diese höheren Standards in der Theorie in Frage. Kritisch wird es bei der Umsetzung. Die Non-Profits umfassen ein breites Spektrum, das von kleinen, auf Gemeindeebene tätigen Gruppen bis zu Krankenhäusern und Universitäten reicht, deren Managementtechniken sich kaum von jenen großer Unternehmen unterscheiden. Jede Gruppe sucht sich einen Managementstil, der ihren Erfordernissen entspricht, aber die Spannungen bleiben bestehen. Da sind Studentendemonstrationen mit Beteiligung zahlreicher Lehrkräfte und Verwaltungsangehöriger, da sind Mitglieder, die mehr soziale Verantwortung fordern, da ist das Schreiben, das ich vor kurzem von einem Mitarbeiter erhielt: Darin wurden alle interessierten Mitarbeiter zu einer Diskussion über die Lebensmitteleinkäufe des Instituts aufgerufen, um die Möglichkeit zu erörtern, gesündere Nahrungsmittel aus lokalem Anbau für die Mitarbeiter zu kaufen. Die Manager werden häufig mit Initiativen der Mitarbeiter bombardiert, die an Entscheidungen beteiligt werden wollen, welche im traditionellen Unternehmensumfeld dem Management vorbehalten sind.

Die meisten Neulinge im Management gemeinnütziger Einrichtungen sind angesichts solcher Vorstöße versucht, den Mitarbeitern zu sagen, sie mögen sich aus ihren Entscheidungen heraushalten, ihre Arbeit tun und die Lenkung des Unternehmens den Verantwortlichen überlassen.

Doch das kann so nicht funktionieren. Mitarbeiter gemeinnütziger Einrichtungen sind anders als der klassische Durchschnittsarbeiter, der mechanisch diese Schraube auf jene Mutter setzt und ohne viel Federlesens durch arbeitslose Jugendliche oder ausländische Arbeitskräfte ersetzt werden kann.

Der Erfolg von Non-Profits beruht im allgemeinen darauf, daß ihre Mitarbeiter mit ganzem Herzen ihren Zielen dienen. Während die Loyalität des Fabrikarbeiters mit den allmächtigen Scheinen gekauft werden kann, will das Engagement des Non-Profit-Mitarbeiters erst verdient werden. Das hehre Ziel der Organisation mag sehr wertvoll sein, aber wenn die Mitarbeiter nicht das Gefühl haben, daß sie dem Chef als Menschen am Herzen liegen, daß jedermann so hart wie möglich arbeitet und daß alle eine Einheit bilden, werden sie ihren Managern eines Tages die Worte entgegenschleudern: „Nehmen Sie Ihren Job, und schieben Sie ihn sich sonstwohin." Noch schlimmer ist, daß es Manager, welche die Loyalität ihrer Mitarbeiter verlieren, nicht nur mit Resignation, sondern mit Aufsässigkeit zu tun bekommen: Alle Beteiligten verschwenden ihre Zeit mit Auseinandersetzungen über nebensächliche Fragen, die normalerweise im Handumdrehen gelöst wären, wenn sich der Vorgesetzte nur ein wenig Zeit nähme, um dem Mitarbeiter zuzuhören und ihm eine vernünftige Antwort zu geben.

Mein Unternehmen ist kein Hobbyklub, keine Familie und kein besonders demokratisches Gefüge. Aber sein Erfolg beruht auf der Bereitschaft meiner Mitarbeiter, sich selbst einzubringen, um neue Wege und Chancen zu finden und diese dann in die Tat umzusetzen. Ein Mitarbeiter, der dazu imstande ist, muß über ein ausgeprägtes Selbstwertgefühl verfügen und bereit sein, Risiken einzugehen. Das heißt, daß ein hohes Selbstwertgefühl für das Funktionieren unserer Organisation unverzichtbar ist. Die persönliche Entwicklung unserer Mitarbeiter ist uns so wichtig, daß das *Rocky Mountain Institute* für erfolgreich abgeschlossene Weiterbildung zahlt und Mitarbeiter, die persönliche Ziele verfolgen wollen, regelmäßig beurlaubt. Darüber hinaus bin ich aber fest davon überzeugt, daß der beste Weg zur Entfaltung als Person und zur Erlangung eines hohen Selbstwertgefühls darin besteht, eine echte Herausforderung anzunehmen und zu bewältigen. Dazu brauchen die meisten Leute die Hilfe ihrer Kollegen und Führung seitens ihrer Vorgesetzten. Diese Hilfe und Führung geben wir, und wir bestehen auf der persönlichen Verantwortung. Aber wir wissen auch, daß man hin und wieder einen Fehlschlag erleben wird, wenn man Risiken eingeht, und daher bieten wir eine sichere Umgebung, in der unsere Mitarbeiter kühn sein können und auch einmal scheitern dürfen.

Besonders in der Welt der Gemeinnützigkeit, deren Ziel ja schließlich darin besteht, die Welt zu ändern, wächst die Persönlichkeit durch echte

Leistungen. Daher bemühen wir uns, die Aufmerksamkeit so weit wie möglich von den Gründern auf die jüngeren Mitarbeiter zu lenken: Sie sollen von den Medien interviewt werden, sie sollen die Vorträge halten, sie sollen die federführenden Autoren des jüngsten Buches sein. Aber solche Privilegien müssen sie sich auch verdienen. Jedesmal, wenn einer von unseren Leuten ein Unternehmen berät, steht das Ansehen des gesamten Institutes auf dem Spiel. Die Mitarbeiter müssen professionell sein und präzise, nützliche Informationen liefern. Das erfordert Zeit, Schulung und Erfahrung.

Junge Menschen während ihrer Ausbildungszeit zu führen, erfordert einigen Humor, denn man muß sich der Tatsache bewußt sein, daß man bei all ihrer kreativen Energie für Problemlösungen, auch alle möglichen „exotischen" Lösungen bekommen wird. Menschen, die für eine bessere Welt arbeiten, zeichnen sich üblicherweise durch eine überdurchschnittliche Intelligenz aus (weshalb es ihnen langweilig wird, lediglich das zu tun, was sie tun sollen), durch einen überdurchschnittlich ausgeprägten Wunsch zu helfen (weshalb sie zu einer gewissen Aufdringlichkeit neigen) und durch ein ausgesprochen eigenständiges Denken (das sie nicht nur für Sie einsetzen – weswegen sie weniger Führung brauchen, um ihre Arbeit zu erledigen –, sondern auch für jede unausgegorene Vorstellung, die ihnen in den Sinn kommt – weswegen sie mehr Führung brauchen, um ihre Aufmerksamkeit wieder auf ihre eigentliche Aufgabe zu lenken).

Der Trick besteht darin, das richtige Gleichgewicht zu finden. Man sollte einen Mitarbeiter nicht einfach gewähren lassen, wenn sein Vorschlag dumm ist, doch man sollte ihm lange genug zuhören, um erkennen zu können, wann er einen großartigen Gedanken gehabt hat. Es besteht auch ein erheblicher Unterschied zwischen einem Mitarbeiter, der konstruktiv um eine Verbesserung der Situation bemüht ist, und einem Mitarbeiter, der nur Aggressionen auslebt oder um Anerkennung buhlt und dadurch jedermanns Zeit vergeudet. Die meisten gemeinnützigen Organisationen nehmen Spenden von Leuten an, die an ihre Ziele, jedoch nicht unbedingt an die übertriebenen Vorstellungen eines Mitarbeiters glauben. Der Leiter der Organisation und die Manager sind also verpflichtet, die Organisation auf Kurs zu halten. Das bedeutet, daß sie bereit sein müssen, dem Druck standzuhalten, wenn es gilt, eine klare Grenze zu ziehen, und daß sie genug Selbstwertgefühl besitzen müssen, um den Mitarbeitern sagen zu können, wann eine Entscheidung gefallen ist und nicht länger zur Diskussion steht.

Zu führen bedeutet, einen ausgeprägten Sinn dafür zu haben, wohin sich die Organisation bewegen sollte, welche Prioritäten wirklich bedeutsam sind und welche für Experimente freigegeben werden können. Manchmal bedeutet

Führung, die traditionell denkenden Mitglieder der Organisation zu beruhigen, während der Rest der Gruppe irgendein neuartiges Konzept ausprobiert, von dem uns unsere Intuition sagt, daß sich der Versuch lohnen werde. Beispielsweise kam einmal die für die Betriebskantine zuständige Frau ganz aufgeregt zu mir und erklärte, die Belegschaft kritisiere ihre Sparsamkeit beim Einkauf. Daraufhin einigten wir uns darauf, daß ihr Budget niedrig angesetzt werden sollte, daß aber jene Mitarbeiter, die einen „vollwertigeren" Speiseplan wollten, das Lebensmittelbudget aufstocken könnten, indem sie für das Institut an anderer Stelle etwas einsparten.

Es geht nicht nur darum, den Leuten eine Aufgabe zu geben und dafür zu sorgen, daß diese Aufgabe pünktlich und richtig erledigt wird. Vielmehr müssen wir die Mitarbeiter dazu anspornen, ihr Bestes zu geben, damit die Aufgabe der Organisation erfüllt wird. Kaum eine gemeinnützige Einrichtung wird ihre Probleme lösen können, wenn ihre Mitarbeiter nicht bereit sind, mehr als ihre Pflicht zu leisten und innovative Zugänge zu Problemen zu finden, die mit dem vorhandenen Geld und den vorhandenen Mitteln normalerweise nicht gelöst werden können.

Im übrigen ist es so, daß immer weniger klassische Produzenten übrigbleiben. Heute ähneln die meisten Unternehmen eher Non-profit-Organisationen als Fabriken, und die meisten Mitarbeiter ähneln eher den Angestellten gemeinnütziger Einrichtungen als Fließbandarbeitern. Heute, da immer mehr Menschen erkennen, daß unser Lebensstandard durch unseren verantwortungslosen Umgang mit der Umwelt und durch verschwenderisches Verhalten bedroht ist, gewinnen die Lehren aus dem Non-Profit-Sektor, die lange Zeit von den Experten ignoriert wurden, immer mehr an Bedeutung für den Erfolg herkömmlicher Unternehmen. Die vielleicht wichtigste Lehre in diesem Zusammenhang lautet, daß die Menschen wichtig sind. Nur indem wir den Menschen den Rücken stärken, können wir die Rentabilität verbessern.

EIN NEUES PARADIGMA

Michael Ray und Alan Rinzler

Autoren von *The New Paradigm in Business*

Ricardo Semler leitet in Brasilien den Ausrüstungshersteller *Semco* in einer Art und Weise, die ein neues Unternehmensparadigma aufzeigt. Fast alle Mitarbeiter legen ihre Arbeitszeiten selbst fest. Es gibt keine Bekleidungsvorschriften. Einige Leute, die über besonders wertvolle Fähigkeiten verfügen, beziehen höhere Gehälter als ihre Vorgesetzten, ohne daß sie zwangsläufig dem Management angehören. Es gibt keine Hierarchie im herkömmlichen Sinn, abgesehen von den Titeln der Berater, Partner und Mitarbeiter, welche für Forschung, Entwicklung, Verkauf und Fertigung zuständig sind.

Die Mitarbeiter treffen viele wichtige Entscheidungen im Unternehmen. Beispielsweise waren es nicht Immobilienmakler, sondern Mitarbeiter, die drei potentielle Fabriksstandorte für einen *Semco*-Bereich fanden. Dann brach der gesamte Bereich in Bussen zu einer Besichtigungstour auf. Die Mitarbeiter sprachen sich für ein Gebäude aus, welches das Management eigentlich nicht wollte, weil es direkt gegenüber einer Fabrik stand, deren Arbeitsmoral als eine der schlechtesten in Brasilien galt. Aber nachdem die Anlage einmal gekauft war, sprühten die Arbeiter vor Kreativität, als die Fabrik für ein flexibles Fertigungssystem adaptiert wurde; man engagierte einen der berühmtesten Künstler Brasiliens, um die Fabrik innen und außen zu bemalen, einschließlich der Maschinen. Dazu Semler: „Diese Fabrik gehört wirklich ihrer Belegschaft. Ich fühle mich jedesmal, wenn ich sie betrete, wie ein Gast." Aber das stört ihn nicht, weil die Produktivität pro Mitarbeiter seit dem Umzug innerhalb von vier Jahren von 14.200 Dollar auf 37.500 Dollar emporgeschnellt ist.

Bei *Semco* werden die Mitarbeiter nicht wie Halbwüchsige, sondern wie Erwachsene behandelt. Mehr als 150 Mitglieder des Managements legen ihre Gehälter selbst fest. *Semco* ermutigt die Mitarbeiter zur Job-rotation in einem Rhythmus von drei bis fünf Jahren. Wenn Aufsichtspersonal eingestellt wird, werden diese Personen von ihren zukünftigen Untergebenen interviewt und beurteilt. Die Informationen werden offengelegt, und jeder Arbeiter kann in speziellen Schulungen die Deutung der finanziellen Daten erlernen. Jedem Bereich werden monatliche Bilanzen, Gewinn- und Verlustrechnungen sowie Cash-flow-Analysen zur Verfügung gestellt. Diese Informationen ermöglichen jedem kreative Beiträge.

Durch die Kombination aus Demokratie, von den Mitarbeitern verwalteten Gewinnbeteiligungssystemen und offenem Informationsaustausch ist *Semco* zu einem der am schnellsten wachsenden Unternehmen Brasiliens geworden. Es wurde zum beliebtesten Arbeitsplatz gewählt und kann eine Gewinnspanne von zehn Prozent vorweisen.

EIN GEWINN JENSEITS DES UNTERNEHMENSERTRAGS

Gil Amelio

Vorsitzender und Geschäftsführer der *Apple Computer Inc.*
Ehemaliger Vorsitzender, Präsident und Geschäftsführer
der *National Semiconductor Corporation*

Bei der Leitung von Unternehmensumgestaltungen habe ich die Erfahrung gemacht, daß der Erfolg einer Veränderung sehr wesentlich davon abhängt, ob es gelingt, das individuelle Leistungsniveau zu heben. Und dabei gilt es, die Leistung auf sämtlichen Unternehmensebenen zu heben, von der Chefetage bis hinab in die Werkshallen.

Darüber hinaus bin ich fest davon überzeugt, daß auf die Mitarbeiter ausgerichtete Programme, wie unsere Empfehlungen für Veränderungen bei *National Semiconductor,* von den Mitarbeitern selbst vorangetrieben werden müssen, wenn sie glaubwürdig und erfolgversprechend sein sollen. Die Beiträge müssen von den Mitarbeitern kommen, und sogar das Team, das die Ergebnisse auswertet und weiterleitet, muß zur Gänze aus Leuten von der Basis bestehen – „Kein Zutritt für Manager", lautet die Devise.

Wie gut diese Strategie bei *National Semiconductor* funktioniert hat, zeigt das Beispiel einer dort beschäftigten Arbeiterin. Es ist wirklich erstaunlich, wei sehr sich ihr Engagement und ihre Leistung dank dieses Verfahrens verbesserten.

Die Mitarbeiterin, die ausgewählt wurde, an der Beurteilungsgruppe im Rahmen der ersten derartigen Studie bei *National Semiconductor* teilzunehmen, war eine Frau, die wir Alice nennen wollen, eine Arbeiterin in einem Werk in Arlington (Texas), die nur wenig mehr als den Mindestlohn erhielt. Alice verfügte nur über eine beschränkte Schulbildung, war noch nie weit über ihren Geburtsort in Texas hinausgekommen und hatte eine ziemlich enge Sicht der Welt und der Gesellschaft. Doch ihre neue Aufgabe verlangte von ihr, nach Kalifornien zu reisen, sich mit Menschen vollkommen unterschiedlicher Herkunft auseinanderzusetzen und ihre Tage in den Konferenzräumen der Konzernzentrale bei Meetings zu verbringen. Man hatte sie völlig unvorbereitet in eine ganz andere Welt gestoßen, in der sie mit einem Rhythmus, mit Themen und Abläufen fertigwerden mußte, die ihr fremd waren.

Am ersten Tag betrat Alice den Sitzungssaal sehr schüchtern, unsicher, ob sie überhaupt in der Lage sein würde, irgendeinen sinnvollen Beitrag zu leisten. Doch da in der Gruppe eine Atmosphäre gegenseitigen Respekts herrschte, hatte sich ihr Selbstbild am Ende des Tages bereits verändert. Sie meldete sich zu Wort, um zu erläutern, wie sie und ihre Kollegen die Dinge sahen, und sie bemerkte, daß die Gruppe ihre Beiträge begrüßte. Ihr Selbstvertrauen wuchs.

Die anderen Mitglieder des Beurteilungsteams bemerkten, daß sich ihre Kleidung, ihr Auftreten und ihre Sprache mit ihrem wachsenden Selbstvertrauen ebenfalls änderten, und dieses hörte im Verlauf der zweiwöchigen Veranstaltung nicht auf zu wachsen.

In der Abschlußsitzung gehörte Alice zu den Leuten, die sich freiwillig meldeten, um dem Unternehmenschef und seinen Top-Managern, darunter dem Chef ihres Chefs, die Ergebnisse und Empfehlungen des Teams zu unterbreiten. Alle Beteiligten erinnern sich daran, daß dieser Tag einen Wendepunkt in Alices Leben darstellte: Es war klar, daß sie wertvolle Beiträge zur Arbeit der Gruppe geleistet hatte. Zu Hause in Texas würde sie einige unglaubliche Geschichten zu erzählen haben.

Das Unternehmen veranstaltete einen Empfang und ein Abendessen für das Team und die Manager, und Alice – die außer mit ihrem unmittelbaren Vorgesetzten nie zuvor mit einem Manager gesprochen hatte – wandte sich an mich in meiner Funktion als Geschäftsführer. Sie erzählte mir, daß diese Erfahrung sie zu neuen Ufern geführt habe. Sie sei selbst überrascht gewesen, wieviel sie habe beitragen können. Nie zuvor war sie derart gefordert worden, ihre Kreativität zu erschließen und Ideen zu produzieren. Sie hatte tief in ihr verwurzelte Fähigkeiten, Kenntnisse und Erfahrungen zutage gefördert.

Etwa ein Jahr später, bei einer Besichtigung des Werkes in Arlington, sah ich Alice wieder und stellte fasziniert und zufrieden fest, daß ihre Veränderung von Dauer war. Alice war sehr viel engagierter geworden und hatte sich in eine wertvolle Teilnehmerin am Leben unseres Unternehmens verwandelt.

Aufgrund der Empfehlungen dieser ursprünglichen Studiengruppe startete *National Semiconductor* übrigens mehrere Programme, die dem Unternehmen die Möglichkeit gaben, besser auf die Bedürfnisse der Mitarbeiter einzugehen – darunter ein Ombudsmann-Programm und ein Programm zur Veränderung der Arbeitsbedingungen. Außerdem erklärte sich das Unternehmen bereit, die Belegschaft besser darüber zu informieren, nach welchen Kriterien die Gehälter festgelegt wurden, um den Arbeitern zu zeigen, daß das System eine vernünftige und gerechte Grundlage hatte.

Sogar auf Konzernebene wurden echte Fortschritte in der Problemlösung erzielt, wodurch auch die Rentabilität erhöht werden konnte.

Vor allem jedoch ist es wichtig, daß die „Alices" in unserem Unternehmen an solchen Erfahrungen wachsen. Eine Chance wie diese verändert das

Leben der Beteiligten grundlegend. Wir konnten sogar schon beobachten, daß Leute wieder auf die Schulbank zurückkehrten, ihre Einstellungen grundlegend änderten und eine aktive Rolle im Leben der Gemeinde übernahmen.

Es warten Belohnungen jenseits des Unternehmensgewinns, wenn man das Selbstwertgefühl der Menschen hebt, oder besser: wenn man ihnen die Möglichkeit gibt, es selbst zu heben.

DAS SELBSTWERTGEFÜHL PFLEGEN

Horst M. Rechelbacher

Geschäftsführer der *Aveda Corporation*

Der alte Lakota war klug. Er wußte, daß das Herz des Menschen hart wird, wenn er sich von der Natur entfernt.

Stehender Bär
Lakota-Sioux

Die Erde mit unserem Herzen zu umhüllen und sie heilig zu halten, ist nichts als ein einfacher Akt unseres Selbstwertgefühls.

Terma
The Box – A Gift of Remembrance

Auf einem heiß umkämpften Markt hängen Überleben und Rentabilität eines Unternehmens von der persönlichen Kreativität, vom Einfallsreichtum und von der Motivation seiner Mitarbeiter ab. Damit die Menschen das Gefühl haben können, wirklich erfolgreich zu sein, brauchen sie ein höheres Ideal – eine inspirierende Vision, die über den bloßen Profitanreiz hinausgeht, insbesondere, da Profit häufig auf Kosten der Umwelt und der Rechte anderer erzielt wird.

Seit den Anfängen unseres Unternehmens vor mehr als zwei Jahrzehnten bemüht sich die *Aveda Corporation* darum, Schönheit, Gesundheit und Geschäft immer besser miteinander in Einklang zu bringen, indem sie im gesamten Unternehmen auf Innovation setzt – von der Beschaffung qualitativ hochwertiger Ingredienzen über die Entwicklung besserer Produkte aus erneuerbaren pflanzlichen Ressourcen bis hin zu Herstellung, Vermarktung und Verkauf von Produkten und Systemen, die den Menschen und der Umwelt zugute kommen.

Wir haben ein Unternehmen aufgebaut, das ein Bewußtsein hat. Wir glauben daran, daß man der Erde zurückgeben muß, was man ihr nimmt. Daher haben wir eine respektvolle Beziehung zur Umwelt entwickelt und treffen umweltbewußte Entscheidungen, die letzten Endes dem Schutz der Menschen und des Planeten dienen. Unser Ziel ist es, ein echtes Verständnis dafür zu wecken, daß das komplexe biologische Netz, das alles Leben auf der Erde verbindet – die wechselseitige Abhängigkeit von Pflanzen, Tieren, Mineralien und Menschen –, geschützt werden muß.

Unsere Mitarbeiter beziehen eine starke Motivation aus dieser Sorge um die Umwelt und die Menschen. Und wir kümmern uns um unsere Mitarbeiter – unsere wertvollste Ressource –, indem wir ihnen die Möglichkeit geben, sich weiterzubilden, persönlich zu wachsen und auf diese Weise einen gesunden Respekt füreinander zu entwickeln.

Ein Unternehmen ist eine Gemeinschaft mit eigenem Lebensstil und unverwechselbarer Kultur. *Aveda* ähnelt in seiner Funktionsweise dem Stamm eines Naturvolks, dessen Kultur, Wissen und Beziehung zur Umwelt von allen Mitgliedern der Gemeinschaft, die im Geist der Kooperation und des Engagements für einander zusammenleben, geteilt wird. Wie ein Naturvolk sind wir bemüht, in Harmonie mit unserer Umwelt zu leben, um das langfristige Wohlergehen der kommenden Generationen unseres Volkes zu sichern.

Um zu überleben und zu gedeihen, muß ein Unternehmen Verantwortung für seine Mitarbeiter übernehmen und auf ihre Bedürfnisse eingehen. Ebenso muß es seiner Mission gerecht werden, seine wertvollen Ressourcen schützen und sich seiner Wirkung auf die Welt außerhalb seiner eigenen Umgebung bewußt sein. Indem wir uns darum bemühen, können wir dazu beitragen, das Selbstwertgefühl und unseren Respekt für uns selbst zu festigen und diese Empfindungen rund um den Erdball zu fördern. Es gilt, ein Gefühl des Stolzes und einen Geist der Zusammenarbeit zu wecken und dem Ziel der Selbsterhaltung zu dienen.

Unsere Schulungen, Unternehmenseinrichtungen, Ressourcen und Dienstleistungen dienen allesamt dem Ziel, den Respekt für die Natur sowie für unseren eigenen Körper, unseren Geist und unsere Seele – also die Komponenten des „menschlichen Ökosystems" – zu stärken.

Unsere Werkseinrichtungen dienen dazu, die Arbeitsumwelt zu verbessern. Sie sind von 65 Hektar malerischer Wälder und geschützten Marschlandes umgeben. Die naturbelassene Landschaft und die darin lebenden Wildtiere bilden einen malerischen Rahmen. Wir betreiben auch eine Tagesbetreuungsstätte und ein Restaurant, in dem biologische Nahrungsmittel angeboten werden – Annehmlichkeiten, die der Gesundheit und dem Wohlbefinden unserer Mitarbeiter dienen sollen. Wir wollen eine angenehme, ganzheitliche, gesunde Umgebung schaffen, in der unsere Mitarbeiter aufblühen können.

Ein unverzichtbarer Bestandteil unseres Bemühens um ein hohes Selbstwertgefühl und um Würde ist das Konzept der selbstgeleiteten Teams. Wie in der Natur werden die Projekte und Aktivitäten von einem fein gesponnenen Netz miteinander verbundener Teams durchgeführt, die alle denselben Idealen verpflichtet sind und über die nötige Sachkenntnis und das Wissen verfügen, um die unterschiedlichen Aufgaben selbständig bewältigen zu können. Die

Teams, die so angelegt sind, daß sie Kommunikation, Interaktion und Kooperation fördern, arbeiten partnerschaftlich zusammen, um ein gemeinsames Ziel zu erreichen. Durch den Austausch von Informationen und Ideen unterstützen wir einander im gemeinsamen Interesse.

Da unser Unternehmen nicht in Abteilungen unterteilt ist, sondern aus Teams besteht, ist gutes Teamwork für unser Wachstum und unseren Erfolg unverzichtbar. Wir haben viel Zeit investiert und erhebliche Mittel aufgewendet, um alle Mitarbeiter in wirkungsvolleren Techniken zur Teamkommunikation zu schulen. Unser Ziel ist es, den Respekt und das Engagement für den anderen zu fördern und die Mitarbeiter zu ermutigen, sich zu beteiligen und Führungsverantwortung zu übernehmen, indem wir allen Teammitgliedern die Möglichkeit eröffnen, neue Ideen durchzusetzen. Es gilt, Informationen und Ideen ungehindert auszutauschen, gutgemeinte und positive Antworten zu geben, um die Ideen des anderen zu unterstützen und ihn zu besseren Leistungen anzuspornen, und auf diese Art und Weise die Kreativität, den Einfallsreichtum und die Innovationsfähigkeit jedes einzelnen Mitarbeiters zu wecken und zu fördern.

Unsere Mitarbeiter lernen, aktiv zuzuhören – sich die Ideen ihrer Kollegen anzuhören, ohne die Person zu kritisieren oder zu beurteilen. Wir akzeptieren und schätzen unterschiedliche Meinungen und verschiedenartige Fähigkeiten. Echte Wertschätzung für die Beiträge jedes einzelnen Mitarbeiters ist unbedingt nötig, will man eine offene Umgebung schaffen, die das eigenständige Denken und die Initiative der Mitarbeiter fördert und gleichzeitig Konkurrenzdenken und Rivalität zwischen den einzelnen Mitarbeitern und den Teams verhindert. Anstatt einzelne Mitarbeiter auszuwählen, zollen wir lieber der gesamten Gruppe Anerkennung für ihre Beiträge.

Wesentlich ist hierfür, daß wir eine Reihe von teamorientierten Programmen zur Selbstentwicklung finanziell unterstützen, in deren Rahmen die Mitarbeiter Grundkenntnisse in den Wissensbereichen Biologie, Ökologie, Pflanzenaromen, Wissen der Naturvölker und Selbstheilung erwerben können. Mitarbeiter, Fachkräfte aus Kuranstalten und Schönheitssalons, Kunden und andere Mitglieder von *Avedas* weltweitem Netzwerk lernen, wie sie ihr Leben bereichern können – anhand nützlicher Kenntnisse und Techniken zur Wiederherstellung des persönlichen Wohlbefindens durch intelligente Ideen.

Diese Information ermöglicht den Menschen einen ausgewogeneren, gesünderen Lebensstil. Unser neues fünftägiges Bewußtseinsseminar *Business of Being* beispielsweise findet in einem Kurort statt und vermittelt Strategien zur persönlichen Weiterentwicklung. Die Teilnehmer erlernen Methoden, anhand derer sie berufliche und persönliche Erfüllung finden können: Sie beschäftigen sich mit der Dynamik von Teambildung und persönlicher Entwicklung und lernen Techniken der Streßbewältigung, der Verbesserung des persönlichen Wohlbefindens, der Zielsetzung, des Zeitmanagements, der Problemlösung, der Menschenführung sowie Finanz- und Marketinggrundlagen. Sie lernen, wie man sein persönliches und berufliches Leben in Einklang bringt, wie man sich ausruht, wie man sich entspannt und wie man Körper und Geist verjüngt, um sein gesamtes Potential im Leben auszuschöpfen. Entscheidenden Einfluß auf die Lernerfahrung der Teilnehmer haben die begleitenden Kurbehandlungen im Rahmen des Seminars.

Ein weiterer Schritt zur Propagierung eines solchen gesunden Zugangs zu einem ausgewogenen Leben ist die Gründung des *Aveda Holistic Lifestyle Center* in unserer Zentrale. Dieses Zentrum, das im Leben unserer Mitarbeiter einen großen Stellenwert einnimmt, bietet eine Reihe von Ausbildungsprogrammen und Fitneßmöglichkeiten an, um den Leuten ein Gefühl für körperliches und geistiges Wohlbefinden zu vermitteln. Ausgehend von dem Prinzip, daß der Körper ein Ökosystem darstellt, das am besten funktioniert, wenn es sich im Gleichgewicht befindet, geben diese Programme den Leuten das Wissen und die Mittel an die Hand, die sie benötigen, um sich physisch, emotional und spirituell zu entwickeln. In dem Zentrum werden Unterricht und Training in einer Vielzahl von Selbstverbesserungsmethoden angeboten; die Palette umfaßt einleitende Gesundheitstests, individuelles Fitneßtraining, Trainingsprogramme, Gesundheits- und Ernährungskurse, Massagetherapien, Tanzworkshops und eine Bibliothek mit Literatur zum Thema Lebensstil. Alte Gesundheitspraktiken und philosophische Lehren aus den indianischen und asiatischen Kulturen werden in zeitgenössische Techniken zur Körperertüchtigung und Ernährungsmethoden eingebettet. Dieser ganzheitliche Zugang zur Persönlichkeitsentwicklung versetzt die Mitarbeiter in die Lage, Streß abzubauen, mehr Vertrauen in ihre körperlichen und geistigen Fähigkeiten zu entwickeln und letzten Endes mit sich und *Aveda* in Einklang zu leben.

Darüber hinaus halten wir morgendliche Informationssitzungen ab, die dazu dienen, Teamarbeit und freiwilliges Engagement zu fördern und zu neuen Ideen zu ermutigen. In diesen Versammlungen werden die Mitarbeiter mit Informationen versorgt und zu offenen Diskussionen angehalten. Die Leute erfahren die neuesten Unternehmensnachrichten und werden in Präsentationen von bekannten Autoren, Wissenschaftlern und Umweltforschern mit einer Vielzahl von anregenden Themen vertraut gemacht. Wir legen auch Wert darauf, im Jahresverlauf Feiern zu veranstalten, in denen wir den Mitarbeitern für ihre Arbeit danken und ihnen unsere Anerkennung aussprechen.

Avedas Aufgabenstellung und Philosophie haben uns in unserer Geschichte immer wieder geholfen, Respekt, Verständnis und ein leidenschaftliches Engagement für einander sowie für den Planeten zu entwickeln. Es liegt auf der Hand, daß die Sorge um unsere Mitmenschen eine größere Wertschätzung für die Welt mit sich bringt. Wie in jeder erfolgreichen Gemeinschaft blühen die Menschen in einem Unternehmen auf, wenn gegenseitiger Respekt und Selbstwertgefühl gefördert werden.

AUCH MANAGER DÜRFEN LACHEN

John Imlay Jr.

Ehemaliger Vorsitzender von *Dunn & Bradstreet Software*
Autor von *Jungle Rules*

*Ich mag Spontaneität ... Ich glaube, es ist wichtig, daß in der Arbeit
Platz für Humor und Lachen ist. Das Unternehmen wird dadurch in jeder
Hinsicht bereichert. Man freut sich darauf, am Morgen aufzustehen und
zur Arbeit zu gehen.*

Joel Slutzky
Vorsitzender der *Odetics Inc.*

Als ich vor einigen Tagen in unser hiesiges Büro (in London) fuhr, hatte mein
Auto einige Aussetzer und begann zu stottern. Mit viel Glück schaffte ich es
gerade noch bis zum Firmenparkplatz. Im Büro griff ich sofort zum Telephon
und rief Harry in der Verwaltung an: „Harry, mein Wagen ist kaputt. Ich muß
mir den Kombi ausborgen."

Er antwortete: „John, ich bin jetzt stellvertretender Abteilungsleiter. Ich
bin dafür nicht mehr zuständig."

„Aber was soll ich dann tun?" fragte ich.

Er sagte: „Rufen Sie Durchwahl 3198 an". Ich tat, wie mir befohlen.

Eine sehr frische, junge Stimme antwortete: „Fuhrpark."

„Fuhrpark?" fragte ich erstaunt, weil ich ganz vergessen hatte, wie groß
unser Unternehmen geworden war. „Was habt ihr denn alles da unten?"

„Wir haben Laster für den Transport von und zur Fabrik. Wir haben Kom-
bis, um Leute vom Flughafen abzuholen. Wir haben Limousinen für die Vizepräsidenten. Wir haben einen großen, alten Cadillac für unseren großen, alten
Präsidenten. Und wir haben einen Mercedes für unseren Vorsitzenden Fatty."

Ich sagte: „Wissen Sie, mit wem Sie sprechen?!"

Er sagte: „Nein."

„Ich bin John Imlay – Ihr Vorsitzender."

Stille.

Nach einer langen Pause sagte er: „Wissen Sie, mit wem Sie sprechen?"

Ich sagte: „Nein."

Er sagte: „Dann habe ich ja noch einmal Glück gehabt! Wiederhören,
Fatty."

Anmerkung des Herausgebers: Einer neuen Studie von Arthur A. Stone von der State University of New York zufolge gehört Lachen zu den besten Dingen, die man für seine Gesundheit tun kann. Bei seiner Untersuchung fand Stone heraus, daß angenehme Erfahrungen die Immunabwehr anscheinend für drei Tage erhöhen (an dem Tag, an dem man lacht, und an den beiden folgenden Tagen). Wie zahlreiche andere Studien zeigte diese Untersuchung auch, daß negative Erlebnisse das Immunsystem schwächen können; doch die Studie förderte zutage, daß die Immunschwächung nur für die Dauer des Tages anhielt, an dem der Streß eintrat. Daraus folgt, daß angenehme Erfahrungen größeren Einfluß auf die Immunabwehr haben als negative Erlebnisse; man kann also die negativen Auswirkungen von Streß durch positive Erfahrungen aufwiegen. Diese Ergebnisse decken sich mit jenen einer früheren Studie von Stone, die gezeigt hatte, daß unangenehme Ereignisse und ein Rückgang an angenehmen Erfahrungen mit einer erhöhten Anfälligkeit für Erkältungen verbunden sind.

MEDITATION AM ARBEITSPLATZ

Robert Roth

Wirtschaftstrainer
Autor von *Transcendental Meditation*

*Ich denke, es könnte eine phantastische Wirkung haben, wenn ein
ganzes Unternehmen einmal täglich 15 Minuten lang innehielte, um zu
meditieren.*

John Bradshaw

Im Jahr 1983 wollte R. W. „Buck" Montgomery Jr. sein in Detroit ansässiges
Chemieunternehmen, die *H. A. Montgomery Company*, umkrempeln.

„Das Unternehmen war seit 40 Jahren im Geschäft", erinnert sich Buck.
„Es war von den Routineabläufen eines althergebrachten Managements beherrscht, weshalb es schwierig war, den Leuten die Augen für neues Denken zu
öffnen. Zu jener Zeit steckte die amerikanische Automobilbranche in einer tiefen Krise und wurde von den Importen aus Japan und Deutschland gelähmt.

Wir brauchten einen vollkommen neuen Zugang – eine neue Einstellung,
ein neues Denken und neue Energie, um dem Unternehmen wieder Leben einzuhauchen und es wieder auf Erfolgskurs zu bringen."

Also besuchten Buck und sein Managerstab eine Reihe von Seminaren
und Kursen.

„Wir setzten uns in ganzwöchige Veranstaltungen oder in Wochenendse-
minare und kehrten mit dicken Büchern zurück. Doch wir litten weiterhin unter denselben Problemen. Wir vergaßen über unserer alltäglichen Arbeit wieder, was wir gelernt hatten, oder wir hatten nicht genug Zeit, um uns erneut
damit zu beschäftigen. Also kehrten wir wieder zu unseren alten Routineablau-
fen zurück.

Ich suchte nach einem Instrument, das meine Mitarbeiter jeden Tag verwenden konnten, um ihr Denken zu ändern, eine Methode, anhand derer sie
ihre Energie steigern und ihr kreatives Potential für ihre Arbeit nutzbar machen konnten. Dieses Instrument fand ich schließlich in der transzendentalen
Meditation."

Buck setzte sich mit seinen Spitzenmanagern zusammen, und gemeinsam erarbeiteten sie einen Plan. Anfangs würde man die transzendentale Meditation allen interessierten Managern auf Kosten des Unternehmens anbieten.

278

Sie sollten sechs Monate lang zweimal täglich meditieren. Man würde sie auffordern, monatlich einen Bericht zu schreiben, in dem sie ihre Fortschritte analysierten, Vor- und Nachteile der Methode beurteilten und beschrieben, wie sich die Meditation auf ihr tägliches Leben auswirkte – sowohl im Büro als auch zu Hause. Dann würde man entscheiden, ob das Programm auf das gesamte Unternehmen ausgedehnt werden sollte.

„Nach sechs Monaten herrschte im Management einhellige Zustimmung zu einem unternehmensweiten Angebot der Methode", sagt Buck. „Also wurde die transzendentale Meditation in den Abteilungen Forschung, Fertigung, Verkauf, Marketing und Verwaltung eingeführt."

Buck forderte seine Manager und Angestellten auf, mindestens einmal am Tag – am Morgen oder am späten Nachmittag – während der Arbeitszeit im Unternehmen zu meditieren.

„Die Produktivität stieg rasant", berichtet Buck. „Die Zahl der Fehlzeiten sank erheblich, ebenso die Anzahl der Krankheitstage und Unfälle. Die Kreativität unserer Forschungsabteilung stieg, der Absatz nahm innerhalb von zwei Jahren um 120 Prozent zu, und die Rentabilität stieg um 520 Prozent."

Im Jahr 1987 verkaufte Buck das Unternehmen und ging in den Ruhestand. Heute verbringt er seine Zeit mit seiner Familie und berät Unternehmen, die nach neuen Wegen zum Erfolg suchen. Er wird immer wieder eingeladen, vor Führungskräften, die in ihren eigenen Firmen ähnliches anstreben,

QUELLE: Abdruck mit freundlicher Genehmigung von John Grimes. © John Grimes.

279

über den Erfolg des Meditationsprogramms in seinem ehemaligen Unternehmen zu sprechen.

„Der Mensch ist die bedeutendste Ressource, die ein Unternehmen besitzt", sagt Buck. „Man muß das Leistungsvermögen und die Fähigkeiten des einzelnen Mitarbeiters erhöhen. Einem erschöpften Menschen oder einem Menschen, der nicht motiviert ist oder nicht an seine Kreativität glaubt, kann man jedes Instrument in die Hand geben, ohne das Geringste damit zu bewirken. Man muß zuerst den Menschen entwickeln, sein Potential erhöhen – dann kann man ihm andere Instrumente zur Verfügung stellen und ihn damit arbeiten lassen. Die einzige Methode, mit der das meines Wissens funktioniert, ist die transzendentale Meditation. Der kleine Betrag, den sie heute kostet, wird morgen von unschätzbarem Wert für das Unternehmen sein – für seine Rentabilität ebenso wie für die dort vorherrschende Arbeitsmoral und alle anderen Bereiche. Das ist wirklicher Erfolg."

MANAGEN VON INNEN HERAUS

John Goodman

Geschäftsführender Partner der *Sage Company*

Was macht ein Unternehmen erfolgreicher als andere? Wie kann man dafür sorgen, daß die Mitarbeiter glücklich, ausgefüllt und produktiv sind? Um Antworten auf diese Fragen zu finden, muß ein Unternehmen auf die Kontrolle verzichten, seine rigiden Beurteilungskriterien außer Kraft setzen und die Kreativität, Innovationsfähigkeit und Intuition jedes einzelnen Mitarbeiters erschließen.

Vielen Unternehmen fällt es schwer, auf die Kontrolle zu verzichten; die in den Managementkursen an der Universität erlernten Regeln sind fest im Denken verankert. Ein Unternehmen anhand mehrerer für alle Umstände geltenden Regeln zu führen und eine Person der Stellenbeschreibung anzupassen, ist leichter, als dieser Person die Möglichkeit zu eröffnen, in dem Job ihr einzigartiges Potential zu entfalten. Doch die herkömmlichen Methoden zur hierarchischen Einordnung der Mitarbeiter – anhand der Tätigkeitsbezeichnung oder der Personalnummer – funktionieren nicht mehr. Es ist an der Zeit, die Mitarbeiter als Individuen zu betrachten und ihre einzigartigen Begabungen und Fähigkeiten schätzen zu lernen.

Beginnen Sie mit Vertrauen

Damit ein Mitarbeiter sein Potential vollkommen ausschöpfen kann, müssen Sie ihm zunächst Vertrauen entgegenbringen. Indem Sie von vornherein davon ausgehen, daß der Mitarbeiter sein Bestes geben wird, erweisen Sie ihm Respekt. Die Folge ist, daß das Vertrauen des Mitarbeiters in seine eigenen Fähigkeiten wächst. Unser Unternehmen, die *Sage Company*, ist ein Abbild der Menschen, die für uns arbeiten: Ihnen allen wird die Verantwortung für ihre eigene Vorgehensweise, ihre Ausbildung, ihre Gesundheit und ihre Beziehungen anvertraut. Das Management kann nicht kontrollieren, kann nicht manipulieren, kann nicht geschehen machen, was seiner Meinung nach geschehen sollte. Wir ermutigen einfach unsere Mitarbeiter, sich zuzutrauen, daß sie besitzen, was sie brauchen, um ihr Leistungsvermögen auszuschöpfen.

Jeder von uns verfügt über ein Reservoir an Energie, Kreativität und Innovation, das nur darauf wartet, erschlossen zu werden. Es ist sicher vorhanden, und ist es einmal erschlossen, so sind beeindruckende Ergebnisse möglich. Vielleicht haben Sie diese Erfahrung gemacht, wenn der Abgabetermin für eine Arbeit näherrückte, die Sie vor sich hergeschoben haben. Sie wußten nicht, wo Sie anfangen sollten, aber eine Stunde vor dem Abgabetermin spürten Sie plötzlich, wie die Kreativität in Ihnen aufstieg. Sie hatten die Richtung deutlich vor Augen und fanden mühelos die Lösung. Vielleicht sagten Sie sogar zu sich selbst: „Mensch, woher ist das jetzt alles gekommen?" Wenn wir uns trauen, unserer Kreativität ihren Lauf zu lassen, erhöhen wir die Fähigkeit, unser Leistungsvermögen nach Belieben auszuschöpfen.

Wenn Ihre Arbeit sinnvoll ist, leisten Sie ganz von alleine mehr. Unsere Haltung dazu ist ganz einfach: Wenn jemand mit uns arbeiten will, werden wir ihn unterstützen, wie er heute ist, und ihm helfen, zu werden, was er werden möchte. Dies ist der zentrale Punkt: Wenn Sie Ihre Arbeit lieben, dann geht es Ihnen vor allem um die Arbeit selbst, und Sie schielen nicht nur ständig nach dem Ergebnis. Wenn Ihr Ziel darin besteht, eine Million Dollar zu verdienen, so werden Sie sich mit dieser Million am Ende nicht kaufen können, was Sie sich vorgestellt hatten. Anstatt sich auf das finanzielle Ergebnis zu konzentrieren, sollten Sie sich darum bemühen, das Beste aus sich herauszuholen. Die innere Befriedigung und das Selbstwertgefühl, das Sie daraus beziehen können, sind die größte Belohnung.

In der Gegenwart leben zu können, ist eine wertvolle Fähigkeit. Die folgende Episode ist ein gutes Beispiel dafür, was möglich ist, wenn wir auf unsere Intuition vertrauen und für den Augenblick leben. Unser Bürogebäude in Minneapolis liegt gegenüber einem Haus, zu dem 15 Hektar Land gehören. Es war unser Ziel, in der Nähe unserer Niederlassung 76 betreute Wohnungen für ältere Menschen sowie eine Kinderbetreuungsstätte zu bauen. Dieses Stück Land war der perfekte Standort, und wir hatten schon seit langem ein Auge darauf geworfen. Wir hatten verschiedene Strategien diskutiert, wie wir dieses Grundstück bekommen könnten; unter anderem dachten wir daran, die Verhandlungen mit dem Besitzer über eine dritte Partei abzuwickeln.

Eines Tages bog ich auf dem Weg ins Büro einer plötzlichen Eingebung folgend einfach in die Einfahrt des Hauses ein, in dem der Besitzer des Grundstücks wohnte, stieg aus und klopfte an die Tür. Die Besitzerin namens Mary öffnete, und ich sagte: „Mary, ich bin Ihr Nachbar. Mein Unternehmen ist seit drei Jahren auf der anderen Straßenseite ansässig. Ich würde gerne hereinkommen und mit Ihnen über unsere Vision sprechen." Sie erklärte sich bereit, mir zuzuhören. „Mary", sagte ich, „ich habe die Vision, auf dem Grundstück neben unserem Firmensitz Wohnungen für ältere Menschen zu bauen. Und auf der anderen Straßenseite (Marys Grundstück) möchte ich ein Gesundheitszentrum errichten. Dort würden wir uns um mißhandelte und behinderte Kinder kümmern. Meine große Liebe gehört den Kindern, und wir würden gerne eine generationsübergreifende Tagespflegestätte einrichten."

Wissen Sie, was Mary antwortete? Sie sagte: „Ich habe mich im Laufe meines Lebens um 700 mißhandelte Kinder gekümmert. Ich habe selbst sieben Kinder, aber zusätzlich habe ich für mißhandelte Kinder gesorgt." Ein Geschäftsmann würde normalerweise sagen: „Schicken wir jemanden hinüber, um uns das Grundstück zu schnappen. Wir werden die 100.000 Dollar dafür zahlen, die es laut Steuerschätzung wert ist. Mary ist keine ausgefuchste Verhandlerin, also werden wir unser Ziel leicht erreichen." Das widersprach jedoch all unseren Prinzipien von Fairneß und Respekt. Es war ganz einfach. Ich wußte, was Mary wollte. Sie hatte sieben Kinder. Sie wollte Geld für ihre Kinder. Sie wollte ihren Traum verwirklichen – und ich mußte mich meinen persönlichen Wertvorstellungen entsprechend verhalten. Hätte ich nach dem Prinzip „Ich gewinne, du verlierst" gehandelt, so hätte ich diese wunderbare Erfahrung mit Mary nicht gemacht.

Bisher haben sich die Stadtväter noch nicht dazu durchringen können, uns eine Baubewilligung zu erteilen. Doch sobald sie das tun, wird dieses Projekt Mary gewidmet werden. Es wird zu Ehren ihres Lebenswerks nach ihr benannt werden. Hätte sie vor 20 Jahren geplant, für 700 Kinder zu sorgen, damit ihr jemand einen großen Geldbetrag geben und ihr ein Gebäude zur Verfügung stellen würde, so hätte sie diesen Traum niemals verwirklichen können. Wenn wir jedoch jeden Tag auf unsere innere Stimme hören und uns von unserer positiven Intuition leiten lassen, werden Wunder möglich. Mary und mir widerfuhr so ein Wunder.

Das Selbstbild

Wir alle haben Einfluß auf unsere Überzeugungen und unsere Einstellung. Die alte Redensart trifft zu: „Wenn du immer tust, was du schon immer getan hast, wirst du immer bekommen, was du schon immer bekommen hast." Anscheinend begehen wir immer von neuem die gleichen Fehler. Denken Sie an den Akrobaten am Trapez. Er will sich zum zweiten Trapez hinüberschwingen, aber er kann erst danach greifen, nachdem er das erste losgelassen hat. Wenn er das erste Trapez losläßt, hat er für Sekundenbruchteile keinen Halt. Dieser Augenblick im freien Flug scheint nicht zu enden. Aber der Akrobat wird das zweite Trapez nie erreichen, wenn er nicht zuvor das erste losläßt.

In diesem Augenblick, da wir ohne Halt durch den Raum fliegen, lernen wir. Wir müssen uns von den alten Einstellungen, von unserer herkömmlichen Art, die Dinge zu tun, lösen, gleichgültig, wie angenehm und vertraut diese waren. Die meisten von uns tun das, was sie seit jeher tun, weil das Vertraute so verlockend ist. Wir bei *Sage* ermutigen unsere Mitarbeiter, sich in die Dunkelheit oder ins Unbekannte hinauszuwagen. Denn dort haben sie die größte Chance, sich zu verändern und zu lernen. Die Botschaft lautet: Wenn du etwas dein ganzes Leben lang mit immer dem gleichen Ergebnis getan hast, dann solltest du versuchen, es einmal ganz anders zu machen.

Drei Schlüssel zur Selbstverantwortung

Um zu lernen, wie wir die Verantwortung für uns selbst übernehmen können, müssen wir zuerst das erste Trapez loslassen. Ich bin fest davon überzeugt, daß sämtliche Antworten, die wir suchen, bereits in uns schlummern und nur darauf warten, entdeckt zu werden. Jeder wird seinen eigenen Weg gehen, aber die Prinzipien gelten für alle:

1. *Sie sind derjenige, der zu sein Sie sich entschieden haben.* Sie haben sich entschieden zu tun, was Sie tun, und zwar im Austausch mit den Menschen, die Sie ausgewählt haben. Sie sind weder ein Opfer noch unwissentlich ein Held. Sie haben sich bewußt dafür entschieden, jene Person zu sein, die Sie heute sind.

2. *Fällen Sie keine Urteile.* Urteile über uns selbst und andere abzugeben, ist eine Vergeudung von Energie. Urteile sind subjektiv und beruhen auf Wahrnehmung, Interpretation und Vorurteilen. Die Einstellung, es sollte, könnte, würde alles anders sein, wird nichts verändern. Übernehmen Sie die Verantwortung, nach den positiven Dingen zu suchen.

3. *Entwickeln Sie eine gesunde Einstellung zu Veränderungen.* Wenn Sie Ihr Leben ändern wollen, müssen Sie sich dieses andere Leben vor Augen halten können. Was wir uns vorstellen können, können wir auch erreichen.

Die Umsetzung der Prinzipien

Wie halten wir bei *Sage* uns unser Leben vor Augen? Im Zentrum unserer Vision steht das Gleichgewicht zwischen Körper, Seele, Geist und Emotionen. Wir glauben, daß sich die Gedanken sowohl auf unseren Körper als auch auf unsere Gefühlsstruktur auswirken. Diese Verbindung beeinflußt zuerst das Verhalten der jeweiligen Person und wirkt sich dann auf deren Umgebung und letzten Endes auf immer weitere Bereiche aus.

Wir sind eine Gruppe von Menschen, die sich zueinander bekennen – ein Team, welches das Selbstwertgefühl seiner Mitglieder fördert, nährt und weiterentwickelt und ein Gefühl der Zugehörigkeit und der Liebe für uns selbst und andere weckt. Das hört sich vielleicht wie ein verschwommenes Ideal an, ist in Wirklichkeit jedoch einfach gesunder Menschenverstand. Ich habe die Wahl, wenn ich morgens zur Arbeit gehe. Ich kann gemeinsam mit Menschen, die dieselbe Vision wie ich teilen, in einer Umgebung arbeiten, die mich unterstützt und mir Kraft gibt. Oder ich kann mein Leben von meiner Arbeit trennen – und mich an das erste Trapez klammern. Das ist nicht sehr vergnüglich und gibt mir mit Sicherheit nicht sehr viel Möglichkeiten zur persönlichen Entwicklung.

Wir haben uns nicht immer an diesen Prinzipien orientiert. Wir wachten auch nicht eines Morgens auf und sagten: „Dies ist unsere neue Unternehmensvision. So wollen wir werden." Wie die meisten Unternehmen spiegelt auch unseres langsames individuelles Wachstum und die schrittweise Entwicklung wechselseitigen Vertrauens wider. Wir haben unser Selbstverständnis im Verlauf unserer „Reise" entwickelt. Ich ermutige die Mitarbeiter, uns zu verlassen, und ich ermutige sie, zu bleiben; sie haben die Wahl. Jeder einzelne muß selbst entscheiden. Will er bleiben und die schwierigen Aufgaben gemeinsam mit uns bewältigen, so bestärke ich ihn darin. Zu dieser Hilfestellung bekennen wir uns sehr wohl: Wir bieten unseren Leuten einen sicheren Hafen, in dem sie den Stürmen des Lebens trotzen können. Wir verlangen von den Menschen nicht, daß sie Roboter sind.

Selbstverantwortung bedeutet, nach dem eigenen Gewissen zu handeln. Jedem Mitarbeiter wird ein bestimmter Verantwortungsbereich übertragen. Sie haben völlige Freiheit, Programme zu planen und durchzuführen sowie Entscheidungen zu fällen. Wenn sie Unterstützung brauchen, erhalten sie Unterstützung. Wenn sie Fragen haben, helfen wir ihnen, die Antworten zu finden. Aber die Verantwortung liegt allein bei ihnen.

Für uns steht hinter all dem eine Art Lebensphilosophie. Diesen Lebensstil wählt man, um ein Höchstmaß an physischem, emotionalem, mentalem und spirituellem Wohlbefinden zu erreichen. Dazu gehören die Bereiche Ernährung, Körperbewußtsein, Streßverringerung und Selbstverantwortung. Wellness bedeutet, daß man seine wirklichen Bedürfnisse kennt und sie täglich befriedigt. Es bedeutet zu wissen, wie man enge Beziehungen knüpft und pflegt. Es bedeutet, in den Herausforderungen des Lebens Chancen zu sehen. Es bedeutet, sich das gewünschte Leben aktiv zu erarbeiten, anstatt nur zu reagieren. Es bedeutet, sogar in schwierigen Zeiten ein Mindestmaß an Wohlbefinden zu genießen. Diese unsere Wertvorstellungen finden ihren Ausdruck im Leben unserer Mitarbeiter.

Als Unternehmer können wir den Menschen jenen Freiraum geben, den sie brauchen, um ihr Potential vollkommen entfalten zu können. Dies ist der

Schlüssel zum Erfolg. Wir trennen uns von unserem Unternehmensego; anstatt zu führen, eröffnen wir Möglichkeiten. Sie werden bei *Sage* keine Hierarchieebenen finden. Wenn man eine Ebene über die andere legt, teilt man der unteren Ebene mit, daß sie unfähig ist – daß sie beaufsichtigt oder geführt werden muß. Eine solche Unternehmensstruktur untergräbt auf subtile Art das Selbstwertgefühl, anstatt den Menschen Stolz und Selbstvertrauen einzuflößen. Unsere Leute machen ihre Arbeit selbständig, ohne jemanden, der ihnen über die Schulter sieht.

Diese Philosophie erfordert, daß jede Person bereit ist, ihre Schwächen zu zeigen und sich ihren Mitarbeitern gegenüber zu öffnen. Der Lohn dafür ist, daß jedermann kurz entschlossen Entscheidungen fällen und seinem Urteil frei und kooperativ folgen kann. Die Folge ist, daß die Mitarbeiter motiviert sind. Persönliche Verantwortung wird großgeschrieben. Die Mitarbeiter sind glücklich, ausgefüllt und produktiv. Und das ist es, was in meinen Augen ein erfolgreiches Unternehmen ausmacht.

Ich wurde einmal gebeten, in einem Brief an meinen Sohn zusammenzufassen, was ich über Beziehungen gelernt habe. Dieser Brief verdeutlicht, was ich über persönliche Beziehungen sowie über jene in unserem Arbeitsleben denke:

Lieber Shane: Ich soll Dir erklären, was für eine Beziehung gut ist und was nicht. Zunächst möchte ich meiner Überzeugung Ausdruck verleihen, daß Du weißt, was für Dich in bezug auf Beziehungen am besten ist. Nun möchte ich Dir sagen, was meine Seele lernen mußte:

Zunächst wirst Du nicht mehr aus einer Beziehung herausbekommen, als Du hineinzustecken bereit bist; Du wirst keine Liebe gewinnen, wenn Du nicht bereit bist, Liebe zu schenken. Zweitens mußt Du lernen, das Gute in deinem Leben nicht zu sabotieren. Wenn Du nämlich glaubst, daß das Gute nicht von Dauer ist, wirst Du davon ausgehen, daß gute Beziehungen zwangsläufig enden werden. Drittens mußt Du wissen, wer Du bist und was Du in einer Beziehung brauchst. Mache Dir bewußt, daß eine gute, gesunde Beziehung nur verstärken kann, was bereits in Dir steckt, daß sie jedoch keine Leere ausfüllen kann. Arbeite an Dir selbst, denn nur wenn Du lernst, Dich selbst zu schätzen und zu lieben, kannst Du andere schätzen und lieben. Viertens: Lerne aus den Erfahrungen des Lebens. Wenn Du andere Menschen kennenlernst, dann beobachte, wie sich die Beziehung auf Dich und andere auswirkt. Die Menschen sind entweder Liebende oder Lehrer, und von beiden können wir lernen. Nicht unsere Fehler führen Veränderungen herbei, sondern unse-

re Fähigkeit, aus unseren Erfahrungen zu lernen. Fünftens: Es gibt keine Vollkommenheit, da das Leben einem ständigem Wandel unterworfen ist. Vergiß nicht, daß das Leben ein Prozeß ist: Mache das Beste aus dem, was Dir zur Verfügung steht. Lerne Entscheidungen zu fällen, die Dir Freude, Liebe und Mitgefühl bringen. Sechstens: Höre auf Dein Herz. Du kannst Dich in Deinem Leben an Menschen orientieren, die Du kennenlernst, etwa an Deiner Mutter und an mir, oder auch nicht. Jeder von uns lernt etwas anderes vom Leben; Du und Deine Seele werden wissen, worin Deine Lehren bestehen.

Ich habe etwas über Beziehungen gelernt; ich brauchte Beziehungen, die sich auf oft sehr schmerzhafte Art und Weise veränderten, um zu wachsen und um zu lernen, was wichtig ist. Ich habe gelernt, daß es zwischen einer starken Anziehung und echter Liebe und Wertschätzung für einen anderen Menschen einen gewaltigen Unterschied gibt. Liebe bedingt einen ausgeprägten Sinn für Unterstützung und Respekt, für vorbehaltlose Anerkennung und für Kooperation anstatt für Wettbewerb.

Ich glaube, daß man in dem Maße, wie man sich selbst verändert, auch immer wieder andere Menschen anzieht, die ähnliche Überzeugungen hegen. Shane, wenn Du Dir selbst vertraust und an Dich glaubst, wirst Du in Deiner Fähigkeit, zu lieben und geliebt zu werden, niemals an eine Grenze stoßen. Denke stets daran, daß Gott Dir hilft und Dich leitet und daß er Dich sehr liebt.

Dad.

WIRKLICH BETEILIGT ZU SEIN MACHT STOLZ

Jack Stack

Vorsitzender und Geschäftsführer der *Springfield Re-Manufacturing Corporation*
Autor von *The Great Game of Business*

*Es gibt keine Kraft auf dieser Welt, die mit der eines zur
Weiterentwicklung entschlossenen Menschen vergleichbar wäre.
Die menschliche Seele kann nicht auf Dauer gefesselt werden.*

W. E. B. DuBois

Wo Sie anfangen, hängt einzig und allein von Ihnen ab. Als ich zu *Springfield*
kam, herrschte dort so wenig Vertrauen und Respekt, daß ich ganz von vorne
anfangen mußte. Also hörte ich zunächst einmal nur zu. In den ersten Monaten setzte ich mich mit jedem einzelnen der etwa 100 Mitarbeiter zusammen.
Ich rief sie in kleinen Gruppen in den Konferenzraum, jeweils drei, vier oder
fünf Personen auf einmal. Ich fragte sie, was sie sich wünschten, was sie empfanden, was sie anstrebten, was sie tun wollten. Wir sprachen über das Leben.
Wir sprachen über ihre Träume. Wir sprachen über das Gewinnen. Ich fragte
sie, was sie brauchten, um ihre Aufgaben erfüllen zu können. Die Leute sprachen sehr offen, und sie nahmen sich in bezug auf das Management kein Blatt
vor den Mund. Ich bat sie, uns eine Chance zu geben.

Selbstverständlich sind die meisten Unternehmen nicht in einem derart
schlechten Zustand wie wir damals. Ihr Unternehmen braucht möglicherweise
keine derart intensive Behandlung wie jene, die wir vornehmen mußten, bevor
wir den Leuten allmählich die Grundlagen beibringen konnten. Doch so etwas
wie ein Managementteam mit zu großer Glaubwürdigkeit oder eine Belegschaft, die mit übermäßiger Begeisterung bei der Arbeit ist, gibt es nicht. Die
Wahrheit ist, daß wir immer noch viele der Techniken anwenden, die wir in
der Vergangenheit entwickelt haben, und daß wir uns immer noch an den damaligen Lehren orientieren.

Vor echtem Beteiligtsein kommt der Stolz

Damit die Menschen ein Erfolgsgefühl verspüren können, müssen sie auf sich
und auf das, was sie tun, stolz sein. Es gibt keinen Gewinn ohne Stolz, so wie
es kein Beteiligtsein ohne Stolz gibt. Stolz sind wir auf etwas, das uns etwas
bedeutet. Der Stolz ist das Gefühl des Vergnügens oder der Befriedigung, die

wir angesichts dessen empfinden, was wir tun oder was wir besitzen. Wenn uns etwas nichts bedeutet, werden wir wohl kaum unser Möglichstes unternehmen, um ein Gewinner oder ein Besitzer zu werden. Also muß zunächst Stolz entstehen. Das Problem ist, daß viele Menschen nicht wissen, wie sie auf etwas stolz sein können. Sie lernten als Kinder nicht, den Wert von etwas zu schätzen. Wie kann man also erreichen, daß ihnen ihre Arbeit oder ihr Unternehmen etwas bedeutet? Dazu bedarf es eines ganzen Trainingsprogramms. Doch die Mühe lohnt sich – denn wenn die Leute nicht auf das Unternehmen, für das sie arbeiten, stolz sind, werden sie nie an ihm teilhaben wollen und sich nie dafür verantwortlich fühlen.

In den ersten Jahren bei *Springfield* arbeitete ich sehr hart daran, den Leuten, die in der Fertigungsabteilung tätig waren, ein Gefühl des Stolzes zu vermitteln. Wir arbeiteten mit ganz einfachen Techniken – einem Tag der offenen Tür beispielsweise, der ein großer Erfolg wurde. Wir führten die Veranstaltung an einem Wochenende auf dem Angestelltenparkplatz durch. Es gab viele Attraktionen, und die Leute luden ihre Familien ein, sich ihren Arbeitsplatz anzusehen. So gaben wir den Leuten das Gefühl, wichtig zu sein. Ich entschloß mich, dasselbe in den Fertigungshallen zu machen. Ich wollte, daß die Leute auf ihre Tätigkeit stolz waren. Ich wollte, daß sie sich wichtig fühlten. Ich wollte, daß die Kinder zu ihren Vätern aufblickten und sagten: „Wirklich, Papa, so etwas machst du? Du bist ein Schweißer? Das ist ein wirklich wichtiger Beruf."

Bei der Vorbereitung auf den Tag der offenen Tür drückten wir den Leuten Eimer mit Farbe in die Hand und erlaubten ihnen, ihre Maschinen und ihre Arbeitsbereiche zu dekorieren. Einige der Männer überredeten ihre Frauen, die meist künstlerisch begabter waren, dazu, große Schriftzüge auf die Wände zu malen. Da gab es amerikanische Flaggen, Insignien der Hell´s Angels – der Phantasie waren keine Grenzen gesetzt. Einige entwickelten Slogans wie „Die Fertigung – Wir sorgen dafür, daß alles funktioniert". Überall waren Zeichen und Symbole, und die Farben waren nicht im geringsten aufeinander abgestimmt. Es sah furchtbar aus, aber es war ihr Werk. Die Leute stellten ihre Identität für jedermann sichtbar zur Schau. Als sie ihre Familien mitbrachten, konnten sie sagen: „Hier arbeite ich, das ist mein Platz."

Wir hofften auch, daß die Malereien für eine bessere Pflege der Arbeitsplätze sorgen würden, was in einer Fabrik sowohl aus Sicherheitsgründen als auch im Interesse der Effizienz wichtig ist. Wir stellten uns vor, daß die Leute die Werkshallen eher sauber halten würden, wenn sie ihnen gehörten, wenn sie ihnen ihren Stempel aufgedrückt hatten. Und wir dachten uns, sie würden bestrebt sein, das Werk für den Tag der offenen Tür herauszuputzen. Doch am vorteilhaftesten wirkten sich die Werksbesichtigungen aus, mit denen wir einige Jahre später begannen. Als Außenstehende zu Besuch in das Werk kamen, fingen die Leute an, sich besonders darum zu kümmern, ihre Arbeitsbereiche sauberzuhalten. Sie wollten stolz auf ihren Arbeitsplatz sein.

Wir wandten alle möglichen Techniken an, um den Stolz der Belegschaft zu wecken. Wir veranstalteten Angel- und Baseballturniere. Ein örtlicher Radiosender veranstaltete einen Wurfwettbewerb mit tiefgefrorenen Karpfen, um Geld für wohltätige Zwecke zu sammeln. Wir beteiligten uns an der Aktion, und selbstverständlich gewann ein Arbeiter aus unserem Werk.

Wir ließen keine Gelegenheit zu einem Wettbewerb aus. Wir maßen uns in Staffelrennen mit anderen Unternehmen. Mindestens einmal im Monat fand eine größere Veranstaltung statt. Wir motivierten die Leute dazu, immer unsere Farben zu tragen, und wir wechselten die Farben häufig. Wir brachten Hüte,

Eine Eins oder ein Stern ist ja ganz schön, aber ich fände es gut, wenn sie irgendeinen Gewinnbeteiligungplan einführten.

Kappen und Jacken heraus. Wir initiierten Veranstaltungen, bei denen die Mitarbeiter diese Dinge gewinnen konnten – Reinigungswettbewerbe etwa, oder Anwesenheitswettbewerbe. Wir veranstalteten Abendessen, bei denen Anwesenheitspreise verliehen wurden: Wenn ein Mitarbeiter über einen bestimmten Zeitraum hinweg nie gefehlt hatte, erhielt er eine Plakette und wurde samt seiner Familie zum Abendessen eingeladen. Normalerweise begleitete ich die Leute selbst. Ich kann Ihnen sagen: Ich aß zwei Jahre lang sehr viel auswärts. Dann waren da noch die Weihnachtsfeiern, bei denen Geschenke verteilt wurden. Wir versuchten immer, die Leute zu überraschen. In einem Jahr verschenkten wir Truthähne, in einem anderen Käse. All das diente dazu, den Leuten das Gefühl zu vermitteln, in einem besonderen Unternehmen zu arbeiten.

Wir bemühen uns weiterhin, den Leuten ein Gefühl von Stolz und Beteiligtsein zu vermitteln, aber mittlerweile vertrauen wir mehr auf Dinge wie unser Bonusprogramm, den Aktienplan für Mitarbeiter oder die wöchentlichen Belegschaftstreffen. Wir erreichten den Punkt, an dem die Leute soweit waren, sich mit Finanzfragen zu beschäftigen, womit wir sehr viel mehr als am Anfang machen konnten. Geändert haben sich also nur die Methoden, nicht die Ziele. Man muß mit ganz einfachen Dingen anfangen. Es gibt nicht viel, was einfacher wäre als ein Pinsel und ein Farbtopf.

SELBSTWERTGEFÜHL BEI RHINO RECORDS

Richard Foos

Gründer und Präsident von *Rhino Records*

Ich bin fest davon überzeugt, daß Selbstwertgefühl etwas sehr Wichtiges ist, das am Arbeitsplatz und in unserer Gesellschaft viel zu wenig beachtet wird. Die meisten Menschen in unserer Gesellschaft glauben offenbar noch immer an die Motivation durch Angst. Diese Überzeugung manifestiert sich überall, von der Schule, wo man schlechte Noten bekommt, wenn man schlecht ist, bis zum offensichtlichsten Beispiel, der Armee. Ausgehend von diesen Erfahrungen, werden anscheinend die meisten Unternehmen so aufgebaut, daß das Individuum anhand eines gewissermaßen militärischen Ansatzes diszipliniert wird: Das macht man so; dies ist, was du zu tun hast; so wirst du es tun. Aus diesem Grund ist es sehr schwierig, dem Menschen am Arbeitsplatz ein gutes Selbstwertgefühl zu vermitteln.

Wir bei *Rhino* versuchen, das Selbstwertgefühl so weit wie möglich zu fördern. Zunächst einmal bemühen wir uns um mehr Spaß bei der Arbeit. Das Produkt, das wir verkaufen, dient dem Vergnügen, also versuchen wir, auch bei der Arbeit Spaß zu haben. Was die Zusammenarbeit betrifft, so versuchen wir, in unserer Gemeinde in Los Angeles unsere Verantwortung als Unternehmen zu zeigen und einen Beitrag zu leisten, um der Stadt etwas zurückzugeben. Das wiederum fördert die Teamarbeit und den Zusammenhalt und hat daher auch eine positive Auswirkung auf unsere Unternehmenstätigkeit.

Was die soziale Verantwortung betrifft, so animieren wir alle unsere Mitarbeiter dazu, jährlich 60 Stunden Sozialdienst zu leisten. Dafür bekommen sie die Woche zwischen Weihnachten und Neujahr frei; leisten sie mehr als 60 Stunden Sozialdienst, so erhalten sie zusätzliche Freizeit. Wir haben ein Freiwilligenteam im Unternehmen, welches das gesamte Programm verwaltet. Dieses Team unterstützt die Mitarbeiter in ihrer gemeinnützigen Tätigkeit. Wir haben auch einen Tag der Gemeinnützigkeit, an dem eine Gruppe von Mitarbeitern irgendwo einen Workshop veranstaltet, ein Gemeindezentrum oder ein Altersheim besucht oder mit einer Gruppe von Kindern zelten geht.

Ich glaube, wenn man irgendeinen Angehörigen unseres Unternehmens oder irgend jemanden, der freiwillige Sozialarbeit leistet, fragen würde, ob er dabei mehr bekommt, als er gibt, würde er ja sagen. Jeder Mitarbeiter, der sich aufmacht, um einen Bewohner eines Armenviertels zu betreuen, der nicht richtig lesen kann, um Obdachlosen Essen zu bringen oder Patienten in einer

Klinik zu besuchen, wird ein gutes Gefühl dabei haben, jemandem zu helfen. Fördert das sein Selbstwertgefühl? Mit Sicherheit.

Neben den gemeinnützigen Aktivitäten veranstalten wir bei *Rhino* auch eine Vortragsreihe. Beispielsweise war der Vorsitzende des Büros für Zentral- und Südamerikanische Angelegenheiten bei uns zu Gast und hielt einen Vortrag über die Lage in diesen Regionen. Ein Rabbi hielt einen achtwöchigen überkonfessionellen Kurs über Persönlichkeitsentwicklung ab. Wir haben Vorträge über Obdachlosigkeit, Integrationsprogramme und Hunderte andere Themen.

Und wir haben ein spezielles Programm ins Leben gerufen, das von unserem Team für Umwelt- und soziale Verantwortung verwaltet wird. Im Rahmen dieses Programms spenden die Mitarbeiter Geld für Obdachlosenorganisationen; die Beträge werden ihnen von den Gehaltsschecks abgezogen. Das Team entscheidet auch darüber, an wen unsere jährliche Unternehmensspende geht. Und es sieht sich Recyclingprogramme und Vorhaben zur Verbesserung der Büroumwelt an.

Wir bieten jeden Tag ein mit Firmenmitteln subventioniertes Mittagsmenü an. Zu dem gesunden Speiseangebot gehört auch ein vegetarisches Menü. Wir führen vor Ort verbilligte Yoga-Kurse sowie abendliche Aerobics- und Gymnastikstunden durch. Wir verfügen über eine Turnhalle und einen Tischtennistisch. Einmal in der Woche kommt eine Masseuse ins Unternehmen, und die Leute können sich der Reihe nach kostenlos massieren lassen. Ich denke, all diese Angebote machen unser Unternehmen einfach zu einem Ort, an dem die Arbeit lustiger und interessanter ist als anderswo. Dabei verursachen diese Dinge keinen großen Aufwand und kosten das Unternehmen relativ wenig.

Eigentlich geht es um folgendes: Wenn mir jemand sagt, daß ich mein Unternehmen besser führen kann, und wenn ich ihm zustimme, daß seine Methode besser ist, dann muß ich sie anwenden, oder ich werde nicht zufrieden sein. Ich vermute, es ist mein Ehrgeiz, aber nur wenn ich das Unternehmen so gut und so verantwortungsvoll wie möglich führe, kann ich mich dabei wohlfühlen. Ich würde sagen, daß mein Selbstwertgefühl bescheiden und schwankend ist, daß es aber von verantwortungsvollem und bewußtem Handeln gefördert wird.

Beispielsweise nahm ich einmal an einer Veranstaltung mit dem Thema „Unternehmen für soziale Verantwortung" teil, und es war erfreulich zu sehen, daß hundert andere Unternehmen so wie wir denken. Viele der Manager haben eine ähnliche Vergangenheit wie ich: In den sechziger Jahren waren sie radikal, und als sie dann ins Unternehmensleben einstiegen, standen sie vor der Frage, wie sie ihre ethischen, politischen und sozialen Wertvorstellungen mit der Tätigkeit in einem Unternehmen vereinbaren konnten. Ich hatte das vorher nicht gewußt. Die meisten meiner Freunde gingen nicht in die Wirtschaft, weil man in den sechziger und siebziger Jahren antikapitalistisch war.

Doch ich liebe meine Arbeit. Ich liebe die Popmusik. Ich liebe die Musik und die Videos, die wir auf den Markt bringen. Ich sammle die Musik. Ich lebe gewissermaßen meine Arbeit.

Bei *Rhino* glauben wir einfach an die Bedeutung des Individuums. Wir behandeln unsere Mitarbeiter mit großem Respekt und denken über jeden unserer Schritte nach. Wir versuchen, in jeder Beziehung sehr bewußt und verantwortlich zu handeln.

Ich glaube, ein geringes Selbstwertgefühl schlägt sich am Arbeitsplatz und in der Gesellschaft in einer Macho-Einstellung nieder: „Ich halte nicht viel von mir selbst; daher werde ich mich wichtig machen und falschen Stolz entwickeln." Dann sehen wir die riesigen Firmenübernahmen, und bei kaum einer dieser Übernahmen wird ein Gedanke an die Menschen verschwendet. Die Leute werden auf die Straße gesetzt, oder ein Unternehmen schluckt das andere und braucht dessen Mitarbeiter nicht mehr.

Ich würde jedem Unternehmensleiter dringend anraten, sich seinen Mitarbeitern gegenüber so verantwortungsbewußt wie möglich zu verhalten. Ich kann Ihnen versichern, daß dies Ihre Gewinne nicht beeinträchtigen wird. Betrachten Sie das Gesamtbild. Fragen Sie sich: „Was tue ich? Wie wirkt sich mein Handeln auf meine Gesellschaft und meine Mitarbeiter aus?" Ich hoffe, daß sich die Unternehmen in Zukunft intensiver mit dieser Frage auseinandersetzen werden. Ich hoffe, sie werden sich darüber klarwerden, wohin es führt, ein Unternehmen mit Hilfe von Angst zu führen und Angst als Motivator einzusetzen. Sie sollten sich die Frage stellen, ob dieser Zugang langfristig nützt oder schadet.

Einen sehr großen Mann ohne Zwiebeln, bitte.

WIE SICH EIN SCHLECHTES SELBSTWERTGEFÜHL ÜBERWINDEN LÄSST

L. S. Barksdale

Gründer der *Barksdale Foundation for the Furtherance of Human Understanding*
Autor von *Building Self-Esteem* und *Essays on Self-Esteem*

Die ersten Jahre meines Lebens verbrachte ich auf einer Rinderfarm im Herzen der Rocky Mountains in Colorado. Im Jahr 1929, mitten in der großen Depression, machte ich an der Colorado State University meinen Abschluß in Maschinenbau. Um mich und meine Familie am Leben zu erhalten, verrichtete ich verschiedene angelernte Tätigkeiten im Straßenbau und arbeitete als Mechaniker und Hochspannungsmonteur bei drei Dammbauprojekten. Und ich arbeitete bei der Errichtung des Colorado-River-Aquädukts als Bremser, Einspanner und Schienenarbeiter mit. Ich glaubte wirklich, es geschafft zu haben, als ich im Jahr 1935 endlich meinen ersten Job als Ingenieur bei einer großen Ölgesellschaft bekam. Es war ein trauriges Erwachen, als mich der leitende Ingenieur im Rezessionsjahr 1937 eines Tages in sein Büro rief. Nicht nur, daß er mich hinauswarf, sondern er sagte obendrein noch: „Barksdale, Sie bringen einfach nicht mit, was man braucht, um in der Welt voranzukommen. Sie sollten besser irgendeinen Routinejob annehmen und sich damit begnügen." Mein bereits zu diesem Zeitpunkt geringes Selbstwertgefühl löste sich völlig auf; von dort, wo ich jetzt war, konnte es nur noch aufwärts gehen.

Ich fühlte mich sehr wertlos und minderwertig, verspürte gleichzeitig jedoch den unbändigen Drang, meinen Wert durch Erfolge zu beweisen – damals verstand ich noch nicht, daß meine bloße Existenz meinen angeborenen Wert und meine Bedeutung bewies. Aufgrund der starken Motivation, die ich in mir verspürte, gelang es mir, eine erfolgreiche Ingenieursfirma aufzubauen. Später wurde ich Partner und Präsident eines Unternehmens, das mehr als 80 Prozent der in der amerikanischen Luftfahrt (militärisch und zivil) verwendeten hydraulischen Ventile produzierte. Und ich wurde Partner des größten Modeschmuckherstellers westlich des Mississippi.

Ich verkaufte meine Anteile an diesen Firmen und gründete drei andere florierende Unternehmen, die überall in der freien Welt erfolgreich waren. Ich entwickelte ein revolutionäres Ventilprinzip und leistete Pionierarbeit beim Bau von Hochdruckreglern für die Luftfahrt und Industrie. Neben anderen Entwicklungen entwarf und baute ich, nachdem andere Unternehmen die Entwicklungsversuche aufgegeben hatten, Spezialventile für die *Nautilus*, das erste Atom-U-Boot.

Trotz meiner beträchtlichen Erfolge und trotz zahlreicher Auszeichnungen und Preise mußte ich mir zu meiner Enttäuschung eingestehen, daß mein ausgeprägtes Gefühl der Unterlegenheit und Wertlosigkeit nicht im geringsten nachgelassen hatte. Was stimmte nicht mit mir? Hatte ich nicht sowohl meinen Kritikern in der Vergangenheit als auch mir selbst bewiesen, daß ich als Techniker wie auch als Unternehmer Erfolg haben konnte?

Schließlich bewegte mich mein weiterhin tief verankertes Minderwertigkeitsgefühl dazu, meine Werte und meinen gehetzten Lebensstil in Frage zu stellen und mich intensiv um Selbstfindung zu bemühen. Es folgten Jahre des Unglücklichseins, der bohrenden Selbstprüfung und Selbstbeobachtung, begleitet von lähmenden Migräneanfällen, hohem Blutdruck, Magengeschwüren, Arthritis und schließlich einem Herzanfall.

Doch langsam eröffneten sich mir bei meiner verzweifelten und unablässigen Suche Einblicke in die Ursache meines jahrelangen Schmerzes und meines Unglücks. Zu meiner Überraschung entdeckte ich, daß ich versucht hatte, ein normales, glückliches Leben zu leben, während ich gleichzeitig angesichts unerträglich hoher, von mir selbst und der Gesellschaft gesteckter Maßstäbe verzweifelt bemüht gewesen war, meinen Wert zu beweisen. In dieser seltsamen und irrealen Welt zählte nur eines: Perfektion. Alles andere galt als unzureichend und verachtenswürdig und war damit ein Grund für tiefe Gefühle von Minderwertigkeit, Scham und Schuld. Ich bemühte mich derart verbissen darum, meine unvernünftigen Leistungsstandards zu erfüllen, daß ich ein hohes Maß an materiellem Erfolg erreichte, dabei jedoch ständig von physischen Leiden geplagt war. Niemals erlebte ich jenes ursprüngliche „gute Gefühl", das eigentlich jedermanns ererbtes Recht ist. Gleichgültig, wie sehr ich mich bemühte oder wie erfolgreich ich war: ich hatte nie das Gefühl „gut genug" gewesen zu sein. Daher gelang es mir nie, mein ausgeprägtes Gefühl der Minderwertigkeit und Selbstablehnung zu überwinden.

Ich lebte in einem ständigen Zustand emotionalen Aufruhrs und Schmerzes und erkannte schließlich, daß ich mich nie gut fühlen würde, wenn es mir nicht gelang, meine Vorstellungen und Werte grundlegend zu ändern. Diese Erkenntnis löste eine verzweifelte Suche nach einem Heilmittel für meine Selbstablehnung und mein Leiden aus. Die daraus resultierenden Erkenntnisse führten mir deutlich vor Augen, daß all meine Selbstanklagen, meine Scham, meine Schuldgefühle und meine Gewissensbisse – das Gefühl der Wertlosigkeit, das mich bei jedem Fehler überwältigte, das ausgeprägte Gefühl von Unglück – das Ergebnis einer falschen kulturellen Prägung waren.

Nachdem ich nun also die falschen Vorstellungen von menschlichem Verhalten aufgedeckt hatte, die mein Unglück und meinen Schmerz verursachten und die, wie ich ebenfalls erkannte, keinerlei Gültigkeit hatten, gelang es mir, diese Vorstellungen durch Konzepte zu ersetzen, die sich mit der Wirklichkeit des beobachtbaren menschlichen Verhaltens deckten. In diesem Augenblick erkannte ich, daß meine Existenz an sich schon meinen Wert und meine Bedeutung bewies und daß ich meinen Wert durch meine Leistungen nicht im geringsten erhöhen konnte. Diese Erkenntnis ermöglichte es mir, echten Erfolg – Glück in meinem persönlichen Leben – zu erreichen.

Diese Einsichten stellten mein Leben auf den Kopf und bewegten mich dazu, im Jahr 1964 alle Unternehmensanteile im In- und Ausland zu verkaufen, um mein Leben damit zu verbringen, den Menschen beim Erwerb eines gesunden Selbstwertgefühls zu helfen, welches in *echter Liebe zu sich selbst* besteht. Das erreicht man, indem man die Menschen in die Lage versetzt, sich von ihren falschen und destruktiven Konzepten zu trennen und diese durch die beobachtbare *Wirklichkeit* des menschlichen Verhaltens zu ersetzen.

Was mich jedoch am meisten anspornt, meine Energie und mein Vermögen dieser Bestrebung zu widmen, ist die Erkenntnis, daß Kinder, die noch gar nicht auf der Welt sind, so wie ich zu leiden haben werden, wenn sie sich den destruktiven Lebensstil zu eigen machen, der von Eltern mit geringem Selbstwertgefühl von Generation zu Generation weitergegeben wird. Gelingt es nicht, diesen Teufelskreis zu durchbrechen, so werden wir in Zukunft immer häufiger mit mißhandelten Kindern, mit Entfremdung zwischen Eltern und Kindern, mit Selbstmorden, Kriminalität auf den Straßen, wachsender sozialer Belastung, überfüllten Gefängnissen und psychiatrischen Anstalten, mit Alkohol- und Drogenmißbrauch und mit einer ständig steigenden Scheidungsrate zu tun haben. All diese Phänomene haben ihren Ursprung in einem verletzenden oder verkrüppelnden Mangel an Selbstwertgefühl; in der Selbstablehnung, die aus einem falschen Gefühl der Minderwertigkeit, Unterlegenheit und Wertlosigkeit entspringt.

Um das Selbstwertgefühl der Menschen zu heben, gründete ich die *Barksdale Foundation*, eine gemeinnützige, selbstfinanzierte Einrichtung zur Förderung des Verständnisses für den Menschen. Meine persönliche Erfahrung ist ein Beweis für die Wirksamkeit des dort angewendeten Programms zur Erhöhung des Selbstwertgefühls. Mit 68 Jahren fühle ich mich nach jahrelanger emotionaler und physischer Qual, nach dem Tod meines einzigen Sohns und meiner geliebten Frau und nach anderen furchtbaren persönlichen Prüfungen heute geistig, körperlich *und emotional* besser als je zuvor in meinem Leben.

18 Wege, um sein Selbstwertgefühl niedrig zu halten

Mit Hilfe dieser 18 Strategien wird es Ihnen sicherlich ganz einfach fallen, Ihr Selbstwertgefühl auf Dauer niedrig zu halten.

1. Sie identifizieren sich mit Ihren Handlungen anstatt mit ihrem nicht-physischen Wesen – Sie erkennen nicht, daß Sie ein einzigartiges und wertvolles Wesen sind, gleich, wie unklug oder unzureichend Ihr Verhalten ist.

2. Sie nehmen Ihr Leben nicht bewußt in die Hand und sind nicht bereit, hinderlichen Umständen zum Trotz, die sich Ihrem Einfluß entziehen, die volle Verantwortung für Ihre persönliche Weiterentwicklung und Ihr Wohlbefinden zu tragen.

3. Sie verfolgen kein Lebensziel, das in Ihren Augen Sinn hat; Ihnen fehlen eindeutige und sinnvolle Ziele, an denen Sie Ihre Entscheidungen ausrichten können und die Sie daran hindern, zu zaudern, sich selbst gegenüber zu nachsichtig zu sein und einen Mangel an Selbstdisziplin zu zeigen.

4. Sie erkennen nicht an, daß Sie die Herrschaft über Ihr eigenes Leben und Ihre Angelegenheiten haben; Sie machen sich keine eigenständigen Gedanken und fällen keine eigenständigen Entscheidungen; Sie brauchen die Erlaubnis, die Bestätigung und die Einwilligung anderer zu dem, was Sie denken, sagen und tun.

5. Sie sind jemand, der ständig allen anderen alles recht machen muß.

6. Sie üben einen Beruf aus, den Sie im Grunde Ihres Herzens nicht mögen und in dem Sie keinen Sinn sehen.

7. Sie verleugnen oder mißachten Ihre eigenen Bedürfnisse, um anderen zu „dienen"; Sie erkennen und akzeptieren nicht, daß Ihre vorrangige Aufgabe darin liegt, für Ihre persönliche Entwicklung und Ihr Wohlbefinden zu sorgen.

8. Sie erkennen nicht, daß Sie trotz Ihrer Fehler, Ihres möglicherweise inakzeptablen Verhaltens und Ihrer menschlichen Schwächen in jeder Situation stets das Beste geben.

9. Sie empfinden Scham, Schuldgefühle und Gewissensbisse – und/oder Selbstmitleid.

10. Sie versinken in destruktiver Selbstkritik und in Selbstanklagen; Sie setzen sich für Ihre Fehler herab und verurteilen sich für Ihre Mißerfolge.

11. Sie brauchen die Bestätigung durch andere, um Ihre Bedeutung anzuerkennen, anstatt zu erkennen, daß alle Menschen gleich viel wert und gleich wichtig sind; Sie sind sich der Tatsache nicht bewußt, daß wir uns nur in unseren individuellen Kenntnissen – in unseren spezifischen Talenten und Fähigkeiten – unterscheiden.

12. Sie enthalten sich selbst das Recht und die Freiheit vor, sich vollkommen zu entfalten, Ihre angeborenen Begabungen und Fähigkeiten zu entwickeln.

13. Sie bringen Ihre Unternehmungen nicht zu einem folgerichtigen Abschluß, das heißt, Sie „geben auf", bevor eine Aufgabe erfüllt ist.

14. Sie vergleichen sich selbst und Ihre Leistungen, das heißt Ihre Handlungen, mit denen anderer, und ziehen diesen Vergleich als Maßstab für Ihren persönlichen Wert und Ihre Bedeutung heran; Sie sind überzeugt, daß Sie Ihren Wert durch bessere Leistungen beweisen müssen.

15. Sie treten nicht für Ihre Überzeugungen ein; Sie lassen zu, daß andere Sie mißachten und herabsetzen; Sie erkennen nicht, daß andere Sie nur beleidigen oder erniedrigen können, wenn Sie akzeptieren, daß diese anderen mehr Wert und Autorität besitzen als Sie selbst.

16. Sie verlassen sich auf andere, wenn es gilt, Dinge zu tun, die Sie selbst für sich tun könnten.

17. Sie realisieren nicht, daß allein schon Ihre Existenz Ihren angeborenen Wert und Ihre Bedeutung beweist, unabhängig davon, wie gut oder schlecht Sie den geltenden Standards entsprechen.

18. Um es kurz zu sagen: Sie verstehen die „Fakten des menschlichen Verhaltens" nicht richtig und verhalten sich entsprechend – insbesondere verurteilen Sie sich für jeden Fehler, jeden Mißerfolg, jede Niederlage und jede menschliche Schwäche.

Da Sie sich den Konsequenzen und damit der Verantwortung für Ihr Handeln nicht entziehen können, entscheiden letzten Endes Sie allein über jeden Ihrer Gedanken, jedes Ihrer Worte und jede Ihrer Taten. Üben Sie diese Autorität aus, und übernehmen Sie bewußt die uneingeschränkte Verantwortung für Ihr eigenes Leben und Ihre Angelegenheiten. Durch unkluge Entscheidungen

Fehler zu machen, ist sehr viel besser für Ihr Selbstwertgefühl als ein Scheitern durch Unterlassung.

Warum sollten wir Menschen dafür loben oder tadeln, belohnen oder bestrafen, daß sie das sagen oder tun, was ihrem gegenwärtigen Wissensstand entspricht? Insbesondere, wenn wir wissen, daß die Kenntnisse eines Menschen das Produkt seines Erbes und seiner Prägung sind – daß diese Kenntnisse in jedem gegebenen Augenblick einfach vorhanden und daher weder ein Verdienst noch eine Schande sind?

Lob ohne Tadel ist wie ein Stock, der nur ein Ende hat, denn wir können keines von beiden rechtfertigen, ohne gleichzeitig auch das andere zu bestätigen. Sowohl Lob als auch Tadel sind für sich genommen so sinnlos wie eine Münze mit nur einer Seite. Anerkennung und Lob sind jedoch wertvolle und konstruktive Handlungen und daher ausgesprochen wünschenswert.

Das Trinken einer Tasse Kaffee ist ein stummer Beweis dafür, daß ein Mensch nicht mit seinen Handlungen gleichzusetzen ist: In diesem Fall befriedigt er nur sein Bedürfnis oder seinen Wunsch, einen Kaffee zu trinken. Kann man ihn eher mit seiner Handlung gleichsetzen, wenn er den Kaffee in einem Wutanfall seinem Gegenüber ins Gesicht schüttet? Ist diese Handlung nicht einfach ein Verhalten, das dazu dient, sein gerade vorherrschendes Bedürfnis zu befriedigen, auch wenn dieses Bedürfnis abwegig ist?

Um den Charakter eines Menschen zu bewerten, muß man nicht seine Handlungen, sondern seine Motivation heranziehen.

Demut und Dankbarkeit sind die natürlichen Reaktionen kluger Menschen auf ihre herausragenden Merkmale und Leistungen, denn sie wissen, daß nur ihr Bewußtsein dafür verantwortlich ist – und ihr Bewußtsein ist nicht ihr Verdienst.

Ein gesundes Selbstwertgefühl können Sie nur entwickeln, wenn Sie über ausreichende Motivation verfügen, eine klare Vorstellung von Ihrem Ziel haben und überzeugt und beharrlich danach streben.

Mögen Sie jeden Tag Ihres Lebens ein gesundes Selbstwertgefühl genießen!

SELBSTWERTGEFÜHL AM ARBEITSPLATZ AUS DER SICHT EINES KAPITALISTEN

George E. McCown

Vorsitzender und Geschäftsführender von *McCown and De Leeuw & Co*

Nehmt mir meine Leute weg, aber laßt meine Fabriken stehen, und bald wird Gras aus dem Boden der Werkshallen sprießen.
Nehmt mir meine Fabriken weg, aber laßt meine Leute da, und bald werden wir eine neue und bessere Fabrik haben.

Andrew Carnegie

Anmerkung des Herausgebers: Innovationen im Management und die Weiterentwicklung des Humankapitals geben vielen Unternehmen ausreichende Instrumente an die Hand, um in den neunziger Jahren und darüber hinaus ihre Wettbewerbsfähigkeit zu erhalten. In diesem Beitrag werden die Herausforderungen, Möglichkeiten und Ergebnisse behandelt, welche Empowerment – die Ermächtigung zu Eigenständigkeit – und die Erhöhung des Selbstwertgefühls der Mitarbeiter mit sich bringen. Der Beitrag spiegelt die persönliche Sichtweise eines Mannes wider, der Anteile an mehr als 25 Unternehmen besitzt, deren Jahresumsatz insgesamt mehr als 4,5 Milliarden Dollar beträgt.

Eine andere Sicht der Unternehmenstätigkeit

Wir leben in einer Zeit umwälzender und vielleicht nie dagewesener globaler Veränderungen. Die Menschen streben nach einem gewissen Maß an Kontrolle über ihr Leben, sie wollen sicher sein, daß sie die Früchte ihrer Arbeit genießen können, sie wollen spüren, daß sie wertvoll sind. Sie verdienen einfach das Selbstwertgefühl, das nur durch Empowerment entstehen kann.

Individuelles Empowerment ist der Schlüssel zum Selbstwertgefühl. Es muß am Arbeitsplatz beginnen. Das Unternehmen muß als vorherrschende Einrichtung in unserer Welt sozial ebenso wirkungsvoll werden wie wirtschaftlich. Der Erfolg, möglicherweise sogar das Überleben jedes Unternehmens hängt in hohem Maß davon ab, wie es diese Aufgabe bewältigt.

Das Unternehmen ist seit jeher ein Mittel, um Werte aufzubauen, aber die meisten Unternehmen konzentrieren sich nur auf den Wert, den sie auf dem Markt schaffen können, und vernachlässigen den Arbeitsplatz. In Zukunft wird es uns immer schwerer fallen, auf dem Markt erfolgreich zu sein, ohne uns um den Arbeitsplatz zu kümmern. Wir müssen unsere Vorstellung vom Unternehmen ändern – von seiner Rolle und von der Organisationsform, die erforderlich ist, damit es diese Rolle erfüllen kann. Wir müssen uns darüber klar werden, daß wir Marktwert erzeugen können, indem wir Werte für die Mitarbeiter schaffen.

Die grundlegende Strategie, um dieses Ziel zu erreichen, besteht im Empowerment der Arbeitskräfte, denn dieses fördert das Selbstwertgefühl des Individuums und damit der Organisation. Durch Empowerment werden die Mitarbeiter in der gesamten Organisation zu Geschäftsleuten, die nicht nur für die Qualität ihrer eigenen Arbeit und ihrer Arbeitserfahrung, sondern auch für das Gesamtergebnis verantwortlich sind.

Die Mitarbeiter übernehmen bis zu einem gewissen Grad die Führung; die Manager verwandeln sich in Betreuer und Förderer. Das Unternehmen dient den an ihm beteiligten Gruppen, indem es den Mitarbeitern, welche am besten mit den Abläufen vertraut sind, die Möglichkeit gibt, ihre Kreativität und ihr Wissen einzusetzen, um wirklich zu entscheiden, was geschieht – Probleme in Angriff zu nehmen und zu lösen sowie Chancen zu erkennen.

Die Ansichten eines Kapitalisten

Dies ist keine utopische Vision. Daß ich dem Selbstwertgefühl der Mitarbeiter so große Bedeutung beimesse, ist auf meine jahrelange Erfahrung als Ingenieur, Manager und Investor zurückzuführen. Nachdem ich als junger Mann mit dem Risikokapitalpionier Georges Doriot zusammengearbeitet hatte, verbrachte ich 18 Jahre bei *Boise Cascade* in verschiedenen Managementpositionen. Meine persönlichen Erfahrungen und die meiner Kollegen legten den Schluß nahe, daß die Betriebsbereiche vieler großer Unternehmen erfolgreicher sein könnten, wenn sie unternehmerischer geführt würden. Ich glaubte und glaube immer noch, daß der Schlüssel im Empowerment liegt, darin, dem Management und den Mitarbeitern die Freiheit und Verantwortung zu übertragen, zu Besitzern ihres Unternehmens zu werden.

Im Jahr 1984 gründeten der Investmentbanker David de Leeuw und ich *McCown De Leeuw & Co (MDC)*. Wir bezeichnen das Unternehmen als „Risikofinanzierungsfirma". *MDC* erwirbt ertragsschwache Unternehmen, deren Ergebnisse sich unserer Ansicht nach durch eine Revitalisierung verbessern ließen. Allen unseren Akquisitionen sind zwei fundamentale Merkmale gemein. Erstens unterstützen wir ausgezeichnete Managementteams, von denen wir erwarten, daß sie einen wesentlichen Anteil an ihrem Unternehmen über-

302

QUELLE: Dilbert von Scott Adams. Abdruck mit freundlicher Genehmigung von United Feature Syndicate Inc.

nehmen werden. Zweitens beinhalten unsere Akquisitionen aufgrund der Größe der Zielunternehmen (üblicherweise beträgt der Umsatz zwischen 50 und 300 Millionen Dollar) im allgemeinen eine Kapitalumschichtung oder eine Ersetzung des Eigenkapitals durch Fremdkapital. Die unter Ausnutzung des Leverage-Effekts durchgeführten Akquisitionen unterscheiden sich wesentlich von der typischen Unternehmensausschlachtung, die den Leveraged Buyout in Verruf gebracht hat. Wir betrachten die Firmenübernahme als Beginn einer langfristigen Partnerschaft, deren Ziel es ist, durch Leistungsverbesserung und zukünftiges Wachstum Werte zu schaffen. Das bedingt häufig einen klaren Auftrag zur Unternehmensumgestaltung.

Wir haben immer wieder beobachtet, daß solche Akquisitionen am erfolgreichsten sind, wenn sie mit einem Empowerment des Managements und der Mitarbeiter Hand in Hand gehen. Diese Überzeugung unterscheidet unsere Vorgangsweise von der anderer Unternehmen. Wir glauben, daß es zu unseren wesentlichen Aufgaben gehört, Veränderungen voranzutreiben und bei jeder erforderlichen Organisationsumgestaltung zu helfen.

Der Übergang der Eigentümerschaft:
Eine einzigartige Gelegenheit zur Veränderung

Eine Änderung der Besitzverhältnisse bietet eine einzigartige Gelegenheit, der Kultur eines Unternehmens neues Leben einzuhauchen. Der Wechsel leitet eine Phase fließender Übergänge ein und ermöglicht die Einführung neuer Verfahren und Prinzipien. Die ersten Fragen, die sich das Management stellen muß, lauten: „Müssen wir unsere Unternehmenskultur ändern? Können wir aus der Veränderung zusätzlichen Nutzen ziehen? Können wir sie allein bewältigen?" Ich habe die Erfahrung gemacht, daß die Antworten auf diese Fragen –

selbst bei wirklich ausgezeichneten Unternehmen – häufig folgendermaßen lauten: „Ja." „Ja." Und: „Wir wissen es nicht."

Einige häufig vorkommende Hindernisse können die Vitalität eines Unternehmens untergraben. Diese Hindernisse weisen häufig den Weg zu Veränderungen. Zunächst ist da natürlich die unausgesprochene und natürliche Angst vor der Veränderung an sich. Eine Technik, die wir innerhalb von *MDC* und bei anderen Unternehmen angewandt haben, besteht darin, die Frage zu stellen: „Was würden Sie tun, wenn Sie keine Angst davor hätten?" Mit anderen Worten: Wenn Sie wüßten, daß das Ergebnis stimmen würde, was würden Sie dann tun? Das führt uns zum zweiten Hindernis – zur Sprache. Wir müssen eine Sprache und ein Verfahren finden, mit deren Hilfe wir den Unternehmensgeist und die jeweiligen Werte im Rahmen des Unternehmensdiskurses behandeln können. Das dritte Hindernis ist das Engagement. Ich habe erfahren, daß Total-Quality-Programme in etwa 80 Prozent der Fälle fehlschlagen, weil die Leute sie als „Projekt" betrachten, an dem man sich beteiligt, „weil jemand anderer es von uns verlangt", anstatt einen grundlegenden kulturellen Wandel darin zu sehen. Schließlich kommt dem Belohnungssystem eines Unternehmens oft entscheidende Bedeutung zu, wenn es darum geht, wie ein Mitarbeiter die Unternehmenskultur betrachtet.

Die Eigenschaften einer Organisation mit Eigenverantwortung

Es gibt kein allgemeingültiges Rezept für die Umwandlung einer Organisation. Tatsächlich ist ein Unternehmen dann am erfolgreichsten, wenn es seine eigene Persönlichkeit entwickelt und entfaltet. Aber ich bin auf drei Eigenschaften gestoßen, die allen Unternehmen gemeinsam sind, die ein erfolgreiches Empowerment-Programm hinter sich haben. Diese drei Eigenschaften sind tatsächlich die Antwort auf die Frage: „Wenn wir eine beliebige Unternehmensgemeinschaft aufbauen könnten, auf welchen Pfeilern würden wir sie errichten?" Diese Pfeiler sind Integrität, Intention und Information.

Integrität ist sowohl auf individueller als auch auf Unternehmensebene absolut unverzichtbar. Es liegt auf der Hand, daß es der persönlichen Integrität des einzelnen innerhalb des anerkannten Wertesystems eines Unternehmens bedarf. Das Unternehmen *selbst* muß jedoch eine Integrität besitzen, die es jeder einzelnen Person erlaubt, ihre persönlichen Ziele an den Zielen des Unternehmens auszurichten.

Dynamische Unternehmen sind auch von der *Intention* beherrscht, „daß es funktionieren wird, daß wir eine Lösung finden werden, weil wir den Dialog aufrechterhalten, und daß wir weiter an diesen Fragen arbeiten und Lösungen dafür finden werden".

Schließlich sollte jeder in der Organisation Zugang zu *Informationen* haben, aus denen er lernen kann. Die Information sollte nicht auf die Daten beschränkt sein, die der einzelne Mitarbeiter braucht, um eine gegebene Aufgabe zu erfüllen. Das Ziel ist eine Organisation, die ständig lernt, wie sie ihre Aufgaben besser bewältigen kann, eine Organisation, in der das Lernen geschätzt wird und in der der Zugang zu Informationen ein Grundrecht jedes Mitarbeiters ist.

Die geschäftlichen Ergebnisse des Empowerments

Wir dürften uns alle einig sein, daß die zuvor genannten Qualitäten in fast jedem Unternehmen wünschenswert sind. Trotzdem muß das Management in der Lage sein, die beträchtliche Anstrengung, die erforderlich ist, um ein Unternehmen umzugestalten, als wirtschaftlich vernünftige Entscheidung zu rechtfertigen. Zwar mag allein schon die einfache Tatsache, daß ein besserer Platz zum Arbeiten geschaffen wurde, eine akzeptable Rechtfertigung sein, aber greifbarere und leichter quantifizierbare Ergebnisse verdeutlichen, daß Empowerment nicht nur in einem offeneren Zugang zu den Mitarbeiterbeziehungen besteht. Immer wieder habe ich konkrete Beweise dafür gesehen, daß ein Unternehmen dynamischer wird und letzten Endes mehr Erfolg hat, wenn sein Schicksal in die Hände der Belegschaft gelegt wird.

Damit gehen natürlich Vorteile wie ein Rückgang von Mitarbeiterfluktuation und Fehlzeiten, sinkende Schulungskosten und eine erhöhte interne Beförderungsrate einher, Dinge, die sowohl auf bessere Fähigkeiten als auch auf ein intensiveres Streben nach Verbesserung hindeuten. Dazu kommen indirekte Vorteile wie eine erhöhte Produktivität, geringere Managementkosten, eine kürzere Umschlagzeit und höhere Margen. Und letzten Endes schlägt sich die Entwicklung in der Bilanz nieder: Umsatz und Erträge steigen ebenso wie die Gewinne und der Marktanteil. Die Unternehmen, in die wir investiert haben, bieten genug Beispiele für den Erfolg dieses Ansatzes. Sie sind allesamt großartige Unternehmen, aber zwei von ihnen drängen sich aufgrund ihrer Bemühungen um eine Organisationsumwandlung besonders zur beispielhaften Darstellung auf: *Vans Inc.* und *BMC West.*

Vans Inc. gehört zu den wenigen im Lande verbliebenen Turnschuhproduzenten; die Stärken des Unternehmens sind ein flexibles Produktionssystem und extrem kurze Liefervorlaufzeiten.

Um dies zu erreichen, durchlaufen Mitarbeiter aus praktisch allen Abteilungen Schulungen in Bereichen wie Bewußtseinsentwicklung und Integritätsaufbau sowie in der Zykluszeitverringerung nach Total-Quality-Prinzipien. Die Berater betreuen die Mitarbeiter persönlich, um ihnen zu einem besseren Verständnis ihrer Verhaltensmuster und der Auswirkungen ihres Verhaltens auf andere zu verhelfen, und arbeiten dann in Gruppen an der Teambildung.

Jetzt hat *Vans* in seiner neuen Produktionsanlage ein Programm mit der Bezeichnung *Make And Ship Today** (MAST) gestartet, um die Zykluszeit in der Produktion von 19 Tagen auf 24 Stunden zu senken. Dieses Programm wird den Lagerbestand an Fertiggütern, der bereits der niedrigste in der Branche ist, noch einmal drastisch reduzieren und sollte die Gesamtproduktionskosten erheblich senken. Mehr als 150 Mitarbeiter waren in die funktionsübergreifenden Arbeitsgruppen eingebunden, welche die Pläne und Implementierungsstrategien für MAST entwickelten. Das Ergebnis der umfangreichen und vielgestaltigen Beiträge waren ein viel besseres Programm und eine sehr viel größere Identifikation der Mitarbeiter mit ihrem Unternehmen.

Vans erzielte substantielle Erfolge. Nur dreieinhalb Jahre, nachdem wir das Unternehmen übernommen hatten, gelang der Börsengang. Zwischen 1989 und 1992 verdoppelten sich die jährlichen Gewinne fast: von etwa 51 Millionen auf mehr als 91 Millionen Dollar. Aufgrund der effizienten Fertigung und der niedrigen Lagerbestände hat *Vans* die höchste Rentabilität und die höchsten Bruttospannen aller börsennotierten Schuhproduzenten.

BMC West, ein ehemaliger Unternehmensbereich der *Boise Cascade Corporation*, ist eine führende Vertriebsgesellschaft für Baumaterial, die Bauunternehmer im Westen der Vereinigten Staaten beliefert und über Niederlassungen in acht Staaten verfügt. Das Unternehmen hat 53 selbständige Profit-Center, die ihre Produkte und Dienstleistungen jeweils den spezifischen Erfordernissen ihrer regionalen Märkte anpassen.

Nach der Übernahme durch das Management und *MDC* im Jahr 1987 erkannte *BMC West*, daß das gesamte Unternehmen in die Verantwortung für den Erfolg eingebunden werden mußte. Doch dazu mußte erst das Management seine Entschlossenheit (seine Intention) unter Beweis stellen; also begann man damit, daß man 75 Manager ein dreitägiges Programm zur Bewußtseinsentwicklung und zur Teambildung durchlaufen ließ.

Das beharrliche Bemühen um Mitarbeiter-Empowerment und Total Quality ermöglichte es dem Unternehmen, von einer hierarchischen zu einer

---

* Herstellung und Versand innerhalb eines Tages

dezentralisierten Organisation überzugehen. Da man die Fähigkeit und Integrität der Mitarbeiter erkannt hat, wird das Management mittlerweile daran gemessen, wie gut es auf die Außendienstmitarbeiter eingehen kann. So arbeitet das gesamte Unternehmen absolut kundenorientiert, wobei die Mitarbeiter, die dem Kunden am nächsten sind, die Richtung angeben. Die Manager der Niederlassungen haben ein hohes Maß an Autonomie, und über den Aufstieg entscheidet nicht das Dienstalter, sondern die Leistung.

Der Jahresumsatz von *BMC* ist seit der Übernahme im Jahr 1987 von rund 145 Millionen auf schätzungsweise 750 Millionen Dollar gestiegen. Das Unternehmen hat seinen Umfang mehr als verdreifacht, 40 zusätzliche Standorte erworben und sieben verkauft beziehungsweise zusammengezogen. Weniger als vier Jahre nach seiner Gründung als unabhängiges Unternehmen gelang *BMC West* die Börseneinführung, der im folgenden Jahr eine weitere Emission folgte.

Ein neues Unternehmensparadigma für die neunziger Jahre

Dies sind nur zwei Beispiele für Unternehmen, welche die Herausforderung bewältigt haben, sich ihren Mitarbeitern gegenüber verantwortungsvoller zu verhalten, um so den Wert ihres Unternehmens zu erhöhen. Viele andere Unternehmen erkennen mittlerweile, daß das Empowerment der Mitarbeiter und die Förderung ihres Selbstwertgefühls unverzichtbare Bestandteile des neuen Wertschöpfungsparadigmas für die neunziger Jahre und darüber hinaus sind.

In diesem neuen Paradigma werden durch die Entwicklung und das Empowerment der menschlichen Ressourcen Werte geschaffen. Erreicht wird dies durch eine Investition in die Managementumgestaltung.

Die kulturellen Auswirkungen des Mitarbeiter-Empowerment

Zu den großen Vorzügen des Empowerment gehört die Tatsache, daß es ein Eigenleben entwickelt, da es den Menschen zum Mittelpunkt hat – also wie die Menschen wirklich sein wollen und welche Beiträge sie leisten wollen. Es geht nicht um die Qualität des Arbeitslebens im Sinne eines „schönen Platzes zum Arbeiten", sondern um die Qualität der *Arbeitserfahrung,* die zentrale Bedeutung für die Menschen hat. Ist diese Erfahrung positiv, das heißt aufregend, kreativ und herausfordernd, so hat dies weitreichende gesellschaftliche Auswirkungen.

Sind wir in unserer Arbeit glücklicher, dann sind wir auch in unserem Privatleben glücklicher. Und das hat wiederum zur Folge, daß wir andere besser behandeln. Vor allem haben wir weniger Probleme. All das ist von grundlegender Bedeutung für eine gesunde Gesellschaftsstruktur. Das Ergebnis des Mitarbeiter-Empowerment ist also ein Empowerment der *Gesellschaft*. Nur eine Gesellschaft, die sich aus gesunden, eigenverantwortlichen Menschen zusammensetzt, ist in der Lage, die ungezählten Probleme wie Krieg, Verbrechen und Drogenmißbrauch zu bewältigen, die wir fast schon als unvermeidlich und unlösbar betrachten. Die Unternehmen müssen sich – und werden sich meiner Meinung nach – diesem Problem stellen.

Die Unternehmensführung muß den Anstoß geben

Gleichgültig, wie hoch die Hindernisse in einem Unternehmen sind: die uneingeschränkte Unterstützung seitens des Top-Managements ist eine unverzichtbare Voraussetzung für den Erfolg jeder Betriebsumwandlung. Die Unternehmensführung muß wirklich verstehen, welche *Unternehmensziele* dem Bestreben zugrunde liegen, den gegenwärtigen Zustand des Unternehmens durch einen anderen zu ersetzen. Die Spitzenmanager müssen sich darüber klar werden, welche Kultur sie schaffen wollen, und sie müssen sich vorbehaltlos zu dieser Vision bekennen. Schließlich müssen sie dem Unternehmen ihre Intentionen durch ihr Handeln und durch ihr Verhalten deutlich *vermitteln* und *demonstrieren*.

Ich bin mittlerweile felsenfest davon überzeugt, daß der Unternehmensleiter persönlich den Prozeß vorantreiben muß. Warum hebe ich aber nun den Unternehmenschef hervor, wo wir doch über eine weniger hierarchische Organisation sprechen? Weil der Grund dafür ist, daß dieses Ziel nicht bedeutet, daß keine Führung erforderlich ist. Jede Organisation braucht einen Führer, gleichgültig, wie die Entscheidungen letzten Endes gefällt werden. Die Führungskraft kann einfach ein Betreuer oder eine Person sein, die für das richtige Umfeld sorgt. Aber ohne Engagement, Verständnis und aktive Unterstützung seitens des Unternehmensleiters wird nichts geschehen.

Hat die Unternehmensleitung einmal die Entscheidung gefällt, den Betrieb im Interesse besserer Leistungen umzugestalten, wird tatsächlich ein Prozeß von oben nach unten eingeleitet: Feststellung der Bedürfnisse; Festlegung der Ziele für das Unternehmensergebnis; Formulierung der Prinzipien, Werte und ethischen Grundlagen; Schulung des Managements Ebene für Ebene; stetige Unterstützung für das Management; Festlegung von Gehaltsschemen; Einrichtung von Mitarbeiterprogrammen wie Gruppenarbeit und Teambildung. Es muß Klarheit darüber herrschen, daß dies keine Programme sind, die dazu dienen, bestimmte Unternehmensziele zu erreichen. Vielmehr handelt es sich um grundlegende Elemente eines Programms, dessen Zweck es ist, eine Kultur des Empowerment zu schaffen und zu vertiefen: Die Mitarbeiter ergreifen die Initiative, und jeder einzelne übernimmt persönliche Verantwortung für die Leistung des Unternehmens. Erst das ermöglicht den Erfolg unzähliger spezifischer Programme wie Total Quality Management, Reengineering, Zykluszeitreduktion oder funktionsübergreifende Problemlösungsgruppen.

6 Weiterführende Überlegungen

Unser Selbstwertgefühl hängt sehr stark davon ab, ob wir für uns und unsere Handlungen Verantwortung zu übernehmen bereit sind und ob wir uns selbst und anderen gegenüber eine Verpflichtung verspüren. Unser aller Selbstwertgefühl ist eng damit verbunden, wie wir leben und arbeiten. Wir sind uns nur zu gut der Tatsache bewußt, daß ein enger Zusammenhang zwischen einem geringen Selbstwertgefühl und Drogenmißbrauch sowie dem damit einhergehenden Raubbau am Leben eines Menschen besteht. Und es ist ermutigend zu wissen, daß Sie alle nach Möglichkeiten für die Arbeitnehmer suchen, dieses Problem am Arbeitsplatz in Angriff zu nehmen und zu lösen. Was immer Sie tun, um ein positiveres Umfeld für Ihre Mitarbeiter zu schaffen, wird nicht nur diesen und Ihren Unternehmen nutzen, sondern uns allen, die wir mehr darüber lernen müssen, wie wir das Selbstwertgefühl fördern können.

Barbara Bush
Aus einem Brief an die Kalifornien-Konferenz
über Selbstwertgefühl am Arbeitsplatz

SELBSTWERTGEFÜHL AM ARBEITSPLATZ

Dr. Emmett E. Miller

Präsident von *Source Cassette Learning Systems, Inc.*
Pionier der ganzheitlichen Medizin und der Psychoneuroimmunologie
Unternehmensberater mit Spezialisierung auf Streßmanagement

Laut Definition des „Kalifornischen Verbandes zur Förderung des Selbstwertgefühls und der persönlichen und sozialen Verantwortung", in der ich die Ehre habe, mitzuarbeiten, bedeutet ein gesundes Selbstwertgefühl:

Den eigenen Wert und die eigene Bedeutung anzuerkennen und die Charakterstärke zu besitzen, die Verantwortung für sich selbst zu übernehmen und verantwortungsvoll zu handeln.

Als Spezialist für Psychophysiologie bin ich mir seit Jahrzehnten darüber im klaren, daß viele Krankheiten durch Frustration und Wut auf der einen sowie durch Angst, Furcht und Hilflosigkeit auf der anderen Seite ausgelöst oder verschlimmert werden. Diese Krankheiten reichen von relativ harmlosen Beschwerden wie Sodbrennen, Eßsucht, Nikotinsucht und Alkoholismus zu schwerwiegenden Erscheinungsformen wie Herzkrankheiten, chronischen Immunschwächesyndromen und sogar Krebs.

In der modernen Welt verbringen die Menschen einen größeren Teil des Tages am Arbeitsplatz als an irgendeinem anderen Ort. Da Familie, Besitz und sozialer Status üblicherweise vom Erfolg im Beruf abhängen, erweist sich der Arbeitsplatz als wichtigster Ursprung derartiger Störungen des inneren Gleichgewichts. Mit dem rasanten Wandel und der wachsenden wirtschaftlichen Instabilität nehmen auch Zweifel, Angst, Frustrationen und Sorgen in bezug auf den Arbeitsplatz zu.

Natürlich gibt es einige Top-Stars, die bei jedem Projekt noch erfolgreicher zu sein scheinen als beim vorhergehenden, aber diese Personen sind eine kleine Minderheit. Die meisten Arbeitskräfte stoßen in einem oder mehreren der folgenden Bereiche zwangsläufig an einen Plafond: Einkommen, Autorität oder Karrieretempo.

Wird kein Versuch unternommen, die Quelle des Selbstwertgefühls von außen nach innen zu verlagern, so sind Fehlschläge vorprogrammiert. Körperliche Erkrankungen erhöhen die Kosten des Gesundheitswesens sowie die Zahl der krankheitsbedingten Arbeitsausfälle. Alkohol- und Drogenkonsum beeinträchtigen die Leistungsfähigkeit und zerstören die Moral. Geistige Frustration und Angst behindern die Kreativität, und wenn der berufliche Streß auf die Familie übergreift, verschlimmert sich die Situation noch mehr.

Der „Streßüberträger"

In meiner medizinischen Praxis wenden sich viele Menschen mit den oben beschriebenen Krankheitssymptomen an mich, wenn sie aufgrund ihres ungesunden Selbstbildes ein selbstzerstörerisches Verhalten an den Tag legen. Ebenso häufig habe ich beobachtet, daß sich die Kollegen solcher Menschen in Behandlung begeben.

Wenn Personen mit einem geringen Selbstwertgefühl den Punkt erreichen, an dem sie nicht länger die nötigen Streicheleinheiten für ihr Ego erhalten, greifen sie auf bestimmte Verteidigungsmechanismen zurück. Diese bestehen häufig aus einer Kombination von Verleugnung (die es ihnen erlaubt, taub für ihre eigene innere Spannung zu werden) und Selbstschutz (sie reden sich ein, daß sie sich nicht „wie Adler emporschwingen" können, da sie „mit Truthähnen arbeiten"). So werden sie zu negativen, kritischen, rachsüchtigen Menschen, die sich nicht um andere kümmern und nicht zu teilen bereit sind. Diese negativen Einstellungen und Verhaltensweisen wirken sich nachhaltig auf das Leben und die Leistungen der Kollegen aus. Diese entwickeln aufgrund ihrer inneren Spannungen blutende Magengeschwüre, hohen Blutdruck, Panikattacken und Migräne. „Streßüberträger" lösen bei anderen Leiden aus, während sie selbst keine Symptome zeigen. Ist der Streßüberträger obendrein ein Vorgesetzter, so haben die Mitarbeiter Angst davor, über sein Verhalten zu sprechen, denn jedermann weiß, daß „Verräter" Gefahr laufen, rasch ersetzt zu werden.

Auswirkungen auf die Organisation

Abraham Lincoln erklärte: „Ein Haus, dessen Mauern gegeneinander drücken, kann nicht stehen." Dasselbe gilt für den Arbeitsplatz. Jede Arbeitsgruppe ist eigentlich eine Mannschaft. Auch diese Gruppe braucht wie jede Sportmannschaft unbedingt Teamgeist, um erfolgreich zu sein. Eifersucht, Konkurrenzdenken, mangelnder Respekt füreinander und Rachsüchtigkeit zerstören den Teamgeist. Sexistisch, rassistische Äußerungen und ähnliches Verhalten wirken sich verheerend auf die Leistungen aus. Das Resultat ist ein Unternehmen, welches einem Auto gleicht, das mit angezogener Handbremse fährt. Eine derartige Situation ändern zu müssen, ist der Alptraum jedes Beraters.

High-Tech/High-Touch*

Der von John Naisbitt geprägte Terminus „High-Tech/High-Touch" deutet darauf hin, wie wichtig es ist, Fragen der zwischenmenschlichen Beziehungen zu berücksichtigen. Die unerbittliche Umwandlung unserer Gesellschaft in eine Informationsverarbeitungsgesellschaft hat dazu geführt, daß wir uns immer häufiger an unsere Maschinen und nicht an Menschen wenden, um Informationen zu erhalten oder weiterzugeben.

Der farblose Streber, der zwar ein Überflieger am Computer ist, aber jegliche sozialen Fähigkeiten vermissen läßt, ist tatsächlich zu einer Bedrohung für die Harmonie am Arbeitsplatz geworden. Ich hatte einen Patienten, der Streßsymptome entwickelte, weil er mit einem Vorgesetzten zu tun hatte, der zwar im selben Raum wie seine Untergebenen arbeitete, jedoch darauf bestand, daß auch die einfachsten Anfragen und Anregungen über E-mail an ihn gerichtet würden. Etwaige Zugewinne an Klarheit wurden von der verheerenden Wirkung der gekappten persönlichen Kommunikation völlig zunichte gemacht. Wenn es den Menschen schon im direkten Gespräch nicht gelingt, anderen Anerkennung und Respekt zu zollen und Unterstützung zu geben, so werden sie dies noch seltener tun, wenn sämtliche Botschaften auf ASCII-Text reduziert sind.

Ist das Selbstwertgefühl ein Thema am Arbeitsplatz?

Wir neigen dazu, dem Selbstwertgefühl nur im Zusammenhang mit der kindlichen Entwicklung Bedeutung beizumessen. Es liegt auf der Hand, daß man am ehesten im jungen und verletzbaren Menschen Selbstwertgefühl aufbauen oder zerstören kann. Kinder zeigen überdies noch deutlich, ob sie ein gesundes Selbstwertgefühl besitzen oder nicht.

Es ist auch falsch zu glauben, daß Erwachsene mit einem geringen Selbstwertgefühl vor allem aus schlechtem Milieu stammen oder nicht in zerrütteten Beziehungen oder unter den Alkohol- und Drogenabhängigen zu finden sind. Geschäftsleute, die glauben, man sei „nur so gut wie der letzte Sieg", und Eltern, deren Selbstbewußtsein von den schulischen oder sportlichen Leistungen ihrer Kinder abhängt, sind ebenso als Menschen zu betrachten, denen es an gesundem Selbstwertgefühl mangelt. Dasselbe gilt für Führungskräfte, die zwar nach außen hin alle Merkmale von Erfolgsmenschen aufweisen, dabei jedoch so sehr auf die ständige Aufmerksamkeit anderer ange-

---

* etwa: technologieintensiv/beziehungsintensiv

wiesen sind, daß sie bei dem Gedanken, ein Wochenende völlig allein verbringen zu müssen, in Panik verfallen.

Genauso, wie Umfragen zufolge 75 bis 80 Prozent der Menschen glauben, „überdurchschnittlich intelligent" zu sein, glauben viele Menschen, von Problemen mit ihrem Selbstwertgefühl seien andere Leute betroffen.

Vernachlässigung – der schwerste Schlag für das Selbstwertgefühl

In der Entwicklung des Kindes bedeutet die ständige Gegenwart und Verfügbarkeit eines Elternteils eine Bestätigung des kindlichen Selbstwertgefühls. Kinder, deren desinteressierte Eltern auf ihre Tränen nur selten mit Wärme oder Unterstützung reagieren, fühlen sich minderwertig und glauben, keine Wertschätzung zu verdienen.

Eine ähnliche Art von Vernachlässigung und Betrug erfahren Menschen häufig am Arbeitsplatz. Ich erinnere mich an eine meiner ersten Erfahrungen in der Unternehmensberatung. Als ich sah, daß die Firma eine Liste von Unternehmenswerten herausgegeben sowie eine Unternehmensaufgabe und eine Unternehmensvision formuliert hatte, ging ich bei meiner Arbeit von diesen Annahmen aus. Zu ihren Werten gehörten Respekt für den einzelnen, Offenheit und Aufrichtigkeit, Zugänglichkeit für Vorschläge, Anerkennung usw. Ich erfuhr sehr bald von den Mitarbeitern, daß dies lediglich von PR-Beratern entwickelte Schlagworte waren, die in erster Linie dazu dienten, das Image des Unternehmens zu verbessern und neue Mitarbeiter anzulocken. Die Realität des alltäglichen Betriebs hatte nichts mit diesen Prinzipien zu tun, und das Unternehmen bekannte sich nicht wirklich zu ihnen. Einen neuen Mitarbeiter anhand solcher PR-Tricks zu gewinnen, ist nichts anderes als ein Betrug und ein Mangel an Respekt.

Ähnlich betrügerisch ist es, jemandem zu versichern, er leiste gute Arbeit, um ihn dann unvermittelt zu entlassen. Auch indem man Versprechen nicht einhält, bei Mißerfolgen nach Sündenböcken Ausschau hält oder versucht, die Mitarbeiter durch Ausspionieren und Geheimhaltung zu manipulieren, gibt man den Leuten zu verstehen, daß sie keinen Respekt verdienen, und verletzt damit ihr Selbstwertgefühl.

Wenn ein Mensch sehr viel gesundes Selbstwertgefühl besitzt oder vermittelt bekommt, wird er von sich aus die Initiative ergreifen und die Motivation entwickeln, sein Bestes zu geben. Er wird die *Reise* ebenso genießen wie die *Ankunft*. Um das Selbstwertgefühl eines Mitarbeiters zu erhalten, bedarf es keiner ausgefeilten Hilfestellungen. Natürlich werden die Mitarbeiter noch mehr Spaß an der Arbeit haben, wenn sie Respekt und Unterstützung erhalten. Herr-

315

scht ein Mangel an Respekt und Anerkennung, so werden sie die Arbeit als unangenehm empfinden und sich bald nach einer ansprechenderen Arbeitssituation umsehen.

Nur mit dem Herzen sieht man gut; das Wesentliche ist für das Auge unsichtbar.

Antoine de Saint-Exupéry

SIE KÖNNEN SICH DEN WEG ZUM WOHLSTAND NICHT DURCH SCHRUMPFUNGEN ERKAUFEN

Joel Brockner

Professor für Management an der Columbia University
Autor von *Self-Esteem at Work: Research, Theory and Practice*

*Ich werde Ihnen sagen, was Selbstwertgefühl für mich ist:
Von den 25 besten Leuten in meinem Büro begleiten mich 22 seit mehr
als 20 Jahren.*

Sidney Friedman
Vorsitzender und Geschäftsführer der *Corporate Financial Services*
Vortragender und Berater für Motivationsfragen

Bei unseren Forschungen sind wir unter anderem auf folgende Erkenntnis gestoßen: Ob Menschen gut auf eine Veränderung reagieren, hängt davon ab, inwieweit sie sie als Bedrohung für ihr Selbstbild betrachten. Dieses Selbstbild
kann sich in folgendem manifestieren: (1) in ihrem Selbstwertgefühl, also darin, wie sehr sie sich selbst mögen; (2) in ihrem Selbstverständnis, also darin,
wie sie sich selbst definieren; (3) in einem allgemeineren Gefühl der Selbst-
kontrolle. Dies sind in meinen Augen die drei vorrangigen psychologischen
Elemente, die darüber entscheiden, wie gut sich Menschen Veränderungen anpassen. Manager, die den Fragen des Selbstkonzepts keine Aufmerksamkeit
schenken, werden in ihren Bemühungen um Veränderung selten erfolgreich
sein.

Für mich sind die drei genannten Elemente Fragen der Menschenführung. Diese Fragen kreisen großteils um den Umgang mit dem Selbstbewußtsein und dem Selbstverständnis der Menschen, wobei es sowohl um
Selbstwertgefühl als auch um Identität geht.

Ein vorrangiger Aspekt dieses Themenbereichs ist das Management des
Selbstwertgefühls und des Selbstverständnisses: Wie gibt man den Menschen
ein Gefühl der Selbstbestimmung am Arbeitsplatz?

Bei Schrumpfungen beobachten wir unter anderem, daß die verbleiben-
den Mitarbeiter – die „Überlebenden" der Freisetzungsaktivitäten, wenn Sie so
wollen – angesichts dessen, was sie hautnah miterlebt haben, eine große Teil-
nahmslosigkeit an den Tag legen. Am Arbeitsplatz wirkt sich das in sinkender
Produktivität und Moral aus; bei näherer Analyse stellt sich heraus, daß diese

„Überlebenden" leiden, weil sie das Gefühl haben, ihres ganzen Selbstwertgefühls und insbesondere ihres Gefühls der Selbstbestimmung beraubt worden zu sein. Daher geben wir Managern in Downsizing-Situationen häufig den Rat, nach einem Weg zu suchen, um den Mitarbeitern das Gefühl der Selbstbestimmung zurückzugeben, damit diese den durch die Kürzungen erlittenen Streß bewältigen können.

Einige Unternehmen haben sich diesen Rat zu Herzen genommen, die Mehrheit jedoch nicht. Eine interessante Studie, die vor einigen Jahren an der University of Colorado durchgeführt wurde, förderte zutage, daß die meisten Unternehmen durch Downsizing nicht die erhofften Produktivitätszuwächse erzielen, was dazu führt, daß sie erneut den Personalstand verringern. In Amerika sind zahlreiche Beispiele für diese Entwicklung zu beobachten. Früher pflegte ich in den Unternehmen, mit denen ich arbeitete, die Leute zu fragen: „Ist dies das erste Mal, daß Sie die Mitarbeiterzahl senken?" Heute frage ich: „Ist dies das erste Mal in diesem Jahr, daß Sie die Mitarbeiterzahl senken?" Denn das „Wiederholungsgeschäft" blüht. Das Downsizing wird zu einem Teufelskreis. Häufig werden die Freisetzungen schlecht gemanagt, die Produktivität der „Überlebenden" sinkt, die Moral erreicht einen Tiefpunkt. Also kommt man zu dem Schluß, es sei ein weiteres Downsizing erforderlich. Werden die Einschnitte nicht sorgfältig, also unter Berücksichtigung des Selbstwertgefühls und des Selbstbestimmungsbedürfnisses der verbliebenen Mitarbeiter vorgenommen, muß der Vorgang möglicherweise bis ins Unendliche fortgesetzt werden, oder das Unternehmen verschwindet von der Bildfläche.

Dieselbe Studie kam zu dem Ergebnis, daß die Diebstähle in den Unternehmen zunehmen, wenn die Gehälter sinken. Es ist fast so, als sagten die Leute: „Nun gut, wenn ich es nicht von der Firma bekomme, werde ich es mir von der Firma nehmen." Dies ist eine Möglichkeit, das Ergebnis zu deuten. Es überrascht nicht, daß die Leute das Gefühl haben, unfair behandelt zu werden, und denken, sie müßten sich schadlos halten, indem sie sich Dinge nehmen, die ihnen nicht gehören.

Ich habe einen sehr guten Freund, der ein Juweliergeschäft hatte. Die Geschäfte liefen schon seit Jahren nicht gut. Wie Sie sich vorstellen können, stand er unter starkem Druck. Schließlich gab er auf, aber es war ein langer Niedergang, der letzten Endes in vollkommenem Scheitern mündete. Zu der gleichen Zeit, als es mit seinem Unternehmen abwärts ging, begann er in seiner Gemeinde freiwillig an einem Projekt mitzuarbeiten, in dem Erwachsenen das Lesen beigebracht werden sollte. Als ich das hörte, fand ich es zunächst sehr überraschend und verwirrend. Schließlich hätte man meinen sollen, er sei von seiner beruflichen Krise zu sehr in Mitleidenschaft gezogen, um noch

Baum

Baum nach dem Downsizing

Baum nach der Umstrukturierung

anderswo emotionale Energie investieren zu können. Aber dann erinnerte ich mich an Steeles Arbeit über Selbstbestätigung, und ich erkannte, daß mein Freund gerade aufgrund seiner beruflichen Belastung versuchte, etwas außerhalb seines Arbeitsplatzes zu unternehmen, um sein Selbstwertgefühl wiederherzustellen.

Dies ist ein Beispiel für das individuelle Bemühen um eine Aktivität außerhalb des Berufs, die dazu dient, das schwindende Selbstwertgefühl zu kompensieren.

Die Frage nach der Identität und die damit verbundenen Themen rücken zunehmend in den Mittelpunkt der öffentlichen Diskussion. Das wachsende Interesse an der Spiritualität ist ein Beispiel dafür. Haben wir einmal erkannt, daß das Selbstbild der Schlüssel ist und daß die Reaktion der Menschen auf eine Veränderung der organisatorischen Landkarte davon abhängt, wie sie über sich denken und welches Selbstwertgefühl sie entwickelt haben, so werden wir alle mit der Veränderung besser zurechtkommen. Dann wird der Horizont zu unserer einzigen Grenze. Dann werden wir nur noch durch unsere Identität beschränkt. Aus diesem Grund sollten wir den Scheinwerfer auf das Selbstwertgefühl richten und erkennen, daß es etwas ist, das entwickelt und gefördert werden muß.

SELBSTWERTGEFÜHL: EINE FORMEL FÜR ERFOLGREICHES LEBEN UND ARBEITEN IM 21. JAHRHUNDERT

John Vasconcellos

Abgeordneter des kalifornischen Unterhauses,
ehemaliger Vorsitzender des Haushaltsausschusses
Gründer des *„Kalifornischen Verbandes zur Förderung des Selbstwertgefühls sowie der persönlichen und sozialen Verantwortung"*
Mitautor von *Toward a State of Esteem* und *The Social Importance of Self-Esteem*

Jeder Mensch hat ein Recht auf ein ausreichend entwickeltes Selbstwertgefühl. Es ist der Schlüssel zu persönlichem Verantwortungsbewußtsein, es ist der wertvollste „soziale Impfstoff" zur Heilung der schwersten Krankheiten in unserer Gesellschaft und eine Formel für gesunde, blühende Arbeitsstätten im 21. Jahrhundert.

Daher haben wir alle die Pflicht, uns an einem Kreuzzug zu beteiligen, dessen Ziel es ist, die Entwicklung des menschlichen Selbstwertgefühls zu einer nationalen Aufgabe zu machen. Und wir alle haben die Pflicht, ein vorbildliches Leben zu führen, das geeignet ist, das Selbstwertgefühl aller Menschen zu fördern, mit denen wir in Kontakt kommen.

Das gilt vor allem in diesen Zeiten des umwälzenden Wandels, des Chaos und der Herausforderungen. Diese Herausforderungen verlangen von uns, daß wir uns die Frage stellen, wer wir sind, wie wir unser Leben zu führen gedenken, wie wir unser Gemeinwesen wiederaufbauen und uns auf das 21. Jahrhundert vorbereiten wollen. Wir werden entdecken, daß die Entwicklung des Selbstwertgefühls der Forderung nach einer klugen Politik für das 21. Jahrhundert Genüge tut und ein Mittel zur Heilung der Krankheiten unseres Landes darstellt.

Dazu müssen wir uns zuerst einmal der heutigen Realität stellen. Unsere Nation steckt in Schwierigkeiten: Das Steuersystem steht vor dem Bankrott, die Gesellschaft ist sozial gespalten und zeigt Auflösungserscheinungen, die Wirtschaft wird von der weltweiten Konkurrenz belagert, die Politik ist zynisch und selbstzerstörerisch. Dazu kommt, daß unsere politische Führung gespalten ist: Die Republikaner setzen alle Hoffnung auf den privaten Sektor, die Demokraten vertrauen nur auf den öffentlichen Sektor.

Diese traurigen Schlüsse ziehe ich nicht aus abstrakten Analysen, sondern aus schmerzhafter persönlicher Erfahrung sowohl in kultureller als auch in sozialer Hinsicht. Nach einer erfolgreichen Laufbahn in jungen Jahren erlitt ich (ähnlich wie die amerikanische Nation in jüngster Zeit) in jenem Jahr, in dem ich zum ersten Mal ins kalifornische Parlament gewählt worden war, einen Zusammenbruch. Ich begann, nach meinem Selbst zu suchen; ich kämpfte darum, an Integrität, visonärer Kraft und Leidenschaft zu gewinnen, um ein Mensch mit dem Mut zu politischer Gestaltung zu werden.

Auf meiner Reise habe ich immer wieder um Hilfe gebeten und diese auch erhalten. Ich begann meine therapeutische Odyssee bei dem jesuitischen Psychologen Leo Rock (ein Schützling von Carl Rogers), der mir in der dunkelsten Zeit Halt gab und mir versicherte, daß es in Ordnung sei, so zu sein, wie ich war. Vor kurzem beendete ich meine Reise bei dem Jesuiten Lou Pambianco, der als Managementberater im Silicon Valley mit Bioenergetik und Gestalttherapie arbeitet und meine Selbsterkenntnis förderte.

Auf meiner Reise hatte ich das Privileg, persönlich von vielen modernen Meistern der Persönlichkeitsentwicklung zu lernen; unter anderem durfte ich bei Rollo May „nach mir selbst suchen", bei Sidney Jourard ein „transparentes Ich" erlangen, bei Carl Rogers „eine Person" werden, bei Abraham Maslow eine „sich selbst verwirklichende Person" werden, bei Stanley Keleman „wieder in meinen Körper einziehen", bei Virginia Satir ein „Selbst" und eine „Familie" entwickeln. Diese persönliche Odyssee half mir zu erkennen und auszudrücken, wer ich bin und wo ich heute stehe.

Wir leben inmitten von sieben tiefgreifenden Revolutionen, die folgende Bereiche umfassen: die Technologie, die Gleichberechtigung der Geschlechter, die ethnische Vielfalt, den Siegeszug des Selbstwertgefühls, die Beendigung des Kalten Kriegs, die Entstehung der globalen Wirtschaft und die interaktive Kommunikation. Jede einzelne dieser Revolutionen ändert den Lauf der Geschichte grundlegend; gemeinsam stellen sie eine Kraft dar, die jener tektonischen Spannung gleicht, welche Erdbeben auslöst.

Wie können wir inmitten dieses Chaos eine neue Ordnung finden und errichten? Was können wir tun, um unsere Einheit wiederzufinden?

Alvin und Heidi Toffler führen die politische Lähmung Amerikas darauf zurück, daß beide große Parteien ein veraltetes wirtschaftliches Paradigma – die Herstellung von Produkten – verfechten, während wir uns längst in eine Informations- und Dienstleistungsgesellschaft verwandelt haben. Da verwundert es nicht, daß die Parteien überflüssig geworden sind und die Probleme nicht mehr lösen können.

Beide Parteien argumentieren mit einem veralteten psychologischen Paradigma – der bösen Natur des Menschen –, während viele von uns längst den Schritt zu einer Kultur des Vertrauens und des Selbstwertgefühls vollzogen haben. Überflüssig und gelähmt, können die Parteien unsere Probleme nicht mehr lösen. Ein obsoletes Paradigma löst keine Probleme, sondern verursacht sie eher.

Wir suchen im Rückspiegel nach dem amerikanischen Traum. Doch der gesunde Menschenverstand befiehlt uns, den Blick nach vorne zu richten (die Grenzen unserer alten Annahmen zu überwinden, Links und Rechts zu vergessen) und geradeaus zu marschieren.

Die Verschiebung dieser beiden Paradigmen führt dazu, daß die traditionellen politischen Grundsätze, die schulischen Konzepte, die Methoden der Kindererziehung, der medizinischen Behandlung und des Managements nicht mehr anwendbar sind.

Sowohl die republikanische Laissez-faire-Philosophie als auch das demokratische Prinzip der staatlichen Lenkung sind nicht länger mit dem vereinbar, wer wir sind und wie wir unser Dasein gestalten. Das einzige Konzept, das den modernen Erfordernissen entspricht und heute funktioniert, ist jenes der Kooperation.

Sowohl der demokratische Grundsatz „Wir werden für die Gesellschaft sorgen" als auch das republikanische Prinzip „Wir wissen, was für dich persönlich am besten ist" (die beide auf der Annahme beruhen, daß wir Menschen nicht wissen, was gut für uns ist, und daher nicht selbst die Verantwortung für uns übernehmen können) sind nicht mehr mit der Realität vereinbar. Nur Autonomie und Selbstbestimmung können uns dabei helfen, unsere Probleme zu lösen.

Ironischerweise weisen die Verschiebungen beider Paradigmen (des wirtschaftlichen wie auch des psychologischen) in dieselbe Richtung: Das Ziel muß die Ermächtigung des Individuums zur Eigenständigkeit als voll funktionsfähige Persönlichkeit sein. Hier liegt die Ursache für unser hohes Maß an Unzufriedenheit: Unsere Institutionen und ihre Methoden können mit unserer Entwicklung nicht Schritt halten. Unsere Hinwendung zur Eigenverantwortlichkeit des Individuums bedingt Vertrauen in die ureigene menschliche Fähigkeit zur Selbstbestimmung. So gelangen wir zu vollkommen neuen Theorien und Praktiken von Individualität, Selbstbestimmung und Selbstverwirklichung, die ihre Wurzeln im Selbstwertgefühl haben.

Das führt dazu, daß wir nun vor einer paradoxen Situation stehen: Auf der einen Seite gibt es ein politisches System, das auf einer zuversichtlichen Einschätzung der menschlichen Natur beruht, und den Glauben an unsere angeborene Fähigkeit zur Selbstbestimmung und zur verantwortlichen Ausübung dieser Selbstbestimmung; auf der anderen Seite steht eine traditionelle Kultur, die auf einer zynischen Einschätzung der menschlichen Natur beruht, gepaart mit der Überzeugung, daß wir nicht von uns aus

322

wissen, was gut für uns ist, und nicht imstande sind, für uns selbst zu sorgen.

Unser Leben und alle unsere Entscheidungen hängen von unserem Selbstbild ab. Der gegenwärtige Konflikt beruht im wesentlichen auf diesen beiden entgegengesetzten Einschätzungen des menschlichen Wesens: der traditionellen Auffassung des „Wir Menschen sind bösartige Bestien, die gezähmt werden müssen" und der Auffassung von Carl Rogers, der meint, wir Menschen seien „unserem angeborenen Wesen nach dazu bestimmt, konstruktiv, lebensbejahend, verantwortungsbewußt und vertrauenswürdig zu sein".

Diese entgegengesetzten Menschenbilder bedingen zwei völlig verschiedene Methoden zur Entwicklung des Menschen in allen Lebensbereichen – in den Beziehungen, in der Kindererziehung, in der Ausbildung, in der Gesundheitsfürsorge, im Management und in der Politik.

Beginnen wir mit dem Selbstwertgefühl.

Die Konvergenz meines persönlichen und beruflichen Lebens führte mich zur Bewegung für die Stärkung des Selbstwertgefühls. Beruflich wurde ich darauf gestoßen, als ich im Jahr 1980 Vorsitzender des parlamentarischen Haushaltsausschusses wurde und in dieser Funktion nach einem Weg suchen mußte, um das Budget unseres Staates ins Gleichgewicht zu bringen.

Die persönliche Notwendigkeit, mich mit dem Selbstwertgefühl auseinanderzusetzen, verspürte ich aufgrund der Tatsache, daß ich das erste Kind eines Schuldirektors war und in einer traditionellen, religiösen Familie aufgewachsen war. Bis zum Alter von 33 Jahren war ich der strebsamste, bravste katholische Junge in ganz Kalifornien; dafür hatte ich ein völlig unterentwickeltes Selbstwertgefühl. Irgendwann einmal brach ich zusammen, begab mich in Therapie, entdeckte, daß es in Ordnung war, ich selbst zu sein, und befinde mich seitdem auf dem Weg der Besserung.

Ich stieß auf Artikel, welche die Möglichkeit nahelegten, daß ein gesundes Selbstwertgefühl das Gegenmittel gegen Schulversagen, Gewalt und Schwangerschaften Minderjähriger sein könnte. Aufgrund dieser Erkenntnis rief ich meinen Freund Jack Canfield an, der sich bereit erklärte, mir bei der Formulierung eines Gesetzes zur Gründung des „Kalifornischen Verbandes zur Förderung des Selbstwertgefühls und der persönlichen und sozialen Verantwortung" zu helfen.

Meine neu entdeckten intuitiven strategischen Fähigkeiten bewogen mich dazu, die beiden führenden Republikaner im kalifornischen Unterhaus für eine Beteiligung an dem Projekt zu gewinnen. Die Sitze in der Arbeitsgruppe gab ich dem Gouverneur und den Vertretern der beiden Häuser und Parteien des Parlaments. Ich wandte mich an den republikanischen Gouverneur

George Deukmejian und stellte die Angelegenheit in wirtschaftlichen Begriffen dar, die er verstehen und mit denen er etwas anfangen konnte. Er erkannte das Potential des Verbandes und unterschrieb das Gesetz.

Dieses Gesetz löste eine Welle der Begeisterung aus; noch nie zuvor in der Geschichte unseres Staates hatten sich so viele Personen um die Mitarbeit in einem Verband bemüht wie in diesem Fall, und die Arbeitsgruppe zog vertrauensvolle und leidenschaftliche Menschen an, die sich für eine Verbesserung unserer Gesellschaft einsetzen wollten.

Die Gruppe arbeitete drei Jahre lang sehr engagiert und gab am 23. Januar 1990 einen Tätigkeitsbericht ab. Dieser Bericht kam landesweit auf die Titelseiten der Zeitungen und führte zur Gründung von Arbeitsgruppen zum Thema Selbstwertgefühl in Maryland, Louisiana, Illinois, Michigan, Hawaii und in 50 der 58 kalifornischen Bezirke. 60.000 Exemplare des Berichts wurden an interessierte Personen verteilt.

Es gelang der Arbeitsgruppe, die Öffentlichkeit für die Frage des Selbstwertgefühls zu sensibilisieren und das Thema aus dem privaten therapeutischen Gespräch in den Mittelpunkt des amerikanischen Lebens und der Kultur zu rücken. Im Jahr 1995 kam eine Umfrage des Gallup-Instituts zu dem Ergebnis, daß sich 75 Prozent der Eltern amerikanischer Schulkinder wünschen, daß das Selbstwertgefühl ihrer Kinder in unseren Schulen gefördert wird.

Der Verband analysierte die Rolle des Selbstwertgefühls in sechs Problembereichen unserer Nation und gab Empfehlungen für jeden Bereich ab. Die untersuchten Bereiche waren: Familie („die Wiege des Selbstwertgefühls"), Schule, Gemeinde, Arbeitsplatz, potentielle Bereiche des Versagens und der Erholung.

Schulische Mißerfolge resultieren daraus, daß wir uns selbst nicht ausreichend kennen und uns nicht ausreichend zu schätzen wissen, um unseren angeborenen Wunsch, zu lernen und uns zu entwickeln, gerecht werden zu können.

Verbrechen und Gewalt resultieren aus einer negativen Einschätzung von uns selbst und von unserem Körper, und diese Einschätzung erlaubt es uns, anderen zu schaden.

Drogenmißbrauch resultiert daraus, daß wir zu Teilen unserer Persönlichkeit keine Beziehung haben, daß wir uns von unserer natürlichen Energie distanzieren und daher nach einer Droge suchen, die unsere Niedergeschlagenheit lindert oder unsere Hochstimmung unter Kontrolle hält.

Chronische Abhängigkeit von der Wohlfahrt resultiert aus unserer Unfähigkeit, unseren ureigenen Wert zu erkennen; daher können wir uns nicht dazu durchringen, unsere angeborene Fähigkeit zur Selbstbestimmung zu nutzen.

Kindesmißhandlung resultiert aus mangelnder Wertschätzung für die eigene Person und ihre Entwicklung, was das Vertrauen in das Gute im Kind zerstört. Schwangerschaften Minderjähriger resultieren daraus, daß junge Männer erobern müssen, um sich selbst zu beweisen, und daß sich junge Frauen hingeben müssen, um sich zu beweisen, daß sie begehrenswert sind.

Scham und Schuldgefühle führen zu Angst und verantwortungslosem Verhalten, während Liebe und Anerkennung zu Selbstbewußtsein und verantwortungsbewußtem Verhalten führen.

Eine gesunde Individualität (im Gegensatz zu einem ungesunden Individualismus) führt uns zurück in gesunde Gemeinschaften, in denen wir einander fördern und ermutigen.

Personen, die sich selbst zu schätzen wissen, erkennen ihre Einzigartigkeit an, empfinden ein Gefühl der Zugehörigkeit und glauben an ihre Fähigkeiten. Eine solche Selbsteinschätzung ermöglicht es uns, in jedem Bereich – vom intimsten bis zum globalsten – ein Leben voller Integrität, Visionen, Mut, Gemeinsinn, Produktivität und Befriedigung zu führen. Das muß unsere Arbeit und unsere Arbeitsplätze einschließen. Damit die globale, technologisierte Wirtschaft des 21. Jahrhunderts funktionieren kann, sind gesunde, verantwortungsbewußte Menschen gefragt, die mit sich selbst und der Andersartigkeit anderer Menschen zurechtkommen und imstande sind, harmonisch zusammenzuarbeiten.

Im Jahr 2010 werden in Kalifornien drei Viertel der Rentenbezieher weiß und zwei Drittel der aktiven Arbeitskräfte farbig sein. Im übrigen Amerika sieht es ähnlich aus. Wir müssen lernen, mit der Diversität zu leben.

Die neuen Managementtheorien sprechen von Individualität, Verantwortungsbewußtsein, Initiative, Kreativität, Kooperation, Teambildung und wechselseitiger Inspiration der Partner.

Der Mensch bringt sich stets als ganze Person ein – mit all seinem Intellekt, seinen Emotionen, seinem Geist und seinem Körper. Das gilt auch für den Arbeitsplatz. Wir müssen uns anstrengen, wenn wir zu Arbeitskräften für das 21. Jahrhundert heranreifen wollen. Wir verdienen gesunde Arbeitsplätze, die der Individualität Rechnung tragen und unser Selbstwertgefühl fördern. Denn nur ein gesundes Selbstwertgefühl motiviert uns auch dazu, unseren Arbeitsplatz zu einem besseren Ort zu machen.

Indem ich mich dem Aufbau und der Entwicklung meines Selbstwertgefühls widmete, gelang es mir, mich zu jener eigenverantwortlichen Person und jenem Politiker, Parlamentarier und Menschenführer zu entwickeln, der ich heute bin. Und jeden Tag bemühe ich mich weiter und bereite mich auf morgen vor.

Ich werde häufig gefragt, wie ich mir in der hektischen und von ständigem Streit geprägten Welt der Politik meine Integrität und meinen klaren Verstand, meine Zuversicht und meine Hoffnung bewahre. Die Antwort besteht in einer (je nach Bedarf anderen) Kombination von guten Freunden, guten Mitarbeitern und guten Therapeuten. Und im Zentrum all dessen steht eine gesunde Selbsteinschätzung und ein gesundes Selbstwertgefühl.

In diesem Zeitalter der Umwälzungen und des Chaos entwickeln wir virtuelle Unternehmen und erfinden den Staat neu. Um dabei Schritt zu halten, müssen wir uns ständig erneuern und neu erfinden. Es liegt an jedem einzelnen von uns, sich selbst kennenzulernen, seinen eigenen Wert zu erkennen, sich zu vertrauen und ein Leben voller Integrität, Stolz, Gemeinsinn, Produktivität und Liebe zu leben.

Der Schriftsteller Alex Haley erzählt in seinem Buch *Roots*, wie er das Dorf seiner Herkunft fand (aus dem sein siebenmal verschleppter Großvater in die Sklaverei entführt wurde) und wie er dort Bekanntschaft mit folgendem Brauch machte: Wenn ein Kind geboren wurde, ging der Vater für zwei Tage in den Dschungel, wo er den Namen für sein Kind finden mußte. Bei seiner Rückkehr versammelten sich die Dorfbewohner zu einer Feier, die Mutter übergab dem Vater das Neugeborene, und dieser hielt das Ohr des Babys an seinen Mund, um den (zum ersten Mal ausgesprochenen) Namen hineinzuflüstern. „Das Kind sollte stets der erste Mensch sein, der wußte, wer es war."

In unserer „schönen neuen Welt" haben wir die Aufgabe, in der entstehenden globalen Wirtschaft und im Zeitalter der Technologie das Versprechen einer multikulturellen Demokratie mit gleichberechtigten Geschlechtern einzulösen. Das Selbstwertgefühl ist von entscheidender Bedeutung für unsere Fähigkeit, diese Herausforderung zu bewältigen. Mein Vater lehrte mich: „Ich kann dir nicht geben, was ich nicht besitze." Virginia Satir erinnerte mich daran, daß wir durch das, was wir sind, eine Modellfunktion ausüben.

Wir müssen uns engagieren, Freunde und Verbündete suchen und in gegenseitiger Unterstützung liebevolle Beziehungen aufbauen. In Zeiten wie diesen sehnen wir uns nach Führern und Helden. Jeder einzelne von uns muß ein echter Führer werden: jemand, der andere in die Lage versetzt, ihre angeborenen Fähigkeiten zu erkennen und anzuwenden, sodaß sie selbst zu Führern werden können.

Meine ersten Helden waren Robert Kennedy (der erste Politiker, der von einer „Politik der Liebe" sprach) und Sidney Jourard (der erste Psychologe, der von der Öffnung der eigenen Seele und vom „transparenten Ich" sprach). Heute habe ich nur eine Heldin im Leben – meine Freundin und „Wahlenkelin" Megan Saunders, die demnächst sechs Jahre alt wird.

Vor einem Jahr (eine Woche vor ihrem fünften Geburtstag) mußte ich meine Gallenblase operieren lassen. Ihr Vater brachte mich ins Krankenhaus und überbrachte mir eine Karte mit einem Genesungswunsch von Megan. Wenn man ihr die Worte buchstabierte, konnte sie bereits selbst Briefe schreiben; so hatte sie auf die Außenseite der Karte geschrieben: „Großpapa John, ich liebe dich – Megan." Dann hatte sie (als emanzipierte junge Dame) gesagt: „Mama, ich möchte den Text im Inneren der Karte auch selbst schreiben."

Ihre Mutter sagte: „Sag mir, was du schreiben willst, und ich buchstabiere es für dich."

Megan sah ihre Mutter an und sagte: „Mama, wie buchstabiert man ... wie buchstabiert man: *Ich hoffe, deine Träume werden wahr?*"

Wir selbst sind dafür verantwortlich, zu träumen und ein Leben zu führen, das unsere Träume Wirklichkeit werden läßt. Die Träume werden nur dann wahr werden, wenn wir bereit sind, die Verantwortung für die Entwicklung unseres Selbstwertgefühls und für ein integres Leben zu übernehmen.

Im Jahr 1994 fragte mich Präsident David George von der Managementgruppe *College of the Desert* am Ende eines Gesprächs über das Thema Selbstwertgefühl: „Was erwarten Sie von uns?"

Ich dachte einen Augenblick nach und sagte: „Ich erwarte, daß Sie ein heroisches Leben führen."

Er fragte: „Heroisch?"

Ich wiederholte: „Heroisch!"

Er sagte: „Ich bin bereit, merken Sie meinen Namen vor!"

Ich hoffe, Ihre Träume werden wahr. Ich ermutige Sie, ich fordere Sie auf, der erste Mensch zu werden, der weiß, wer Sie sind. Vertrauen Sie sich, öffnen Sie sich, werden Sie Sie selbst, entfalten Sie Ihre Fähigkeiten, und führen Sie ein heroisches Leben. Dazu ist Ihr Selbstwertgefühl da. So wird es uns gelingen, eine gesunde, menschliche und hoffnungsvolle Zukunft aufzubauen.

Beginnen wir sofort damit!

Ein gesundes Selbstwertgefühl ist die Grundlage für eine gesunde Nation.

Jack Kemp
Aus einem Brief an *Partnerships For Change*

SPIRITUALITÄT AM ARBEITSPLATZ

Martin Rutte

Präsident der Beratungsfirma *Livelihood Inc.*
Unternehmenssprecher, Berater und Trainer
Autor von *Being in Business: The Renaissance of Spirit at Work*
Koautor von *Chicken Soup for the Soul at Work* (vor der Veröffentlichung)

*Echtes Selbstwertgefühl basiert auf Selbstverwirklichung.
Es ist ein Geburtsrecht jedes Menschen ... jeder von uns ist ein Funke
des Göttlichen, in dem wir leben und uns bewegen und von dem
unser Wesen stammt. Erst wenn wir Gott in uns zutage fördern,
können wir als menschliche Wesen unseren höchsten
spirituellen Zweck erfüllen.*

*Wenn unser Selbstwertgefühl wächst und sich wandelt,
wächst auch das Selbstwertgefühl der Menschen um uns. Wir sehen uns
selbst in ihnen, und sie sehen sich in uns. Wir geben ihnen zu verstehen,
daß wir sie nicht verletzen werden, wir teilen, wir lehren und wir
unterstützen, anstatt zu bekämpfen, wir helfen unseren Mitmenschen
zu erkennen, daß ihr Leben Sinn und Bedeutung hat.*

*Kann es für den, der anderen hilft, ihr Selbstwertgefühl zu entwickeln,
ein größeres Geschenk geben als das Wissen, wahrhaftig ein Kind Gottes
zu sein? Eine Seele in körperlicher Gestalt. Ein göttlicher Funke,
dessen Wachstum und Glanz keine Grenzen hat ...*

David A. Zimmermann
Entwicklungschef von *General Motors*

Das Wesen und die Bedeutung der Arbeit erleben einen grundlegenden Wandel. Zwei Kräfte tragen dazu bei, diese Entwicklung zu beschleunigen: Angst als Motivator und das Entstehen einer persönlicheren und umfassenderen Spiritualität.

Die Angst gilt dem Verlust des Arbeitsplatzes und der Gefahr, mit weniger Mitteln mehr leisten zu müssen. Das Erwachen der Spiritualität beruht auf dem Wunsch, in der Arbeit mehr zu finden als nur den Lebensunterhalt. Wir haben Sehnsucht nach einem Arbeitsplatz, an dem wir unsere Seele und unseren Geist erleben und ausdrücken können.

Angst am Arbeitsplatz

Die wachsende Angst am Arbeitsplatz hat mehrere Ursachen:
Eine davon sind die massiven Downsizing-Prozesse, denen heute viele Unternehmen unterworfen sind. Der Vorteil des Abspeckens besteht darin, daß es die Gewinne erhöht. Ein Downsizing reduziert die überflüssige Fettschicht und macht die Organisation schlanker. Aber das Downsizing hat auch eine Kehrseite. Es treibt die Menschen in tiefe Angst um die Sicherheit ihrer Arbeitsplätze. Es verursacht ihnen Schmerz und Leid. Da ist nicht nur das Leid derjenigen, die entlassen wurden. Von jenen, die übrigbleiben, wird verlangt, mit geringeren Ressourcen, mit demselben Zeitaufwand und für die gleiche Bezahlung die Produktion zu erhöhen. Sie leiden unter Streß und sind völlig erschöpft. Sie fürchten um die Zukunft ihrer Arbeitsplätze. Sie sind frustriert, weil sie mit weniger mehr produzieren müssen. Am schlimmsten ist jedoch, daß sie kein Licht am Ende des Tunnels sehen.

Downsizing funktioniert auf kurze Sicht; langfristig jedoch kosten solche Maßnahmen das Unternehmen die Loyalität, das Engagement, die Kreativität und den geistigen Einsatz seiner Mitarbeiter.

Ein weiterer Faktor ist, daß die Arbeitsplätze ins Ausland abwandern. Früher waren es lediglich Produktionsjobs. Nun sind es auch Dienstleistungsjobs. Indien und Israel beispielsweise werden zu Hauptstandorten für die Entwicklung von Computersoftware. Wir glaubten, daß bestimmte Tätigkeiten immer in der entwickelten Welt bleiben würden und daß es so etwas wie „unsere Jobs" im Dienstleistungsbereich und in der Entwicklung neuer Technologien gäbe. Aber dem ist nicht mehr so.

Und was ist mit den *erfolgreichen* Unternehmen, die Personal entlassen? Das hat es früher nie gegeben. Es galt die Regel, daß ein Unternehmen Leute freisetzte, wenn es in finanzielle Schwierigkeiten geriet. War das Unternehmen erfolgreich, so stellte es Leute ein. Aber da Reengineering und die Entwicklung fortschrittlicher Technologien ein geringeres Bedürfnis nach Arbeitskräften bedingen, können heute auch erfolgreiche Unternehmen den Personalstand reduzieren – und tun es auch.

Wenn man all diese Faktoren zusammennimmt, läuft es darauf hinaus, daß der Vertrag zwischen Arbeitgeber und Arbeitnehmer – die unausgesprochene Übereinkunft, daß ich mein Leben lang für ein Unternehmen arbeite, der Glaube an die Sicherheit des Arbeitsplatzes – seine Gültigkeit verloren hat. Die Menschen haben die Botschaft „Es gibt keinen sicheren Arbeitsplatz mehr" wirklich verinnerlicht. Und das führt zu Unsicherheit und löst Angst aus.

Und es bewirkt ein Gefühl der „Entgeistigung" bei den einzelnen Mitarbeitern und am Arbeitsplatz im allgemeinen. Der Geist wurde geknebelt. Er kann sich nicht mehr voll entfalten. Es herrscht ein Gefühl der Beziehungslosigkeit. Dieses ist vielleicht nicht quantifizierbar, aber die Menschen fühlen den Mangel an Geist an einem Arbeitsplatz. Sie erkennen sehr wohl, wenn dort Leere herrscht.

Es ist nicht meine Absicht, ein völlig schwarzes Bild zu malen. Wir können dieselben Faktoren auch aus einer nützlicheren Perspektive – der spirituellen – betrachten. Die Sicherheit, die wir von unserem Arbeitgeber zu erhalten glaubten, war ein Mythos. Echte Sicherheit entspringt einer Beziehung zu dem, was wirklich sicher ist – zum Geist. Wir entwickeln uns gerade erst von abhängigen „Kindern" am Arbeitsplatz, für die das elterliche Unternehmen sorgt, zu voll entwickelten, selbstbestimmten Persönlichkeiten. Ausgehend von dieser neuen Realität können wir beginnen, unser eigentliches spirituelles Wesen besser zu ergründen und auszudrücken.

Das innere Verlangen

Neben der Angst gibt es noch das starke innere Verlangen nach spiritueller Erfüllung. In unserer Gesellschaft spiegelt sich die erwachte Sehnsucht nach persönlicher und kollektiver Spiritualität in verschiedenen Umständen wider.

Die Babyboom-Generation erreicht allmählich das fünfte Lebensjahrzehnt. Wie alle Menschen in der Lebensmitte stellen sich auch die Angehörigen dieser Generation einige charakteristische Fragen: „Worin besteht mein Erbe?" „Welche dauerhaften Werte möchte ich zurücklassen?" „In welche Lebensbereiche möchte ich nun, da ich den Höhepunkt meiner Karriere erreicht habe, meine Energie investieren?" „Was hat wirklich Bedeutung für mich, nun, da ich in das Alter komme, in dem ich mich von meinen Eltern, Tanten und Onkeln verabschieden muß?"

Derartige Gedanken sind typisch für Menschen in der Mitte ihres Lebens. Ungewöhnlich ist jedoch, daß die Babyboom-Generation eine derart große demographische Gruppe darstellt. Wenn eine so große Gruppe über derartige Fragen nachdenkt, schließt sich die Gesellschaft an. Da diese Generation beginnt, sich mit der Spiritualität zu beschäftigen, setzt sich die gesamte Gesellschaft mit dieser Frage auseinander.

Auch die Sorge um die Umwelt spiegelt einen erwachenden Sinn für das Spirituelle wider. Die Umwelt vermittelt uns einen Sinn für das Ganze. Sie zeigt uns, daß alles voneinander abhängig und miteinander verwoben ist. Bei genauer Betrachtung erkennen wir, daß in diesem Gedanken viel Spiritualität enthalten ist.

Wenn man das Konzept des menschlichen Geistes als jenen Bewußtseinszustand begreift, in dem sich das Individuum mit dem gesamten Kosmos verbunden fühlt, wird klar, daß ökologisches Bewußtsein im tiefsten Sinne spirituell ist.

Fritjof Capra

Ein weiterer Faktor ist die Tatsache, daß das wissenschaftliche Paradigma in ein Reifestadium eintritt. Früher einmal glaubten wir, alle Probleme der Welt mit Hilfe der Wissenschaft lösen zu können. Wir dachten, dank der Wissenschaft letzten Endes alles verstehen zu können. Aber je mehr wir wissen, desto deutlicher erkennen wir, wieviel wir nicht wissen. Die Wissenschaft entfernte sich über die Jahrhunderte hinweg immer weiter vom Spirituellen; am krassesten war die Unvereinbarkeit im 17. Jahrhundert. Von da an beanspruchten Wissenschaft und Religion ihre eigenen Einflußsphären. Aber eine Wissenschaft ohne Spiritualität ist wie eine Welle ohne Ozean. Eine wachsende Zahl von Wissenschaftlern erkennt dies und begibt sich auf spirituelle Entdeckungsreise, wie man an den großen Namen von Theologie und Wissenschaft sehen kann. Das Auftauchen der Spiritualität an diesen Fronten deutet auf das allgemeine Erwachen der Spiritualität auf individueller und gesellschaftlicher Ebene in unserer Zeit hin. In der allgemeinen Kultur spiegelt sich das in einer wachsenden Zahl von Büchern, Kinofilmen und Fernsehberichten über Spiritualität wieder. Und die Spiritualität am Arbeitsplatz ist Teil dieses allgemeinen Phänomens.

Was ist Spiritualität?

Ich habe entdeckt, daß Menschen, welche die Frage „Was ist Spiritualität?" stellen, vor allem die Sorge hegen, daß ich ihnen „die Antwort" oder eine dogmatische Lösung anbieten werde. Sie fürchten, daß ich mich bereits auf eine Definition von Spiritualität festgelegt habe und daß sie mit dieser nicht einverstanden sein werden, was zu einem unüberbrückbaren Gegensatz führen wird. Sie fürchten, daß ich (oder irgend jemand anderer, der über Spiritualität spricht) ihnen einen bestimmten Standpunkt in bezug auf die Spiritualität aufzwingen werde. Ein derartiger Zugang gibt dem Zuhörer keinen Raum, um nach seiner individuellen Wahrheit zu suchen.

Es geht *nicht* um Spiritualität als „die Antwort". Es geht um Spiritualität als „die Frage". Eine Frage eröffnet uns die Möglichkeit, tiefer zu blicken. Sie erlaubt uns, nach dem zu suchen, was für uns wahr ist, und auf diesem Weg unsere Erfahrung zu vertiefen. Vor allem jedoch gibt uns die Ersetzung der Antwort durch eine Frage Gelegenheit, dieses „Territorium" so zu ergründen, daß wir von der Suche profitieren können.

Was bedeutet Spiritualität für Sie? Wo wird das Geistige an Ihrem Arbeitsplatz erstickt? Wo gedeiht es? Beschäftigen Sie sich mit diesen Fragen bei der Arbeit in bezug auf sich selbst, Ihre Beziehungen, Ihre Abteilung und Ihr Unternehmen. Und beachten Sie, wie Sie anhand dieser Fragestellung Ihre eigene Erfahrung der Spiritualität am Arbeitsplatz vertiefen.

Denken Sie daran: Arbeit ist ein Akt der Schöpfung.

Spiritualität am Arbeitsplatz

Was würde es für die Menschen bedeuten, wenn sie am Arbeitsplatz mehr Spiritualität vorfänden? Es würde bedeuten, daß der Arbeitsplatz nicht länger bloß ein Ort wäre, an dem man genug Geld zum Leben verdient. Er würde zu einem „Ort des Lebens", an dem wir nicht nur unser tägliches Brot verdienen, sondern auch tatsächlich leben. Wir sind lebendig, wenn sich unser Geist voll entfaltet. Und durch unsere Unterstützung ermöglichen wir es, daß auch der Geist anderer Menschen erblüht. An einem „Ort des Lebens" finden wir unseren Lebensunterhalt, eine Belebung des individuellen Selbst und eine Belebung des kollektiven Selbst.

Worin bestehen die Vorteile größerer Spiritualität am Arbeitsplatz? Einer der wichtigsten Vorteile ist, daß die Menschen leichteren Zugang zur Quelle ihrer Kreativität finden. Als Wirtschaftstreibende sind wir uns des Werts von Kreativität und Innovation bewußt. Kreativität ist der Eckpfeiler der Wirtschaftstätigkeit. Sie ermöglicht es uns, neue Produkte und Dienstleistungen zu entwickeln, die wirklich von Nutzen sind. Sie ermöglicht es uns, mit weniger mehr zu bewirken. Sie ermöglicht es uns im wesentlichen, effizientere Beiträge zu leisten.

Wenn wir der Quelle der Kreativität näher sind, erfahren wir auch Belebung, Erneuerung und Vitalität.

Das „Humankapital" verlangt eine andere Behandlung als das „finanzielle Kapital". Auf dem Weg in eine Dienstleistungs- und Technologiegesellschaft sind wir ständig um eine Stärkung von Innovation und Kreativität bemüht. Aber wir können nicht einfach von den Leuten fordern, innovativer und kreativer zu sein. Vielmehr müssen wir eine Atmosphäre schaffen, in der Kreativität und Innovation gedeihen. Und das erreichen wir, indem wir eine freie spirituelle Entfaltung ermöglichen.

Ein weiterer Vorteil von größerer Spiritualität am Arbeitsplatz besteht in erhöhter Authentizität und Aufrichtigkeit der Kommunikation. Zu meinen wesentlichen Aufgaben als Berater zählt die Schaffung eines „sicheren Raums", in dem die Menschen das Gefühl haben, ohne Angst vor Strafe über ihre Sicht der Wahrheit sprechen zu können. Die Unternehmen sind nicht daran gewöhnt, ihren Mitarbeitern diese Möglichkeit als Selbstverständlichkeit einzuräumen. Wenn es jedoch erlaubt wird, die Wahrheit auszusprechen, werden alte Probleme geklärt, und neue Perspektiven eröffnen sich. Die Menschen fühlen sich dem Unternehmen verbundener und arbeiten in einem verschworenen Team zusammen.

Ein weiterer Vorteil ist ein ethischeres und moralischeres Verhalten. Aber wen kümmert es, ob ein Unternehmen ethisch oder moralisch ist? Ist ein Unternehmen nicht einfach ein Ort, an dem man möglichst viel zu erreichen versucht? Wesentlich für ethisches und moralisches Verhalten in einem Unternehmen ist das Vertrauen. Wir vertrauen Menschen, die sich an ethische Grundregeln halten. Gibt es ein stabiles ethisches Grundgerüst, so vertrauen die Arbeitnehmer ihren Arbeitgebern. Die Arbeitgeber vertrauen ihren Arbeitnehmern. Und Kunden, die einem Unternehmen vertrauen, bleiben länger Kunden.

Spiritualität am Arbeitsplatz fördert auch Talent, Brillanz und Genie: Talent im Sinn unserer gottgegebenen Eigenschaften; Brillanz im Sinn der Intensität des Lichts, das wir ausstrahlen; und Genie nicht im Sinn eines seltenen Guts, sondern im Sinn von etwas, das wir alle besitzen. Unsere ureigene Aufgabe besteht darin, dieses Genie zur Entfaltung zu bringen.

Es geht nicht um Genie als seltenes Gut, sondern um Genie als Wesenszug, der unser aller Existenz zugrunde liegt.

Copthorne Macdonald

Spiritualität am Arbeitsplatz führt auch zu einem höheren Maß an Selbsterfüllung, zu Zufriedenheit und einem tiefen Gefühl der Zugehörigkeit.

Den Arbeitsplatz für die Spiritualität öffnen

In den meisten Unternehmen wird heute nicht über spirituelle Dinge gesprochen. Unsere erste Aufgabe besteht darin, den Menschen, die über diese Dinge sprechen möchten, die Gewißheit zu geben, daß sie das ungehindert tun können. Ein solches Gespräch sollte ebenso normal und natürlich sein wie alle anderen Gespräche, die wir am Arbeitsplatz führen: über Rentabilität, neue Produkte, Forschung, Buchhaltung, Karriere, persönliche Angelegenheiten und so weiter. Der erste Schritt besteht also darin, diese Themen anzuschneiden.

Das tun wir, indem wir einfach beginnen. Sprechen Sie mit den Menschen, denen Sie vertrauen, sprechen Sie mit anderen Leuten im Unternehmen, sprechen Sie mit Ihren Kollegen, aber beginnen Sie, über das Spirituelle zu sprechen. Anfangs mag eine gewisse Scheu bestehen, aber nach einer Weile wird das Gespräch in Gang kommen.

Nehmen wir an, es sei an Ihrem Arbeitsplatz problemlos möglich, über Spiritualität zu sprechen: Was bedeutet das für Sie? Ich schlage vor, Sie beginnen damit, daß Sie nach den Gelegenheiten und Möglichkeiten Ausschau halten, in sich selbst, in Ihren Beziehungen, in Ihrer Abteilung, in Ihrem Unternehmen und in Ihrer Branche nach Spiritualität zu suchen. Halten Sie in all diesen Bereichen nach Möglichkeiten Ausschau, durch die sich die Hindernisse für das Spirituelle aus dem Weg räumen lassen. Und dann machen Sie sich einfach an die Arbeit.

Management am neuen spirituellen Arbeitsplatz

Wir befinden uns in einer Übergangsphase zwischen der alten Definition von Arbeit als „Lebensunterhalt" und der neuen Definition als „Lebensraum". Wir werden neue Managementtechniken und neue Organisationsstrukturen benötigen, um diesen Übergang zu bewältigen.

Das Management der Arbeit als Lebensunterhalt beruht auf Befehl und Kontrolle. Man bewegt die Mitarbeiter zu produktiver Arbeit, indem man ihnen sagt, was sie zu tun haben, und dafür sorgt, daß sie es tun. Am spirituellen Arbeitsplatz hingegen wird Produktivität dadurch erreicht, daß der Ausdruck des Selbst und des Geistes gefördert wird.

Wir als Manager haben die Aufgabe, die Entdeckung des Spirituellen zu fördern, ihm Wertschätzung zuteil werden zu lassen und andere zum eigenverantwortlichen Ausdruck des Geistes anzuregen.

Eine Möglichkeit, das zu erreichen, besteht darin, Ihren Mitarbeitern zu verstehen zu geben, daß es Teil ihrer Aufgabe ist, dem Geist Ausdruck zu verleihen und damit ihren eigenen Zielen, Visionen und Talenten.

Ein Bereichsleiter eines großen Versorgungsunternehmens erklärte mir, daß die Unternehmen in Zukunft vor der Aufgabe stünden, ihren Mitarbeitern dabei zu helfen, den Sinn ihres Lebens zu entdecken und dafür zu sorgen, daß ihre Arbeit mit diesem Lebenssinn in Einklang steht. „Stellen Sie sich vor", sagte er, „was geschehen würde, wenn man ein Unternehmen hätte, in dem alle Menschen eine Aufgabe haben, die ihrem Leben Sinn gibt. Man hätte größere Loyalität, stärkeren Antrieb, mehr Kreativität, mehr Innovation und ein ausgeprägteres Gefühl von Selbstvertrauen, Selbsterneuerung und Selbstverwirklichung."

Eine weitere neue Aufgabe des Managements wird darin bestehen, den Menschen dabei zu helfen, ihre Spiritualität in ihrer ganzen Kreativität freizusetzen und auszudrücken. Das erreicht man zum Beispiel, indem man den Menschen ihr Gefühl für die Kunst zurückgibt, sei dies nun Musik, Malerei, Tanz, Dichtung, Kochen oder sonst etwas. Der Dichter David Whyte, Autor von *The Heart Aroused*, geht in Unternehmen, wie beispielsweise *Boeing* und liest dort seine Arbeiten vor. Seine Texte geben den Managern, mit denen er arbeitet, neue Denkanstöße, und sie beginnen sich anderer Aspekte ihrer Persönlichkeit bewußt zu werden. Die Dichtkunst hilft ihnen, tiefer in ihr kreatives Selbst vorzudringen und neue Einsichten zu gewinnen, sei es auf persönlicher oder auf Unternehmensebene.

Eine Einladung

Damit hat die nächste Phase in der Evolution der Arbeit begonnen. Die Spiritualität wird nun offen als unverzichtbarer Bestandteil der Arbeit anerkannt. Wenn das etwas ist, was Sie anspricht, etwas, womit Sie Ihren Arbeitsplatz bereichern wollen, so sollten Sie den Sprung ins kalte Wasser wagen. Man wird Sie möglicherweise necken und kritisieren. Das macht nichts. Wichtig ist nur, was für Sie wahr ist. Ich lade Sie ein, sich mir anzuschließen.

Arbeit ist ein Akt der Schöpfung.

Das Selbstwertgefühl steigt, wenn wir den mystischen Pfad mit praktischem Sinn beschreiten.

Dr. Angeles Arrien
Kulturanthropologin
Autorin von *The Four-Fold Way*

SELBSTWERTGEFÜHL UND DER EINFLUSS DES WANDELS

Dr. Ichak Adizes

Gründer und Präsident des *Adizes® Institute Inc.*
Autor von *Mastering Change, Corporate Lifecycles* und
How to Solve the Mismanagement Crisis

Für die Zerstörung des Selbstwertgefühls sind zahlreiche Faktoren verantwortlich. Zu den wichtigsten gehört die Veränderung.

Wenn sich die Dinge ändern, entsteht eine neue Ordnung. Die Frage lautet, ob diese besser oder schlechter ist als die vorhergehende. War die Veränderung konstruktiv oder destruktiv?

Veränderungen sind konstruktiv, wenn sie uns unseren Zielen näherbringen. Aber um dem Ziel näherzukommen, muß Energie freigesetzt werden, die ansonsten in die betrieblichen Abläufe fließt. Das bedeutet, daß das System integriert sein und einen wirklichen Selbstwert haben muß. Ob die Veränderung konstruktiv oder destruktiv ist, hängt also unter anderem vom gegenseitigen Vertrauen und Respekt und davon ab, inwieweit die Gesellschaft ein ganzheitliches, alle Personen umfassendes, organisationsweites, soziales und (jawohl!) umweltumfassendes Selbstwertgefühl empfindet.

Gruppen mit einem ausgeprägteren Selbstwertgefühl können Bedrohungen durch eine sich wandelnde Umwelt leichter bewältigen als solche mit einem geringen Selbstwertgefühl. Sie haben mehr Energie, um ihren Platz in der neuen Umwelt zu finden. Sie werden diejenigen sein, welche die evolutionäre Auslese überstehen. Wenn eine bedrohliche Veränderung eintritt, werden die Gruppen mit einem geringeren Selbstwertgefühl Auflösungserscheinungen zeigen. Die internen Auseinandersetzungen werden zunehmen, wodurch sich der Zerfall der Einheit beschleunigt.

Es gehört zur Natur der Veränderung, daß sie von allein stattfindet (wenn nicht aus einem anderen Grund als dem bloßen Verstreichen der Zeit). Entropie findet von allein statt; der Zerfall ist unvermeidlich, wenn man nichts gegen ihn unternimmt. Lassen Sie Ihr neues Auto ein Weile ungenutzt stehen. Bald werden Sie es nicht mehr in Gang bringen. Das Sommerhaus, das Sie einige Monate nicht besuchten, ist unbewohnbar, bis Sie es gereinigt haben. Die Entropie braucht man nicht auszulösen. Das Universum ist so gemacht, daß es zum Verfall kommt, wenn niemand etwas dagegen unternimmt.

Damit Heilung und Integration stattfinden können, müssen wir initiativ werden, da sie nicht von allein geschehen. Diese Aufgabe ist nie abgeschlossen, da auch die Veränderung nie abgeschlossen ist. Wir müssen die notwendige Anstrengung auf uns nehmen, die Energie aufbringen und die Zeit investieren, um das Selbstwertgefühl aufzubauen. Mit einem besseren Selbstwertgefühl werden wir weniger Energie für unsere betrieblichen Ziele benötigen und daher mehr Energie für die Anwendungsziele verfügbar haben.

Selbstwertgefühl zu schaffen, wird immer schwieriger, aber auch immer wichtiger für das Überleben des einzelnen, der Familien, der Unternehmen und der Zivilisationen. Die Veränderung *beschleunigt* sich. Je rascher sich die Veränderung vollzieht, desto schneller zerbrechen die Systeme. Je mehr Fälle von Depression, je mehr Selbstmorde, Scheidungen und Verbrechen es gibt, desto schneller zerfallen Menschen, Familien und Gemeinschaften. Offensichtlich gibt es nur zwei Möglichkeiten: Entweder wird die Veränderungsgeschwindigkeit gedrosselt, wie es einige religiöse und politische Führer tatsächlich empfehlen. Oder der Heilungsprozeß wird beschleunigt, indem das Selbstwertgefühl der Menschen aufgebaut und gefördert wird.

Wir wissen aus der Geschichte, daß die Veränderung auf lange Sicht nicht verlangsamt werden kann. Wir haben also nur die Wahl, das Selbstwertgefühl aufzubauen oder uns zu zerstören. Während der Aufbau des Selbstwertgefühls nicht von allein stattfindet, schreitet sein Verlust unaufhaltsam voran, wenn wir nichts dagegen tun. Wir haben die Wahl.

FRAUEN UND SELBSTWERTGEFÜHL

Mary Kay Ash

Gründerin von *Mary Kay Cosmetics*

Mein Lebensziel besteht darin, den Frauen zu der Erkenntnis zu verhelfen, wie großartig sie sein können und wie großartig sie tatsächlich sind. Ich glaube, Gott hat die Saat der Größe in die Seele jedes einzelnen von uns gepflanzt, aber es liegt an uns, diese Saatkörner in uns selbst zum Wachsen zu bringen.

Die feministische Bewegung begann damit, daß die Frauen ihr Haar kurz schnitten, ihre Büstenhalter verbrannten und Hosen anzogen. Sie taten alles, um wie Männer zu sein – sie senkten sogar ihre Stimme -, denn nur Männer hatten Aussicht auf Erfolg. Meiner Meinung nach kann man sowohl feminin als auch erfolgreich sein. Wir brauchen unsere Weiblichkeit nicht zu opfern. Ich glaube, Gott hat mir dieses Unternehmen gegeben, weil ich an die Weiblichkeit glaube.

Hör mal, Mama, ich bin nicht mehr dein kleines Mädchen.

SPIRITUALITÄT – HERZ UND SEELE JEDES ERFOLGREICHEN UNTERNEHMENS

Terry Cole-Whittaker

Gründer und Vorsitzender des Leitungsgremiums von *Adventures in Enlightenment*
Autor von *What You Think of Me is None of My Bysiness, How to Have More in a Have
Not World, The Inner Path From Where You Are to Where You Want To Be* und
Love and Power in a World Without Limits

Was ist möglich?

Stellen Sie sich vor, was für ein großartiges Team Sie in Ihrem Unternehmen
oder Ihrer Organisation haben könnten, wenn „ganzheitliche" Menschen gemeinsam für das Wohl aller arbeiteten. Ist das möglich? Wenn ja, was können
wir gemeinsam tun, um den Arbeitsplatz zu einem Ort zu machen, an dem
Ganzheitlichkeit, Genie, Kreativität, Teamarbeit und Erfüllung die Regel sind?
Jede Person besteht aus zwei grundlegenden Elementen: einem geistigen
oder maskulinen und einem seelischen oder femininen. Jeder dieser Teile verfügt über bestimmte Fähigkeiten und Bedürfnisse und eine eigene Funktionsweise. Der Geist ist allgemeine Intelligenz, Luft, Liebe, Raum, er ist ungebun-
den, expansiv und unpersönlich. Die Seele ist persönlich, konzentriert,
künstlerisch, sie ist Gesetz, Natur, Boden, Erde, Individualität und Kreativität.
Man könnte diese beiden Aspekte als Liebe und Gesetz umschreiben. Aber wir
können sie ebensowenig voneinander trennen wie die Rose und deren Duft.
Wir haben eine rechte und eine linke Gehirnhälfte. Wir haben eine rechte und
eine linke Seite, unsere Körper haben eine Innen- und eine Außenseite. Trennt
man sie voneinander, so ist kein Leben mehr im Körper. Arbeiten die Teile im
Dienste des Ganzen zusammen, so ergeben sich Synergien. Schwierigkeiten
auf dem Markt entstehen, wenn einer oder beide Aspekte des Selbst außer acht
gelassen werden, nicht funktionieren oder nicht eingesetzt werden. Erfolg,
Glück und Erfüllung sind die natürliche Folge von Harmonie, und Harmonie
bedeutet, daß man gemeinsam schöne Musik macht. Geist und Seele sind Partner und ein unzertrennliches Liebespaar, die als Einheit im selben Körper
wohnen.
Wie können wir erreichen, daß sich „ganzheitliche" Menschen voll einbringen, so daß die Arbeit zu einer spirituellen Erfahrung wird? Sehen wir uns
vergangene Erfolge an, um einen Eindruck davon zu gewinnen, was in der
Gegenwart möglich ist.

Vor vielen hundert Jahren lebte in Indien ein tugendhafter König namens Ramachandra mit seiner Frau Sita. Sie waren ein vollkommenes Paar. Er war ein treuer und hingebungsvoller Ehemann, der seine Untertanen väterlich beschützte und um ihr Wohlergehen besorgt war. Er war aufrichtig, arbeitsam, ehrlich, demütig, gottesfürchtig und reich an Selbsterkenntnis. Sie war rein, liebevoll und unterstützend und praktizierte die 64 Künste und Wissenschaften der weiblichen Kreativität. Gemeinsam waren sie ein Beispiel für Ausgewogenheit und für die ideale menschliche Existenz.

Unter ihrer Herrschaft brachte das Land Getreide, Früchte, Gemüse und Nüsse im Überfluß hervor. Die Kühe gaben reichlich Milch. Die Menschen widmeten sich ihrer sinnerfüllten Arbeit und lebten in Harmonie, Liebe und Wohlstand zusammen. Warum? König Ramachandra liebte Gott, und der Dienst an Gott beherrschte all sein Tun. Er orientierte sich an hohen spirituellen Idealen, Werten und Regeln, und sein Beispiel und seine Führung vermittelten allen Menschen Respekt, Schutz und Eigenständigkeit. Prosperität ist das natürliche Nebenprodukt, wenn die Menschen im Einklang mit den göttlichen Gesetzen und jenen der Natur leben.

Gegenwärtig regiert kein König Ramachandra. Daher liegt es an uns, die Prinzipien von natürlichem Wohlergehen, Erfolg und Wohlstand zu entdecken und anzuwenden und sie als Grundlage dessen zu sehen, was möglich ist. Um ein Problem zu lösen, ein Hindernis zu überwinden oder ein Ziel zu erreichen, müssen wir uns ein wenig Zeit nehmen, um uns einen Überblick über die Situation zu verschaffen und zu entscheiden, was wir anstreben wollen und was wir tun müssen, um an unser Ziel zu gelangen.

Die Herausforderung in einem Unternehmen lautet: Wie können wir eine Umgebung schaffen, in der die Menschen ihre Begabungen, Fähigkeiten und ihr Genie am besten einsetzen können, um die selbstdefinierte Aufgabe unseres Unternehmens zu erfüllen oder durch das Angebot unserer Produkte oder Dienstleistungen dem allgemeinen Wohl zu dienen? Wie können wir das erreichen, so daß jedermann einen Vorteil davon hat und spirituelle und materielle Zufriedenheit erlangt?

Das Problem ist, daß der Mensch dazu neigt, zu betrügen, Fehler zu machen, sich bei Entscheidungen von seinen unzuverlässigen Sinnen leiten zu lassen, in ständiger Furcht zu leben und gierig zu sein. All das hat seinen Ursprung darin, daß er seine wahre Natur vergißt und die Prinzipien von Erfolg und Wohlstand nicht anwendet.

Die Folgen sind mangelhafte Kommunikation, brachliegende geistige und menschliche Ressourcen, Umweltkatastrophen, Mißbrauch von Frauen und Kindern und Armut.

Die Lösung liegt in der Selbsterkenntnis und in einem persönlichen Bekenntnis zum Streben nach Vollkommenheit! Selbsterkenntnis löst alle Probleme der menschlichen Existenz und garantiert ein erfolgreiches Leben im Überfluß. Vollkommenheit bedeutet eine Verpflichtung, im Dienste Gottes und des Lebens sein Bestes zu geben.

Wie löst Selbsterkenntnis die wirtschaftliche Herausforderung?

In den 35 Jahren, die ich mich mit den Prinzipien für ein erfolgreiches Leben beschäftigt habe, habe ich durch das Studium von Religion, Psychologie, Philosophie und der Naturwissenschaften sowie mit Hilfe des gesunden Menschenverstandes herausgefunden, daß Erfolg, Wohlstand und Wohlbefinden auf 21 Prinzipien beruhen, die, sofern sie befolgt werden, zur Erfüllung der innigsten Wünsche eines Menschen in jedem Bereich führen.

Vor allem eine Veränderung ist unumgänglich: Der einzelne Mensch und das Unternehmen müssen ihr Herz öffnen. Diese Öffnung muß im Herzen des visionären Führers/Vorbilds stattfinden. Da der Geist intelligent ist, ist es wichtig, die Intelligenz intelligent einzusetzen. Die Führungskraft ist der geistige Funke, der auf die anderen überspringt. Diese Führungskraft trägt die Vision in sich und ist erleuchtet. Eine erleuchtete Führungskraft ist ansteckend und läßt das in anderen glimmende Feuer durch ihre bloße Anwesenheit auflodern. Eine großartige Aufgabe nimmt die Menschen gefangen, und sie finden ganz von allein Erfüllung in einer Arbeit, die ihre Seelen befruchtet. Wir folgen dem Beispiel, das uns diese Führungskräfte durch ihre Arbeit, ihr Engagement, ihre Einstellung, ihre Worte und ihre Handlungen geben. *Selbsterkenntnis ist die Erkenntnis, daß jedes Leben eine unvergängliche geistige Existenz hat und sich als solche aus dem unendlichen höheren Wesen speist.* Zur Selbsterkenntnis kommt es, wenn sich ein Mensch daran erinnert, wer er ist, worin der Sinn des Daseins besteht und was er tun muß, um sein Potential auszuschöpfen und seine Seele zu vervollkommnen. Personen, die alle Teile ihrer Persönlichkeit und all ihre Qualitäten erschließen, bezeichnen wir als Genies.

Woher bekommen wir unsere Informationen darüber, was funktioniert?

Wir haben die Chance, einen Weg zu dem zu entdecken, was in uns steckt – also zu unserem inneren Genie –, und uns mit unserer ganzen Persönlichkeit in unsere Arbeit einzubringen. Selbsterkenntnis bedeutet Nahrung, Antworten und Anleitung aus dem Inneren zu beziehen, uns aber auch von Intuition,

Menschenverstand, den Reaktionen unseres Körpers und seiner Weisheit leiten zu lassen.

Wir haben drei Möglichkeiten, um festzustellen, ob unsere innere Stimme uns den richtigen Weg weist. Da sind zum einen Schriften, über Generationen hinweg vermittelte Weisheiten darüber, wer wir sind, worin unser Lebenszweck besteht und wie wir als Menschen erfolgreich sein können. Im Alten Testament finden wir die zehn Gebote; bei Jesus die Bergpredigt, die Seligpreisungen und seine zwei Gebote – „Gott den Herrn von ganzem Herzen und aus ganzer Seele zu lieben und deinen Nächsten wie dich selbst zu lieben". In den östlichen Religionen finden wir die Vedas, darunter die Bhagavidgita („Gesang des Erhabenen"). Der zweite Weg, uns selbst zu prüfen, besteht darin, dem Beispiel und den Empfehlungen des Gurus, Lehrers oder lebenden Beispiels für den Erfolg zu folgen. Wenn Sie ein guter Zimmermann werden wollen, bieten Sie Ihre Dienste am besten einem Meister an und folgen seinem Beispiel. Suchen Sie Anschluß bei jenen Menschen, die herausragende Beispiele dafür sind, was Sie anstreben. Der dritte Weg besteht darin, sich um Feedback der Gruppe, des Teams und des Kunden zu bemühen. Im wesentlichen haben wir vier Quellen für Anleitung und Information, die uns helfen können, unsere Herausforderungen zu bewältigen: unser wahres inneres Selbst, die Schriften, den beispielhaften Lehrer und das Feedback der Gruppe.

Was ist Erfolg?

Manche meinen, Erfolg werde daran gemessen, wieviel Geld man hat oder sich leihen kann. Dabei bedeutet Erfolg eigentlich, daß man erkannt hat, wer man ist, und daß man seine Fähigkeiten und Ressourcen selbstlos ausschöpft, um anderen zu dienen. Im 3. Jahrhundert vor Christus lebte in Indien ein Herrscher mit Namen Ashoka. Während seiner Regentschaft wurde er ein buddhistischer Mönch. Dieses Bekenntnis zu seinem spirituellen Selbst veränderte seine Art des Regierens vollkommen. Die Folge waren ein 60 Jahre lang währender Friede, Wohlstand, Gewaltlosigkeit, Familienglück und eine gesunde Umwelt. Der Überfluß ist eine natürliche Folge von Integrität, Vollkommenheit, Selbstlosigkeit und einem Bekenntnis zu den höheren Werten des Daseins.

Was ist erforderlich, um im Wirtschaftsleben erfolgreich zu sein?

In einer Atmosphäre erhabener Gedanken, positiver Einstellungen und konstruktiven Handels blühen die Menschen auf. Ein großes Unternehmen verfolgt ein hehres Ziel und wird von einem Menschen geführt, der anderen durch seine hochstehenden Prinzipien ein Beispiel gibt.

Ein ausgeprägter Sinn für Aufgabe und Ziele

Persönliche Erfüllung, Begeisterung, Genie und Produktivität jenseits des zur Erfüllung der Pflicht erforderlichen Maßes stellen sich ein, wenn man durch eine spirituelle Mission oder einen allumfassenden Zweck motiviert ist. Für die einen ist dieser Zweck Gott, für andere die Humanität, die Umwelt oder irgendeine andere Idee, durch deren Verfolgung man einen echten Beitrag leistet. Worin besteht der spirituelle oder höhere Zweck Ihres Unternehmens?

In unserer Gesellschaft leisten viele Menschen freiwillige Dienste, für die sie nie bezahlt werden, obwohl sie 48 Stunden in der Woche dafür arbeiten und großartige Arbeit leisten. Warum? Sie besitzen Inspiration, glauben an ihre Mission, wissen, daß sie etwas bewegen, und erhalten Aufgaben, die ihnen ein normaler Job nicht bietet. Sie wissen, daß sie freiwillig dort sind und daß man sie schätzt, und sie finden seelische Befriedigung.

Jedes Unternehmen, das einem Ziel dient, welches über sein bloßes Überleben hinausgeht, ist vital und zieht außergewöhnliche Mitarbeiter an. Welches Ziel oder welche Mission zieht Sie an? Welche Arbeit würde Ihr Herz und Ihre Seele erfüllen? Dies sind wichtige Fragen, denn wo, wie und mit wem Sie arbeiten, gibt oder raubt Ihnen Kraft.

Wenn Sie großartige Menschen anziehen wollen, brauchen Sie eine großartige Mission.

Wie können wir die wirtschaftlichen Probleme lösen, Hindernisse überwinden und in Wohlstand leben?

Es gibt immer eine Antwort und eine Lösung. Wir können jedes Problem, das wir auf Erden haben, lösen, indem wir in Harmonie mit den göttlichen Gesetzen und mit jenen von Mutter Natur leben und unsere gottgegebenen kreativen Fähigkeiten intelligent einsetzen. In uns allen pulsiert der Geist des Universums.

Dies ist der entscheidende Punkt: Es liegt an jedem einzelnen, seinem wahren Selbst zum Ausdruck zu verhelfen, das seine Quelle in Gott hat. Sie als einzelner stehen vor der großen Herausforderung, Ihre Möglichkeit zur Wahl wahrzunehmen und Ihrem wahren Selbst, Ihren Idealen und spirituellen Werten zum Ausdruck zu verhelfen. Das bezeichne ich als *Integrität und Bekenntnis*.

Richten Sie Ihren Geist auf Gott aus und fragen Sie, wie Sie ihm dienen können; fragen Sie, was Sie heute tun müssen, um Ihre Lebensaufgabe zu erfüllen und Ihre Arbeit zu tun, anstatt den zahlreichen Ängsten nachzugeben, die einem stetigen Wandel unterworfenen Geist entstehen. Lassen Sie Ihren Geist in dem zur Ruhe kommen, was gut, schön, ehrenwert und wertvoll ist.

Konzentrieren Sie Ihren Geist und Ihre Aktivitäten darauf, Ihre Kollegen, Ihre Familie und Ihre Kunden zu unterstützen, damit diese erfolgreich sein können. Dies ist die Goldene Regel, das Geheimnis dauerhaften Erfolgs im Wirtschaftsleben, in Beziehungen, in der Politik, in der Kindererziehung, in der Erhaltung des ökologischen Gleichgewichts und im eigenen ewigen Leben. Richten Sie sich nach den spirituellen Lehren Ihrer Religion, denn diese dienen dazu, Ihnen die Überwindung des Materialismus und des tierischen Verhaltens sowie den Übergang zu den höheren Qualitäten und Segnungen zu ermöglichen. Der Arbeitsplatz ist ein ausgezeichneter Ort, um zu praktizieren, was man predigt. Und denken Sie daran, Nachsicht gegenüber anderen zu zeigen und auch mit sich selbst nicht zu hart ins Gericht zu gehen. Wir alle befinden uns in stetiger Entwicklung. Indem wir einander gegenseitig zum Erfolg verhelfen, werden wir alle erfolgreich sein.

Wie baut man Stärke, Teamarbeit, Qualität und Wohlstand auf?

Entwickeln Sie für Ihr Unternehmen Vereinbarungen und Grundregeln, welche die spirituellen Werte aller Mitarbeiter ebenso berücksichtigen wie die Voraussetzungen, die erfüllt sein müssen, damit das Unternehmen seinen Zweck und seine Mission erfüllen kann.

Zuerst müssen Sie entscheiden, was für ein Mensch Sie sein wollen und wie Ihr Unternehmen aussehen soll. Dann müssen Sie festlegen, welche Prioritäten, Werte und Prinzipien erforderlich sind, um Ihr Unternehmen diesem Ideal nahezubringen. Suchen Sie bei Ihren religiösen Lehrern nach Anleitung und Hilfe. Sie sind nicht allein, und es ist anerkennenswert, daß Sie bereit sind, sich zu entwickeln, indem Sie den wahren Zweck des Lebens verfolgen – Selbsterkenntnis und selbstlosen Dienst an den Mitmenschen.

Spirituelle Werte und Ideale geben uns Raum für persönliches Wachstum. Jeder von uns ist ein göttliches Saatkorn, das, wenn es ausreichend genährt wird, sein wahres Selbst zur Entfaltung bringt. Grundsätze und Vereinbarungen erinnern uns daran, wer wir sind, welche Aufgaben wir haben und wie wir im Dienst aneinander, an der Erde und an unseren Kunden unser Potential entfalten können. A propos Vereinbarungen: Halten Sie Ihre Vereinbarungen ein, und wenn das nicht möglich ist, übernehmen Sie die Verantwortung. Verfolgen Sie gute Absichten. Seien Sie nett. Der Kunde hat immer recht. Erledigen Sie Ihre Arbeit perfekt und pünktlich. Ein wesentlicher Bestandteil der menschlichen Erfahrung besteht in der Suche nach einem Gleichgewicht sowohl in der eigenen, individuellen Existenz als auch in den Beziehungen. Vereinbarungen ermöglichen Zusammenarbeit, und ein großartiges Team wird ganz von selbst allen Beteiligten nutzen. Rücken Sie Gott an die erste Stelle, und tun Sie Ihr Bestes, um jene spirituellen Prinzipien, die den Umgang mit anderen Menschen und die Wege zu vollkommener Arbeit regeln, in die Tat umzusetzen.

Der geheime Schlüssel zur Spiritualität am Arbeitsplatz

Tun Sie Ihre Arbeit um der Arbeit selbst willen. Tun Sie Ihre Arbeit, als befänden Sie sich in Gottes Tempel und dienten dem Erhabenen. Alle Arbeiten sind gleich wichtig, der Unterschied liegt nur in der Einstellung. Erfüllung, Freude und Segen können Sie in jeder Arbeit finden, ob Sie nun Gräben ausheben oder als König oder Königin Ihrem Volk dienen. Keine Arbeit ist zu niedrig oder zu bedeutungsvoll, denn der Lohn besteht in dem Maß an Freude, das Sie in jedem einzelnen Augenblick erleben. Wenn Sie aus einem anderen Beweggrund arbeiten, wird kein noch so hoher finanzieller Verdienst aufwiegen können, was Ihnen an natürlichem Lohn entgeht. Spiritualität hebt eine ursprünglich profane Erfahrung empor und erfüllt sie mit Freude. Genießen Sie Ihre Arbeit!

ABSCHLIESSENDE GEDANKEN

Jack Canfield und Jacqueline Miller

Jemand hat einmal gesagt, daß wir alle lehren, was wir lernen müssen. Wenn das wahr ist, dann haben wir aufgrund Hunderter gemeinsamer Seminare und Vorträge zum Thema Selbstwertgefühl ungeheuer viel über Selbstwertgefühl und Spiritualität am Arbeitsplatz zu lernen.

Alle guten Dinge ... werden uns durch Gnade zuteil; die Gnade entspringt jedoch der Kunst, und diese erschließt sich uns nur schwer.

Norman Maclean
A River Runs Through It

Obzwar wir voll und ganz zu diesem Buch stehen, hat es sich – wie das obenstehende Zitat nahelegt – uns nur schwer erschlossen. Im Zuge dieser Arbeit erhielten wir Einblick in viele der Fragen, die sich im Zusammenhang mit dem Selbstwertgefühl am Arbeitsplatz ergeben. Zunächst erhielten wir bei der Bearbeitung der Fragen, die für uns als Herausgeber dieses Buches auftauchten, die Gelegenheit, uns mit vielen unserer eigenen Ängste und dysfunktionalen Beziehungsmuster auseinanderzusetzen. Indem wir Tag für Tag manchmal 16 Stunden lang im selben Büro arbeiteten, Geschichten und Gedanken zu den Themen Selbstwertgefühl, Geist und Seele lasen, schrieben und redigierten, stießen wir auf unsere eigenen „Löcher in der Seele", wie Chérie Carter-Scott sie genannt hat. Dies war eine aufschlußreiche und unserer Entwicklung dienliche Erfahrung, die wir beide nicht vorhergesehen hatten und manchmal auch nicht unbedingt begrüßten. Dennoch gewannen wir beide tiefe Einsichten, für die wir ewig dankbar sein werden.

Wir verbrachten viele Stunden mit der Umsetzung der Konzepte zu diesem Buch. Interessanterweise entdeckten wir, daß wir selbst uns gegen einige der Dinge sträubten, über die wir schrieben – Respekt für den Arbeitsstil anderer, Anerkennung der Weltsicht anderer, Mitteilung unserer emotionalen Wahrheiten, ausdauernde Beschäftigung mit dem Leid anderer, Berücksichtigung der tieferen Bedürfnisse anderer. Mehrmals mußten wir uns eingestehen, daß wir dieselben Worte verwendet hatten, die wir so oft von Managern gehört hatten: „Dafür haben wir keine Zeit, wir müssen eine Frist einhalten." „Ich kann mir nicht vorstellen, daß irgend jemand wirklich so denkt."

Glücklicherweise begannen wir dann dennoch immer das nächste Kapitel des Buches zu bearbeiten, und es war, als hätte uns Gott einen Spiegel in die Hand gegeben und spräche eben jene Worte, die uns daran erinnerten, was wirklich das Wichtigste war: die Qualität unserer göttlich inspirierten Beziehung, unsere Sorge und Liebe füreinander und jene Integrität, die daraus erwächst, daß wir gezwungen sind, unsere eigene Botschaft zu leben. Zeitweise fühlten wir uns wie in einer emotionalen Achterbahn, aber jedesmal, wenn wir innehielten, die Wahrheit sagten, auf unsere Herzen hörten und die Bedürfnisse der anderen erkannten, kamen wir der Ganzheitlichkeit ein Stück näher, und wir fühlten uns ein wenig verbundener mit der Botschaft des Buches und mit unserem Lebenszweck.

Arbeit ist eine Expedition zur Selbsterkundung. Es geht nicht um die Töpfe, die wir formen, sondern um uns selbst.

M. C. Richards
Töpfer

In seinem Buch *Artful Work* faßt Dick Richards in einem Kapitel, das er „Mich selbst erschaffen" nennt, unsere Gefühle zusammen. Er schreibt:

Diese Arbeit hat mich geschaffen, mein heutiges Ich im Gegensatz zu meinem Ich, bevor ich mit dieser Arbeit begann. Als ich begann, dies hier zu schreiben, war ich unser aller, mich selbst eingeschlossen, überdrüssig, da wir anscheinend nicht fähig oder nicht bereit waren, dauerhafte Veränderungen in unseren Unternehmen herbeizuführen und Erfüllung in unserer Arbeit zu suchen. Im Verlauf meiner Arbeit wurde meine Einstellung zu uns allen, mich selbst eingeschlossen, positiver, und ich wurde nachsichtiger und verständnisvoller. Wir sind mit einer schwierigen Aufgabe konfrontiert: Wir müssen uns selbst neu erfinden.

Tatsächlich erfinden wir uns jeden Tag neu. Das scheint es zu sein, was die Gegenwart von uns verlangt, damit wir als Individuen, Unternehmen, Nationen und als Spezies überleben können. Einfach ist das natürlich nicht Es erfordert ein tiefes Bekenntnis zu uns selbst, zu unseren Familien, Unternehmen und Gemeinden sowie zu unseren Idealen, Werten und Zukunftsvisionen.

An den letzten Tagen vor der Fertigstellung dieses Buches entdeckten wir im Gespräch, daß dieses Buch selbst dann, wenn es nie veröffentlicht worden wäre, all unsere Mühe wert gewesen wäre – und diese Mühe war beträchtlich. Denn wir hatten ungeheuer viel gelernt und waren persönlich gewachsen. Das Ego will ständig etwas schaffen, Erfolg haben und dadurch seinen Wert beweisen. Die Seele möchte Erfahrungen machen, um wachsen und ihr Bewußtsein erweitern zu können. Vielleicht haben wir hier beides erreicht, aber es ist letzteres, was als besonders wertvoll in unserem Herzen und in unserem Bewußtsein zurückbleiben wird.

Der zweite Grund dafür, daß die Abfassung dieses Buches so wertvoll für uns war, liegt in der Erkenntnis, daß wir noch einen langen Weg vor uns haben, wenn wir aus unseren Unternehmen Orte machen wollen, an denen wir mit gesundem Selbstwertgefühl arbeiten können. Jedesmal, wenn wir eine Liste von sechs Säulen, acht Schlüsseln oder zehn Bausteinen des Selbstwertgefühls am Arbeitsplatz durchlasen, mußten wir zugeben, daß wir nicht alle Komponenten so gut umsetzten, wie uns dies lieb gewesen wäre. Bei jedem neuen Artikel fertigten wir lange Listen von Dingen an, die wir tun müßten, um unsere Arbeitsplätze menschlicher, ausgewogener, gesünder, entspannter und lustiger zu machen. Und wir tappten wieder in die alte Falle, zu denken: „Sobald dieses Buch fertig ist ...“

Nun, noch bevor das Buch fertig war, ließen wir unseren Mitarbeitern mehr Anerkennung und Lob zuteil werden, führten gemeinsame Mittagessen mit von uns bezahltem und von der Küchenchefin Rosalie Miller zubereitetem gesundem Essen ein, bezahlten den erschöpften Sekretärinnen Massagen und nahmen uns Zeit, um uns Klagen der Mitarbeiter und Vorschläge für bessere Systeme und vernünftigere Pläne anzuhören. Wir erkannten, daß unser übertriebenes Bemühen, „wirklich etwas zu bewegen“, teilweise auf unser eigenes Bedürfnis nach Selbstbestätigung und auf unsere gemeinsame Überzeugung zurückzuführen war, wir müßten nützlich sein, um unser Dasein zu „rechtfertigen“. Wir planen nun beide für uns und unsere Mitarbeiter mehr freie Tage, mehr Urlaub und mehr Unterhaltung ein. Wir bekennen uns dazu, häufiger „Nein“ zu sagen und uns mehr um uns selbst zu kümmern.

Einige andere Dinge auf der Liste unseres Unternehmens – allesamt Resultate der Arbeit an diesem Buch – sind:

1. die Einrichtung regelmäßiger Spieltage für die Belegschaft, wobei jedesmal ein anderer Mitarbeiter mit der Organisation dieser Tage beauftragt wird;

2. Geld aus dem Ertrag dieses Buches für wohltätige Zwecke beiseite legen, wobei die Mitarbeiter über die Verwendung entscheiden;

3. Bonuszahlungen für Mitarbeiter, die sich an gemeinnützigen Projekten beteiligen;

4. die Mitarbeiter gemeinsam über Übungen zur persönlichen Entwicklung entscheiden lassen (zum Beispiel einen ganzen Tag schweigend verbringen, eine neue Fertigkeit wie Jonglieren erlernen oder einen Rhetorikkurs besuchen) und Bonuszahlungen für den erfolgreichen Abschluß bereitstellen;

5. Kurse in Yoga und Meditation im Unternehmen;

6. intensivere Schulungen in Kommunikationsfertigkeiten, Konfliktlösung und Problemlösung;

7. am Ende jedes Meetings mit den Mitarbeitern Anerkennung und Lob aussprechen;

8. die Veranstaltung eines Kletterkurses für die Mitarbeiter;

9. ein regelmäßigeres Feedback darüber verlangen, was in der Organisation funktioniert und was nicht;

10. zwei der Berater, deren Beiträge in diesem Buch erscheinen, zu einem regelmäßigen Austausch einladen. Wir gelten zwar als Experten auf diesem Gebiet, aber wir halten es für notwendig, daß uns jemand mit anderen Augen betrachtet, weil so Dinge zutage gefördert werden können, die wir aus Gewohnheit übersehen, und weil wir so Anregungen für eine Kursänderung erhalten können.

Eine abschließende Bemerkung

Nun, da die Lektüre dieses Buches fast hinter Ihnen liegt, möchten wir Ihnen noch einige Vorschläge machen.

1. Beschäftigen Sie sich bitte weiter mit Publikationen zu diesem Thema. Es gibt so viel, was man wissen und tun muß, um das Arbeitsumfeld wirklich zu verändern.
2. Besuchen Sie nach Möglichkeit Seminare zu diesem Thema, hören Sie sich Tonbänder dazu an, und nehmen Sie beeindruckende Berater oder Trainer unter Vertrag.
3. Lesen Sie dieses Buch mehrere Male. Wir haben bei der Zusammenstellung der Beiträge – viele der Aufsätze haben wir zehnmal oder öfter gelesen und überarbeitet – die Erfahrung gemacht, daß wir bei jedem Mal lesen Neues entdeckten. Einige der Beiträge bekamen erst bei der dritten Lektüre einen Sinn, aber dann standen wir plötzlich vor einer wesentlichen Erkenntnis. Erschließen Sie sich diese tieferen Einsichten.
4. Wir laden Sie ein, jene Dinge, die Sie am meisten ansprechen, zu kopieren und unter Ihren Kollegen, Mitarbeitern und Vorgesetzten zu verteilen. Wir haben dieses Buch geschrieben, weil wir die Arbeitsumgebung verändern wollen. Wir hoffen, daß Sie die hier vorgelegten Beiträge und Gedanken mit so vielen Menschen wie möglich teilen werden.
5. Fertigen Sie eine Liste von zehn bis 20 Dingen an, die Sie in Ihrem Leben, in Ihrem Büro, Ihrem Werk oder Ihrer Schule verwirklichen möchten, und beginnen Sie noch heute, diese Dinge umzusetzen. Beginnen Sie sofort mit einer kleinen Änderung, und bauen Sie darauf auf.

ÜBER DIE HERAUSGEBER

WER IST JACK CANFIELD?

Jack Canfield ist einer der führenden amerikanischen Experten auf dem Gebiet der Effektivitätssteigerungen von Unternehmen und der Entwicklung menschlichen Potentials. Er ist ein dynamischer und unterhaltsamer Vortragender und ein gefragter Unternehmensberater, der die wunderbare Fähigkeit besitzt, seine Zuhörer mit Information und Inspiration zu einem besseren Selbstwertgefühl und zu Spitzenleistungen am Arbeitsplatz hinzuführen.

Er ist Autor und Sprecher mehrerer erfolgreicher Kassetten- und Videoprogramme, darunter *Self-Esteem in the Classroom, How to Build High Self-Esteem* und *Self-Esteem and Peak Performance*. Er ist ein in Radio- und Fernsehsendungen sowie in Printmedien vielfach konsultierter Experte und Autor von zehn Büchern – darunter vier über die Entwicklung von Selbstwertgefühl und vier internationale Bestseller – wie *Chicken Soup for the Soul, A 2nd Helping of Chicken Soup for the Soul, A 3rd Serving of Chicken Soup for the Soul, The Aladdin Factor* und *Dare to Win.*

Jack Canfield ist Mitglied des *Board of Trustees of the National Council for Self-Esteem*, Vorstandsvorsitzender der *Foundation for Self-Esteem* und Mitglied der *California State Task Force to Promote Self-Esteem and Personal and Social Responsibility.*

Jack spricht jedes Jahr vor mehr als 100 Gruppen. Zu seinen Kunden gehören Fachverbände, Schul- und Regierungsbehörden, Kirchen, Verkaufsorganisationen und Unternehmen, und zu seinen Unternehmenskunden zählen Firmen wie die *American Management Association, AT&T, Campbell Soup, Clairol, Domino´s Pizza, G.E., ITT Hartford Insurance, Johnson & Johnson, NCR, New England Telephone/NYNEX, Re/Max, Scott Paper, Sunkist, Supercuts, TRW und Virgin Records.* Jack unterrichtet auch an zwei Schulen für Unternehmensgründer – *Income Builders International* und *Life Success Academy.*

Jedes Jahr hält er ein achttägiges Weiterbildungsseminar für Trainer mit dem Titel *Training of Trainers Program* zum Thema Selbstwertgefühl und Spitzenleistung ab. Dieses Seminar wird von Lehrern, Beratern, Leitern von Firmenschulungen, professionellen Vortragenden und anderen Personen in

Anspruch genommen, die ihre Fähigkeiten als Vortragende und Seminarleiter auf den Gebieten Selbstwertgefühl und Spitzenleistungen verbessern möchten. Wenn Sie weitere Informationen über die Bücher, Tonbänder und Schulungsprogramme von Jack Canfield wünschen oder ihn engagieren möchten, können Sie sich unter folgender Adresse mit ihm in Verbindung setzen:

The Canfield Training Group
PO Box 30880
Santa Barbara, CA 93130
Fax: 805-563-2945

WER IST JACQUELINE MILLER?

Jacqueline Miller, eine anerkannte Expertin, gefragte Beraterin und bekannte Vortragende auf dem Gebiet des Selbstwertgefühls, ist Gründerin der Non-Pro-fit-Organisation *Partnerships for Change*™,die es sich zur Aufgabe gemacht hat, den sozialen, wirtschaftlichen, umweltbezogenen und persönlichen Wandel sowie die Eigenständigkeit der Gemeinden voranzutreiben. Jacqueline Miller ist Präsidentin der Organisation. Zu den von ihr derzeit durchgeführten Projekten zählen verschiedene Medienprojekte, Projekte namens *Community Summits*©, *Resource Exchange Bank*© und verschiedene innovative Programme zur Wiederbelebung der Wirtschaft. *Partnerships for Change* fungiert als Katalysator für die Finanzierung und Vernetzung von Einzelpersonen und Organisationen.

Jacqueline Miller erhielt von Präsident George Bush und seiner Frau Barbara eine staatliche Auszeichnung für eine von ihr und *Partnerships for Change*™ gesponserte und organisierte Konferenz zum Thema „Selbstwertgefühl am Arbeitsplatz". 1992 vertrat sie den Staat Kalifornien bei der Weltkonferenz der Vereinten Nationen in Rio de Janeiro, wo sie über die Themen Selbstwertgefühl und Empowerment der Gemeinden sprach. Jacqueline Miller brachte gemeinsam mit dem Unterhausabgeordneten John Vasconcellos einen nationalen Gesetzesantrag ein, organisierte ein Briefing des Senats in Washington, um das Interesse auf Fragen der persönlichen Verantwortung, des Selbstwertgefühls und des Empowerments der Gemeinden zu lenken, und wurde vom Gouverneur des Staates Maryland in die *Maryland Task Force on Self-Esteem to promote personal and social responsibility* berufen. 1993 wurde sie bei der Eco-urbs-Konferenz in Sao Paulo, Brasilien, für ihre Arbeit im Bereich der menschlichen Beziehungen und der Nachhaltigkeit (Fragen der Ökologie und der Urbanisation in bezug auf die Wirtschaft und auf den einzelnen) ausgezeichnet. Als Führungskraft mehrerer amerikanischer Unternehmen wie der *Sara Lee Corporation, Shasta Beverages* und *Capri Sun, Inc.*, und als stellvertretende Leiterin der Personalabteilung der *PHH Corporation* konnte sie ihr Verständnis und ihr Wissen über Fragen des Arbeitsplatzes erweitern und vertiefen.

Jacqueline Miller ist Vorstandsmitglied der *Humanity Federation* und von *Earth Song*. Sie ist aus zahlreichen Fernsehsendungen bekannt und betätigte sich in der Junior League von Baltimore und San Francisco. Die Absolventin des Loyola College in Baltimore hat ihren derzeitigen Wohnsitz in San Francisco.

Wenn Sie weitere Informationen wünschen, können Sie Jacqueline Miller unter der folgenden Adresse erreichen:

Partnerships for Change™
P.O. Box 471647
San Francisco, CA 94147
Telefon: 415-863-7301, 415-922-1851
Fax: 415-863-0543
E-mail: pfc@thecity.sfsu.edu oder hello@heartatwork.com

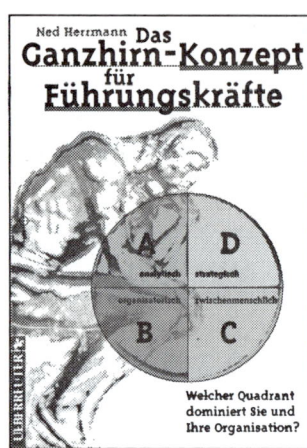